El hedonista

Libro I

J-P Goffings

Copyright ©2010 Jean Pierre Goffings
All rights reserved.
www.cbhbooks.com

Managing Editor: Manuel Alemán
Editors: Francisco Fernández and Heidie German
Designer: Ricardo Potes Correa

Published in the United States by CBH Books.
CBH Books is a division of Cambridge BrickHouse, Inc.

Cambridge BrickHouse, Inc.
60 Island Street
Lawrence, MA 01840
U.S.A.

No part of this book may be reproduced or utilized
in any form or by any means, electronic or mechanical,
including photocopying, recording, or
by any information storage and retrieval system
without permission in writing from the publisher.

First Edition
Printed in U.S.A.
10 9 8 7 6 5 4 3 2 1

Library of Congress Cataloging-in-Publication Data

Goffings, J-P (Jean Pierre), 1943-
El hedonista / J-P Goffings. -- 1st ed.
p. cm.
ISBN 978-1-59835-290-0 (alk. paper)
1. Goffings, J-P (Jean Pierre), 1943---Travel. I. Title.

CT1178.G64A4 2010
973.92092--dc22
[B]
2010019832

*A **Michel Onfray** y **Eduardo del Río***

***A Paule**,*
compañera de toda la vida, correctora, fuente de aliento y de apoyo

***A Marisela**,*
quien tuvo la buena idea de empujarme a escribir, cosa que nunca hubiese hecho sin ella

***A Annie**,*
fuente de críticas y apoyos de toda índole

***A Marcela Reyley**,*
mis agradecimientos especiales

*A **Ángel, Lluvia, Patricia, Evelyn, Michele, Clotilde, Jorge, Danny, Pamela, Luis, Gabriela, Juan, Carlos, Patrick, Sally, Victoria, Guadalupe, Denise** y **Mía** (hermanas), **Sébastien** y **Hervé** (hijos), toda la familia **Mellado, Eduardo, Sergio, Manuel, Jesús, José, Marie, Pascale, Antonio, Claudio** e **Hilda**;*
por ser tan buenos amigos y leer mis manuscritos

Para muchos la prueba de la inmortalidad del alma reside en el hecho de que millones de personas lo creen. Son las mismas personas que creían que la Tierra era plana.

—Mark Twain

*Tengo una irresistible tendencia a
dejarme llevar por las cosas que me gustan.*

—Don Juan

*El hombre que va a decir la verdad
debe asegurarse de que su mejor caballo está ensillado
y se encuentra cerca.*

—Proverbio árabe

*La ciencia es capaz de inimaginables progresos.
Las concepciones religiosas del mundo, no.
Si estas concepciones en sus fundamentos son erróneas,
lo serán para siempre.*

—Sigmund Freud

*—Hedonismo: doctrina que hace del placer
un principio o el objetivo de la vida.
Hedonista: partidario de esta doctrina.*

—Pequeño Larousse Ilustrado

Índice

Introducción 15

Capítulo I
De Heur a Ouagadougou 17

Capítulo II
Ouagadougou-Ilesha-Abengourou-Washington 63

Capítulo III
Bowling Green-Washington-San Francisco 105

Capítulo IV
París-La Habana 125

Capítulo V
Santiago de Chile-Bamako 174

Capítulo VI
Waterloo-N'djamena 260

Epílogo 303

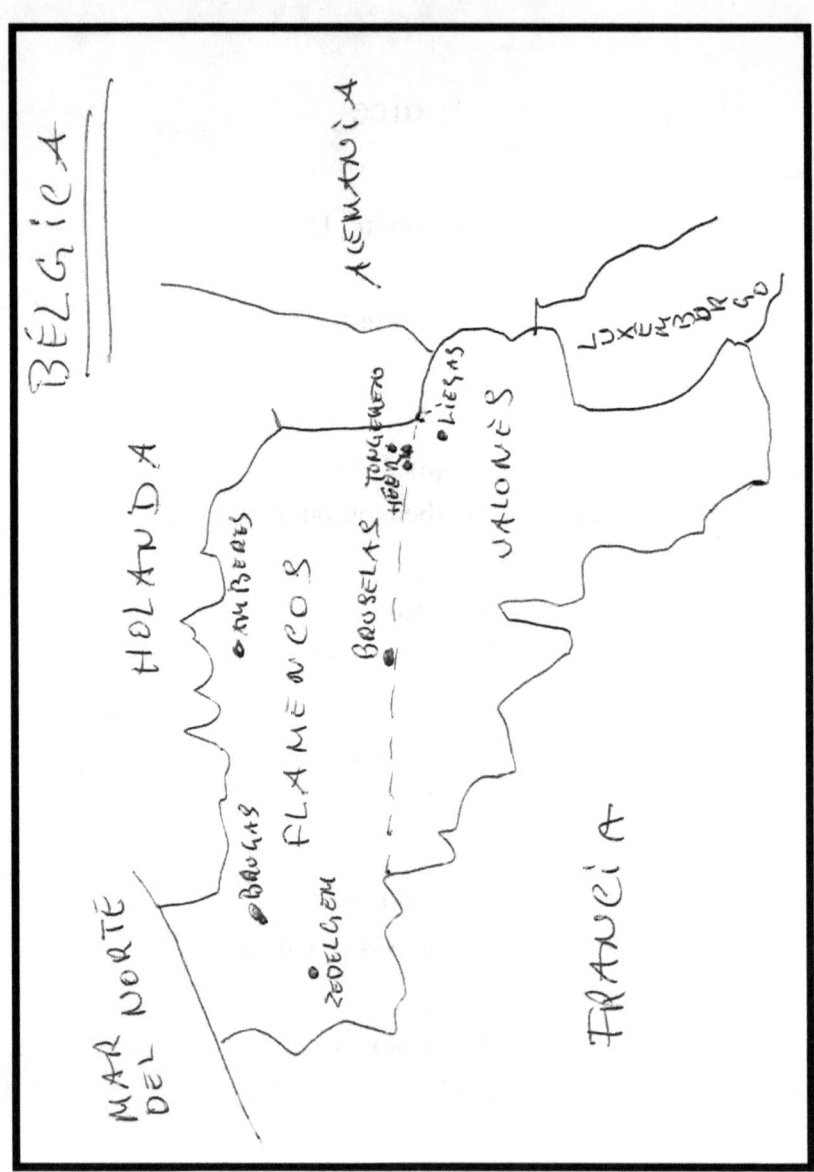

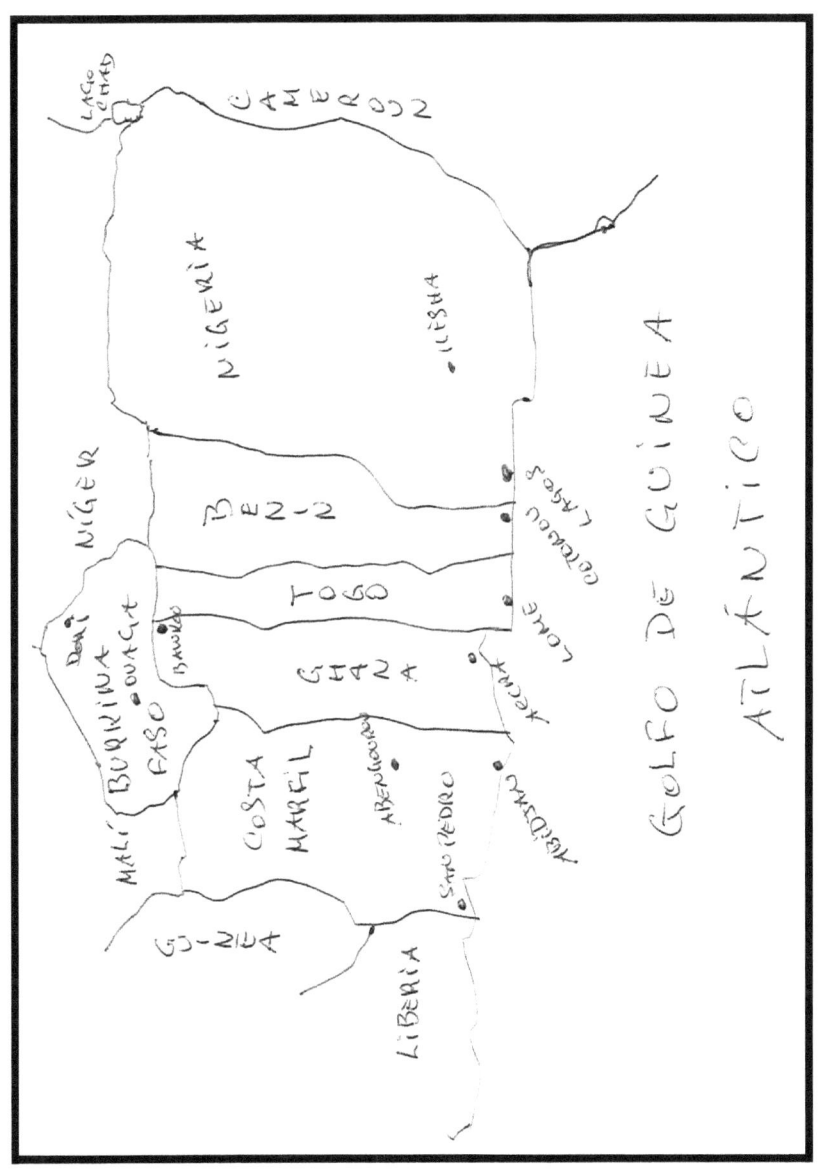

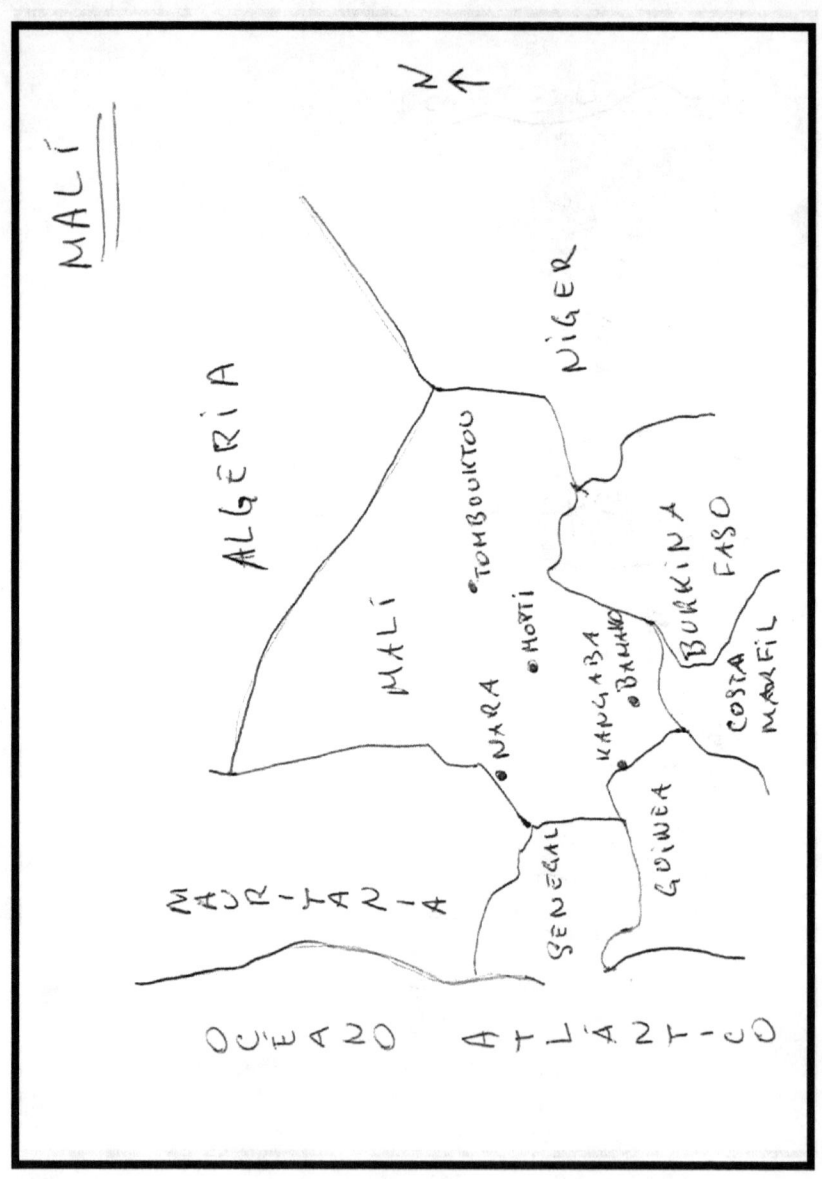

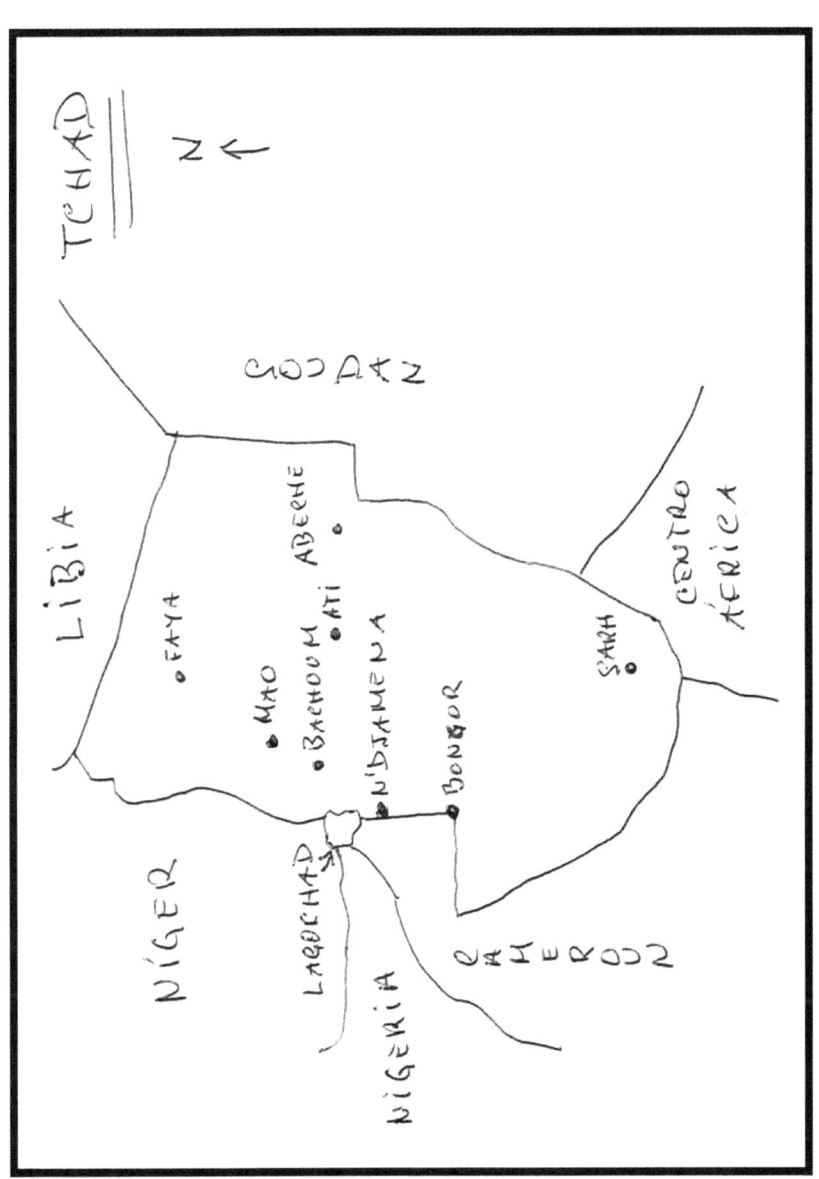

El Hedonista

Introducción

Jean Pierre Goffings nació la noche de San Juan de verano —a pesar de su nombre, fiesta muy pagana por ser la noche del solsticio cuando brujas y brujos se reúnen— del año 1943. Esta es la verdad, aunque no me di cuenta; estuve allí, porque este soy yo. El evento biológico fue atestiguado en un pueblito de ciento ochenta elementos humanos, entre los cuales había: dos maestros de escuela, dos cantineros, un cura y un herrero que principalmente se ocupaba de poner zapatos de hierro a los caballos, como ya no los hay. Este herrero, hombre alto con pelo gris y bigotes de jefe galo, era también nuestro dentista, pues sabía manejar el aceite de clavo y la pinza con maestría. Lo digo porque era un pueblo verdadero que contaba con servicios médicos, su alcalde, sus alguaciles, su equipo de fútbol, una banda de música y hasta una compañía de teatro que, una vez al año, nos encantaba con una obra, siempre sobre el mismo tema: un campesino vendía su alma al diablo a cambio de una granja más grande. Terminaba cuando el campesino, ayudado en eso por su esposa y el cura, recuperaba su alma pero perdía la vida en el proceso. Todos llorábamos durante una semana.

La gente de Diets-Heur pertenece a la etnia flamenca del país que aún se llama Reinado de Bélgica, pero que mañana se podría llamar cualquier cosa ya que, por razones de dinero y culturales, Bélgica se está desintegrando.

Me contaron, años después, que yo había nacido en una cueva. Podría ser. No es nada del otro mundo, visto que el pueblo está lleno de cuevas excavadas por los campesinos en la roca caliza que corre a lo largo del lado izquierdo de la única calle, donde guardaban frescas la leche, la mantequilla, las papas, las manzanas y hasta la tarta con frutas del domingo. Dicen que mi madre, como todos los poblanos, se refugió en esas cuevas para protegerse de las bombas que los aliados dejaban caer los días en que las defensas antiaéreas nazis, puestas a lo largo del río Meuse que hace de frontera con Alemania, estaban demasiado activas. Para no tener que regresar a Inglaterra con un avión lleno de bombas, mejor deshacerse de estas donde se pudiera. Creo que de ser piloto de un bombardero, hubiera hecho lo mismo...

Así que nací en una cueva; imagino que entre manzanas, papas y botes de leche. Muchos, muchos años han pasado y después de haber vivido en lugares como el Sahel, la selva de Costa de Marfil y Nigeria, cerca de la Sierra del Escambray en Cuba, en Bowling Green, Virginia, entre los Mapuches de Chile, en París, en Washington y Berkeley, en Cannes, en La Habana y hasta en Ciudad del Carmen en la península de Yucatán.

Diets-Heur no era un mal lugar para nacer, a pesar de que mis padres eran de los más pobres de este pueblo donde no todos lo eran. Hacer herencia de la ropa y zapatos de mis primos más grandes y pasarlos, a mi turno, a mis primos más pequeños no me suponía ningún problema.

Hoy vivo y escribo en la amurallada ciudad colonial de Campeche, acostada a un lado de la península de Yucatán, con el Golfo de México por horizonte, y tengo sesenta y cuatro años. En sus estructuras mentales y sociales, Campeche y el Diets-Heur de entonces tienen mucho en común, así que no me siento muy desactualizado culturalmente hasta donde recuerdo.

Demasiado novato en el arte literario, tengo que contar esta historia en primera persona antes de que las neuronas que me quedan también vayan a desgastarse. Escribo en castellano; podría hacerlo en otros idiomas, pero me gusta este hablar.

¿Por qué lo hago, a pesar de mi convicción de que todo ya está escrito y que relatos como este se encuentran por miles? No lo sé. Tal vez por la necesidad de contar por fin a mis hijos quién soy y cómo fue todo esto. Tal vez para que mis amigos se diviertan un rato, aunque este sea un pensamiento algo presuntuoso y narcisista. Tal vez, probablemente, solamente para mí mismo o para que tú busques la razón, si es que necesitas una. Puede ser porque es vida, un fragmento de la eternidad que estamos pasando juntos.

Es probable que, igual que toda historia escrita por los vencedores —y todos somos vencedores en virtud de que un día fuimos el espermatozoide más veloz de la banda, ¿no es así?—, lo que sigue parezca más bonito de lo que realmente fue, y que me dé un rollo más atractivo de lo que realmente es. Trataré de ser honesto contigo y conmigo: cambiaré los nombres de los enemigos y amigos, por no tener su permiso; pero los hechos son verdaderos: lo juro por Júpiter.

Capítulo I
De Heur a Ouagadougou

Por la ventana del baño, enjabonado de pies a cabeza, miro como los muchachos maniobran la lancha muy hábilmente para anclarla proa al mar en la playa, a la distancia justa para mojarse lo menos posible y no hundirse hasta la cintura en el agua, siempre un poco fangosa a causa de la corriente que, pasando la punta Xen, deposita en la bahía todo su cargamento de malezas y lodo compuesto de quién sabe qué. La maniobra no es fácil y se domina solamente con la experiencia porque la marea, la corriente y el viento cambian constantemente.

Siempre, desde que soy empresario, me he rehusado a designar al personal con la denominación de "empleados". La palabra, para mí, tiene una inconfundible connotación de peón y, si se empuja el pensamiento un poco, hasta de sirviente, siervo y esclavo. Así, los llamo "los muchachos" porque tengo que llamarlos de alguna manera y visto nuestras diferencias de edades, no es nada peyorativo. Cuando me dirijo a ellos, los llamo "caballeros" por facilidad, pero también porque conociéndolos cada día más, eso es lo que son.

Por no haber prestado atención cuando forramos el pozo y haberme dejado convencer de que un pozo se paga al metro —con lo cual el pocero cuanto más profundo excava, más gana—, ahora me estoy lavando y cocinando con agua medio salada. El agua dulce está a ocho metros pero tenemos un pozo de diecisiete, por debajo del manto freático dulce. Secándome el agua jabonosa de las orejas y de la barba, que tengo un poco larga, echo una última mirada por la ventana y veo como la lancha está bien anclada solamente a un par de pasos de la orilla. Falta poco para que el sol, ya muy amarillento, toque el horizonte y para dejarme engañar otra vez por el rayo verde que aparece cuando este desaparece. Me gusta este engaño que no cambia nada el misterio y el espectáculo. Miro y admiro las jaulas flotantes inmóviles sobre la superficie, dos dedos debajo del horizonte, llenas de peces de todos tamaños.

Sí, estoy orgulloso de mi creación, la primera y única granja marina integral de México. Pero esto es otra historia y la contaré mientras caminamos por estas páginas. Porque la memoria y el pensamiento tienen cosas que nadie controla por completo; tienen sus caminos que la lógica no alcanza. Mi cabeza no estaba en puestas de sol ni en lanchas ni peces ni empresa ni caballeros medio mayas. Ese día me recordó cuando allá, en Diets-Heur, mi madre había muerto. Recordé cómo lloré su desaparición. Me quedé dando vueltas en la cabaña de cuatro por seis metros, hecha a mano con tablas de pino y un techo de láminas. Me sentía avergonzado de no poder ir al entierro por no tener el dinero para el pasaje. Me consolé contándome a mí mismo que de todas formas no iba a llegar a tiempo; que aparte de mis hermanas, no conocía ya a nadie en ese pueblo que había dejado hacía más de cuarenta y cuatro años. Que de todas formas ya no había caso para ella: los entierros son para los vivos, al muerto ya no le importa. Y a los vivos ya no tenía mucho qué decirles. ¡Cuántas cosas más me estuve contando!

Mi madre era una ferviente católica que había puesto muchas reglas de tipo inquisitorio para adecuar su vida y la de nosotros a la conquista del cielo, tal y cual ella había deducido que se debía vivir para ganarlo. Con el tiempo comprendí que había perdido la felicidad de la vida aquí abajo para ganarse la vida eterna allí arriba. Se llamaba Catarina y, como su Santa, se creyó una mártir. Es a golpes de sufrimientos, de padrenuestros, de privaciones, como se gana el cielo. Esto iba a la par con verdaderas batallas y golpes que se distribuyeron mis padres, situación que nos expulsaba a mí y a mis hermanas más chiquitas al sótano, temblando.

Ellas me contaron que había mejorado mucho después de que se quedó viuda. Su fervor católico, que era casi fanatismo, disminuyó e incluso llegó a ser más liberal y natural en la educación de las hermanas que me siguieron después de muchos años.

Cuánta infelicidad por sí misma y repartida generosamente a su alrededor por no poder divorciarse o separarse, porque eso es pecado y lleva al infierno hirviendo. No se dio cuenta de que el infierno se lo estaba haciendo en su casa, en la cual pocas veces se escuchaban palabras amigables o tiernas que no hubiera aprendido en la iglesia; pues ahí, donde todo es represión, remordimiento y culpa, no se dicen muchas.

Un ejemplo de regla establecida por mi madre, a quien en el pueblo llamaban "Santa": ir a misa daba derecho al desayuno. Así, los trescientos sesenta y cinco días del año de mi niñez y temprana juventud eran ritmados por la misa a las siete en punto de la mañana. Mejor aún, cuando do ya tenía unos años más, el horario se adelantó porque fui nombrado

monaguillo y sonaba la campana que debía despertar a todo el pueblo a las seis y media. No importaba que lloviera o que nevara, que el hielo cubriera con capa gruesa todo el kilómetro de calle lodosa; a las seis y quince, yo corría en la oscuridad, solito, molestado y solicitado por todos los diablos y fantasmas de la Tierra.

Mis piernas de ocho años, movidas por un miedo espantoso, establecieron récord de distancia. Detrás de cada muro, de cada árbol, me imaginaba fantasmas y diablos que querían llevarme. La oscuridad era total, con excepción de los ocho alumbrados que hicieron función de iluminación pública, espaciados entre la casa y la iglesia, y bajo los cuales hacía pausas. Allí me sentía más a salvo porque a los diablos no les gusta operar a plena luz: esto lo sabemos todos. Lo demás era oscuridad total. Era normal. Las campesinas esperaban que yo sonara la campana para despertarse. La llave de la iglesia estaba debajo de un ladrillo suelto al lado de la puerta.

Después de la misa, que duraba treinta minutos, el cura nos esperaba por otros veinte de catecismo. Una vez ingerido todo el alimento espiritual disponible, regresaba corriendo a la casa donde un sabroso desayuno de *crepes* y pan tostado con mermelada, nos esperaba. Cuando pude ya montar en bicicleta, me dieron una para no llegar tarde y transportar a mis hermanitas quienes nacieron con dos años de intervalo cuando yo ya tenía siete años. Así, mi educación casera, católica y romana, estaba ritmada por un empleo del tiempo inmutable: misa, catecismo, desayuno, escuela.

La salvación era la calle o refugiarme en algunas de las casas de las tías, de las cuales tenía cuatro en el pueblo. En total tenía doce tías y tíos, todos frutos de la estricta observancia de las reglas vaticanas según las cuales la mujer está hecha para la reproducción y la buena educación religiosa de sus hijos. También debía ser sumisa con su esposo. Allá mi madre algo pecó. Fue solamente hacia el final de su vida, durante mis visitas esporádicas, cuando me di cuenta de que había cambiado; se había vuelto humana, tolerante y hasta algo irreverente con la religión. Se murió en su sueño y, dicen mis hermanas, feliz.

Conocíamos el pueblo como nuestros bolsillos. Ninguna granja, casa, ningún campo, camino, huerta o árbol tenía secretos. Sabíamos en qué huerta aparecerían las primeras cerezas maduras; contra qué muro expuesto al sol de cuál casa habría las primeras peras y en cuál granja estaban los mejores escondites.

Como ya lo dije, Heur (así lo llaman en la región) tenía solamente unos ciento ochenta habitantes, lo que no impedía que estuviese dividido entre "el bajo" y "el alto". El bajo iba de la iglesia, que prácticamente estaba a la mitad del kilómetro y medio de calle hasta la carretera de Liejas a Tongeren. El alto iba de la iglesia hasta la última casa del pueblo, que se encontraba a la orilla del bosque de Hamal que separa Heur de la aldea de Godogne, en territorio de la etnia valona y, por lo tanto, donde empieza "el extranjero". Heur es el último bastión flamenco, o sea, de habla holandesa (mezclada con algo de alemán) antes de caer en territorio valón donde hablan exclusivamente francés.

Para nosotros eran "los malos" y no nos mezclábamos con ellos. Este antagonismo lingüístico-cultural no impedía que los obreros de Heur fueran a trabajar al territorio valón donde se concentraban las minas de carbón, la industria siderúrgica belga y la todopoderosa fábrica de armas de Herstal que era el destino laboral programado de los chicos de la región flamenca, los que no tenían granjas y terrenos como herencia.

La clase obrera de la industria pesada belga era flamenca. Como los demás chicos, yo estaba destinado por mis padres y por todos los adultos que decidían el destino de la juventud flamenca, entre los cuales estaban, por supuesto, los dos maestros de escuela y el cura, a integrarme a estos contingentes que se levantaban a las cinco de la mañana para esperar el autobús que los llevaba a sus funestas fábricas cada día laboral. Así lo hizo mi padre. Pero algo pasó que hizo que en mi caso no se cumpliera el esquema.

Cuando llegué a una edad de dos dígitos, mi madre me llevó a la escuela de los Maristas de Tongeren, "nuestra ciudad", a más de cinco kilómetros del pueblo y la primera urbe belga fundada por nada menos que las legiones de Julio César cuando conquistaron el país galo. La tribu que ocupaba el lugar era la de los eburones y su jefe, Ambiorix, tiene su estatua gigante en la plaza; hacha corta en la mano izquierda, espada larga en el cinturón, casco alado, manta suelta sobre sus muy atléticos hombros, la mano derecha sobre el corazón, bigotes largos que le caen casi hasta las clavículas, mirando con desafío hacia la basílica de enfrente.

La historia cuenta que cuando César se lanzó a la conquista de Inglaterra, dejando solamente un destacamento de guardias en el campamento en Tongeren, Ambiorix reunió algunas tribus y los venció. Desafortunadamente, cuando César y sus legiones regresaron de Inglaterra, esto no les gustó para nada e hicieron un bocadillo de esta rebelión. Ambiorix fue hecho prisionero y llevado a Roma donde dicen que murió en el Coliseo comido por leones, junto con unos cuantos jefes de tribus galas. Era el año 57 a. C. Para justificar la pérdida de su destacamento en Tongeren, César le escribió al senado romano que "los belgas son los más bravos

de todas las tribus galas"; de lo cual todos, belgas, valones y flamencos confundidos, están muy orgullosos aunque es muy probable que, dos mil cien años después, no quede ni un solo eburón, con excepción de un equipo de básquetbol que lleva este nombre.

Por eso se dice que Tongeren es ciudad galo-romana. Es posible que la muerte de Ambiorix y la reconquista por las legiones romanas no significaran el fin de la resistencia gala, porque los romanos rodearon la ciudad con muros muy anchos de los cuales persisten trozos importantes. Y por algo habrá sido.

Para nosotros, muchachos del campo, la ciudad era entonces sinónimo de vicio y perdición, y teníamos la convicción de que ahí todas las mujeres eran *hoeren*, que se pronuncia "huren". Principalmente durante las vacaciones había siempre una tía, un tío o mi madre que dejaba que los acompañáramos al mercado el jueves temprano para ayudarlos a cargar las compras o a vender conejos, gallinas o frutas de su producción. Era una fiesta y la esperábamos con impaciencia. Tongeren, ciudad de perdición en nuestra imaginación, algo como Sodoma o Gomorra, pero secretamente guardada.

Muchos años más tarde, ya en África, cuando frecuentaba poblaciones de lengua árabe, aprendí que una hurí es una mujer del harén. ¿Será que la palabra se infiltró en la lengua flamenca vía los ejércitos de los reyes católicos españoles que ocuparon Flandes durante tres siglos? Pero me estoy adelantando.

Antes de llegar al respetable estatus de alumno de los padres maristas, donde las puniciones corporales y las humillaciones eran parte de la pedagogía, yo ya había aprendido la lección humillante de mi estatus social y de que cada uno debe quedarse en su lugar.

Era un ángel o, mejor dicho, una diosa de pureza, bondad, inteligencia, con sus trenzas de pelo rubio como el trigo en agosto. Se vestía con ropa linda y colorida, siempre muy limpia. Estaba seguro de que olía a jabón aunque no me pasaba por la mente acercármele tanto como para olerla. La amaba tanto que me dolía la panza. Corría por todo el pueblo para verla pasar cuando regresaba a su casa después de la escuela. Verla aunque fuera a cien metros me llenaba todo el cuerpo de cosquilleo y me secaba la garganta. Era la hija de uno de los granjeros más ricos del bajo mientras yo era del alto, donde no había granjeros con más de un caballo, y mi padre era obrero y tenía solamente unas gallinas y unos conejos. Una de mis tías trabajaba de criada en su casa, lo que me dio un pretexto para apuntarme frente a esta, pero del otro lado de la calle, esperando ver aunque solo fuera su sombra a través de las cortinas de la ventana, so pretexto de que estaba esperando a aquella tía de nombre Géraldine, que fue la tía consentida de la descendencia de todos sus hermanos y hermanas. La tía de azúcar, que nos defendió, nos ayudó y en quien nos refugiábamos cuando los padres nos buscaban escoba en mano.

Algo se debe haber notado de ese fervor. Un día de invierno por la tarde me había refugiado en casa de la tía Géraldine para calentarme los huesos y las piernas porque portábamos pantalones cortos de los cuales más de la mitad heredaba de mis primos más grandes y los pasaba, a mi turno, a mis primos más chicos cuando ya no podía cerrar los botones. Aquella tía de azúcar era una mujer sensata, amada por todos, bajita, de cuerpo pesado, con una mirada azul siempre inquisitiva. Me miraba mientras yo no apartaba los ojos de la casa de Josefina, esperando a que pasara. Entonces me dijo con un tono suave:

—Jean Pierre, Josefina no es tocino para tu pico.

Algo me pasó. Hice como si no comprendiera de qué estaba hablando y me sentí muy traicionado. Había descubierto mi amor tan puro y tan platónico.

—Josefina no es tocino para tu pico. Déjala —repitió.

Yo quería meterme en un hueco en el suelo y nunca reaparecer.

No fue el fin de ese amor, aunque a partir de ese momento me sentí humillado y descubierto. Creo que allá, en esa cocina-sala-comedor de la tía azúcar, sentado sobre una silla y con la estufa de carbón casi entre las piernas y mis manos estrechadas sobre ella, fingiendo no haber oído, empezó a germinar mi rebelión contra el orden social. No solamente en aquel pueblo, sino en todo el mundo y por todo el tiempo que viviré.

* * *

Hago una pausa en mi relato de lo que fue mi miñez en aquel pueblo flamenco. Las noticias de México, desde donde estoy escribiendo en los últimos días del verano de 2007, me impiden seguir pensando en lo sucedido cincuenta años atrás. Da asco, vergüenza y coraje. Hoy los tres grandes partidos políticos maniobraron para recuperar el monopolio de la vida social, financiera, intelectual y política a través de una reforma electoral. Los políticos de este país no tienen otra referencia histórica que el dominio absoluto durante setenta y tres años del partido-estado del PRI. De tal manera que al fin y al cabo, todos gobiernan como priístas, sea cual sea su nombre, ideología o postura. Antes, todo el poder, el dinero y la vida

El Hedonista

misma eran para el partido único. Ahora, por un simulacro democrático, lo quieren compartir entre ellos tres y llamarlo: "Democracia, libertad y justicia". Algo parecido a que Fidel Castro quisiera compartir el poder de su Partido Comunista con otros dos partidos, pero todos comunistas.

Actualmente, el hombre más rico del mundo, al nivel de Bill Gates y de los príncipes petroleros, es mexicano, se llama Slim (lo que en flamenco se traduce como "astuto" en el sentido de "zorro astuto"). Hizo su fortuna ejerciendo el monopolio del teléfono, empresa que le regaló un presidente cuate que quería "modernizar" la economía, privatizándola. Bonito resultado: estamos pagando las tarifas más caras del mundo. Cada vez que tomo el teléfono pienso en este señor y experimento algo como lástima. Hasta nuestros ricos son de segunda mano; con sus monopolios son parte del problema de México y no de la solución. Para comprarse un poco de respetabilidad, el señor regaló decenas de millones de dólares a la ONG *Wild Life*. Los cincuenta millones de pobres de México están encantados de saber que a Slim le gustan los animales del bosque más que a ellos. La miseria de tantos, la injusticia, la corrupción no le cuesta un minuto de sueño a la clase política mexicana que robó sin remordimientos durante muchos decenios toda la riqueza del país. Con lemas como: "Quien no transa, no avanza"; "Nadie para un cañonazo de cincuenta mil pesos"; "Un político pobre es un pobre político"; "La forma es el fondo"; etc., la casta política mexicana sigue comportándose como los conquistadores: pillaje y robo.

América Latina entró en la historia moderna y en la conciencia mundial con hechos de saqueo, robo, traiciones, violencia y violaciones. Creo que aún no se ha deshecho por completo de este primer contacto. Los conquistadores dejaron la plaza a los políticos que siguen haciendo más o menos lo mismo. ¿Aún tienen dudas de que no sea cierto? Hace unos años la muy creyente señora Martha, segunda mujer del Presidente Fox, descaradamente y sin el menor remordimiento, operó un tráfico de influencias que hizo de sus hijos unos multimillonarios en menos tiempo de lo que hace falta para escribirlo. Una encuesta demostró que el ochenta por ciento de las mujeres mexicanas sencillamente declararon que en su lugar hubieran hecho lo mismo y la aprobaron. Entonces, ¿no les parece que el engaño, el robo y la corrupción están profundamente anclados en la cultura mexicana?

Hoy es un día de septiembre, por la tarde. El cielo se cubre de nubes negras como lo está haciendo mi cerebro. Nada se mueve, ni una hoja en los árboles a un lado de la cabaña; del otro lado, ni una rizada sobre el mar. Todos esperamos que estalle la tormenta tropical con su espectáculo de relámpagos, truenos y chorros de agua. Tal como en la vida política del país:

🌵 J-P Goffings 🌵

Estamos en el teatro y es la segunda llamada. El primer relámpago aparece a lo largo, sobre el mar. La naturaleza va a representar su obra maestra.

* * *

Hay dos divertimientos populares en Heur, tal vez tres, pero el tercero dura solamente una semana: la kermés del santo patrón San Donato, a quien se debe rezar para que nos proteja de los relámpagos y truenos. Tiene su estatua en el coro de la iglesia, vestido de legionario romano. Nadie me pudo explicar por qué el trueno y el relámpago son asuntos de este legionario romano, pero así es. Una vez al año, junto con la procesión del Santo Sacramento se paseaba a San Donato por la calle del pueblo, por el bajo y por el alto, ida y vuelta. Para la ocasión la calle se vestía de fiesta, con las banderas de los santos que los dueños de todas las casas respetables ponían frente a su fachada cada cinco metros; más banderas frente a tu casa; más importante tu rango económico y social. Se echaban flores sobre el rudo suelo de polvo y piedras. Casi todo el pueblo tomaba parte en la procesión. A mí, como monaguillo, me tocaba caminar delante del baldaquín del Sacramento portado por el cura vestido de un manto pesado con hilos de oro, sudando como un jornalero. Yo, con media docena de monaguillos más chicos, balanceaba el incensario. Me gustaba mucho ese lugar porque caminaba justo detrás de la banda municipal Santa Cecilia. Tenía los bolsillos llenos de incienso robado para echar un máximo de humo. Echar incienso sobre el carbón ardiente sin que el cura se diera cuenta era una operación delicada. El cura casi no echaba incienso: tenía asma. Así tomábamos nuestra venganza de todas las represiones, bolas, amenazas y patadas por el culo recibidas en el año; tratando de sofocarlo.

Yo empujaba y jugaba con los demás para estar del lado de la casa de Josefina, lo que implicaba un cambio de lado cuando la procesión daba media vuelta al llegar al final del pueblo.

Ese día, la comida era especial, con la presencia de un par de tíos y tías que no vivían en el pueblo. Se sacaban los platos y cubiertos que se usaban tres o cuatro veces al año, no más. Invariablemente se comía conejo "a la cerveza" con bolitas de puré de papas envueltas en pan rallado fino, la especialidad de mi madre. Por la tarde había una carrera de bicicletas para lo cual yo era bueno en mi categoría; o de burros, para lo cual era malo. También se jugaba al cuello de ganso. Era así: un ganso era atado por las patas a la rama de un árbol, cabeza abajo, y los competidores sentados sobre un burro, en un tiempo determinado y sin salir de un círculo, trataban de arrancarle el cuello. El ganador se llevaba el ganso.

No me gustaba. No sé de dónde venía tal barbaridad. Cincuenta años después —sí, medio siglo— vi a los indios de Oaxaca, en México, practicar el mismo juego bárbaro donde se trataba de arrancar el cuello de un gallo colgado de las patas en una rama. Se me ocurrió pensar que era parte de la cultura ibérica, visto que estos indios y mis ancestros disfrutamos de ser sometidos por los mismos conquistadores.

Había todo tipo de competiciones. Algunos campesinos se aislaban en un campo o un bosque para la pelea de gallos, que estaba prohibida y severamente reprimida por el único agente de la fuerza pública que tenía el pueblo. A menudo la pelea de gallos acababa con una carrera de persecución entre los protagonistas y el guardia de campo —así se llamaba— matraca en alto. Pero lo más frecuente era que a las cuatro de la tarde él estuviera ya demasiado borracho para correr detrás de nadie.

Aparecían los primeros borrachos a partir de las tres y no era raro ver por la calle unas carretas cargadas de hombres borrachos empujadas por sus mujeres e hijos. Por la noche había baile en la sala de la parroquia. Allí aprendí mis primeros pasos en este arte que, después de varios años, descubrí que es una introducción al amor. Aprendí a bailar vals, polca, fox-trot y tango (dos pasos para delante, un paso para atrás) con mis tías y primas.

Pensándolo bien, esos bailes, bajo los ojos de todo el pueblo, son la única educación sexual admitida que recibí en mi temprana juventud. Por cierto ni una madre fanática católica ni el cura Eyskens ni los padres maristas, luego los jesuitas del seminario, fueron los mejores maestros para enseñarme todo sobre mi cuerpo, la mecánica de este y, menos, mucho menos, sobre frustraciones, sentimientos, placeres, estimulaciones y todo lo que hace que un ser humano viva en armonía con su cuerpo. Cuánto tiempo perdido que luego tuve que atrapar. Creo que en materia de pobreza de educación sexual, las muchachas y muchachos de las escuelas de curas y monjas flamencos teníamos la medalla de oro.

* * *

En estos tiempos y en este lugar, bailar era un ejercicio físico de pareja; además, de género diferente. Es un acercamiento sexual socialmente aceptable en la civilización en la cual nos toca vivir. Cultural y socialmente realza la parada nupcial o si quieres, el campo de batalla de demostraciones físicas con fines sexuales por medio de cansancios musculares, de transpiraciones, de modificaciones rítmicas, cardíacas y respiratorias. A veces hasta el agotamiento, aunque se trataba de un agotamiento diferente: el del esfuerzo físico de la relación sexual.

Bailar es medirse por los ojos, los movimientos corporales, las piernas, las manos, los dedos entrelazados, las caderas que ondulan, se mueven, se pliegan al ritmo de una música y de los deseos. No es un asunto de amor, sino más bien de erotismo. Los bailes son de cuerpos, no de almas. Bailar es un desgaste, un deseo de consumir lleno de energías sexuales. Para los que bailan solos (desde el *twist* y la música moderna posterior al *rock'n roll* casi todos lo hacen), el baile se puede ver como un placer solitario, narcisista, una puesta en escena de sí mismo para demostrar el contentamiento de uno consigo mismo, con fines de descargar un exceso de energía.

Hoy en día hay cultos e iglesias que se dedican a descargar este exceso de energía colectivamente, canalizándolo hacia un concepto religioso y hacia los bolsillos de los predicadores. En sus templos se baila, se ondulan los cuerpos, se hacen ademanes gimnásticos con las manos y los pies, se canta, se grita; en fin, uno se deshace de una energía originalmente orientada a lo sexual. Son las innumerables iglesias protestantes norteamericanas: presbiterianas, bautistas, pentecostales, "séptimodiaristas" y otros "istas" de las cuales el fondo de comercio es la sexualidad reprimida, negada, sofocada y de manera hipócrita, escondida.

Lo que sea; el baile es una demostración de un cuerpo solo que está consumido por un anhelo de bienestar, de deseo, de ligereza, de ritmo, de cadencia, de movimiento, de desafío. Como dicen: "el baile es una expresión vertical con un deseo horizontal".

* * *

Aunque sabía que los ricos del bajo no venían al baile, siempre tenía un ojo en la puerta para ver si aparecía ella, sabiendo que si lo hacía, nunca me alcanzaría el coraje para invitarla a bailar y menos —felicidad divina— tocarla. Nunca logré tocar un pelo de Josefina; mucho menos, robarle un beso, aunque fuera en la mejilla. Siempre buscaba su mirada para ver si había alguna respuesta. Muy pronto, cuando ella se dio cuenta de mi circo, evitó cruzarme. No sé cuántas veces he querido morir.

El domingo, en invierno, después de la misa de las siete, se veían hombres en bicicleta o a pie caminando hacia la cantina y cargando cajitas de madera de las cuales salía por un lado la cabeza y por el otro, las plumas de la cola de un gallo. Iban al "canto de gallos". Entre cervezas y cafés, inscribían sus gallos y pronosticaban el número de veces que iban a cantar en quince minutos o en media hora y apostaban dinero.

A la señal del maestro de ceremonia, que es el cantinero, todos salían

al patio donde estaban alineadas unas cincuenta cajas hechas de cinco tablitas y una reja, que daba frente a una larga banquilla a tres metros de distancia, detrás de una tabla donde se colgaba la ficha de cada gallo. Los dueños no tenían el derecho de anotarle a sus propios gallos desde que un tío mío había enseñado a su gallo a parar de cantar cuando él se ponía el lápiz detrás de la oreja. Detrás de cada anotador había un controlador que ponía los ojos grandes si uno hacía ruido, o un tocaba discreto a la espalda si alguno se olvidaba de anotar un canto. Todo pasaba en un silencio absoluto desde el silbido del inicio hasta el silbido del fin de la competencia. El gallo que cantaba justo el número de veces pronosticado, ganaba; uno o dos cantos menos también. Tres cantos menos reembolsaban la inscripción, pero con un canto de más era eliminado. Vi a algunos que, de rabia, le torcieron el cuello de su gallo ahí mismo. Pobre animal, que no sabía sumar.

Muchas veces acompañé a mi padre, que era aficionado al canto de gallo. No se puede decir que era un hombre de pocas palabras: nunca dijo nada. Si abría la boca era para gritar porque algo no le gustaba —lo que sucedía a menudo—, proferir una blasfemia con el nombre del Dios Padre que no hizo bien las cosas o soltar una carcajada rabiosa. Sin embargo, tenía los ojos como si siempre rieran, no sé de qué, porque él no estaba contento con la vida que le había tocado. A mí me encantaba la compañía de estos hombres ruidosos, groseros, que bebían y fumaban mucho, blasfemaban más, reían con mucho ruido, se empujaban con sus gruesas manos llenas de callos de trabajadores de campo que manejaban palas y horcas y movían caballos de una tonelada con un clic de la lengua sobre el paladar.

Orgulloso, yo me movía entre ellos como un pez en el agua, trayéndoles cerveza o una ginebra, cuidando las cajitas con sus gallos y ellos me regalaban vasos de coca cola o de limonada y barras de chocolate. Algunas veces también me mandaron a sus casas a decirles a sus mujeres que mejor fueran a buscarlos con la carreta.

Cuántas veces he acompañado a mi padre en bicicleta por caminos de lodo, con lluvia o cortante frío, pedaleando hasta no sentir más las piernas o los pies, cada uno portando una cajita con su gallo, hacia unos pueblos más alejados donde las apuestas eran más altas y los competidores desconocidos. Hasta pueblos valones donde se hablaba un francés muy cantado que mi padre dominaba poco pero lo suficiente para, con señas y unas palabras, hacerse comprender entre aficionados. Esto sí formaba el carácter y las piernas.

Así pasábamos los inviernos. La llegada de la primavera desarreglaba el canto de los gallos que se volvían incontrolables.

En verano, la clase obrera y los peones agrícolas se divertían apostando su dinero y tomando mucha cerveza con la carrera de las palomas viajeras. La cocina, la sala y hasta el dormitorio de mi tío Gustavo estaban llenos de grandes fotografías de palomas con las inscripciones de sus premios. En este pueblo un huevo de campeona se vendía hasta por un mes de salario. ¿Pero campeona de qué?, me pregunto.

Así convertías alguna vez tu azotea en una palomera en la cual registrabas a tus mejor nacidos que portaban un anillo metálico en una pata con un número debidamente apuntado en la Federación Nacional de Corredores de Palomas. En la temporada de carreras, el viernes por la noche, llevabas a tus aves competidoras a registrarse para la carrera del domingo. Cada carrera venía anunciada con la distancia, en función de lo cual elegías a tus corredores, porque ahí estaban los que eran buenos en cortas distancias y estaban los maratonistas, igual que nuestros atletas olímpicos. Tomabas unas cervezas y hablabas de palomas con los cuates. En una esquina del local registraban a tus palomas poniéndoles en la otra pata un anillo de plástico con un número y te designaban un reloj enmarcado en una cajita de madera con un mecanismo de registro y tantas pequeñas cápsulas de aluminio como palomas registraras. Te los llevabas (los relojes) a la casa tarde en la noche, medio "crudo".

Tus palomas, debidamente registradas y con sus anillos, ingresaban con las demás en grandes jaulas, agrupadas por región. Eran entonces cargadas en camiones y trenes que las llevaban a su destino, hacia Francia. Pasabas el sábado frente a la radio que anunciaba el progreso del convoy y la hora de liberación cuando llegaran a su destino. Calculabas con precisión la hora en que tus campeones podrían presentarse en tu azotea el domingo por la mañana. Ese día no solamente tú, sino todos tus familiares, amigos y vecinos apuntaban la nariz al cielo escrutando el más mínimo movimiento que pudiera señalar la aparición de las palomas; una por aquí, otra por allá. Normalmente las pobres aves, sin comida desde tres días atrás (porque no les daban de comer antes de competir para que no se sintieran pesadas), se dejaban caer de cansancio y entraban en la palomera de prisa. Pero también podía ser que se hicieran las graciosas y coquetas, volando de tu techo al del vecino; que se presentaran como para entrar y no entraran a pesar de que tu mujer o tu hijo les estuviera echando comida y llamando con ruidos, supuestamente un lenguaje convenido entre tú y la paloma.

Así, un día que el campeón de mi tío Gustavo llegó primero al pueblo, pero no quiso entrar dejándose adelantar por otros competidores, mi tío lo mató de un tiro de su escopeta. Después, lloró y no habló con nadie por meses. Un campeón que no entra no es un buen campeón. Bueno, supongamos que tu paloma entraba en la palomera, ahí empezaban a contar los segundos: tenías que atrapar el animal, sacarle el anillo de plástico de la pata, poner el anillo en la pequeña cápsula, introducir aquella en el hueco previsto en la cajita del reloj y maniobrar una llave para que estuviera registrada, al segundo.

Una vez que tus palomas llegaban y eran debidamente registradas, llevabas tu reloj a la cantina donde, entre vociferaciones, risas, carcajadas y blasfemias, abrían los relojes y ponían en un gran registro los resultados de tu sección. Estos eran llevados al centro regional y después de un descuento de los tiempos según la distancia entre los diferentes pueblos y el punto de partida de la carrera, eran proclamados los ganadores el domingo por la noche o el lunes por la mañana. Tú ya habías regresado a tu casa por la tarde, con una sonrisa o con la cara larga, pero probablemente otra vez medio "crudo".

Todo el proceso de la competencia era muy serio, tan serio, que el mismo cura programaba la hora de la gran misa del domingo en función de la supuesta hora de llegada de las palomas. Por eso él mandaba a los monaguillos por el pueblo gritando para anunciar la hora en que convocaba a los feligreses para honrar al Señor creador de las palomas, incluso asociado a él en la Santa Trinidad. Por supuesto, para no asustar a las aves, no sonaban las campanas de la iglesia en las horas en que podían llegar los campeones emplumados. Incluso el cura del pueblo de al lado tenía campeones viajeros de renombre en toda la región.

Entre un canto de gallos y una carrera de palomas había tiempo —más de lo que me gustaba— para ir a la escuela de los maristas en Tongeren. Hasta que me dieron mi primera bicicleta, el trayecto de seis kilómetros se hacía en tranvía. Los maristas nos enseñaron lo básico de las nociones morales cristianas católicas y romanas, los conocimientos de historia y de las matemáticas, a golpes de regla, cachetadas y castigos de todas formas. El más común era "el pegamiento" que consistía en quedarte de pie, la nariz casi pegada a un muro por media hora sin moverte ni girar la cabeza, después de clases. Creo que la idea era hacerte reflexionar y meditar sobre tus pecados. No funcionó muy bien conmigo, porque me tocaba por lo menos dos veces a la semana estar pegado al muro. Sin embargo, tenía sus consecuencias, porque quedarme media hora más significaba que el tranvía de todos los escolares del pueblo se habría ido y me privaría de poder contemplar con ojos de buey enamorado a Josefina, ahora estudiante de la Regina Pacis, un equivalente de los maristas para muchachas. Ella tomaba el mismo tranvía pero siempre se quedaba en el grupo de las muchachas del otro lado del vagón. En esta escuela —la única entre todas las que frecuenté— siempre salí primero o segundo del curso. Me gustaban la historia, la geografía y hasta las clases de religión, sobre todo del *Antiguo Testamento* con sus historias de batallas, peleas, traiciones, fornicaciones, mujeres un día medio putas y el otro día guerreras heroicas y hasta santas. Aprendí a saborear la lectura, las historias de caballeros sin miedo y sin reproche que amaban honradamente y rescataban doncellas de increíble belleza, virtudes y pureza; que mataban a los infieles en las cruzadas, a los traidores y a los dragones, criaturas del diablo. El mundo se estaba abriendo. Lamento mucho no haber sido un caballero feroz pero justo, que pusiera su espada al servicio del honor de la doncella de su alma, que en mi caso era nada menos que Josefina.

Entonces fue cuando di una demostración de mis talentos de comediante, que años después llevaría a la realidad sobre las tablas de una verdadera escena en Chad.

Un día, en el que no tenía ganas de nada relacionado con la escuela —estos días los hemos conocido todos—, simulé un dolor de barriga. No había caso de hacerlo en casa: mi madre veía a través de mí. Así que la comedia se la hice a los maristas. Debe haber sido muy convincente, porque creyeron tanto en mi dolor de barriba, que me mandaron al hospital. Verdad que me dolía un poquito, pero nada excepcional. Me examinó un buen doctor. Tres horas después me sacaron el apendicito. Lograron avisar a mi madre en el pueblo, que llegó al hospital con la tía Géraldine —ambas muy asustadas— cuando ya me había despertado de la anestesia. Me traían ropa limpia. Nunca más volví a jugar a la comedia del enfermo.

* * *

Estas remembranzas de mi educación me llevan a sentirme afortunado por haber sido educado —aunque de la forma más ruda y con muchos fallos— por los maristas flamencos y no por los maestros y maestras de México donde la educación, tal como la veo, es un desastre, una catástrofe nacional.

Estamos en el otoño de 2007. Ayer por la tarde, cuando empezaba la puesta del sol —que aquí en Campeche es una verdadera maravilla con el mar que se colorea de una sombra de sangre y las nubes que toman todos los tonos del azul, naranja y negro—, los trabajadores de la finca y el mando, alrededor de un refresco, discutían de lo hecho y de lo por hacer de mañana, de lo que va y no va con los peces a su cuidado. Allí estaban Francisco o Pancho; de quien hablaré más adelante, Ángel, Daniel,

El Hedonista

Carlitos, Efraín, Roberto, Roger, Khalil, Rogelio, Tomás, los franceses Patricia y su compañero Patrick, y mi compadre Willy de quien hablaré también más tarde. Me gusta nombrarlos a todos por su nombre, pues en este momento son ellos casi la totalidad del capital intelectual y técnico del cultivo de peces marinos en México. Estos momentos de franca convivencia entre patrones y trabajadores no son costumbre laboral en México. Me costó trabajo, paciencia y tiempo lograr que se "soltaran" y se sintieran cómodos, confiados de que la relación no era arbitraria ni tiránica, pero sí de hombre a hombre. El concepto funciona bien, tanto aquí como en todas partes, a pesar de que aquí ha costado más lograrlo. No es parte de la cultura mexicana, basada más bien en la sumisión y la brutal explotación, que en compartir responsabilidades.

Cuando todo ya estaba dicho y comenzaron las bromas y carcajadas del día, el Flaco Tomás, mirando a la única mujer del equipo, una maravilla de sentido común y de buen humor, le preguntó si Francia estaba más lejos que Texas, y cuánto tiempo se demoraba en ir hasta allí en coche. Es un hombre de veintiséis años. Ha hecho toda su escolaridad, primaria y secundaria, en la enseñanza pública de la maestra Elba Esther Gordillo, presidenta y cacique de la vida del sindicato de los maestros mexicanos —y por supuesto, de paso, multimillonaria en dólares—. El gobierno entrega cada año un cheque de cien millones de pesos a esta señora, de los cuales ella no tiene que justificar ni un centavo; solamente firma el recibo y nadie sabe cómo lo utiliza. De los muchos legisladores que han pasado en los últimos diez años, ninguno o ninguna se ha atrevido a hacerle una pregunta. Hay muchas patadas por el culo que se han perdido en México; el país fabrica este tipo de personajes por docenas.

La pregunta ingenua de Tomás tiene su origen en el hecho de que el nivel educativo en México está entre los más bajos del mundo, a pesar de que la dotación del gobierno en materia de gastos por alumno no sea mala. ¿Qué pasa? Por supuesto el sindicato de maestros se declara no responsable, como si el huracán no fuera responsable del viento. El sindicato recluta a los maestros, decide los programas y el calendario escolar, que en la realidad no llega a los ciento dieciocho medio días por año. Pero él no es responsable de los resultados y nadie se atreve a pedirle cuentas. Setenta y ocho años de cobardía, dimisión y corrupción de la clase política mexicana han llevado a este resultado. Dejo el resumen a un ciudadano campechano, José Roberto Oropeza Ortiz: "La pobreza en Campeche y en México empieza por la miseria de su educación. La pobreza y la miseria son parte del circuito sin fin del subdesarrollo, de la ausencia de capacidades y la competitividad que anhelan las sociedades globalizadas como la nuestra".

¿Quieres un ejemplo de cómo funciona el no funcionamiento de la educación en lo cotidiano? Este año, el día del maestro cayó un jueves. Por consecuente el miércoles —día de desayuno de los maestros— no dieron clases, o sea que despidieron a los alumnos el martes al mediodía. Como el viernes es el día entre el jueves y el sábado, hicieron puente. En resumen, el día del maestro duró desde el martes al mediodía hasta el siguiente lunes por la mañana. Y en las comunidades rurales, hasta el martes, porque hay que viajar hasta la escuela. ¿No les parece un chiste? El Flaco Tomás y probablemente sus hijos seguirán pensando que la carretera de aquí a París es muy larga. Hace poco recibimos en la granja la visita de una clase de nueve muchachos y muchachas que ya tenían doce años de "educación" en su equipaje. Ninguno fue capaz de citar a un escritor o un pintor mexicano, salvo uno que me dijo "García Márquez". No debe sorprender que el cuarenta y seis por ciento de los bachilleres de México no sepa sumar. Pregunta: ¿Quién ha dañado más a México y por más tiempo: Elba Esther Gordillo y su sindicato de maestros o el Chapo Guzmán, capo de un cartel de la droga?

Ustedes saben que la sangre me sube a la cabeza con cada estupidez o injusticia que me toca ver y vivir, y son muchas. En ninguna parte como en México es tan cierto el dicho "estamos donde estamos porque somos como somos".

* * *

Regresamos a Heur en la década del cincuenta. Una mañana, cuando estábamos vestidos con ropa de servidores de misa —camisa blanca y falda roja que nos caía hasta el suelo por encima de los pantalones—, en un local tan grande como un clóset al lado del portón de la iglesia, el cura Eyskens me llamó, lo que era señal para empezar a temblar y siempre tener la mirada estudiando con aplicación la punta de los zapatos. Me puso su enorme mano en el hombro derecho, lo que por instinto me hizo dar un paso atrás. Eso lo hacía a veces cuando estaba de buen humor, pero nunca se sabía si era para acariciarte el pelo o la cara —lo que hacía a menudo— o para agarrarte la extremidad de la oreja que jalaba fuertemente mientras que con la otra mano te administraba un bofetón que sentías hasta las nalgas y te llenaba los ojos de lágrimas mientras el lado de la cara que se había encontrado con la mano del cura Eyskens se coloreaba de un rojo y azul profundos.

Aquella vez tuve suerte: mis orejas quedaron en su lugar natural y la mano no llegó a mi cara, que así guardó su color natural. Me atreví a levantar la vista. El cura Eyskens era un armario de hombre, macizo, alto y ancho, con una cara roja y ojos azules que se escondían entre capas de grasa y sus cejas gruesas y negras. Su sotana, sobre la cual caía el mentón, estaba siempre impecablemente planchada y limpia, no como las sotanas de los maristas de mi escuela que lucían de grasa y tenían parches cosidos en los codos. Casi no tenía pelo, solo unas mechas que trataban de esconder una parte de sus enormes orejas. Hasta sus zapatos estaban impecablemente lustrados. Es que vivía con una sobrina que le hacía de sirvienta. Pero en todo bien, porque era de conocimiento público (gracias al doctor que de vez en cuando visitaba el pueblo a caballo y siempre se paraba unas horas en la cantina) que la sirvienta del cura era virgen a sus cincuenta y tantos años.

Me jaló hacia él e inclinando la cabeza hacia mis rescatadas orejas, me dijo con su voz grave:

—Dile a tu madre que quiero verla el domingo después de misa.

Después de un tiempo, levantando por completo la cabeza y los ojos, logré balbucear:

—¿Después de la misa chica o la grande, padre?

—La grande…

Me dejó contemplar su enorme espalda y se marchó con pasos de gigante hacia la sacristía.

Al enterarse mi madre, acogió el mensaje con unos ojos interrogativos y durante lo que quedaba de la semana se puso nerviosísima. Tuve la precaución de quedar fuera del alcance de sus manos, sabiendo ella tanto como yo lo pensaba también, que el único objeto de esta convocatoria por parte del cura Eyskens era yo y, por cierto, una gran torpeza que había cometido. No se nos ocurrió a ninguno de los dos que pudiera ser por otra cosa. Puse mucha atención a lo que hice y dije durante esos días.

La gran misa del domingo es el evento religioso pero sobre todo social de la semana. No había vestido nuevo de mujer, abrigo, sombrero, zapatos o cualquier cosa por el estilo que no estuvieran inaugurados por sus orgullosas dueñas para la ocasión de la gran misa del domingo. Donde, por supuesto, todas las almas que vivían en el pueblo estaban presentes; por lo menos aquellos que no fueron a la misa chica de las siete. De fallar a la reunión, se corría el riesgo de ser denunciado públicamente en el sermón del cura Eyskens. Solamente dos familias se arriesgaban a no asistir: una pareja de militares retirados, ajenas al pueblo, que nunca supimos por qué llegaron a perturbar la paz social de Heur, y una familia con dos hijos que iban incluso a la escuela pública, el Ateneo, donde no había curas y las clases de religión eran opcionales. Ambas fueron odiadas y tratadas

❦ J-P Goffings ❦

por los demás pobladores como agentes del diablo, bolcheviques, comunistas y las mujeres, como putas. Secretamente me fascinaban.

Así que la iglesia se llenaba a reventar. Delante se ubicaban las niñas y niños, detrás las muchachas y muchachos "en formación" para la comunión o la confirmación, entre las cuales, por supuesto, la única que para mí existía en el mundo: Josefina. Detrás, las mujeres y al final la población masculina, una buena parte de pie, pegada a la puerta y hasta afuera por falta de banquetas y por no querer mostrarse demasiado devota. Así, el portal se convirtió en sala de charla y de negocios. Eyskens, desde lo alto de su púlpito, se cansaba de llamar a la gente masculina al respeto de la casa de Dios, sin mucho éxito. El volumen de las vociferaciones de los campesinos, medio adentro y medio afuera, era proporcional al volumen de la música que salía con dificultad del gran órgano tocado por uno de los maestros de la escuela.

Un día en que el maestro Jules había sacado todos los registros del órgano a todo volumen y se calló repentinamente el órgano, escuchamos con claridad una voz fuerte que gritaba: "¡Y lo vendí por mil francos!". Siguieron unos largos minutos de un silencio de cementerio después del cual todos los hombres huyeron de la iglesia entre carcajadas y jurando por el gran Dios. Es el único día que, en mi memoria, se escucharon risas en esta iglesia.

El momento fuerte de la misa no era la consagración de la hostia —que, entre paréntesis, nosotros los monaguillos comíamos por docenas, acompañándolas, cuando se podía, de vino blanco de misa— ni era el desfile de moda al cual se prestaban las mujeres cuando iban a comulgar; el plato fuerte era el sermón del cura Eyskens conocido en toda la región por pintar los infiernos más ardientes, los paraísos más hermosos y echar los relámpagos más amenazadores a la cabeza de los pecadores o infieles. Todo el mundo tenía derecho a las condenas más horribles: los que no venían a misa, las muchachas que llegaban a su noche de boda sin ser vírgenes, los ladrones de bicicletas y cuántos más. También los bolcheviques, los comunistas, los socialistas, los librepensadores y los masones que fueron tratados como los enemigos más implacables de la Iglesia, quienes en sus ceremonias secretas profanaban el crucifijo, quienes eran los servidores sumisos de Satán y, qué pena, ya no podían ser quemados en la hoguera... Y también el gobierno liberal, los lectores de libros al índice de la Santa Iglesia, los estudiantes de la *Biblia* que no era buena lectura para el vulgo y no sé quién más.

Muchos años después, durante mi iniciación como masón, he pensado en el cura Eyskens ya muerto desde hacía mucho. Pero esto vendrá más tarde.

❦ *El Hedonista* ❦

    Debe haber sido al inicio del mes de abril, porque recuerdo que el día anterior había llovido mucho con un intenso frío, de manera que a pesar de que el sol estaba resplandeciendo, tenía puesto un abrigo grueso por arriba de un suéter de lana y calcetines también de lana escondidos en botines de cuero espeso. De manera que estaba sudando a la puerta del presbiterio esperando a mi madre. También era probable que el sudor proviniera de la angustia. ¿Qué podía decirle a mi madre el cura Eyskens que no le había podido decir en el confesionario donde mi madre acudía por lo menos dos veces al mes? Cada año, a fines de abril o al inicio de mayo, había tres días de clima invernal, como si la naturaleza antes de empezar su glorioso camino hacia el verano quisiera hacer una pausa y congelarse una última vez. Estos días se llamaban "los caballeros de mayo" o "los santos de hielo". Eran la gran angustia de los granjeros que ya tenían el trigo saliendo de la tierra, los frutales en flor y las papas sembradas. Si los caballeros de mayo eran bravos, todo se echaba a perder. La segunda floración nunca es tan buena como la primera.

    El tiempo se me hacía largo y abandoné el portal del presbiterio para unirme al juego de fútbol entre los del alto y los del bajo que había empezado en la calle. Podía degenerar, como ocurría a menudo, en batalla de piedras y golpes, porque los del bajo eran tramposos.

    Llegué a la casa con la cabeza baja, listo para enfrentar lo peor, porque seguro que mi madre y el cura Eyskens se habrían puesto de acuerdo para un castigo ejemplar. Cuidé bien que la mesa quedara entre nosotros, listo para volar a la puerta y refugiarme en las faldas de la tía Géraldine o esconderme por un tiempo en un sótano. Como ninguna gritería o bofetada parecía llegar, lentamente alcé los ojos hacia mi madre y, para mi gran sorpresa, vi que no había nada de hostil ni de cólera en su rostro. Concluí que ya no era necesario quedarme cerca de la puerta ni del otro lado de la mesa. Mi madre seguía limpiando fresas que por la tarde harían una tarta ornada con crema de vainilla después de pasar al horno. Lo clásico de un domingo de primavera.

    No me miraba. Se quedaba concentrada en su labor. Hasta creo que esbozaba una sonrisa. Cuando ya mi situación era totalmente segura, me puse al lado de ella. Mi hermana mayor, María, a quien llamábamos Mía, que ya tenía algo así como seis años, estaba sentada al lado de ella, su muñeca en una mano y el pulgar de la otra en la boca, chupándolo con un ruido de succión. Mis dos hermanas más chicas, Denise y Lutgarde, jugaban con mis soldados de plomo en el suelo de la sala. Algo iba a decir. No se sale de una plática con el cura Eyskens guardando silencio. Lentamente

se levantó. Yo le llegaba a los hombros. Me miró fijamente con algo de alegría en los ojos, cosa que muy pocas veces había visto.
—Tú vas a ir al seminario para ser cura.
Lo dijo lentamente y articulando. Como yo la mirara con cara de no saber de qué se trataba, repitió:
—El pastor Eyskens quiere que estudies para hacer de cura.

Todavía no me alcanzó la importancia de lo que acababan de decidir sobre mi futuro, salvo que sentí que iba a salir del pueblo para ir a un internado donde iban los futuros curas. Poco a poco me invadió una cierta excitación.

—¿Cuándo? —pensaba que sería al día siguiente o, a más tardar, el siguiente domingo.

—En septiembre —agarró el plato de fresas y se fue a la cocina.

La primera cosa que pensé fue que los curas no se casan y esa sería mi venganza para Josefina que desde hacía semanas me daba la espalda, no me miraba y menos dejaba que me acercara a ella, como esa misma mañana después de misa. Sabía algo sobre vocación y la llamada de Dios de la cual los sacerdotes, frailes y monjas son beneficiarios. Me di cuenta de que el cura Eyskens y mi madre habían decidido esa misma mañana que yo tenía "la vocación" y había sido llamado por Dios. Yo no me había dado cuenta. Cierto, era muy devoto, rezaba mucho, iba todos los días a misa; pero todo esto tenía una clara relación con el desayuno y los quince panqueques que me recompensaban cada día. Cuando mi madre regresó de la cocina con los platos para poner la mesa ayudada en eso por mi hermanita Mía, resplandecía de satisfacción. Sin duda ya se veía Santa, la única mujer del pueblo que entregaría a su único varón al Señor.

Como él mismo me lo contó después, para el cura Eyskens yo era algo como el cumplimiento de una cuota. Me dijo que, arrodillado delante del obispo de Liejas, él había jurado dar un cura del pueblo a la Iglesia, condición que aquel santo hombre purpurado había impuesto para mantener viva con su pastor la parroquia de Heur.

En materia de llamada de Dios y de vocación, me parecía que quedaban un poco cortos. Pero no me importaba. Ya me veía de misionero en África, convirtiendo a los negritos al cristianismo y haciéndolos miembros de la Santa Iglesia católica apostólica y romana.

Siete años más tarde, cuando pisé por primera vez el continente africano, encontré a los pueblos que entonces querían convertir al catolicismo. Veía que las diferentes religiones ya habían acaparado sus mentes, usos y costumbres; aunque todavía había tierras vírgenes en materia de saturación espiritual. Veía gente amable, gentil, solidaria, de buen humor. Se reían mucho, creaban hijos y morían desde hace milenios sin nunca haber escuchado las palabras "infierno", ni "pecado", ni "pecado original". Cierto: tenían en sus valores lo que se hace y lo que no se hace. El asunto de nacer ya manchado por el pecado no era lo suyo. Pero esto también es otra historia. Me estoy adelantando. Regresemos a Heur en los años cincuenta.

Mi vida cambió del todo en los siguientes meses. Ya no era solamente "el hijo de Katrin"; era también, y sobre todo, el consentido del cura Eyskens. Las bofetadas quedaron atrás, tanto en la casa como en el catecismo; se cambiaron por miradas reprobatorias. Pero eso era lo de menos.

Varias veces el jueves, cuando no había escuela, el cura Eyskens me llevaba en su auto, el único auto del pueblo, un Citroën DS. Yo era el único que había subido con él a su región de origen, en el norte de la provincia, cerca de la frontera con Holanda. Íbamos a marcar árboles en sus bosques porque el pastor era hijo de familia rica que le había dejado hectáreas y hectáreas de bosques de pino que había que esclarecer. Esto consistía en marcar los árboles, quitando un pedazo de corteza con un cuchillo especial. La distancia entre dos árboles no podía ser menor a seis pasos, todo lo que estaba entre esos seis pasos tenía que ser cortado. Y cura y yo los marcábamos.

Más tarde comprendí que todos esos bosques pasarían a ser propiedad de la Santa Iglesia cuando el cura Eyskens muriera, porque el celibato impedía tener herederos. Aprendí que por siglos este mecanismo del celibato, más la venta de misas perpetuas para los difuntos pagadas con tierras fértiles, más la venta de milenios de indulgencias, la mitad de las tierras de algunos pueblos flamencos pertenecían a la Santa Iglesia.

Ya me llamaban mis cuates del alto "el curita", muchos por burla, otros por envidia y respeto. Todas las mujeres del pueblo eran amables conmigo, como si fuera el hijo del cura y como si mi futura gloria, como sacerdote iluminara todo el pueblo.

Mi futuro estado de sacerdote no impedía que siguiera reuniéndome secretamente en un almacén de granos, en un sótano o una cueva con paja y manzanas, con mis tres cómplices cercanos. Allí nos mirábamos el pene y nos masturbábamos cada uno por su cuenta. Pero todavía nadie era capaz de producir una gota de esperma. Este jueguito fue mi iniciación sexual.

Un sábado fuimos Eyskens, mi madre y yo a visitar el seminario

J-P Goffings

de Sint Truiden, pequeña ciudad perdida entre campos de trigo, remolachas y huertas de cerezales, con pasto graso y enormes vacas blancas manchadas de negro que tenían ubres que casi tocaban tierra. El seminario se abrigaba en un antiguo castillo en el centro de la ciudad, a dos pasos de la plaza mayor donde Eyskens estacionó su auto. Tenía una estatua en su centro, no sé de quién, pero sí recuerdo que tenía una espada en la mano y miraba ferozmente hacia el castillo del seminario. Los cuatro lados de la plaza estaban llenos de cantinas, algunos con restaurantes y terrazas con sombrillas, entre tiendas de ropas y un par de ferreterías. Debe ser verdad lo que dicen los franceses: que en Bélgica cada tres casas hay una cantina donde, por horas y horas, los viejos y no tan viejos charlan, ríen, juegan a las cartas tomando uno de los no menos de cincuenta tipos de cerveza que cada lugar que se respeta tiene en su carta; o café o chocolate caliente en el invierno.

Un joven ya grande para mi altura, estudiante del curso terminal que se llamaba también "Filosofía", nos fue asignado como guía turístico del lugar. El castillo era una construcción maciza de piedra gris, de tres pisos, que encerraba por tres lados una plaza grande, no pavimentada, cerrada en el cuarto lado por un muro de al menos seis metros de alto, también de piedras grises. En una esquina de la plaza había una gruta de cemento con una Virgen a media altura de la construcción, toda vestida de blanco y con un cinturón azul; las manos juntas, que miraba hacia un par de banquillas donde supuestos meditadores estaban arrodillados.

Las plantas bajas estaban ocupadas por pasillos y salones de clase, la capilla y una enorme sala comedor y otra gran sala llena de púlpitos con la tabla que se abría por arriba.

Por aquel entonces, en el primer piso había varios dormitorios, amplios y divididos en dos rangos, cuartitos hechos de tres paredes y una cortina hacia el pasillo. Cada cuartito tenía una cama y un armario. En la entrada de cada dormitorio había una estatua de la Virgen, de la estatura de una adulta. Lo recuerdo bien porque la Virgen de mi dormitorio sería la razón de la pérdida de mi vocación sacerdotal. Cada dormitorio tenía grandes ventanas con cortinas pesadas que daban sobre el patio central que era también el área de recreo. Esas cortinas también jugaron un papel en mi pérdida de vocación.

En el tercer piso estaban los cuartos de los sacerdotes-maestros, las oficinas y el Santo de los Santos, la oficina del padre rector. Maestro después de Dios y como Dios no habla mucho, maestro supremo del castillo, de nuestras vidas y de nuestras vocaciones.

Me sentía excitado, intimidado, humilde, muy angustiado e impaciente a la vez. Esto sí que era el mundo: nada que ver con Heur. Sentí que allí se estaban abriendo puertas y que tal vez iba a escapar al destino de obrero metalúrgico que me había sido programado. Cuando cruzamos otros grupos de visitantes, todos compuestos de un curita y de una madre que tenía orgullosamente su descendiente de la mano, trataba de adivinar si aquel podría ser un amigo; pero apenas nos mirábamos. Todos estábamos muertos de angustia.

¿Qué implicaba entonces ser sacerdote? Todo está ya muy lejos, pero recuerdo muy bien que me encantaba la perspectiva de pasarme la vida sin trabajar, sin sudar, sin seguir de rodillas los surcos de trigo o remolachas para sacar las malas hierbas o de rodillas y a mano tapar las papas en la siembra. Y recogerlos igual, doblando la espalda, unos meses después, en la cosecha. Sacar de la tierra fangosa una a una las remolachas y ponerlas muy alineaditas para, de un golpe de machete, cortar las hojas; luego cargarlas en los remolques tirados por caballos o acaso por un tractor; hacer pilas de hojas para también cargarlas a mano en otra carreta y por fin descargarlas, cerca de las establos, sobre una pila grande donde, cubiertas de una lona, iban a fermentar para producir olores pestilentes y finalmente servir de alimento al ganado en invierno.

Un cura no hace eso. Tiene las manos y la ropa limpias. Rezar por nuestra salvación no ensucia. Caminando por el pueblo, todo el mundo y especialmente las mujeres salen para saludarlo. Los hombres se quitan el sombrero o la gorra para besarle la mano. Escuchar y absolver todos los pecados de todos, lo que quiere decir que lo sabe todo sobre todos. Todo esto me gustaba, no le veía muchos inconvenientes a esta carrera, mucho menos que a ser obrero o campesino. El inconveniente mayor era, por supuesto, no poder acceder al encanto de las mujeres que entonces solamente imaginaba y adivinaba. Pero ya sabía que esto también tenía arreglos. Sorprendí conversaciones en la cantina cuando me puse de servidor a los aficionados del canto de gallos o de las carreras de palomas viajeras, en las que se decía que tal o cual sacerdote en tal pueblo tenía hijos. El dicho era que a un cura todos lo llaman padre salvo sus hijos, que lo llaman tío. No lo entendí del todo pero sí comprendí que, siendo cura, había manera de arreglárselas con esta regla de abstinencia sexual; aunque nunca escuché nada de este género acerca de Eyskens, a pesar de que todos sabíamos en el pueblo que la señorita Huberta, solterona, devota y maloliente, encargada de la ropa y de la decoración de la iglesia, estaba enamorada a morir de él. Bastaba con mirarla cuando el cura estaba cerca. Todos los hombres se burlaban de ella en secreto y en voz baja; lo había escuchado en la cantina.

No, de verdad, no veía inconveniente en ser cura y ocuparme de lo espiritual que no ensucia ni apesta.

❦ J-P Goffings ❦

Los dos meses de verano que me separaban del ingreso al seminario fueron los mejores de toda mi vida en Heur, hasta entonces y —como veremos— hasta siempre, porque nunca volvería al pueblo. Fue un verano espléndido. Empezó con la cosecha de las cerezas que en lo alto de grandes escaleras íbamos a buscar hasta el tope de los árboles, llenándonos la panza al mismo tiempo, a pesar de que sabíamos de las consecuentes diarreas. Seguía la cosecha del trigo que, una vez cortado y reunido en fajos, se cargaba sobre enormes carretas; encima de él se sentaban los chicos para ver el pueblo desde arriba: los jardines y las recámaras de los primeros pisos de las casas cuando todas las ventanas estaban abiertas. Y lo estaban, porque ese verano fue muy caluroso. A veces, cuando estábamos cerca de una pradera con bebederos para los animales, nos bañábamos tal y como llegamos al mundo. Seguía la cosecha de las papas, más penosa, pero tenía su encanto el remover la tierra seca y polvorosa con las manos. Todo el pueblo participaba, trabajando un día para un granjero, otro día para otro. Las mujeres, casi todas gordas y pesadas, traían enormes almuerzos y meriendas a los campos donde se cosechaba, con cerveza, ginebra y café. Su llegada daba la señal para sentarse en la sombra de una carreta, dejarse caer en la paja, contar bromas pesadas siempre sobre sexo, o su insinuación, que hacían reír a las mujeres bajo capa y que nosotros los chicos fingíamos no escuchar mientras teníamos las orejas bien abiertas.

Parece que estoy pintando un cuadro de Brueghel el Viejo del siglo catorce. En realidad era así, con la sola variante de que el trigo ya no se cortaba con una hoz sino con una cortadora mecánica jalada por un caballo o un tractor. Los tractores hicieron su aparición masiva por esos años, precediendo la aparición de los autos. Así era la escala de prioridades de estos campesinos flamencos. Mientras tanto, nuestras secretas reuniones masturbatorias en los graneros de diferentes fincas eran más frecuentes que en ninguna otra estación. Los amiguitos con unos pocos años más que yo, ya producían esperma y eyaculaban unas gotas de un líquido lechoso que llenaba al productor de estas sustancias de un tremendo orgullo y a nosotros los "secos", de envidia.

Poco a poco se descontaban los días que quedaban antes del gran viaje al otro mundo donde lo espiritual sería la razón de ser. Desde hacía días mi madre y mis tías estaban marcando toda mi ropa con mis iniciales, a veces bordadas, desde cada uno de mis calcetines hasta las toallas. Tenía catorce años. Corría el año 1957.

Era con un paso alegre como descendíamos la calle del pueblo, un tío que iba a acompañarme hasta Sint Truiden, mi madre con mis tres hermanitas y dos tías que me acompañaban hasta el tranvía de Tongeren,

desde donde el tío y yo seguimos el viaje hasta el castillo del seminario. Una tormenta eléctrica, de esas que hacen memoria en la conciencia campesina, hizo que llegáramos mojados como sapos a la conserjería donde me registraron como futuro sacerdote con vocación decidida por el cura Eyskens y mi madre. Esa noche, la primera fuera de la casa paternal, no me alcanzó el sueño: estaba demasiado maravillado, feliz y excitado.

Los jesuitas que mandaban allí no eran los maristas. No tardé en enterarme de que allí todo era obediencia, sumisión y creencia. Por consiguiente, todo estaba prohibido.

La medida de la obediencia es la prohibición. Más prohibiciones hay, más ocasiones hay de faltar, menos las posibilidades de alcanzar la santidad. La perfección se aleja, mas la culpabilidad aumenta y eso es una buena cosa para Dios o por lo menos para los sacerdotes. Si tenías que caminar en silencio hacia el comedor o hacia la capilla, era en silencio; y no respetarlo te costaba un castigo enseguida. Cada uno debía saber que sin relajarse uno tenía que obedecer, conformarse, hacer como se debe o como la religión lo requiere. Había sacerdotes jesuitas en cada esquina para recordarte esta absoluta necesidad de hacer como el obediente Adán y no como la rebelde Eva. Someterse al deseo de Dios a cada instante. Ese deseo incluía no hablar cuando vas a comer o lavarte. No lo comprendía muy bien, pero así era e hice un real esfuerzo para disciplinarme al extremo. Pero no era cosa fácil. ¿Yo me sometía al sacerdote que me vigilaba constantemente y haciendo eso me sometía a Dios? Me parecía que algo no cuadraba, ¿pero qué?

Los días estaban precisados como relojes. A la seis, levantarse, primera plegaria de la mañana frente al camarote. Lavarse la cara. Seis y treinta, desayuno y preparación de las clases. Siete y treinta, misa. Ocho, clases de Latín, Francés, Antiguo Testamento, separadas por una pausa de diez minutos. Almuerzo, estudio, vísperas y regreso a las clases a las dos de la tarde: Historia, Latín, Matemáticas y Geografía, siempre con pausas cada dos clases que culminaban en el gran recreo de media hora durante el cual jugábamos apasionados partidos de fútbol. A las siete, cena, seguida por una hora y media de estudio para hacer las tareas. Descanso silencioso hasta la plegaria de la noche y la extinción de las luces en el dormitorio a las diez y media.

El domingo nos levantábamos una hora más tarde. Por la mañana había estudio libre; es decir, o te vas a estudiar o te quedas a rezar en la capilla. Por la tarde, después de las grandes vísperas, salíamos del seminario en rango de dos por dos y marchábamos por las calles de la ciudad, a menudo pero no siempre, rezando en voz alta avemarías y padrenuestros en latín. Una vez salidos de la ciudad, nos paseaban por los caminos de campos y huertas, siempre en rango. Las salidas a casa eran tres veces al año, una semana en Navidad, una en Pascua y dos meses por las grandes vacaciones. Este fue el régimen con el cual trataban de hacer de nosotros sacerdotes convencidos, obedientes y santos, para que a nuestro turno predicáramos la obediencia y la sumisión, prueba de comportamiento piadoso que agrada a Dios y a sus representantes.

rosa	rosae
rosa	rosae
rosam	rosas
rosae	rosarum
rosae	rosis
rosa	rosis

El latín y el griego tenían declinaciones, que yo sepa; ahora el ruso y el alemán todavía las tienen. Eso de rosa, rosa, rosam... era lo más fácil, pero cuántas angustias y sudores nos procuraron lo demás. Mis días, noches y sueños se llenaron de declinaciones y verbos latinos. Mientras jugaba al fútbol, declinaba y conjugaba en latín. Después de unos meses ya pasábamos a los textos clásicos latinos, a traducir y recitar de memoria. La conquista de Galia por Julio César me la sabía de memoria.

La punición de los curitas profesores de Latín era citarte de noche en sus cuartos para hacerte recitar partes de textos en latín, de pie, de frente y cerquita de ellos, a menudo de rodillas. Ellos se quedaban sentados en un sillón. Empezaban siempre pasándote las manos por tu pelo, te jalaban hacia ellos y con la otra mano empezaban a acariciarte las rodillas y la entrepierna. A mí me provocaba eso un temor tan grande que no me quedaba otra que reírme nerviosamente, lo cual tenía un efecto desalentador. Y me salía de allí con un sermón moralizador sobre el trabajo, la disciplina y la sumisión. Fui uno de los pocos que escapó: no era un sujeto apto para la pederastia. ¿A ver si me quedaba algo para hacerme sacerdote? Cuando sabíamos que un tal tenía una cita con tal profe de Latín, lo mirábamos con compasión y lástima: sabíamos lo que iba a pasar.

Con dos horas diarias de estudio de los *Testamentos*, el *Antiguo* y el *Nuevo*, durante los dos años que aguanté en el seminario, me hice especialista en ambos libros. Me gustaban las historias de Abraham, David, Saúl, Salomón y tantos otros, sin saber bien la diferencia entre estos relatos y los de Ulises, Hércules, Paris y otros héroes de la antigüedad griega o romana.

* * *

Mucho más tarde, fui a buscar quién había escrito las sagas de los testamentos porque alguien debía haberlo hecho. El *Antiguo Testamento*, en la versión que conocemos, cubre un período de un par de miles de años antes de nuestra era, cuando la veneración de los dioses —que eran muchos— pasó de la forma de piedra, en templos, estatuas, etcétera, a la forma de escritura. De allí en adelante más de uno podía llevar su religión en su bulto, pues no se podía llevar un templo o pesados bloques de piedra. Así, centenares de autores participaron en la obra, borrando algo que no le convenía por aquí, corrigiendo según sus opiniones y lo políticamente correcto de la época, por allá. En fin, una composición colectiva de un par de milenios. Lo que hace entender que Yahvé no ha dictado nada pero que el Libro es una compilación muy humana y, como siempre, escrita solamente por los vencedores.

Es igual con los otros libros sagrados: el *Corán* de los musulmanes y el *Nuevo Testamento*. El primer *Corán* aparece veinticinco años después de la muerte de Mahoma y el *Hadito*, el segundo libro del Islam, solamente en el siglo IX, o sea, dos siglos después de la muerte del profeta. Así fue también con el *Nuevo Testamento* y la historia de Jesús. Ningún evangelista lo conoció. La versión actual del *Testamento* proviene de decisiones políticas tardías cuando un cierto Eusebio de Cesárea, mandado por el emperador romano Constantino, constituye un cuerpo literario a partir de veintiséis versiones de evangelios de las cuales sacaron a los cuatro evangelistas. Estamos en la primera parte del siglo IV.

Pero estos son mis pensamientos actuales, me estoy adelantando mucho. Era entonces un aprendiz de sacerdote de quince años, enfrentándome con la realidad sacerdotal de los jesuitas y en plena crisis mística.

* * *

Por defensa natural instintiva, heredada de mi madre, y la resistencia contra las manos de los curitas tratando de acariciar mi entrepierna, me refugié en un misticismo exacerbado. Si mi ambiente era impuro —el cuerpo, la carne, las manos de los curas jesuitas buscando mi pene con una sonrisa pintada en la cara no sin crueldad, la mentira, la hipocresía—, mi mundo sería un mundo puro: Dios, la Virgen, el Espíritu Santo.

Al terminar mi primer año de aprendiz sacerdotal vivía totalmente en un mundo fícticio, completamente místico, increíblemente atormentado, martirizado. Me estaba volviendo loco. La vista de las rodillas de una mujer me hacía desviar la mirada. Casi no hablaba con nadie. Casi no comía. Me pasaba horas y horas rezando a todos los santos y a la Virgen de Lourdes en particular. Cuando nadie me veía, caminaba de rodillas sobre caminos de piedras, me flagelaba con cuerdas gruesas, mortificando y lastimando mi cuerpo tanto como podía, siempre a escondidas.

Este infierno duró todas las vacaciones grandes. Justo cuando ya mi madre estaba por decirle al cura Eyskens que me había vuelto loco, me salvó otra vez ese sentido profundo de autoconservación, este instinto de sobrevivencia que tantas veces después me ha salvado.

Era en ocasión de la comunión de una de mis numerosas primas. Llegó a la cena una muchacha a la que no conocía, familia del marido de mi tía, una extranjera. Venía de la región de Amberes. Una muchacha hermosa, un poco corpulenta con grandes ojos negros. Era mayor que yo. Descaradamente se había puesto a mi lado en la iglesia y en la cena frente a mí, del otro lado de la mesa, bastante lejos de los adultos.

A primeras no sabía lo que era, pero pronto me di cuenta de que, con su pie, estaba buscando el mío debajo de la mesa. Asegurado de que nadie lo notaba ni me miraba, la cabeza agachada en mi plato de sopa, la dejé hacer, mientras que una gran ternura me invadía. No me atrevía a mirarla, pero nuestros pies se estaban ligando debajo de la mesa. Su juego me había ganado.

Cuando la fiesta estaba ya bien emborrachada, nos escapamos para encontrarnos afuera. Ni nos miramos. Ella me tomó la mano y me llevó hasta el establo de los caballos donde nos sentamos sobre la paja. Me empujó y pegó su boca sobre la mía. Fue mi primer beso, me atreví en un completo estado de exaltación a acariciarle las piernas mientras me besaba. Me eché sobre ella frotando mi pene entre sus piernas y mi pecho sobre sus senos. En unos instantes experimenté una enorme eyaculación: el esperma corría a lo largo de mis piernas dejando una mancha grande sobre mi pantalón. No lo sabía yo, pero era eyaculador precoz.

Campeche, Yucatán, noviembre de 2007.

Querida prima de mi tía, desconocida:

No sé dónde estás ni cómo te llamas ni si todavía vives. A ti te debo que mi vida cambiara de rumbo; gracias a ti no me convertí en un cura pedófilo ni hipócrita ni en un misionero fornicador a oscuras ni en un obispo maquiavélico. A ti te debo que los arrodillados no me molestaran ni me importaran, pero que nunca podré pactar con aquellos que me llevaron a esta posición humillante. Toda la vida me has acompañado en uno u otro instante. Son más de cincuenta los años que han pasado desde que se acabó, gracias a ti y de tan hermosa manera, mi misticismo devastador.
Te mando un abrazo fuerte.

Tu primo Jean Pierre

* * *

Mi segundo y último año de seminario se terminó en el mes de mayo cuando me echaron sin honores, pero feliz como un rehén que sale de un reclusorio.

Mis notas se habían degradado vertiginosamente, salvo en el estudio de los *Testamentos*, que analizaba más y con más sentido crítico, incrédulo, como se estudian cuentos para niños y la historia. Ya me era difícil tragar todo como me lo decían. Mi misticismo había dejado lugar al disgusto, al asco, pero no perdí la fe: eso ocurriría más tarde.

La primera advertencia seria me llegó después cuando, como lo hacíamos a veces, jugábamos a Tarzán. Se trataba de poner las pesadas cortinas bien en el centro de las grandes ventanas que daban del dormitorio a la plaza. Subirse arriba de la palizada que dividía los camarotes, saltar los tres metros hasta las cortinas, dejarse volar afuera y regresar. Cuando tocó mi turno, y había realizado bien la maniobra saliendo afuera pegado a la cortina, vi cinco metros más abajo a un jesuita mirándome. No les gustaban los desafíos de la juventud.

El segundo evento que puso definitivamente fin a mi carrera ocurrió el día que unos buenos sacerdotes en proceso de fabricación decidieron poner en la cama del vigilante del dormitorio la estatua de la Virgen que guardaba nuestros sueños desde la entrada. Participé desde lejos del evento porque éramos muchos. El camarote del vigilante estaba del otro lado del dormitorio y tenía puerta. Ese jesuita y yo no nos amábamos. Varias veces había irrumpido en mi camarote después de la extinción de las luces y me había sorprendido leyendo con una lámpara de pilas debajo de los cobertores. A las diez y media, ya acostados todos, esperamos la reacción de la "jerarquía" ante lo que considerábamos, con nuestros pocos años, como una buena broma.

La reacción llegó. ¡Y qué reacción! Una nube de jesuitas invadió el dormitorio, encendió las luces y a patadas nos sacó de los camarotes, forzando a cada uno de nosotros a ponernos de rodillas sobre palos delgados que habían traído, frente al muro, los brazos extendidos con dos libros en cada mano y a rezar avemarías y padrenuestros. Estas salmodias en latín me entraron tan profundo que hoy todavía sé recitarlos. Nos tuvimos que quedar así hasta que los autores se denunciaran. Hombrecito con la fe ya vacilando y de vocación sacerdotal incierta, cuando sentí que la madera me estaba entrando en los huesos de las rodillas que empezaban a sangrar y que hacía un rato que no sentía mis brazos, decidí acabar con esta mala broma y me denuncié con los ojos llenos de lágrimas por el dolor. A las once, me encontré con el Santo de los Santos, frente a un Padre Superior fuera de sí cuando rehusé denunciar a mis cómplices. Me amenazó con echarme del seminario. A pesar de que sabía la pena que esto les procuraría a mi madre y al cura Eyskens, ya no me importaba. Los tres o cuatro padres presentes me pegaban con sus palos y mientras más me pegaban, menos ganas tenía de jugar el papel de traidor.

Dos días después, durante los cuales me confinaron al aislamiento completo, me encontré en la plaza de Sint Truiden con mi pequeña maleta. Sentía alivio y orgullo por no haber denunciado a nadie y, paradójicamente, por haber salvado a unos seminaristas que hoy, cuarenta y nueve años más tarde, son probablemente respetables curas de sus parroquias y, quizás algunos, pederastas.

Ya había roto con el pueblo de Heur. Regresé unas cuantas veces a saludar a mi madre en los siguientes años. Mi padre murió joven, a los cincuenta y tantos años, los pulmones quemados por respirar de cerca lo que salía de la boca de los altos hornos metalúrgicos, cuando yo estaba haciendo la revolución en Cuba. Mi madre se quedó viuda por casi treinta años y murió un par de años atrás cuando yo estaba en la península de Yucatán como ya les narré.

* * *

El Hedonista

Por la insistencia de mi hermana mayor, Mía, fui a Heur hace unos meses. La iglesia estaba cerrada desde hacía años; no había cura y, con razón, pues yo había sido el predestinado. Las grandes granjas que habían dominado la vida económica habían sido desmanteladas por los herederos alejados que hicieron de ellas sus residencias secundarias. Tengo que aclarar que ninguno de los dueños de estas grandes explotaciones agrícolas se casó: los Picard, los Van Eyck, los Dermael, los Van Dooren, todos los hijos e hijas murieron devotos pero solteros. Su prepotencia y alto valor que tenían de sí mismos les habían impedido encontrar una pareja digna de ellos. Ahora, todo el mundo tiene autos para ir a misa en Tongeren.

Casi nadie tiene gallos para cantar ni palomas viajeras para las carreras. La sala parroquial donde aprendí a bailar tango (dos pasos adelante, uno atrás), el vals y la polca, es una ruina. La banda de Santa Cecilia cesó de tocar hace muchos años. Todavía hay una cantina, porque la sed aún existe y el equipo de fútbol todavía existe porque hay que hacer algo el domingo por la tarde, ya que nadie asiste a las vísperas. Heur es un dormitorio para empleados y algunos artesanos.

Antes de cerrar este capítulo, determinante para todo lo que va a seguir en mi vida y para mi personalidad, quiero que conozcan algunas conclusiones: Fueron interrumpidas brutalmente y para siempre mis posibilidades homosexuales si es que las tenía. El inocente juego de las masturbaciones colectivas en los graneros, los campos y los establos, con mis amiguitos, se esfumó. No sé si debo agradecer a los curitas pederastas del seminario de Sint Truiden por esta afirmación de mi carácter heterosexual. Tal vez sí, tal vez no. Pero así es.

* * *

Del seminario pasé en poco tiempo a la escuela militar. Tenía dieciséis años. De un lavado de cerebro a otro, de una despersonalización a otra, de una modulación del patrón humano a otra. Experimenté las dos posibilidades de un hijo de obrero para salir de su posición social en Bélgica en los años cincuenta: sacerdote o militar. Ambas serían catastróficas pero enriquecedoras para la formación de mi personalidad. Mi cultura musical cambió de los cantos gregorianos a Elvis Presley, Ella Fitzgerald, Lionel Hampton, Fats Domino y los Beatles.

La escuela de oficiales flamencos del ejército belga está en Zedelgem, cerca de Brujas. Era un ambiente más sano que no niega la existencia de la otra mitad de la humanidad, el género femenino; al contrario, estábamos obsesionados con ella. No podía ser de otro modo: unos doscientos púberos, las caras llenas de botones, encerrados en un cuartel en medio de los bosques y campos. Aprendí otra versión de la historia. Ya no se hablaba de religión sino de la disciplina militar, el manejo de las armas ligeras, la táctica básica militar, el francés y unos cursillos más. El ciclo de la escuela militar termina con un año al servicio de Su Majestad, el Rey de los belgas, en un cuartel en Alemania, para proteger la libertad, la democracia y el capitalismo contra la inminente invasión soviética. Cambiamos el polvo y el fango flamenco por polvo y fango alemán, porque mi cuerpo era la infantería. "Si los rusos atacan en la situación actual, estarán en las costas de la Mancha en setenta y dos horas", nos contó un capitán en una charla sobre estrategias en caso de que las cosas se pusieran malas. Nunca dijeron los soviéticos, siempre "los rusos".

Es bastante desalentador saber que estás allí para parar una invasión sin tener la posibilidad de aguantar ni el mínimo avance del adversario. Además, esperaban de ti que, de ser necesario, dieras la vida por una causa que los altos estrategas sabían perdida por adelantado. Pero la juventud aguanta muy bien las incoherencias de los estrategas militares. No nos dábamos por vencidos y nos aplicábamos en maniobras militares, camuflaje, campo de tiro y todo lo que va con un ejército en tiempo de paz; aun si esta paz era un poco intranquila.

La población alemana, compuesta por muchas viudas medio maduras, quince años después de que Hitler se suicidara en su búnker, nos ignoraba. Creo que ya no querían saber más nada con militares y menos con los vencedores. No cabía duda de que una y cada una de ellas había respaldado de una forma u otra a sus líderes nazis y que nosotros, muchachos que jugábamos a la guerra, nos quedábamos muy cortos en comparación con sus guerreros de la raza superior. No obstante que el Führer y sus seguidores fanáticos habían hecho todo lo posible para extinguir la mitad de la generación masculina alemana, junto con toda la judía, zíngara, rusa y algunas más.

Es cosa absurda jugar a la guerra, así que el universo militar con sus absurdidades me aburrió. Las salidas del cuartel eran hasta las diez de la noche. Compartíamos la protección de Alemania del Oeste con tropas de Canadá y de Estados Unidos. Los canadienses tenían permiso hasta las doce de la noche y los gringos, toda la noche. De hecho, se decía que los belgas bailaban con las muchachas, los canadienses las cortejaban y los gringos las cogían.

La única manera de salirse de la carrera militar, donde las borracheras

🌱 *El Hedonista* 🌱

salvajes eran los hechos sobresalientes, era hacer una pendejada con reafectación a la madre patria. La pendejada la hice y lo logré. El asunto se retrasó tres meses porque mi coronel no quería dar seguimiento inmediato a mi expulsión de su regimiento, porque una competencia de tiro de combate de interaliados se apuntaba.

Aunque carente de condecoraciones por heroísmo en combate, mi uniforme lucía en el pecho, del lado izquierdo, la distinción de tirador de élite, en forma de un broche de cobre con un fusil. Lo hacía bien: cargar, mover el hierrito de seguridad a la posición *"ready"*, colocar firmemente la culata en el hombro derecho, mover el medidor de distancia estimada para arriba o para abajo, alinear con precisión el triángulo en la punta del cañón con la abertura en el visor y el objetivo a matar (que nunca fue otra cosa que un cartoncito cuadrado o una silueta de cartón), detener la respiración, tomar con el índice suavecito el primer tiempo del gatillo y apoyar cuando todo ya estaba alineado a la perfección. Lo sabía hacer. Recuerdo que mi instructor de tiro me gritaba:

"Aprieta el gatillo como si fuera el seno de tu novia. Suave, suave…".

En ese tiempo me faltaba experiencia en apretar los senos de mis novias, pero sí sabía apretar con suavidad el gatillo de mi fusil. Tiraba muy bien. Logramos ganar contra los mejores fusiles de los ejércitos canadiense, estadounidense, francés, holandés e inglés presentes en Alemania en 1963. En una grandiosa recepción en la cual apreté por primera y última vez la mano de generales, me dieron una medalla. Tenía veinte años.

Unos días después, crucé el Rin y me presenté en otro cuartel en Amberes, el cuartel del séptimo regimiento de infantería de línea (no me pregunten por qué, pero así se llamaba). Amberes la medieval, heredera de brujas cuando el puerto de esta fue comido por la arena en los años 1400. Ciudad por excelencia de tabernas, cantinas, restaurantes y, por ser ciudad portuaria, de burdeles. El mito de sus orígenes es parecido al de David y Goliat, con la variante de que el muchacho —Bravo se llamaba— mata con una piedra al gigante Antigoon, una especie de tirano que controlaba desde su castillo, Het Steen, la navegación sobre el río Escaldo, cobrando impuestos sobre los barcos que navegaban por el río que comunica la ciudad tierra adentro con el Mar del Norte.

De hecho, el muchacho, Bravo, era un agente del libre comercio sobre ese río y más allá sobre el mar. Un puerto marítimo dentro de las tierras aluviales del estuario es un regalo de la naturaleza. Bravo, en señal de victoria, cortó la mano del gigante Antigoon y la tiró al Escaldo. Tiene su estatua en la plaza mayor, sobre una roca de la cual brota agua, tirando la mano gigante de Antigoon caído a sus pies. Se dice que el nombre de la ciudad, en flamenco Antwerpen, viene de este hecho heroico: botar una mano en flamenco se dice Handwerpen. Extrañamente, la plaza mayor es más triangular que cuadrada. Está bordada por magníficas construcciones barrocas con sus fachadas en punta, coronada cada una por la estatua del santo de la Guilda que ahí se alojaba en el siglo XIV. Sus hijos ilustres se llaman Rubens, Van Eyck, Quentin Metsijs y Plantin, quien estableció aquí la más grande y primera imprenta industrial de la historia en 1550, con una patente exclusiva de Felipe II de España para imprimir todas las biblias de España y de sus colonias. Luego trabajará para la Reforma; y, en fin, fue un hedonista distinguido. A una pedrada de la plaza, que se alcanza por unos callejones que se llaman corta cuellos, está la imponente catedral gótica que alberga unos inmensos cuadros del señor Peter-Paul Rubens. Recuerdo aquella obra en que sus mujeres eran bien metidas en carnes, con expresiones angelicales, muy blancas y con los senos desnudos.

Acerca de Metsijs, hay una leyenda que cuenta que el pintor, cuando ya era muy conocido, se enamoró de la hija del presidente de la Guilda de los herreros, quien bajo ningún pretexto quería que su hija se casara con un pintor (lo que dice mucho sobre los antagonismos sociales de aquella época). El pobre Metsijs, perdidamente enamorado, no tuvo otra opción que hacerse herrero. Para probar su amor, ejecutó una obra maestra de herrería con solo un martillo y una pinza como herramientas, en forma de un adorno de pozo, con flores y hojas de las cuales se ven las venas. El resultado está aún a la vista frente a la catedral. A la vuelta de la esquina, recostada contra un muro, hay una escultura. Una composición de tamaño real de tres o cuatro albañiles picando piedras y el maestro albañil que muestra, con un dedo apuntando, la torre. Me quedó en la memoria por ser una de las raras esculturas dedicadas a los obreros que realizaron la obra y no a los pagadores, con la excepción del arte del realismo soviético siglos después.

Amberes tiene también un barrio judío cerca de la estación del ferrocarril, lleno de diamanteros al lado del equivalente de una zona rosa y frente al jardín zoológico en pleno centro de la ciudad, pegado a la Estación Central. No puedo dejar de mencionar que, como segundo puerto de la Europa de entonces, en el barrio del puerto se alineaban las casas con lujuriosas y semidesnudas damas en las vitrinas. Amberes no era poca cosa y allí andaba yo.

* * *

El Hedonista

Por mi nariz me podrían confundir con cualquier semita, según mi pelo rebelde naturalmente rizado también, por el tamaño de mis orejas igualmente y por el nombre de mi madre, Lycops, por cierto. Pero la comparación se termina cuando llegamos a mi aparato reproductivo. Nacer en plena ocupación nazi tal vez no fuera un buen momento para la circuncisión si mis padres hubieran querido hacerla. Afortunadamente no. Así que tengo el aparato reproductor intacto. Estoy contento por eso. Pensando que el prepucio tiene concentrado en él más de mil terminaciones nerviosas, hay una razón de satisfacción, de orgullo y de gratitud. ¿Por qué los judíos, seguidos en eso como en tantas otras cosas por los musulmanes, toman en serio esta mutilación corporal que según derecho es una violación flagrante contra los derechos humanos? Se trata ni más ni menos que de cortar una parte sana de un cuerpo sano de un niño, quien no pidió tanto, sin razón médica. Así se define una mutilación, ¿no es así? Me parece una barbaridad, y ¿a nombre de qué o por qué? La desaparición del prepucio, que algunas pobladas entierran, comen, secan, pulverizan y conservan, deja una cicatriz circunferencial que, con el tiempo, con el roce contra los tejidos se endurece y pierde su sensibilidad. El deseque de esta superficie y la desaparición de la lubricación natural, suprimen el confort sexual para ambas partes.

Las mismas razones, y algunas más, valen para la escisión (extirpación del clítoris) de las muchachas. Para darles agua de su chocolate, diría que, si Dios hubiera querido que no tuviéramos prepucios y las mujeres no tuvieran clítoris, nos hubiera hecho sin estos órganos. Pero algunos rabinos u otros santos hombres pretenden saber más que el propio patrón. ¿Acaso se trató de suprimir placeres para ganar un cielo? ¿Qué vale un cielo sin clítoris? El único órgano que tiene como única función el placer. No es por casualidad que detrás de este órgano estén todas las religiones monoteístas, para eliminarlo, borrarlo, negarlo, extirparlo tanto física como espiritualmente. Es una barbaridad y un crimen contra la vida. ¿No les parece?

* * *

El cuartel militar del séptimo de línea de infantería de Su Majestad el rey de los belgas está en los suburbios de Amberes que, sin embargo, se alcanza en quince minutos de tranvía. El séptimo de línea era verdaderamente una caricatura de la vida de cuartel. Nadie creía en su utilidad, salvo para tocar un sueldito al final de cada mes. Los que podían alquilaban cuartos en la ciudad haciendo presencia de burócratas en el cuartel. Los demás aprovechaban ser alojados y alimentados gratis. De todas formas el cuartel tenía sus salidas secretas para ir y venir a gusto de noche; lo que no se podía hacer era traer mujeres. Yo fui parte de los últimos esperando mi desmovilización y mi regreso a la vida civil independiente que, a fin de cuenta, hasta esa fecha nunca había conocido, pasando de la autoridad paternal a la autoridad de los jesuitas en el seminario y, de allá, a la autoridad del sargento del ejército. Hasta aquí mi vida siempre se la pasó vigilada.

Los tiempos eran buenos después de todo. De Gaulle gobernaba Francia; Adenauer, Alemania; Churchill, Gran Bretaña. Todos eran diferentes, lo que garantizaba estabilidad. Recuerdo haber leído en esa época que el "Gran Carlos" (de Gaulle) había dicho que: "El pueblo ruso digerirá el comunismo como yo digiero mi desayuno". Profecía que se cumplió a la letra unos treinta y cinco años después. Kruschev estaba en el Kremlin haciendo la guerra fría y Eisenhower en la Casa Blanca, haciendo la misma cosa. Nadie quería la guerra, y menos la guerra nuclear, pero todos jugarían el mismo juego: a ser temidos, traumatizados por la hecatombe nazi a la que acababa de sobrevivir Europa.

Mucho más tarde, cuando caminaba por las carreteras y caminos de América Latina, me di cuenta de que este último, Eisenhower, era un excelente general pero un pésimo diplomático y hombre de estado. Era ni más ni menos el responsable de que las relaciones entre América Latina y los Estados Unidos se distorsionaran durante muchas décadas y hasta hoy. Este uniformado no comprendió que la demanda de los pueblos latinos era por más democracia, más justicia, más bienestar y que esto no haría de estos pueblos necesariamente comunistas y aliados de los soviéticos. Cuando le informaron que los generales y coroneles que estaban tomando los poderes en el subcontinente eran "bastardos", él tuvo la estupidez de responder: "Sé que son bastardos, pero son *nuestros* bastardos". Así se definió por decenios la política exterior de Estados Unidos. Un desgaste lamentable de parte de un militar que no veía más allá de su muy decorado quepí.

Mi dinero era poco pero dos o tres veces a la semana podía pagarme una noche de gira por la media docena de tabernas que me agradaban, bebiendo cerveza, cantando canciones nacionalistas flamencas o baladas con muy fuerte doble sentido y bailando con las escasas muchachas o mujeres que las frecuentaban.

La imagen de un cuadro colgado en una de estas cantinas me ha acompañado toda la vida. Tenía unos cinco metros de ancho y uno y medio de alto. Representaba cinco esqueletos sentados alineados en una barra, todos con su jarra de litro de cerveza en la mano. Cada uno tenía un sombrero: uno con un quepí de militar; uno con gorra de obrero; uno con gorra de abogado; uno con mitra de obispo y uno con corona de rey. Un resumen de la relatividad de las cosas, una lección de filosofía existencialista que apuntaba al corazón de la sociedad, a la futilidad de los honores, riquezas, reconocimientos y de la autoridad que el común de los mortales están entrenados para perseguir, a menudo a costa de no vivir su vida. Como las religiones, que sacan su esencia y sus orígenes psicológicos del miedo a la muerte. La desaparición es el hecho inaceptable. Por lo tanto, repitiendo un sinnúmero de prohibiciones, interdicciones y pecados por medio de los cuales aceptamos vivir menos —es decir, morir un poco cada día— para que supuestamente el acto final sea menos penoso. Es pagar la misma cuenta dos veces. Haciendo de paso la felicidad de innumerables rabinos, chamanes, sacerdotes, imanes, ministros de cultos. Vivir menos para morir mejor. ¿Qué les parece?

Mi pasaje de la vida militar a la vida sin uniforme pasó casi inadvertido: me quedé en Amberes, alquilé un cuarto y conseguí un trabajo en una agencia de viajes de orientación claramente nacionalista flamenca: el "Vlaamse Toeristen Bond" (la Unión de Turistas Flamencos). Todo un programa.

A pesar de que era junio, el tiempo estaba muy malo. Una llovizna fría caía desde hacía días. Era sábado por la tarde y en el Vlaamse Toeristen Bond se trabajaba solo hasta la una. La perspectiva de caminar las doce cuadras hasta el cuarto, encender la estufa de carbón que me servía de calefacción, hacerme un sándwich que me servía de cena y esperar a que llegara la noche estudiando las tachas de humedad en el papel de las paredes, era un futuro inmediato que no me gustaba. Así, me quedé vagando sin rumbo por las calles de Amberes. Me encontraba frente a la cantina del cuadro cuando, del borde de mis zapatos, empezó a brotar agua. Empujé la puerta y entré.

El lugar estaba en penumbras y con un único cliente: Willem, quien estaba sentado en la barra con un vaso de Rodenbach, una cerveza oscura a base de cerezas agrias. Nos saludamos con un movimiento de cabeza sin pronunciar palabra, me senté a su lado y por un tiempo no dijimos nada. Pedí también una Rodenbach a un mesero que estaba limpiando vasos del otro lado de la barra. Conocía a Willem por haberlo visto allí; sabía que era un cura rebotado, nadie sabía por qué: no se había casado y no se le conocía novia, ni era gay o algo por el estilo; él nunca lo había comentado. Estaba bien vestido, como siempre lo había visto. Portaba una barba corta en forma de barbita de chivo en la cual aparecían unos pelos blancos. Vaciamos la mitad de nuestras cervezas en silencio, hasta que Willem apuntó su dedo al cuadro, abrió la boca y dijo:

—Ese cuadro me gusta. Es el mejor de todos los que he visto en mi vida.

Todavía no me había mirado, sus ojos estaban fijos en el cuadro.

—De acuerdo. A mí también me gusta. ¿De cuál *couvre-chef* estuviste más cerca?

—¡La mitra!

—Fíjate que yo también. Pero también estuve cerca del kepí.

En eso se dio un cuarto de vuelta sobre su taburete y me miró con los ojos risueños.

—Qué bien que te salvaras. ¿Por qué?

—Una historia con una estatua de la Virgen. ¿Y tú?

—Por el cuento de Jesús. Ya no lo podía creer.

Ambos levantamos nuestros vasos para vaciarlos de una vez y pedí que se rellenaran. Pasamos largos minutos en silencio, mirando el cuadro.

—¿Puedes imaginar cuántos libros fueron quemados y sus autores perseguidos para lograr imponer los tres libros monoteístas? Los bárbaros cristianos quemaron todas las bibliotecas de los filósofos griegos y romanos para quedarse solamente con un libro. Miles y miles de hogueras alumbraron en toda Europa para terminar con aquellos quienes creyeron en otros libros o simplemente tenían dudas.

Nunca lo había escuchado hablar tanto. Me sorprendió el tema, pero no tanto. Me imaginaba que sabía mucho y que estaba algo frustrado.

—Es lo mismo para los otros dos libros, ¿no?

—Desgraciadamente sí. ¿Sabías que los judíos, en nombre de su libro, cometieron el primer genocidio de la historia de la raza humana en la toma de Jericó?

—No. Pero ahora que lo mencionas, creo que tienes razón. La descripción es bastante sangrienta.

—¡Bárbara! Al Dios de los judíos le gustaron los detalles. Describe exactamente cómo se debe matar mujeres, niños, ancianos, chivas, ovejas, asnos; en fin, todo lo vivo.

Las Rodenbach llegaron por fin. El mesero no tenía prisa: ya se veía pasando la tarde con dos borrachos nostálgicos. Vaciar la mitad de los vasos de este líquido dulce y amargo a la vez nos hizo guardar silencio.

Nos limpiábamos la boca con la manga de nuestras chaquetas, casi simultáneamente. Me sentía bien en compañía de Willem. Éramos dos los que no sabíamos para dónde ir mientras pasaba la tarde lluviosa. Dejé pasar un tiempito para relanzar la conversación.

—Entonces, ¿existió Jesús?

Willem tomó una larga inspiración, puso su vaso un poquito más lejos, giró su silla hacia mí y mirándome fijamente, respondió:

—¡Claro que sí! Lo que no sé, es si existió como Hércules, Ulises, Zarathustra o como hijo de María y Pepe en sangre y huesos. Si existió en carne y hueso, lo cierto es que no era cualquiera. Los que creen que sí existió le dieron un linaje de David. Tú sabes quién fue David, ¿eh? Ese joven que mató a Goliat con una piedra y que, una vez rey, tuvo la mala costumbre de matar a todos los mensajeros que le traían malas noticias.

—Sí, lo conozco. En el seminario aprendimos de memoria el linaje de Jesús desde Adán. Lo aprendimos salmodiando, lo que es el estilo musical más apreciado por las religiones. Me acuerdo de la melodía pero no de la letra.

Nos reímos suavecito. Willem vació otra parte de su Rodenbach. Me quité los zapatos, tirando el agua al suelo, lo que provocó una mirada reprobadora del mesero e hizo reír a Willem. No era mucha agua, pero sí bastante para llenar un vasito. Se puso de nuevo con los dos codos en la barra frente al cuadro y, como si fuera un monólogo, prosiguió:

—No, no, Jesús no era cualquiera. Tenía derecho al trono de Israel. Mala suerte. El trono estaba ocupado por el colaboracionista con el Imperio Romano, Herodes, dispuesto a todo para quedarse sentado en el mismo, incluso a ayudar a los romanos a liquidar todos los movimientos de resistencia en Palestina. Como aquí en la Guerra, movimientos de resistencia había muchos; varios instigados por familiares de Jesús. Un tipo llamado Theodos, quien se creía Josué el profeta de la salvación anunciada, vino de Egipto adonde había inmigrado, con cuatro mil seguidores decididos a liberar Palestina y botar a los romanos al mar. Pretendía secar los ríos para que sus seguidores pudieran avanzar. Los soldados romanos decapitaron a este Moisés antes de que pudiera mostrar sus talentos hidráulicos. Otros; uno llamado Jacobo y su hermano Simón, hijos de Judas el Galileo, de la familia de Jesús, encabezaron una insurrección que terminó con su crucifixión. El nieto de la misma familia de libertadores, Menahem, se rebeló en el sesenta y seis, encendiendo la chispa de la guerra judía que terminó con la destrucción del templo de Jerusalén y la dispersión de los judíos por el mundo entero.

Discretamente, yo había hecho una señal al mesero para que nos llenara los vasos. Sin prestarme atención, el ex cura Willem seguía:

—La historia abunda en hechos de resistencia judía a la ocupación romana. Este es el ambiente político en el cual aparece el personaje de Jesús. Resistir es legítimo; querer deshacerse de los ejércitos de ocupación que imponen sus leyes, su lengua, sus costumbres, sus creencias y su dinero por la fuerza, siempre justifica la resistencia y la rebelión. Pero creer que uno puede oponerse al ejército más poderoso, más profesional y más experimentado de su tiempo con la sola fuerza de la fe, es transformar esta guerra justa en derrota anunciada. Dios y la fe, agitados como banderas frente a las legiones romanas, no tienen peso suficiente. Que Jesús fuera crucificado es muy probable. Mucha gente lo era cada semana. La ley romana decía que los rebeldes y revolucionarios tendrían la crucifixión como punición.

Se me estaba olvidando beber. Más hablaba Willem, más me fascinaba. No me atrevía a moverme ni llevar mi Rodenbach a la boca, ni toser por miedo a que fuera a parar. Y no paraba. Fijaba la mirada en su vaso lleno de cerveza. De vez en cuando levantaba su vista hacia el cuadro. Felizmente nos quedábamos solos en la barra.

—Hasta aquí lo que sí es posible. Lo demás es un cuento del dominio de una historieta maravillosa inventada por sus seguidores, entre los cuales se distingue un cierto Paulo de Tarso, San Pablo.

Se calló, así que me atreví:

—¡Ah!, ¡las epístolas!

No me miró:

—Sí, eso mismo. Jesús desafortunadamente no escribió una sola palabra y Paulo se encargó de llenar el vacío con lo que él pensaba que nosotros debemos creer y hacer, creando un héroe, un hombre de excepción. Marco, el evangelista que acompañaba probablemente a Paulo en sus peripecias a través de la región, es el primer autor de la maravillosa vida de Jesús en el año setenta. Para ser comprendido no desconecta la historia de Jesús de las demás maravillosas historias de su época: ¿María concibió a Jesús siendo virgen? No hay problema: la madre de Platón, años antes, también. El hijo de Pepe ¿es hijo de Dios? No hay problema: Pitágoras, que sus discípulos tomaron por Apolo en persona, también. ¿Jesús habla en nombre de alguien más poderoso que él? Así lo hicieron todos los profetas. ¿Jesús se comportó enigmáticamente? Pitágoras también: nunca escribió una palabra, salvo una vez con un bastón en la arena para borrarlo enseguida. ¿Jesús murió por sus ideas? Así lo hicieron Sócrates y tantos más...

Lo que me hizo dudar fue que tanto Platón como Paulo creen en una vida

después de la muerte, en la inmortalidad y la inmaterialidad del alma. Hay cuatro siglos entre los dos —levantó la cabeza como si de pronto se diera cuenta de que yo estaba allí y que tenía otra cerveza en frente.

A decir verdad, yo tampoco me había dado cuenta de que el mesero había llenado los vasos. La densidad de este monólogo me había puesto en un estado segundo, olvidando mi alrededor. Me espantó la idea de que Willem fuera a parar, quería más.

—¿Por qué tantos lo han creído?

—Mira, mi medio seminarista, lo demás es político. El lenguaje de los evangelios es un lenguaje político que quiere convencer a sus audiencias y para las cuales el anuncio es la verdad. Crearon verdades repitiendo ficciones. Adiciona a esto el proselitismo y el golpe de estado de Constantino, las represiones sanguinarias contra todos los que dudaron o creyeron en otra cosa y obtendrás el triunfo del Cristianismo.

—Pero ya nos liberamos de eso, ¿no?

—No lo creas. La descristianización de Europa empezó cuando un pecado ya no era un crimen por esencia, lo que permitió de nuevo el desarrollo de la ciencia, la justicia, la democracia y la libertad. Pero esto fue ayer. Recuérdate los millones de muertos por siglos y siglos, en todos los continentes, en nombre de Dios: La Santa Inquisición, las Cruzadas, la conquista de las Américas y del África, la tortura, el saqueo, las violaciones, los asesinatos, los exterminios, el comercio de esclavos, la explotación, el genocidio y los muy cristianos Hitler, Mussolini, Franco, Salazar y demás. Estos millones de asesinatos me quedaron atravesados en la garganta. Imagínate lo que podría haber sido nuestra época si la Iglesia no hubiera hecho una guerra sin merced a la ciencia y al progreso desde las primeras quemas de libros de los filósofos y durante mil setecientos años. ¿Sabías que los filósofos griegos identificaron el átomo tres mil años antes de la primera bomba nuclear y de que la primera planta de electricidad nuclear fuera construida? ¿Y que todo esto fue borrado por los padres de la Iglesia? En nombre del inmaterialismo de Platón y Pablo.

Esto último no lo comprendí, entre otras cosas que no capté tampoco; pero todo me parecía horrendo.

Vaciamos nuestros vasos. Ya no quería oír más. Me disculpé, me puse los zapatos y fui al baño a vaciar mi vejiga que estaba a punto de explotar. Al regresar a la sala, un grupo de gente, entre ellos algunos conocidos, estaba al lado de Willem, saludándose, abrazándose, riéndose. Uno puso música en el *juke box*, algo de Luis Armstrong. Todos se habían deshecho de sus chamarras, algunas de las cuales habían invadido mi silla de barra. Pedí un papel y un lápiz a una muchacha y me fui a tomar unas notas en una mesa; no quería perder nada. Ya era tarde para ir a ponerme algo de ropa seca; de todas formas, la ida y vuelta a mi cuarto la habría mojado. Me quedé en la cantina, con calcetines y zapatos mojados, esperando a que llegara Martje, mirando a menudo para ver qué estaba haciendo Willem: aparentemente su ánimo había subido porque lo vi bailar y reírse mucho. Cuando pasé a su lado me dijo:

—El problema es que sé demasiado. Diviértete y no pienses más.

Me enamoré de Martje, muchacha bien en carnes y con cara de ángel sonriente —lo que es paradójico ya que nadie ha visto ninguno—, y muy nacionalista flamenca. Nos encontramos un sábado por la noche en la taberna del cuadro. Cantamos, bailamos, nos apretamos y hasta nos besamos en la mejilla. Le apreté los senos como lo había aconsejado el sargento instructor de tiro. Ella me respondió con una respiración acelerada y pequeños gemidos. Excitante a morir. Después de tres fines de semana de aprietos y besos robados en la oscuridad, me encontré, casi por sorpresa, un domingo por la tarde en su casa. Su padre, un hombre alto y severo, jugaba un papel en la parroquia de Amberes. Era un *signoor*. Así se llaman entre ellos los auténticos habitantes de Amberes, es decir, los que nacieron en el casco histórico, igual que sus padres, abuelos y bisabuelos. Los *signooren* tienen una idea muy alta de sí mismos (*signooren* viene de la palabra española "señor", un recuerdo de una larga ocupación hispánica). Había hecho siete descendientes a una mujer bajita, gordita y muy sumisa. ¿Martje con veinte años?

Apenas sentado, el señor quiso saber si sabía algo sobre la *Biblia*. Sí, *signoor*, sobre ese tema yo sabía algo. Me mostró cuadros de un pintor amigo especializado en retratos de caballos de la raza que yo conocía bien porque eran aquellos que utilizaban los campesinos de Heur. Parece que había aprobado el examen y, desde entonces en adelante, iba a poder cortejar a su hija. Desgraciadamente, muy pronto descubrí que Martje, maestra de primaria, estaba convencida de que la perla de su virginidad que dormía entre sus piernas un poco macisas, valía matrimonio. Así, me quedé con hambre, frustrado y virgen. No quería apenarla: nunca me gustó apenar a una mujer, lo que más tarde me pondría en situaciones un poco, digamos, particulares y rocambolescas.

Así el noviazgo seguía y seguía. En esa época leía todo lo que me caía en las manos, desde tratados de sociología, novelas de capa y espada e históricas o policiales. Entre las citas con Martje —dos veces por semana— y las cuatro horas de trabajo dos veces al día, devoraba libros.

Unos meses después de haber endosado el estado de civil, vendí un billete de avión al Señor Van Dam para Ouagadougou en Alto Volta, hoy Burkina Faso. No sabía muy bien dónde quedaba, salvo que era África y del otro lado del desierto del Sahara. Esto me cambiaba de las reservaciones de hoteles para Rimini en Italia, Dubrovnik en Yugoslavia, o la Costa del Sol en España. Van Dam tenía un negocio de pájaros exóticos en el mercado central de Amberes. Me dijo que tenía mucho trabajo y que buscaba un cazador de aves y animales exóticos, incluso cocodrilos, en Alto Volta. Más tarde, ya en África, descubrí que era un traficante de diamantes.

Poco a poco mi cabeza se llenó de aventuras africanas y se vació de Martje, hasta que mi noviazgo terminó en un diluvio de lágrimas: Martje me había visto un poco demasiado familiar con una compañera de trabajo. El camino a Ouagadougou estaba abierto. Y un día ocurrió. Fui a Bruselas para subir por primera vez en mi vida a un avión que me llevaría a París y de ahí al África. Ya me veía como Stanley o Livingstone.

Aún no lo sabía, pero ese avión me alejaba definitivamente de Bélgica adonde nunca regresaría para vivir. Aunque hoy el pequeño país me da unas buenas razones para estar orgulloso de él, no era el caso entonces. Si quedaban algunos lazos con el pueblo donde nací y con la familia, fueron reducidos a su mínima expresión.

* * *

Siglo XXI. Año 2007. No hay ni un día sin que la prensa, la radio, la televisión campechana o nacional, lance un vibrante homenaje a la familia, como si fuera la única fuente de afecto, amor, seguridad y destino. El refugio y el valor moral supremo de la existencia. Ni un discurso de ningún político o de su mujer (aquí, casi por definición, ellas son también "servidoras públicas") que no glorifique los valores familiares, sin decir cuáles son. Por supuesto, la realidad no es así; esto es más bien falso. Uno puede perfectamente vivir contento con la vida sin la carga de la familia biológica que, en la realidad, es fuente de favoritismo, nepotismo, palanca, corrupción, sobreprotección de los miembros entre sí y exclusión de la "no familia". En la realidad es más una fuente de segregacionismo social y, en muchos casos, de flagrante racismo. ¿Entonces, cuáles son las grandes cualidades de la familia?

* * *

Volando de Bruselas a París, estos valores impuestos por un

hecho biológico dejaron para siempre de ser míos y me encuentro bastante bien sin ellos cuarenta y tantos años después. Las familias que he tenido fueron las que escogí a lo largo del camino: hombres y mujeres que me dieron su amistad y a menudo su amor, porque valores y opiniones nos reunían, en un lugar preciso y por un tiempo definido.

Adiós mundo chiquito. Voy por el grande. Aunque no lo sabía y menos aún lo formulaba. Tenía veinte años y era el año 1963.

* * *

La noche que acabo de pasar ha sido un espectáculo grandioso. Los millares de estrellas estaban en concurso para lucir y brillar a quien más. Varios satélites cruzaron esta escena como para recordar que entre toda esta naturaleza estaba también la mano del *homo sapiens*. Desde las ocho hemos chequeado el colector de huevos colgado a la salida de los tanques de genitores. Dos docenas de peces de seis a ocho kilos, de cuyos deseos sexuales y ganas de reproducirse depende el porvenir de la granja y el bienestar material de las dieciséis familias que viven de la reproducción, el engorde y la venta de pescados a los países más ricos del Norte. Haber manejado una vida de sesenta y cuatro años para depender de las ganas de copular de unos peces es el resultado material de mis peregrinaciones.

Para colmo me gusta, con todo el estrés y las angustias incluidos. Por razones que solo ellos saben, la temporada de maduración sexual este año, que es el séptimo del nuevo milenio, se retrasó varias semanas durante las cuales el grado de preocupación y nerviosismo era inversamente proporcional a la luna menguante. Tanto más frustrante la espera cuanto que el cultivo de alimento para las futuras larvas —un zooplancton llamado rotífero— estaba al tope. No hay caso de desovar los huevos si la comida para las larvas no está lista. Desde hacía semanas ya, centenas de millones de rotíferos estaban esperando ser comidos y no había quien se encargara de integrarlas en el ciclo de vida para ser parte de algo más grande y, por cierto, más excitante, que de morir de vejez a los cinco días. Aunque nadie sabe lo que piensa un rotífero, el *Ave Caesar morituri te salutan*" (Salve, César, los que van a morir te saludan) de los gladiadores del circo romano, debe ser el lema del zooplancton. Para mantener el *stock* reproductivo en su nivel óptimo, botamos diariamente centenas de millones de ellos, enriqueciendo el mar.

Esta noche fue la buena. Por no tener el privilegio de poder copular todo el año como los humanos, los peces como otros animales —con excepción, parece, de unas especies de monos que comparten con nosotros este privilegio— tienen su temporada de celo. La de este año acaba de empezar para nuestro gran alivio. Pobres animales, con orgasmos solamente durante tres meses, lo que aún se parece mucho a algunas sectas religiosas, a unos curas y monjas católicos quienes renuncian voluntariamente al placer orgásmico y a la procreación en nombre de Dios, quien nunca pidió tanto.

Un millón cuatrocientos ochenta mil huevos bien fecundados con el espermatozoide bien amarrado dentro de los óvulos, tal ha sido la cosecha que cada dos horas, toda la noche, colectamos, lavamos, desinfectamos y sembramos en las incubadoras de un laboratorio rudimentario hecho en casa por nosotros mismos, pero muy eficiente. Logramos niveles de producción nunca vistos tomando en cuenta lo que es nuestro laboratorio y lo que ha costado.

No soy el único descabezado que pasa las noches de octubre vigilando las ganas de los peces. Somos seis: Patricia (Patou, como la llamamos), Willy, Patrick, Roger, Roberto y el que escribe. La fiebre, la pasión y el estrés se comparten en esta granja. Mis tres compañeros franceses de aventura acuícola vienen de Besse sur Isole, un pequeño poblado cerca de Draguignan, en el sur de Francia. Es un pueblo de viñas y artesanos. Más provenzal, te mueres. Patricia es nuestra reina, bella mujer siempre sonriente, con una treintena de años, un sentido común y una mente independiente que caracterizan a las mujeres de esa región de Francia. Llegó a Campeche de visita por tres semanas hace tres años.

Aunque nunca fue dicho, sí, somos familia, de la buena, de esa que se elige por cualidades y afinidades; más verdadera y profunda que aquella que nos fue impuesta por factores biológicos y átomos. Da pena ver que la gente que se refiere a su familia solamente considera los lazos de espermatozoides y no los lazos morales, las afinidades, los gustos, las opiniones y otros rasgos más espirituales que sí son transmitidos. Si hay muy poca gente honesta en un país, sobre todo en las clases media y alta, no es por culpa de los espermatozoides ni de los óvulos, sino del ambiente social familiar. México es un caso. ¿A qué viene que tal persona pretende que produce mejores espermatozoides que otra? ¿La transmisión de valores acaso tiene algo que ver con la calidad de sus gametos?

Roger y Roberto, los elementos mexicanos del equipo del laboratorio de reproducción que vigilan a los progenitores, los rotíferos, las artemias, las larvas y las bacterias, son cuñados. Viven en el pueblo de al lado, Champotón, de lindo nombre, que los conquistadores españoles designaban como "la mala pelea" porque allí perdieron una batalla con los mayas, y cuyos descendientes lo llaman "la buena pelea", por supuesto. Es probable que los espermatozoides de este pueblo también trabajen en circuito cerrado.

J-P Goffings

Integraron la empresa hace seis años para hacer el servicio social de la escuela local de pesca. No sé mucho de ellos, salvo que ya somos compañeros de trabajo. Llegar a eso nos ha costado tres años de trabajo de formación psicológica —como con los demás colegas mexicanos— para convertir nuestra relación de trabajador-patrón en la de compañeros corresponsables de la empresa. La formación en la casa y sobre todo en las escuelas mexicanas pregona obedecer y no discutir ni preguntar, analizar, opinar o tomar iniciativas. Cuesta trabajo quitarles la mala costumbre de hacer tal vez estupideces pero callados, sumisos y miedosos; cuesta mucho hacer de un trabajador mexicano un ser humano que reflexione, en vez de un ser pasivo y sumiso. Si no logro éxitos técnicos y financieros, por lo menos logré que haya dieciséis mexicanos más humanos. Sin embargo, debo decir que aún tengo dudas acerca de la profundidad de esta liberación.

Todos los integrantes mexicanos del equipo a la quinta quincena tenían novia; a la décima se casaron y a la vigésima quinta tenían su primer hijo, víctimas probables de su ignorancia de los preservativos u otros anticonceptivos y del gran saber sofisticado de las muchachas entrenadas de toda la vida a echar sus redes encantadoras para conseguir marido, si es necesario por medio del embarazo. Así va la vida en los pueblos mexicanos.

Durante la primera noche de guardia —habrá muchas más, vigilando el erotismo de los peces— nos tocó una luna nueva mala que salió patas para arriba. Pero el amanecer resultó una fiesta. El horizonte oriental cambió de azul oscuro a azul claro. Las estrellas resplandecían, mientras la Vía Láctea no se daba por vencida y la Osa Mayor acariciaba el horizonte. Por fin, luego de días y días de angustia por tener los tanques vacíos, obtuvimos un millón cuatrocientos mil huevos listos para convertirse en vida.

Mientras las bombas roncan apaciblemente, el hilito de agua del tanque de recolección cae con regularidad, las lámparas UV encendidas funcionan, el filtro biológico, donde sobre un lecho de piedras cultivamos bacterias que tienen como misión consumir el amoníaco que producen las larvas, también está listo. El aire acondicionado mantiene fielmente la temperatura y las luces están apagadas porque las larvas nacen en la oscuridad y se quedan así hasta que tienen hambre. Todo está en su lugar y funcionando. Nosotros, los locos de la reproducción, tomamos el último café, que a mi edad ya es descafeinado. Charlamos sobre: peces, huevos, larvas, juveniles y jaulas, acerca de desoves anteriores y de lo magnífico que es todo esto. Si muchos han tenido sus veladas de guerreros antes de ir a la batalla, los políticos sus noches de elecciones, los deportistas las suyas antes de las grandes competiciones, nosotros también las tenemos.

El Hedonista

Capítulo II
Ouagadougou-Ilesha-Abengourou-Washington

Ouagadougou. De un lado, dos kilómetros de avenida de cuatro vías pavimentadas con imponentes edificios administrativos a ambos lados, un hotel que pretende ser de clase internacional y el palacio del Presidente, ya casi perdido en la sabana. Del otro lado, cuatro calles pavimentadas que rodean el mercado central y un laberinto de innombrables calles de polvo rojo flanqueadas por muros de barro. Las casas de Ouagadougou están adentro de los muros y divididas en varios cuartos independientes en un patio. Nadie vive con acceso directo desde la calle. Y yo, maravillado por todo; hasta las cucarachas y las iguanas me encantaron. Por recomendación de Van Dam, me relacioné con un empleado subalterno de la embajada francesa quien me consiguió rápidamente un alojamiento. Es probable que Van Dam le hubiera contado maravillas sobre mi estado financiero pero una vez instalado, cuando me di cuenta del alquiler de aquella mansión, solo me quedé una semana y luego me fui al hotelito en la esquina del mercado.

Aunque las cucarachas bailaban por todo el cuarto y el ventilador de techo tardaba un minuto entero para dar una sola vuelta; aunque el agua que salía de la ducha tenía un color dudoso, me sentía a gusto. Esta era el África de la literatura colonial. El lugar tenía un bar y un restaurante y era el cuartel general de los "pequeños blancos", los blancos que se quedaron varados en las ex colonias: artesanos, pequeños comerciantes, ex militares, de grandes bocas, bebedores aplicados y enormes corazones.

Según lo convenido, Van Dam debía traerme dinero para montar mis expediciones de cazador de pajaritos exóticos. Para mostrarme mi valentía, renté una camioneta Peugeot 304 y, sin pedir más, hice una expedición de caza a Dori, un poblado en pleno Sahel del África Occidental. Sabía algo sobre camionetas y cómo sobrevivir con una lata de Nescafé, una libra de azúcar, pan tostado, carne enlatada y sardinas. Pero por el contrario, no sabía nada sobre África, sus carreteras de arena y polvo, el calor sofocante y mucho menos sobre sus pueblos. Ni tenía idea de cómo aventurarme solo con una vieja camioneta, tratando de adivinar dónde estaba el camino; pues en el Sahel cada uno hace su camino por donde le dan las ganas, guiado por la intuición y la adivinación. No iba a tardar mucho en aprender, y por las buenas.

Dori se encuentra a unos cuatrocientos kilómetros al norte de Ouagadougou. Paulatinamente pasé del territorio mossi al territorio peul, que se llaman también fulanis. Poco a poco el suelo de tierrita roja cambió por el de arena gris-amarilla. En esa ruta que va a perderse en el Sahara y luego a Argelia, el último pueblo mossi, cristiano, negro, de cultivadores, se llama Kaya. Allí pasé mi primera noche. Era imposible entrar en el pueblo con un coche, así que me quedé afuera, debajo de un inmenso ceibo.

Mis primeros visitantes fueron unos niños desnudos, flacos, con barrigas grandes. Se quedaron a unos diez metros mirándome con sus grandes ojos risueños, en silencio mientras yo desplegaba mi petate con la intención de pasar la noche allí. El pueblo es una fortaleza de barro gris con muros de unos cinco metros y una sola puerta estrecha de la altura de un hombre. Parecía la entrada de una gruta.

Pasaron unos treinta minutos y vi llegar a un grupo de doce personas, detrás del cual lo que parecía un jefe, alto, cabellos y barba ligera gris, vestido con una túnica amplia azul cielo y ricamente bordada. Me puse de espaldas contra la puerta de la camioneta y cuando se inmovilizaron a unos metros, saludé:

—Buenos días.

El hombre de azul se adelantó, me estrechó la mano y en un francés mejor que el mío, respondió:

—Buenos días. ¿Quién eres tú?

—Soy cazador de pájaros y me voy a Dori —esto provocó por unos segundos un silencio pesado y luego una sonrisa que dejó aparecer dos rangos de dientes de un amarillo oscuro, casi color café.

—¿Así que quieres comprar pájaros?

—Así es, pero tienen que ser bonitos y muy saludables.

En verdad, todavía no me había preguntado cómo se cazaban pajaritos lo suficientemente exóticos como para que le gustaran a los aficionados belgas de pájaros exóticos.

Ahora el de la túnica azul se reía francamente, imitado en eso por sus acompañantes, manifiestamente campesinos. Algunos, con sus hachas

en el hombro y unos cuchillitos medio escondidos en una variedad de pantalones, todos mantenidos en su lugar por un cordel. El de azul me dio la espalda y les contó la historia en moreh, que es la lengua de los mossi, a sus compañeros. Ellos aprobaron moviendo la cabeza de arriba abajo. Mientras tanto, vigilaba con breves vistazos mis pocas riquezas que cargaba en la cajuela de la camioneta ya invadida por los niños. No pasó nada. Cuando el de azul se volteó hacia mí, hizo un movimiento de los brazos como para espantar a una tropa de gallinas y gritó unas palabras. El efecto sobre los niños fue inmediato. Se volaron de la camioneta como gallinas al ver al zorro. El de azul se puso frente a mí y me hizo un saludo militar de lo más impecable, poniéndose en atención con los tacones juntos; pero eso lo adiviné, porque su largo vestido bordado no me dejaba ver sus chanclas. Por instinto, yo también porté mi mano derecha sobre mi ojo derecho y saludé como militar.

Cuando hoy lo recuerdo, me muero de la risa. Allí estaban un viejo militar de todas las batallas por la libertad y un cazador de pájaros de veinte años haciendo saludos militares frente a un pueblo perdido en el atardecer africano. A la vista, eso impresionaba a la audiencia de campesinos y niños que lo miraban todo en silencio.

Mi reacción de puro reflejo le gustó y, sin quitarse la mano palma afuera al estilo militar francés, me gritó:

—Corporal Auguste Sawadogo, jefe del pueblo —y después de una pausa—. ¿Tienes pastis? —me preguntó estrechándome la mano y apretando la mía fuertemente.

Tardé un tiempo en darme cuenta de la pregunta y balbuceé:

—Sí, me queda algo; lo voy a traer.

Mientras buscaba una de las medias botellas que había traído por recomendación de unos "pequeños" blancos encontrados en el bar del hotel, unas mujeres desplegaron unos rollos de petates que habían cargado sobre sus cabezas. Auguste me había hablado en un francés perfecto, mucho mejor que el francés escolar que recordaba de mis clases en el seminario de Sint-Truiden.

Nos sentamos. Yo, apoyado en una rueda delantera, rodeado por un medio círculo de campesinos mossi. Auguste se sentó frente a mí, la media botella de pastis entre nosotros.

El pastis, para los que no lo saben, es una bebida a base de anís de alto contenido alcohólico. Se bebe únicamente mezclada con agua y hielo. Es típica de todas las regiones del sur de Francia. Esperé a que trajeran agua y algún recipiente. Auguste me ofreció la mitad de una nuez de cola. La nuez de cola es la razón por la cual los masticadores tienen ese repugnante color de dientes. No sabía bien qué hacer con ella. Me la llevé a la boca y mordí un pedacito. ¡Qué amarga es! Más que una naranja agria, que ya es lo máximo que soporto. Mi boca se contrajo como el culo de una gallina justo después de poner un huevo. No me dio tiempo a nada, de repente vi la botella de pastis en la boca de Auguste. Nunca había visto beber pastis así, puro de la botella. Esperaba que escupiera o algo, pero no pasó nada. Con calma y cuidado para que no se volcara, puso la botella ya amputada de un buen cuarto en el suelo y, con la manga de su magnífico vestido azul bordado de color oro, se limpió los labios.

—¿Cómo te llamas?

—Jean Pierre.

—¿Conoces París?

No, yo no conocía París. Para mi sorpresa, siguió un monólogo en el cual me describió con detalles esa ciudad, sus avenidas, sus estaciones de metro, sus barrios y monumentos. Ningún policía parisino lo hubiera hecho mejor. Auguste terminó su relato con otro gran trago de pastis, manifiestamente contento de que yo me abstuviera. Después de haber aliviado otro cuarto de la botella prosiguió:

—Yo combatí con el General Leclerc.

Comprendí que era en el ejército francés donde aprendió a beber pastis de tan bárbara manera.

—¿Dónde? —me atreví, muy intimidado.

—En todas partes. Tobruk, Monte Cassino, Provenza y también en las guerras de Indochina y de Argelia.

Y empezó, sin relajarse, a contarme la historia de los antiguos combatientes franceses. Era mi primer encuentro con un verdadero héroe de la Segunda Guerra Mundial y no sería el último.

Para dar consistencia a su movimiento de resistencia, en los años cuarenta el general De Gaulle, desde Londres y con los apoyos duramente arrancados a Churchill y Roosevelt, había ordenado a su mejor general organizar un ejército de las colonias africanas y atacar a los nazis alemanes e italianos en el norte de África a través del Sahara y luego ser el punto de lanza de la liberación de Francia. Leclerc reclutó a los colonizados en toda el África Occidental y Central. Todos se comportaron heroicamente, sobre todo en el matadero que fue la batalla de Monte Cassino, donde la mitad murió. Soy pobre historiador pero, a grandes rasgos, la cosa pasó así. No sabía mucho, pero este señor Auguste era un caballero.

Ya la noche había caído, las estrellas —como solamente las hay en esa parte del mundo— no dejaban que la oscuridad se apoderara por completo de la tierra. La botella de pastis ya había muerto desde hacía rato en el campo del honor. Auguste estaba ligeramente borracho pero no perdió la compostura y dignamente me invitó a su casa, cosa que con muchos agradecimientos, pretextos y mentiras, decliné. Prefería pasar mi primera noche saheliana con las estrellas y cerca de mis únicos bienes.

Me desperté con el canto de los gallos de Kaya y, después de un nescafecito y unas rebanadas de pan tostado, arranqué el coche que, para mi sorpresa, tenía aún la misma cantidad de gasolina que cuando lo había parado la noche anterior. La última imagen de Kaya que aún me queda es de una larga fila de mujeres y niños que, en la vacilante luz del amanecer, se alejaban del pueblo, todos con un cubo o una cubeta sobre la cabeza y se dirigían hacia un misterioso pozo o, tal vez, un arroyo perdido entre el escaso pasto y los igualmente escasos árboles.

Empecé a cruzarme con pastores peul con ovejas: animales grandes de pelo corto y de la cabeza a la mitad de la panza de color negro, la otra mitad hasta la cola, blanca. Lo que distingue a los pastores peul de todos los demás pastores es que marchan al frente de su rebaño, que los sigue pegado a sus talones. Ni uno lo pasa, panza contra panza, todos al mismo ritmo. Ser "obediente como una tropa de ovejas" toma todo su sentido. Aquí, en tierra de escasos pastos y aún más raros pozos, los animales dependen totalmente de dónde los lleva el pastor. Su vida depende de él y lo saben. Los peul son altos, flacos, de piel color de bronce, lo que los distingue de los demás ciudadanos de la república de Burkina Faso —que se traduce algo así como "tierra de los hombres fieles".

Ninguno de esos pastores, a todo lo largo del camino de Kaya a Dori, me juzgó digno de una mirada. Caminaban con la frente alta, fijando un punto en el horizonte, con sus largos bastones a través de los hombros y las manos puestas sobre aquel. Estaban cargados sobre el cuello con collares y amuletos, mientras sus piernas largas y flacas estaban cubiertas hasta la rodilla con pantalones atados con un cordel. No se desviaban de su camino cuando se me acercaban y no me miraban. ¿Adónde iban? ¿De dónde venían? Era asunto de ellos. ¿Para dónde iba yo? Era asunto mío. No teníamos nada que decirnos.

* * *

Luego aprendí que los peul se dividen en unas seis tribus a lo largo de todo el sur del Sahel, del este al oeste de toda el África; que tienen origen berebere, poblaciones originales del África del Norte anteriores a las invasiones árabes. Así se explica su tez bronceada. No tienen características antropológicas negroides. No tienen el pelo rizado ni los labios gruesos ni la nariz aplastada. Al mirarlos de cerca, uno podría confundirlos con un italiano o un español bronceados.

Aparte de esas características físicas, tienen otras, culturales, que no son nada comunes en esta zona. No practican la escisión —amputación del clítoris— a sus mujeres. Son unos musulmanes muy mansos: creen en Alá y su profeta pero también en una cantidad de cosas más. Tienen la reputación de ser rebeldes a toda autoridad que no emane de su familia. Son orgullosos y altivos. En la época precolonial practicaban las razias contra los pueblos negros del sur y los transformaban en esclavos, hábito que compartían con las demás tribus que ocupan la zona saheliana y sahariana. Sus mujeres son muy independientes. Aunque casadas, poseen su propio rebaño de ganado.

Años más tarde, en Chad, me topé con el caso de un marido peul que había perdido su rebaño por la peste bovina, salvo unas pocas vacas. Se quejaba este señor porque su mujer había rechazado su respetuoso pedido de que le prestara unos toros para tratar de reconstituir su rebaño.

Según el contrato matrimonial, es la mujer quien se integra al clan de su marido llevando consigo su propio rebaño de ganado, sus servidores, alguna hermanita y sus pertenencias. El producto de su comercio de leche y venta de cestas de mimbre le pertenece, junto a los hijos o hijas frutos de otras aventuras. Una mujer soltera con hijos es muy apreciada por el clan de su marido por haber probado su fertilidad. El marido le debe entregar una cantidad determinada de vestidos, pulseras, aretes y chancletas por año y, por supuesto, tiene que fecundarla. Y cuando todo eso no es suficiente, ella toma sus cosas, vacas, ovejas, hijos, los sube a un burro y se marcha, regresando con su familia, la cual tiene que arreglar el asunto con la familia del marido para que le regrese la dote, que se pongan de acuerdo sobre las compensaciones o se reconcilien. Frente a estas diferencias, la dote juega un papel preponderante. Es el factor material por el cual todos los parientes —las dos familias— tienen interés para que el matrimonio funcione. Lo contaré más adelante.

Entre las tribus peul, los más famosos mundialmente son los bororo, la única tribu que resistió a la islamización y que aún practica el nomadismo puro. Son conocidos en el mundo gracias a unos reportajes fotográficos que los captaron cuando, en sus fiestas anuales, organizan concursos de belleza para hombres; imágenes que dieron la vuelta al mundo y donde aparecen bastante afeminados.

Quince años después frecuentaría de cerca unos clanes bororo en Chad, dos mil kilómetros al este de Dori. Me di cuenta de que no son solamente modelos exóticos para revistas de etnología. Son ante todo hombres libres. Libres de influencias religiosas ajenas. Libres de ir y venir adonde les plazca siguiendo la línea de las lluvias que, según la temporada, sube o baja hacia o desde el Sahara. Libres de cualquier control gubernamental y social. Ser un bororo es un mito y fuente de envidia para muchos.

* * *

Dori. Una docena de calles de arena encajadas entre casas de barro. Del lado sur, una ciudad administrativa que se aloja en una media docena de casas de cimiento que albergan a los administradores, al subprefecto, al veterinario, al jefe de policía con sus cinco elementos, al maestro de la escuela, al doctor y su clínica, al jefe de correos y, ¡milagro!, una capilla. Es un pueblo aparte, que tiene poco que ver con el pueblo de los peul del cual está separado físicamente. Todos los administrativos, representantes de la nación, son de etnias negroides del sur. Los peul de Dori, soberbios, los consideran simplemente como potenciales objetos de razias y posibles esclavos. No hay nada que administrar en Dori: el grueso de la población está en trashumancia las tres cuartas partes del año, caminando con su ganado. Quedan unos viejos y viejas que no pueden ya seguir el ritmo de la trashumancia, los descendientes de sus esclavos negros para atenderlos y unos niños.

Todo esto me fue contado por los dos padres, un francés y un italiano, de unos treinta o treinta y cinco años, ambos altos con barba, vestidos con sotanas atadas con una cuerda en la cintura a la moda de los franciscanos. Habían sido enviados allí para evangelizar a los peul y me alojaron en su casa. Estaban encantados de la diversión que yo representaba. ¿Qué le habrían hecho estos dos al obispo para verse relegados en ese rincón del planeta, en medio de tribus islamizadas?

Los franciscanos y los dominicanos compitieron por siglos para saber quién quemaría más herejes en las hogueras de la Santa Inquisición en toda Europa y quién bendeciría más a los españoles que mataban indígenas en las Américas. Aquí estaban para suministrar la salvación de las almas a pastores inexistentes. Eran los únicos blancos en cientos de kilómetros a la redonda.

Lo pasamos bien. El italiano era muy afable. Quería saberlo todo sobre mí: del seminario, del ejército y de mi nueva misión que era cazar pájaros. Mis dudas acerca de la Santa Fe y su Santa Iglesia aún no eran tan determinantes como lo son hoy, así que nos encontramos casi en comunión fraternal. Tenían un sirviente mossi que era excelente cocinero, pero los espaguetis los hizo el padre italiano con gran ceremonia, mientras nos contaba cómo su mamá, una Santa, preparaba espaguetis tirándolos todos de una vez en el agua hirviente y, según cómo caían, interpretaba la respuesta a una pregunta secreta que formulaba en su interior. Según el resultado de la caída de los espaguetis, se ponía de buen o de mal humor.

Pasamos la cena hablando y hablando. Fue el primer italiano que conocí en mi vida. Mucho más tarde aprendí a conocer a unos cuantos más; todos hablaban mucho y, en un momento u otro, hablaban inevitablemente de su mamá.

El francés no dijo mucho. Probablemente ya había escuchado todas las historias de su colega. Con el fin de la cena y las gracias en latín, cayó la noche y pasamos a la terraza a cielo abierto donde el sirviente había dispuesto unos petates con cojines. Poco a poco el cielo se llenó de estrellas. Del pueblo subían aromas de comida mezclados con el humo del fuego de leña y la música lánguida de canciones árabes desde un transistor. Unos perros ladraron pero se callaron tan repentinamente como habían empezado. El francés sirvió té de menta, muy fuerte, muy dulce y muy caliente, a la moda árabe. Nos tiramos cómodamente sobre los cojines, la cabeza en las estrellas y por fin en silencio; hasta el italiano se dejó silenciar por el espectáculo del universo que nos caía encima.

Pasó un rato cuando escuchamos, llegando de la oscuridad, a alguien que se pegaba las manos como si aplaudiera —es la manera como se anuncia uno en esa parte del mundo donde hay pocas puertas—, seguido por una llamada suave: —Padre, padre.

El francés se puso sobre un codo:

—Pase, señor subprefecto...

Salió de la oscuridad un hombre alto, ancho y atlético, que se confundía con la noche por el color de su vestido y de su piel. Se quitó los zapatos y, moviéndose de rodillas, dio la vuelta para saludarnos uno a uno. Sus manos tenían un tamaño del doble de las mías, que no son chicas.

Cuando terminó la ceremonia de las salutaciones, se acostó al lado del francés y sacó —no sé de donde—, una botella de Johnny Walker medio llena. Circulamos la botella, cada uno llenando su vaso de té. El sirviente nos había puesto al centro del medio círculo una lámpara de petróleo. La música que subía del pueblo aumentó su volumen. Unas voces de mujeres acompañadas por un tambor cantaban lo que debían ser canciones de amor. No había nada en el mundo que me gustara más que

estar tirado sobre un petate en el desierto con unos vasitos de güisqui acompañados de voces femeninas como premio.

El padre francés y el subprefecto estaban conversando en voz baja. El italiano y yo no hablábamos, pero vaciábamos vasitos de té llenos de "Juan el caminante". Pasado el cuarto vaso, el sirviente vino a murmurar algo que no entendí a mi compadre, quien se levantó y, con una sonrisa un poco nerviosa, desapareció hacia el comedor. Moviéndome un poquito para tener la puerta en la mira vi, a la luz vacilante de la lámpara de petróleo, salir por la puerta trasera una silueta femenina seguida por el padre. No pude evitar pensar en la famosa "posición del misionero". Aunque en esta etapa mi experiencia sexual se podría decir estaba cerca del cero, sí sabía sobre la posición del misionero que, dice el cuento, es el nombre que dieron los africanos a la posición de hacer el amor de los misioneros cuando los vieron haciéndolo.

Los dos conversadores no me hicieron más caso, así que les di la espalda y me dormí.

Tempranito, con la oscuridad aún completa, me despertó una voz que, a pesar de la distancia, era muy clara y fuerte:
"Aláaa akhbar, Aláaa akhbar, Mohamed razou Alaaaah".
La lámpara se había apagado y estaba solo en la terraza. Recordé que en el pueblo había un edificio de barro sobresaliente en forma de torre. Debía de ser la mezquita en el centro del pueblo, mientras que la capilla, a unos metros de mí, estaba fuera del pueblo y hecha de cemento. Logré dormirme otra vez hasta cuando el cielo estuvo vestido con su velo azul y que el sirviente —cuyo nombre nunca supe— me despertó con un café caliente y una amplia sonrisa. Los dos padres ya estaban desayunando y conversando. Yo tenía la cabeza pesada y necesitaba ir al baño.

Una hora después, el sirviente se puso a caminar por la ciudad administrativa con una campana en la mano, que hacía sonar con fuerza, subiéndola a la altura de los hombros y bajándola hasta las rodillas. Era domingo y había misa. No había pasado tanto tiempo como para olvidarme de que yo hacía la misma cosa en Heur.

En mi vida he estado en muchas situaciones surrealistas, sobre todo aquí en México. Aquella misa en latín, presidida por tres blancos, con una docena y media de hombres y mujeres mossi, negros, en pleno territorio peul, bronceados y musulmanes, en las orillas del desierto del Sahara, era una de estas situaciones notables.

Me quedé cinco días en Dori, uno de los cuales lo pasé arrastrándome en un pantano tratando de acercarme a un grupo de grullas coronadas que, aparte de guardar la distancia entre nosotros desplazándose cuando consideraban que yo estaba demasiado cerca, mandaban a menudo una centinela para sobrevolarme y evaluar mi progreso hacia ellas. Son aves magníficas; de pie a cabeza miden un metro, su silueta fina, el plumaje de color negro, el pecho rojo y el largo cuello blanco y amarillo, su largo pico, sus ojos azules, la cabeza blanca y negra coronada de finas plumas amarillas, de ahí su nombre. Cuando casi llegué a acercarme para atraparlas de un asalto, me di cuenta de que no sabría qué hacer con ellas. No había llevado nada, ni siquiera un cordelito.

Una de esas noches, tirado sobre la gruesa alfombra después del ritual del té y la salida discreta del padre italiano por la puerta trasera, el francés y yo escuchamos un concierto en vivo de George Brassens, transmitido por la fiel RFI en onda corta. Mi francés primitivo no me permitía comprender todo; pero solo una palabra por aquí y otra por allá eran suficientes para comprender que este trovador no era muy respetuoso de los curas, de la patria, de los beatos, de los políticos y muchas otras cosas que huelen a conformismo (luego, cuando mi francés mejorara, George Brassens se convertiría en mi poeta favorito). El padre francés, al lado mío, se reía a carcajadas y yo lo imitaba sin comprender por qué reíamos. Era solo por el placer de reírme, el placer de escuchar un público aplaudiendo y riendo y por la música de una guitarra bien tocada.

Cuando el concierto llegó a su fin —y con él, el puro placer del encanto—, el padre apagó la radio y empujó su cojín más cerca de mí. Con su cara a cincuenta centímetros de la mía, mirándome a los ojos, me preguntó:

—¿Tú sabes quién fue Santa Helena?

Me miraba de manera inquisitiva pero no agresiva. Si en ese momento había algo de lo cual no quería hablar era de "la vida de los santos". Pensaba que Santa Helena sonaba como una Santa de vida ligera que se había convertido en Santa por razones que no me importaban.

—No padre, mi experiencia de seminarista no alcanza para saber quién fue Santa Helena.

Mientras hablaba, una sonrisa se pintaba por arriba de su barba.

—Ella era la madre del emperador Constantino, quien logró hacer del catolicismo una religión de estado e hizo escribir los evangelios que conocemos hoy.

—¿Me estás diciendo que los evangelios fueron escritos por orden del emperador romano Constantino y no fueron escritos por los cuatro evangelistas?

—Los cuatro evangelios son una selección de entre los veintiséis que existían antes del Concilio de Nicea en el año 325. Constantino y su consejero Eusebio de Cesárea, nombrado por Helena, pensaba que era necesario tener un consejero para poner un poco de orden en la muy confusa literatura cristiana existente.

De medio dormido me desperté completamente.

—¿Por qué Constantino querría eso?

—Porque su imperio se estaba cayendo en pedazos. Él se había puesto en el trono de Roma por medio de un golpe militar que derrotó a Maxencio y muy pronto comprendió las ventajas que obtendría al asociarse con una secta monoteísta que recomendaba la total obediencia al poder político y la aceptación de la miseria y la pobreza para ganar el acceso al paraíso, como lo escribió San Pablo. Desobedecer al emperador era equivalente a desobedecer a Dios. ¿Qué político no aplaudiría una regla como esa? Después de su triunfo hizo inscribir en las leyes romanas todo lo que recomendaba esa secta religiosa de origen judío.

—Un momento, padre. Esto es político. ¿Qué pasó con la divinidad de Jesús?

—Esa es una farsa que fue votada con un margen más bien estrecho.

—¿Usted me está diciendo que Jesús fue registrado "Hijo de Dios" por un voto?

—Sí. Eso fue lo que pasó en un concilio. ¿Te sorprende?

Claro que me sorprendí y no fue poco.

—Sí, me sorprende. Es la primera vez que escucho eso.

Me moví para ajustar mi cojín, pero sobre todo para que no me viera la cara; tenía un sentimiento de pánico y un miedo que me subía desde las piernas e invadía todo mi cuerpo. Tomamos un trago de té frío y amargo. Así que todo era mentira y servía a un diseño político.

—Regresamos a Santa Helena —se rascó la garganta y continuó—. Ella estaba un poco preocupada porque el emperador, su hijo, acababa de matar a su propio hijo, manipulado en eso por su segunda esposa, quien lo había convencido de que el primogénito la estaba seduciendo.

—¿Constantino mató a su hijo?

Esto se estaba poniendo mejor cada minuto: una verdadera historia de horror.

—Sí, sí. Y a su mujer y a algunos parientes más. Para comprar su absolución, Helena se fue de peregrinaje a Tierra Santa, donde descubrió restos de la Vera Cruz, trescientos años después de que había sido usada; el Gólgota, que por casualidad estaba bajo un templo a Afrodita que mandó a destruir; mandó a construir las iglesias de la Natividad y del Santo

Sepulcro; también nombró el Jardín de los Olivos. Por todo eso y algunas cositas más, Helena fue declarada Santa y su hijo fue absuelto de su pecado y declarado el apóstol decimotercero. Y así ella logró ser la primera emperatriz Santa.

Esta última frase tenía un profundo tono de pena y fue seguida por unos largos minutos de silencio. No sabía qué decir ni qué pensar.

—¿Qué pasó después?

Mi compañero se movió para alcanzar su vasito de té mientras decía:

—Después de esto, la Iglesia católica tenía un brazo armado y empezó a usarlo sin restricciones para crear un estado totalitario. Los filósofos fueron asesinados, sus bibliotecas quemadas y todos los que no creían en la nueva religión fueron perseguidos y liquidados. Solo la Inquisición tiene en su haber doce millones de muertos sobre la totalidad de Europa, lo que de paso salvó a la Santa Iglesia de Roma. No creer en lo que decía el Vaticano te costaba la cabeza. Por supuesto, en esas condiciones cualquiera cree en cualquier cosa, hasta en Santa Claus.

Todo esto sonaba increíblemente realista y coherente pero, ¿entonces qué?

—¿Qué hay de nosotros, padre?

Pasó un minuto de silencio:

—Nosotros no contamos. Somos individuos sin ningún valor ni importancia. Somos granitos de arena en el Sahara, que ellos aplastan como les dan las ganas.

Me imaginaba quiénes eran "ellos". En este punto, la voz de mi compañero sonaba muy depresiva.

—Te estoy contando esto para que sepas cómo y por qué te mandaron al seminario y a mí me hicieron misionero en Dori, mil setecientos años después de la historia de Helena. Te deseo una buena noche —con esto, se levantó y tomando su cojín bajo el brazo, con un susurro de su toga desapareció.

Me quedé por un largo rato dejándome llevar por el influjo de las estrellas. Poco a poco me llegó el sueño. De una cosa estaba seguro: me sentía requete feliz de que los jesuitas me hubiesen botado del seminario.

Era claro que la fe y la voluntad civilizadora y evangelizadora de los dos padres habían alcanzado su nivel más bajo. No sabían qué hacer de sus días. Montaban caballos prestados por el veterinario y me enseñaron a montar camellos, cosa que me sería muy útil doce años después.

Aquel veterinario había estudiado nada menos que seis años de especialización en la escuela veterinaria tropical de Maisons-Alfort cerca de París, una de las más famosas escuelas veterinarias del mundo. Él también tenía sus dudas acerca de su utilidad en Dori, cuidando a los animales de los peuls que casi nunca estaban en el pueblo y que además los escondían por miedo a que los contaran y luego les hicieran pagar impuestos. Hombre jovial y risueño, como si su sonrisa estuviese pintada en su cara, me contó que esperaba que su "servicio" en Dori fuese breve. Me habló de París y de la lucha de la clase obrera. Era marxista-leninista, pero por entonces esto era como chino para mí. Me llevó al puesto veterinario al otro lado del pueblo. Ese fue mi primer contacto físico con una comunidad musulmana.

Regresé a Ouagadougou como sobre una nube, feliz de mi primer encuentro con África, contento de haber comido el polvo de la carretera porque era romántico. Evité el pueblo de Auguste porque había vaciado la otra media botella de pastis con el veterinario, el subprefecto y los misioneros de Dori. Pasé frente a la casa que Van Dam me había recomendado, propiedad del embajador en Bélgica. Vi que había luz, me paré y entré. Van Dam, que portaba grandes bigotes negros que se veían falsos, estaba sentado en la mesa del comedor con cuatro mossi frente a él. Antes de verlos supe que la conversación no era social, porque Van Dam estaba gritando. En el centro de la mesa, un gran pañuelo azul con piedritas, muchas piedritas. Mi aparición —en *shorts* muy sucios y con los cabellos parados por la cantidad de polvo que albergaban— causó impresión. Se hizo un silencio. Los mossi me miraban asustados. Aproveché para saludar a Van Dam y acercarme a la mesa. Las piedritas estaban dispuestas en varios montículos según su tamaño. Van Dam tenía una lupa de diamantero en la mano. Poniéndose de pie, me dijo en flamenco, silbando las palabras entre sus dientes:

—Márchate. Márchate de aquí, cabrón.

Me quedé mirando los diamantes, como si no hubiese entendido sus palabras.

—Tírate —gritó ya muy enojado y amenazante.

Los mossi se levantaron y recogieron la tela azul y su contenido. Van Dam chilló que se sentaran, lo que hicieron muy lentamente. El bigotudo flamenco me empujó hacia la puerta. No opuse resistencia. Di unos pasos atrás y dejé el comedor, no sin gritar buenas noches a todos.

Así me enteré de que mi socio en el comercio de pajaritos era un traficante de diamantes. Además, en el gobierno —donde él tenía cuates— se hacía pasar por un inversionista con un proyecto de fábrica de textiles. Esto lo aprendí el día siguiente de uno de los corredores de diamantes de Van Dam, quien me estaba esperando en la puerta del hotelito. Le pedí que buscara un artesano para hacerme una mochila de piel de chivo que cambiaría por mi valija.

Dos días después estaba a la salida de Ouagadougou en la carretera hacia Togo pidiendo un aventón. Alto Volta me gustó. Me hubiera quedado un rato más, pero sin Van Dam.

El viaje, de aventón en aventón, mientras comía mis últimas reservas de galletas secas amenizadas con plátanos y naranjas verdes, fue muy venturoso. No lo voy a contar en detalle. En resumen, pasé tres noches y cuatro días preso en un puesto fronterizo entre Ghana y Togo. Bawku se llama el lugar. Nunca sabré por qué estuve preso. Me sacaron del camión y me llevaron a la cárcel con dos fusiles apuntados en la espalda. Al día siguiente me dejaron salir para sentarme sobre un banco, la espalda contra el muro de mi cárcel. Estuve allá por horas. La única cosa que me preguntaron fue: *Do you want Ghana woman?*

No tenía corazón ni dinero para putas. El día de mi liberación, aliviado de casi todas mis pertenencias por los representantes de Su Majestad la Reina de Inglaterra —así se decían a sí mismos los soldados y aduaneros cada mañana cuando, frente a la cárcel que me servía de alojamiento, alzaban la bandera con toda la pompa de la cual esa docena de uniformados era capaz.

Allí pasé el susto de mi vida. Por la tarde me sacaron de la cárcel de la cual les ahorro la descripción. Me hicieron marchar loma abajo fuera de la carretera hacia un bosque, con dos servidores de Su Majestad armados a unos metros de mi espalda. Hoy, cuarenta años después, aún recuerdo con detalle el miedo, pánico y resignación que sentí aquella vez. De repente me apareció la realidad: ahí estaba, marchando en la selva africana con dos soldados vindicativos a la espalda. Era evidente que iban a dispararme y dejarme podrir allí. Ni un alma en el mundo sabía dónde estaba. Pensé en mis padres y mi tía Géraldine en Heur y lloré. Quería vomitar pero no tenía con qué en el estómago. Como hipnotizado, caminaba hasta el bosque que sería mi tumba. Veía mis huesos como festín para las hienas, esperando el clic-clac de las armas que se cargaban.

El clic-clac nunca vino. Al llegar bosque abajo me atreví a mirar por encima de la espalda y vi a mis dos asesinos marchándose de regreso a su puesto fronterizo. El susto de mi vida había sido para nada. Me dejé caer debajo del primer árbol. Allí pasé la noche, llorando desesperado, durmiendo de a ratos con espantosas pesadillas. Nunca estaría y nunca más me sentiría tan miserable como esa noche, acostado en el bosque.

A la madrugada salí del bosque y subí la colina del otro lado.

Caminaba como un borracho, sudando mientras temblaba de frío. Encontré un camino y perdí la conciencia.

Desperté en una celda de monjes de la misión Apadongo en territorio togolés, tres días más tarde según me contaron los padres dominicanos dueños del lugar. Me habían recogido en la carretera y había pasado tres días y noches delirando con malaria. Dijeron que habían temido por mi vida. ¡Pinche malaria! Todavía la tengo, afortunadamente muy de vez en cuando ya.

En Lomé conseguí una visa para Nigeria. ¿Por qué Nigeria? No tengo idea, pero fui para allá. Por intermedio de la embajada belga conseguí un trabajo en una explotación forestal en Ilesha, más de trescientos kilómetros al norte de Lagos. Estaba dirigida por Goossens, un flamenco de Amberes de unos sesenta años, cabello gris y barba igual, bien cortados, ojos azules, panzón y de cuerpo desproporcionado por la grasa. Había otro flamenco, Johan, trabajando con él; de carácter muy relajado y sencillo; tan relajado que un día me gritó desde su cuarto que le llevara sus cigarros. Fumaba Gauloises azul. Estaba acostado de lado, su pene conectado a una muchacha jovencita, quien me miraba con ojos asustados. Él quería sencillamente hacer una pausa en lo que estaba haciendo para fumarse un cigarro. No tuve tiempo de sorprenderme ni reaccionar; incluso le encendí el cigarro.

Por Johan me enteré de que Goossens había sido colaborador de los nazis e incluso había participado en la legión flamenca integrada al ejército nazi que combatió en Stalingrado. Había huido de Amberes en 1945 para refugiarse en la España de Franco.

Me pareció raro: un flamenco nazi, y por definición racista, explotando un permiso forestal en plena selva africana. Pero ya hay cosas raras en este mundo. Como ese experto francés de las Naciones Unidas encontrado en Chad años después que trató de convencerme de vacacionar en África del Sur "antes de que el *apartheid* se acabe y los negros hagan pedazos el país". Es una pena que en los requisitos para trabajar para la FAO no se exija ningún criterio moral.

En Ilesha, ciudad de cierto tamaño, aprendí el bonito oficio de explotador forestal: trazar y hacer caminos en la selva con *bulldozers*, seleccionar y hacer talar árboles majestuosos, centenarios, calcular los metros cúbicos de madera, marcarlos, cargarlos, expedirlos hacia la laguna de Lagos desde donde serían puestos a flotar hacia los barcos cargueros europeos, americanos o japoneses para convertirse en muebles, pisos y banquillas.

La destrucción del bosque, para sacar un solo tronco que a veces pasaba los tres metros de diámetro, era tremenda. Los caminos de los *bulldozers* para ir a buscarlos; los tres o cuatro árboles de menor valor comercial quebrados, hechos pedazos, destruidos cuando caía el gigante; las zonas de carga inmensas, limpias de todo resto vegetal; los campamentos, las carreteras y caminos; todo esto contribuía a hacer de la selva una zona "civilizada". Afortunadamente, en esa época aún se cortaban los árboles con hachas: de tres a seis cortadores se subían a una plataforma de palos alrededor del árbol víctima, frágil estructura de tres a cinco metros de altura; porque el tronco solamente es explotable a partir de la parte recta, más arriba de la curva de las raíces. La estructura se balanceaba a cada movimiento y, para no caer, los cortadores tenían que respetar una rigurosa sincronización de sus movimientos; porque no se veían el uno al otro debido a la inmensidad del tronco.

Para mantener el buen ritmo cantaban. Una maniobra a contratiempo ponía toda la estructura en peligro, con la caída de uno, dos o todos los cortadores, que quedaban aplastados al pie del árbol el que así tomaba su venganza, lo que ocurrió unas cuantas veces. Cantaban en yoruba, la tribu y la lengua de los nigerianos del lado de Ilesha. Y era muy bonito, como de película.

Lo que no era muy bonito es cuando el árbol, ya herido en el corazón, empezaba a vacilar y se escuchaba una gritería de todos los diablos: "Timbeeeeeeer, timber". Y todos corrían en la dirección opuesta a la que pensaban que sería donde caería el gigante. A veces se equivocaban y los accidentes de piernas y rostros aplastados no eran raros. No tengo ni la más remota idea de cómo me comunicaba con estos yorubas. Yo, con mis tres palabras en inglés y ellos, con cinco. Debe ser que su carácter alegre, chistoso y sus rostros risueños, hicieron que nos comprendiéramos de maravilla.

Ilesha es una ciudad donde hay escuelas y una misión católica. El flamenco, joven, gozador y aplicado bebedor, me llevó el primer sábado por la tarde a la misión donde estaban reunidos casi todos los de piel blanca de la ciudad: maestros y maestras de las escuelas, unos forestales como nosotros, la totalidad de los monjes, monjas, misioneros, y hasta dos voluntarios del Cuerpo de Paz estadounidense, con los cuales simpaticé algo. Mostraban películas documentales y conversaban bebiendo té o coca cola. Allí vi como Sir Hillary venció al Everest. Era placentero y muy civilizado.

Recuerdo bien a nuestro extravagante vecino inglés que cada martes, jueves y sábado —los días en que llegaba el correo— había enseñado a su sirviente-cocinero a servirle el desayuno en la terraza que daba a la calle. Después el *boy* iba a buscar el correo y regresaba caminando por la calle frente a la casa, agitando el periódico en la mano y gritando: ¡*The Times, The Times!*, después de lo cual nuestro vecino le tiraba una moneda y el servidor le entregaba el periódico. Luego, pasando por la puerta de atrás, se volvía a vestir con su chaqueta blanca de sirviente y servía el té al vecino que, mientras tanto, había encendido una pipa y con la mayor seriedad leía *The Times* de hacía por lo menos una semana.

Nosotros, escondidos detrás del murito del jardín, nos moríamos de risa con el excéntrico espectáculo. De estos viejos colonos que no han podido regresar encontré muchos; todos tenían algo de sueltos pero todos eran caballeros a su modo; gente jovial, servicial, de altos valores e intelectual.

Goossens, el ex nazi, nos ponía mucha presión y se expresaba con gritos y humillaciones. Me había encargado de convoyar cinco camiones de troncos a Lagos y de supervisar su cargamento en un carguero de Alemania del Este. Cuatro días me quedé en el puerto de Lagos, viviendo la vida de marino. Tenía una cabina a bordo, comía con los oficiales y, de la mañana a la noche, convoyaba los troncos que flotaban en la laguna de Lagos para acostarlos a estribor del carguero, controlar el cargamento a cada movimiento del brazo de la grúa y firmar los documentos que me presentaba el capitán. El último día, Goossens vino a inspeccionar y, con su acostumbrada gritería, me ordenó ir a cargar unos muebles en la embajada alemana y llevarlos esa misma noche a Ilesha.

Lo hice. Y a las tres de la mañana me encontré con la camioneta en una cuneta al lado de la carretera. Me había dormido. Al día siguiente, en su oficina llena de estatuas de caballos de bronce, Goossens explotó en una cólera desproporcionada por los daños que le había hecho a su camioneta. Me acercó su cara con espuma en las esquinas de la boca. Estaba fuera de sí y amenazaba con pegarme levantando la mano. Antes de saber lo que estaba haciendo, le apliqué instintivamente una llave de la lucha cuerpo a cuerpo aprendida en el ejército. Inmovilicé su mano, le di una patada en las piernas, le caí encima manteniendo firmemente la llave y torciendo su brazo y le pegué tan fuerte como pude con mi puño en su cara. Todo duró unos segundos. Estaba sentado sobre el nazi Goossens que ya no hacía más que gemir. Lo había golpeado dos veces en la cara. Su nariz sangraba mucho. Solté su brazo pensando que lo había quebrado y me levanté nada más que para ver cómo se arrastraba hacia un rincón. Aproveché el instante para ir a buscar sobre su despacho una estatua de caballo de unos treinta centímetros con la cual me dirigí calmadamente hacia la esquina. Antes de que pudiera amenazarlo, el gordo empezó a llorar y me pidió piedad. Tenía los ojos desorbitados y lloraba como un niño. Lo jalé hacia la mesa de trabajo tirando del cuello de su camisa. Abrí todos los cajones para averiguar si había armas y dinero. Sí, había dinero, un paquete de dólares y una

J-P Goffings

pistola. Saqué de debajo de la liga lo que él me debía, dos meses, y le tiré el resto a la cara. Ha sido la única vez en mi vida que le pegué a alguien con la intención de hacerle daño. No me resultó desagradable. Encerré a Goossens en su oficina, le llevé la llave a mi compadre Johan y le conté lo que había pasado. Se rió, como liberado, me golpeó la espalda, botó la llave por la ventana, escondió la pistola, una Colt Smith & Wesson, debajo de su colchón y ofreció llevarme a Lagos. Diez minutos después estábamos en la carretera, especulando lo que él iba a contarle a Goossens.

No entramos en Lagos; nos separamos, con una cerveza, en la carretera que va hacia Dahomey (hoy Benin). Crucé la frontera esa misma noche, no sin problemas. En el *no man's land* entre los dos países tuve que esconderme en la cuneta, entre hierbas y detrás de troncos, de una patrulla fronteriza que probablemente tenía más miedo que yo y se anunciaba desde decenas de metros por su fuerte hablar. El aprendizaje de comando de infantería me sirvió otra vez.

No me acuerdo cómo, pero unos días después estaba en Abidjan, capital de Costa de Marfil. Me alojé en un hotelito de "pequeños blancos" del barrio de Treichville, una especie de zona rosa de México, D. F. combinada con Tepito.

Pronto conseguí trabajo en una explotación forestal que se llamaba "Las maderas de la Monza", con permisos de explotación entre Abengourou y la frontera con Ghana. El día después de mi contratación estaba en un camión que había sobrevivido a la guerra de 1914 con un chofer de la misma edad, borracho, que paraba en cada pueblo para comprar una botella de vino y que cerraba los ojos agarrándose a su volante cuando cruzábamos otro vehículo; pero nunca levantaba el pie del acelerador. Pasé buenos sustos pero llegamos enteros.

El trabajo era el mismo que en Ilesha, salvo que las cosas estaban mucho mejor organizadas. Los trabajadores eran inmigrantes mossi o malinké de Alto Volta y de Malí. Los de no hacer nada o no mucho eran los costamarfilenses. Los jefes eran franceses, desde el mecánico hasta el administrador, pasando por los supervisores de los cuales yo era uno. Cada grupo tenía su campamento: nosotros, los blancos, ocupábamos seis hermosas casas con jardines floridos bien cuidados por un equipo de jardineros, bastante separadas una de la otra. Se ubicaban alrededor de lo que era el santo de los santos: el taller mecánico donde se reparaba desde camiones de treinta toneladas hasta bicicletas y relojes. El dios de este taller era un antiguo mecánico de la marina mercante, un mago,

un malabarista de la mecánica. Nos hicimos amigos. Éramos cuatro solteros y dos parejas, una con una mujer particularmente hermosa que lo hacía saber mostrando unas nalgas generosas apenas cubiertas por un pequeño *short* o minifalda, seguidas por unas piernas interminables, una cintura de avispa y unos pechos generosos. La boca siempre pintada y el pelo negro que le caía sobre los hombros. Cuántos ríos de espermatozoides he hecho correr con la imagen de esta mujer, señora del jefe del campamento.

Tres veces a la semana organizábamos una salida a Abengourou con cena en el "Campamento", un hotelito de cinco cuartos y un restaurante atendido por una pareja de viticultores de Burdeos que un día se hartaron de podar y cuidar las viñas. Muy buena comida y ambiente. Con la panza llena íbamos al cine a cielo abierto a ver una película de *péplum* hecha por los italianos sobre temas de la mitología y la historia antigua: Hércules, la traición de Dalila, y cuantos más. El espectáculo estaba en la sala, con unos trescientos abengourenses gritando, aplaudiendo a los héroes e insultando a los malos. Estaba a gusto. Me gustaba el trabajo, el pago era bueno, el gasto poco y el ambiente agradable.

Cada mes, por no haber sábados ni domingos de descanso, la compañía nos daba cuatro días libres en Abidjan. Ya no hacía falta buscar hotelitos baratos en Treichville. Me alojaba en el hotel Ivoire, especie de Hilton local. La noche de mi llegada, viernes, encontré en el antro del hotel a una mujer mucho mayor que yo pero con cuerpo bonito, muy romántico y eróticamente vestido. Bailamos sería mucho decir. Creo que no nos movimos más de unos centímetros. Todo era roce de cuerpos uno contra el otro. Meneábamos justo lo que hacía falta para excitarnos con movimientos furtivos de las piernas en las entrepiernas, con besos suaves en los cabellos y movimientos lentos de caricias en las espaldas. Todo lo que hice encontró respuesta. Experimenté una eyaculación que me llenó de vergüenza. Ya debía ser visible por la gran mancha húmeda en mis pantalones. Afortunadamente estos pantalones eran negros. El antro también. Algo me sorprendió pero no mucho cuando me sopló en la oreja "quiero hacer el amor contigo". Nos fuimos a su departamento de donde no salí hasta el lunes por la mañana.

Por fin y por primera vez, todo el vigor sexual de mis veinte años encontró expresión, incluso su maestra. Retomando la carretera de Abengourou me sentí extrañamente débil, muerto de cansancio, ligero, hambriento pero muy contento. Era mi primera verdadera experiencia sexual. Ella era empleada de un banco, originaria de la región de Marsella y divorciada. Su marido la había dejado para ir a vivir con dos muchachas en Treichville.

Es todo lo que me contó en las sesenta horas. No hablamos mucho. Esto iba a pasar cada mes durante todo el tiempo que me quedé en Abengourou.

* * *

Hoy, 27 de octubre de 2007, las primeras larvas *sciaenops ocellatus* de la temporada cumplen veintitrés días de vida. Anteayer llegó el primer "norte". Así se llaman aquí en Campeche los frentes fríos que vienen desde Canadá y, después de haber viajado por todos los Estados Unidos de norte a sur y el Golfo de México, se pegan a la península anunciando el fin del verano.

El pez que nos hace vivir es un típico reproductor otoñal. Quiero decir que su temporada de reproducción empieza al inicio de octubre cuando aquí en Campeche las horas de luz y de oscuridad son iguales y después de los primeros "nortes" que enfrían el agua. Sin estas condiciones no tiene apetito sexual. Al contrario de nosotros, *homo sapiens*, que lo tenemos todo el año. Parece que somos los únicos, aunque sea reprobado por la "Santa Iglesia Católica y Romana" que pretende que solo lo hagamos después del matrimonio y para reproducirnos, por supuesto. Felizmente, cada día hay menos personas que lo creen así.

Si los "nortes" llegan un poco tarde, como este año, ayudamos un poco a la naturaleza enfriando el agua en los tanques de los progenitores. Una vez que las condiciones naturales están dadas, la hembra suelta un *mucus* de seducción que hace que los machos comiencen a cortejarla nadando detrás de ella. El código de un antro funciona de la misma manera.

Cuanto más se acerca el momento de la puesta, más insistentes se hacen los machos. Por fin, cuando ya no pueden más, los *sciaenops ocellatus* hacen un ruido parecido a un tamborileo frotando el uno contra el otro los huesos de sus cráneos. Esta es la señal. Unas horas después la hembra suelta sus óvulos y los machos sus espermatozoides, los cuales tienen que ir a buscar, nadando, su óvulo para fecundarlo. Me tocó ver la operación en un microscopio electrónico con pantalla. No hay nada más estúpido en el mundo que un espermatozoide cuando encuentra un óvulo. Lo asalta cabeza de frente y si no puede entrar, sigue asaltándolo hasta el agotamiento. Parece que el óvulo tiene una sola apertura posible. Cuando el pobrecito siente los asaltos de los espermatozoides trata de moverse sobre sí mismo para poner la entrada frente al asaltante ya que este, el muy estúpido, sigue asaltando en el mismo lugar que antes. ¿Será por esto que las mujeres, desde el óvulo, son más listas? Por la poca chance que tiene el óvulo de ser fecundado y la aún menor chance de supervivencia que tiene una larva de

hacerse pez, la hembra produce cantidades importantes de óvulos, hasta 250 000 por cada kilo de su peso. Los óvulos de los cuales estoy hablando ahora ya son larvas; pasaron la etapa de convertirse en pececitos con todos sus órganos en funciones y sus estómagos llenos de rotíferos y artemias, de los que nos esforzamos por abastecerlos con profusión. Una vez que nace en nuestro laboratorio, es afortunado: tiene un millón más de posibilidades de sobrevivir que si hubiera nacido en un manglar.

A los veintitrés días de ser parte de la biomasa mundial y de nuestra empresa, ya se están destetando, es decir, les estamos enseñando a pasar del alimento vivo al alimento inerte, una especie de polvo muy fino cuyos ingredientes solo se conocen en la Universidad de Gand en Bélgica, de donde sale el mejor alimento para peces marinos. Los flamencos exportan algunas cosas más que misioneros, traficantes de diamantes y nazis…

Pronto se cambian los estanques por unos más grandes al aire libre. En esta etapa nuestro papel es el control del canibalismo. A *sciaenops ocellatus* le gusta comerse a sus hermanitos y hermanitas.

Está haciendo un tiempo de madre. Horas y horas que está lloviendo como si estuviéramos en Normandía, donde llueve trescientos días al año, pero donde se crían las vacas lecheras más gordas y más productivas del mundo. Este pensamiento no nos hace ninguna gracia. No estamos cuidando vacas en Normandía sino peces en Campeche. No es molesto para los peces, que ya están mojados. Para mí tampoco: tengo aún la piel impermeable. Pero de un momento a otro estamos esperando un corte de electricidad, lo que pasa aquí a cada rato cuando Tlaloc abre las válvulas. Entonces todo se para: los filtros, las bombas, las sopladoras y el aire acondicionado. Es momento de pánico. Y como una desgracia nunca viene sola, por costumbre la pequeña planta eléctrica que tenemos de apoyo tampoco va a arrancar.

Desde que la larva termina de consumir la reserva vitalicia con la que nace, es decir, veinticuatro horas después del desove, requiere alimento cada dos horas y para ello cuenta con nosotros. Cada dos horas, alguno de los descabezados que quieren que sobreviva el bicho tiene que chequear si hay alimento, si la tasa de oxígeno disuelto es la buena y el grado de amoníaco, aceptable. Después de dos semanas de este circo, ya nadie tiene los ojos frente a los huecos. No somos suficientes personas como para poder descansar por completo; entonces ponemos un sistema de alimentación automático que, a partir de la medianoche, nos reemplaza hasta las seis de la mañana.

* * *

J-P Goffings

Estaba acostumbrado ya a la vida de explotador forestal, cuando me convocó en sus oficinas de Abidjan el gran jefe de la compañía Maderas de Monza, que sacaba al bosque de Costa de Marfil nada más y nada menos que setenta toneladas por día de maderas preciosas. Son de estas citas misteriosas a las que uno acude sabiendo que le va a cambiar la vida. Si fuera para despedirme, ni me hubiera convocado; solo hubiera mandado una notita al campamento.

No podía estar más incómodo tras una hora que pasé admirando a su secretaria bien metida en carnes. Ella ni me hablaba ni me miraba. De vez en cuando tomaba el teléfono y se levantaba para desaparecer por la gran puerta —de madera preciosa— que guardaba la entrada al despacho del gran jefe. Era hermosa, con una minifalda que dejaba aparecer largas piernas que parecían no tocar el suelo porque flotaba sobre una nube cuando caminaba. Sin embargo, por muy hermosas que fuesen sus piernas, no me entretuvieron tanto como para hacerme olvidar que odio esperar. Rápidamente empecé a sentir molestia y un impulso de rebelión: me hacían perder el tiempo y tenemos muy poco en la vida. Las revistas profesionales de la industria de la madera no captaban mi atención, unas revistas Playboy lo hubieran hecho mejor. Me levanté un par de veces para mirar por la ventana. Estábamos en el décimo piso de un edificio moderno con vista sobre la laguna de Abidjan y el puente que une el Plateau —barrio de los negocios— a Treichville. Dos mundos muy diferentes conectados por un estrecho puente.

Cuando ya llegaba al límite de mi paciencia, a punto de mandar todo a la chingada, sonó la campanita y la secretaria me enseñó la puerta con la cabeza. Por fin iba a tener el inmenso privilegio de contemplar al gran jefe.

Era un hombre guapo, alto, delgado y de cabello color plata, tan perfecto como su despacho, completamente cubierto de maderas preciosas y decorado con hermosas pinturas abstractas, de muy buen gusto. Llevaba una camisa blanca de mangas cortas con rayitas azules y una corbata roja. No estaba solo: lo acompañaban dos tipos. Cómodamente sentados en sillas de cuero oscuro alrededor de una mesita, fumaban puros y tomaban güisqui. Nunca los había visto.

No estaba muy acostumbrado a las entrevistas. Mi experiencia se limitaba a las de los militares que tienen reglas y rituales bien definidos, tal como las de los curas. No estaba nada preparado para el ceremonial de las miradas —sostener sin desafiar—, ni para estrechar manos —firmemente pero sin apretar demasiado—; en pocas palabras, para mostrar sumisión y humildad sin caer en el servilismo. Sabía que estrechar las manos es para mostrar que uno le viene al encuentro sin armas (un beso en la mejilla significa que vienes en paz).

A pesar de mi falta de experiencia en el asunto, supe por la sonrisa y la expresión jovial, que allí no me iban a comer. Con el brazo me invitó a sentarme alrededor de la mesita donde estaban los dos tipos. Me saludaron con la mano pero sin levantarse ni presentarse. ¿Serían traficantes de diamantes?

El jefe se sentó en un sillón a mi lado y permaneció en el borde, como yo.

—Señor Goffings —tenía una voz de *mezzosoprano*, muy alta, lo que me sorprendió de un viejo verde. Siguió con su vocecita—: ¿Sabe usted leer un mapa de Estado Mayor?

Si hay algo que aprende uno en el ejército, comando de infantería, es a leer mapas. Le conté que lo había aprendido estando en el ejército belga. Esto provocó la aparición de una sonrisa en todos los rostros. Los belgas son los gallegos de los franceses. Hay algunos chistes muy buenos sobre el ejército belga que, hay que admitirlo, a veces son merecidos; del tipo: las fuerzas navales belgas tenían submarinos, ya no; pues hicieron un día "puertas abiertas".

Cada pueblo necesita su chivo expiatorio: los blancos tienen a los negros, los suizos a los montañeros del cantón de Berne, los valones a los flamencos, los mexicanos a los gallegos, los italianos a los del *mezzogiorno* y los franceses a los belgas.

De debajo de la mesita, como por arte de magia, apareció un mapa de Estado Mayor que el jefe desdobló sobre la mesa, de la cual desaparecieron los vasos de güisqui.

—Léame esta región —y con una mano fina, bronceada pero llena de manchitas oscuras que traicionan la edad, me enseñó una parte del mapa.

No había mucho que decir, apenas unos caminos, algunos pueblitos, líneas de nivel y arroyos que corrían hacia el este. Lo demás era verde, puros bosques.

Cuando terminé, el *mezzosoprano* puso sobre el mapa una hoja blanca.

—Diséñeme una ruta que atraviese un río y suba una loma suave, y cuéntenos cómo calcula la distancia cuando va subiendo la loma.

Esto también lo sabía hacer. Los dos diamanteros, llamémoslos así, se acercaron y cuando terminé, todos aprobaron con la cabeza, con grandes sonrisas. Yo ya empezaba a tener una idea de lo que querían de mí. El jefe se levantó para tocar la campanita de la secretaria que apareció en seguida. Para mi gran sorpresa, me gratificó con una sonrisa amable por debajo de su cabello negro que le escondía parte de la cara.

—¿Café, güisqui o refresco? —me preguntó el jefe y a pesar de mis esfuerzos, no pude reprimir mis ganas de reírme de esa voz tan alta.

Se me antojaba güisqui pero pedí café. Desapareció el mapa y reaparecieron los vasos de güisqui. Entonces todos nos sentamos más al fondo de los sillones. Era muy agradable el despacho. Pasó un momento durante el cual mis tres colegas de la industria de la madera intercambiaron palabras que no entendí bien: mi francés era aún rudimentario y creo además que hablaron en provenzal, que es como una mezcla de francés, español e italiano.

La secretaria reapareció con tres güisquis y mi estúpido café. Mirándome de nuevo, el jefe —nunca supe su nombre— me dijo:

—Hemos comprado dos permisos: uno en Abengourou, que ya conoces y otro en San Pedro. Pensamos en ti para ser nuestro trazador.

Ya había escuchado de los trazadores: son los comandos, la élite de la industria de la madera en África. Las compañías compran al gobierno un permiso de explotación de una región a partir de un mapa, sin tener una idea exacta de lo que hay allí, qué tipo de maderas, tamaños, límites, etc. Es obvio que dichos permisos se otorgan mediante la corrupción de funcionarios, ministros y hasta del Presidente, que se hacen fortunas que van a gastar comprándose departamentos en el Arrondissement XVI de París, mansiones en la Costa Azul, haciendas en Normandía y prostitutas de la Madeleine.

En el gremio, a los trazadores les dicen "los locos" que van con una docena de portadores a caminar durante semanas y en línea recta, guiándose con una brújula, en la selva. Viven allá el tiempo necesario para trazar los límites del permiso, concretamente haciendo una ligera cicatriz en la selva virgen. El permiso, comprado por la compañía a partir de un mapa, a menudo empieza en una carretera, un pueblo o un río y va en camino recto selva adentro. El que quiere ser Stanley en búsqueda de Livingstone no puede rechazar la oferta. Y yo quería ser Stanley.

* * *

Para los que no saben quiénes eran Stanley y Livingstone, aquí va la historia resumida.

Livingstone, pastor, médico, científico, escocés y antiesclavista, se enterró en la selva congolesa en 1849. Nadie supo más de él por años.

El rey de los belgas, Leopoldo II, que tenía ganas de ser propietario del Congo, contrató al explorador Stanley para ir en busca de Livingstone. Al mismo tiempo le encargó buscar la fuente del Nilo y plantar su bandera en ese territorio, lo que permitiría a Leopoldo reivindicarlo como suyo en la gran repartición de África entre las potencias europeas alrededor del año 1900. Stanley encontró a Livingstone tras una odisea bastante movida que duró meses. Cuando lo hizo, levantó su sombrero y pronunció la famosa frase: "El doctor Livingstone, supongo". Juntos salieron en busca de la fuente del Nilo, que no encontraron. Pero sí hallaron el lago Victoria.

Su historia termina aquí, pero no la del Congo. Gracias a Stanley, las potencias europeas efectivamente le dieron a Leopoldo, como propiedad privada, el Congo, territorio ochenta veces más grande que Bélgica. No sabiendo qué hacer con el Congo, el Rey quería regalarlo al pueblo belga el cual, por medio de su parlamento, lo rechazó. Por fin Leopoldo II puso en su testamento al Estado belga como heredero del Congo. Así los belgas fueron el único pueblo europeo que se encontró colonialista contra su voluntad.

A mí me sorprende que hace solamente ciento sesenta años los europeos todavía estaban buscando la fuente del Nilo.

Fin de la pausa.

* * *

Entonces, pedí más información sobre el permiso de San Pedro que está en la frontera con Liberia, al otro lado del país. Me aseguraron que había asistencia y organización previa. El salario era bueno, el presupuesto, generoso y la libertad, absoluta. Me dieron cita una semana después, en una aldea cercana a Abengourou como punto de partida. Desde allí teníamos que caminar ciento cinco kilómetros nortenoreste, cincuenta al oeste, y unos setenta sursuroeste para llegar a la carretera de Bouaké. En total, unos doscientos veinticinco kilómetros de caminata.

Me quedé dos días en Abidján para despedirme de mi amiga de cama, a quien empezaba a apreciar muchísimo. Lo cierto es que uno no puede disfrutar del sexo mucho tiempo sin comprometerse emocionalmente con su pareja. Cuando la llamé la sentí incómoda; tenía otro u otros amantes. Eso hizo más fácil mi salida de Abidján. ¿Será que de seminarista ya había pasado a ser libertino?

* * *

J-P Goffings

El libertino es el que ama la libertad más que todo. Todas las libertades, no solo la sexual. La figura del libertino aparece, en general, vinculada con la del cacique, el político, el alto funcionario, en una palabra, es rico porque tiene el dinero para financiar las casas chicas y puede así sembrar a sus bastardos por toda la ciudad. Esta visión, en consecuencia, tiende a prestar a la gente humilde y trabajadora, virtudes de rectitud moral que en verdad no tiene. En realidad, son características individuales y no dependen de la clase social.

La gente humilde que ve pasar en su camioneta de vidrios oscuros al cacique o al funcionario, aun cuando todos lo saben corrupto, aspira también a una vida de insolencia y libertinaje. De ahí que, durante mucho tiempo, no se encontró mejor forma de calmar el ardor reivindicativo, el odio del luchador social más anarquista o del sindicalista obrero más estalinista, que invitándolos a pasar unas noches en la zona rosa de Acapulco. La lucha de clase desaparece cuando aparecen las nalgas del *table dance*.

En cuanto a las mujeres, lejos de aspirar a las eternas virtudes de la fidelidad uterina, también sueñan con compartir lujosos cuartos de hotel con el cacique o el político, envidiando a las empleadas o secretarias con las que el mero "hace la bestia" cada semana y que pronto podrán aspirar a un puestito de supervisora o jefa de oficina.

Conocí personalmente a un secretario de finanzas que mantenía a dos de sus secretarias a quienes hizo directoras con un ingreso de más de cien mil pesos mensuales; a un gobernador que hizo de su querida una secretaria de turismo; etcétera. Clásico, es el tema central de muchas obras literarias. "¡Qué moralista puede ser el pueblo cuando no tiene ocasión de ser libertino!" (M. Onfray).

El libertinaje es una aspiración universal. Son pocos los que lo alcanzan y el pueblo rara vez tiene acceso a ello. El libertino busca la sensualidad libre de toda obligación y no tiene otro objetivo que el placer de la seducción y la demostración a sí mismo. Gastar su energía sexual en una pérdida placentera es el objetivo. ¡Juego! ¡Nada más que juego! No amar, sino descargar placer sexual y orgasmos. No hace falta ser cacique, político o funcionario para ello. "Cuando no es una inmensa carnicería, el mundo es un gigantesco burdel", como lo dijo el filósofo Michel Onfray.

Cualquiera que hace de la sexualidad un juego, una actividad lúdica y nada más, hombre, mujer, de izquierda o de derecha, pobre o rico, es un libertino potencial. El libertino, sin importarle Dios, los dueños o las reglas de la sociedad, escucha únicamente sus fantasías; solo busca el placer.

"Tengo una tendencia natural a dejarme llevar por lo que me gusta", confesó Don Juan. Y poco importa que sus deseos vayan en contra de las fuerzas dominantes o de aquellos que las quieren reemplazar, ya que los revolucionarios de hoy en la oposición, serán los reaccionarios de mañana en el poder.

El libertino siempre es subversivo por naturaleza. Está en contra del sexo triste, culpabilizado y rutinario; en una palabra, miserable. Y que los que tengan dudas busquen dentro de sí mismos y miren a su alrededor.

* * *

En cinco días compusimos el equipo. No fue nada fácil porque tenía que ser gente de la misma zona. Los mossi del campamento forestal fueron descartados. También necesitaba a un intérprete que hablara los idiomas del lugar y un mínimo de francés. Todo eso dio lugar a entrevistas interminables. Fue valiosa la ayuda de los demás forestales; uno hasta me prestó su fusil de caza con cincuenta cartuchos.

Formaban la caravana: dos macheteros adelante, un lector de brújula, una persona para tomar notas (estos dos puestos los ocupábamos el intérprete y yo en alternancia), dos medidores que arrastraban una cadena ligera de cincuenta metros para medir la distancia que avanzábamos, un pintor, para marcar con pintura un árbol o un palo cada cincuenta metros también y un cazador de la Fraternidad de los Cazadores de la región. Años después fui iniciado en este grupo social, pero en Malí.

Nuestro cazador llevaba una gorra chistosa en forma de plato. De su cuello colgaban una docena de amuletos como protección contra cualquier cosa. Pero cuando vi su escopeta, me sentí obligado a darle la mía, la que fue aceptada con gratitud. Pasó un buen rato acariciándola y besándola, evocando a varios espíritus de la buena suerte. Él era el elemento libre que tenía como meta mejorar la dieta principalmente compuesta de pollos, que dos portadores llevaban enjaulados sobre sus cabezas. Sin refrigerador uno se las arreglaba como podía.

Después venía el cocinero que cargaba mi camita plegable, seguido por la docena de portadores con todo lo que pensábamos consumir durante el viaje que, calculamos, duraría entre tres semanas y dos meses: sacos de arroz y de azúcar, cajas de aceite, verduras enlatadas, agua embotellada para mí (no tenía ni el estómago ni las defensas inmunitarias de los demás), coberturas, petates, un pequeño tanque con petróleo para las lámparas y una caja metálica con todas mis pertenencias —Nescafé, por supuesto, mis botas de repuesto, porque me dan miedo las serpientes, cajas de carne y sardinas enlatadas, sin olvidar una mesita plegable y dos sillas. Todo esto lo llevaban hombres jóvenes, muy robustos y atléticos, como son los africanos del oeste. Sus descendientes, emigrados a la fuerza, ganan todos los campeonatos de atletismo, fútbol americano, béisbol y básquetbol en beneficio de otras banderas.

El primer machetazo fue dado en la madrugada detrás de la aldea del punto A. Todos se organizaron rápidamente: los macheteros que me miraban permanentemente para que les diera la dirección, los medidores que, en campo abierto, corrían y en la selva esperaban a que se adelantaran los macheteros; los portadores, que venían mucho más atrás. Solo necesitábamos su presencia cada dos horas, durante el receso. En cuanto al cazador, había desaparecido.

Hasta las diez de la mañana no fue muy complicado avanzar. Atravesamos los campos de la aldea, plátanos, yucas y plantaciones de cacao. Al mediodía entramos en la selva y noté que todos se pusieron a hablar fuerte y a cantar: era para espantar a los animales, en particular a las serpientes. Aun siendo comestibles y hasta ricas, con sabor a pollo, son muy peligrosas.

En seis días llegamos a la primera etapa que, según el mapa, linda con la frontera de Ghana, de muy malos recuerdos. El cazador reaparecía milagrosamente cada tarde. Nunca supe cómo se ubicaba ni de dónde salía. A veces se escuchaban disparos a lo lejos, a veces no; pero cada día regresaba con una presa: un hormiguero, un par de pintadas, venado —escaso en esta selva—, monos y hasta serpientes. En general yo prefería uno de nuestros pollos o una lata de *corned beef*.

El terreno era casi llano. La travesía del tumultuoso río Comoé nos tomó un día pero afortunadamente estábamos en temporada seca y no se nos perdió nada.

Descansamos un día en una aldea de unas doce chozas, cercana al río. No había nada que comprar pero el jefe me ofreció su casa y puso su hija a mi disposición. No la usé como él se lo imaginaba pero sí para calentar agua para bañarme. En realidad, desconfié de un dicho de esta región: "Cuando llega un extranjero a tu casa, el primer día le das de comer, el segundo día le das tu mujer y al tercer día dale un machete para que vaya a trabajar al campo contigo". La expresión "no se lavó con agua fría" da a entender que uno tuvo compañía durante la noche. Yo no la tuve, pero tampoco me lavé con agua fría.

Las chozas de la aldea eran las típicas africanas de la sabana o de la selva: circulares con muros de barro y techos de guano, dispuestas en círculo, todas las puertas dando a una placita central. Allí se encontraban

los graneros, tres casitas también circulares sobre palos. Cocinaban afuera sobre tres piedras.

Al despedirnos regalé al jefe un machete y una lima que me sobraban y él me obsequió un amuleto: era un estuche de cuero que según me dijo contenía un pelo de melena de león que me protegería de todos los animales. Me lo colgué al cuello y no me lo quité hasta que se deshizo años después. A la muchachita de unos doce años, pero con senos ya como meloncitos, le regalé cien francos. Todos estábamos contentos.

Mi intérprete, Joseph, aprendió rápido el arte de trazar la ruta, dirigirse con la brújula y apuntar los diferentes tipos de árboles que encontrábamos. Me apoyaba cada vez más en el trabajo. Era un joven de unos dieciocho años, sonreía todo el tiempo y tenía un gran sentido del humor, vistas las carcajadas que provocaba en los demás. Los primeros días rezaba mucho: al despertar, antes de cada comida y en la noche antes de desaparecer debajo del mosquitero que colgaba a unas ramas de pequeños árboles cerca del mío. Después de un par de días lo dejó, viendo que yo no rezaba mucho. Creo que lo hacía para impresionarme y caerme bien. Había aprendido francés con los padres de Abengourou y escribía con letra hermosa y fluida, aunque con errores en cada palabra, pero esto era lo de menos. No tuvimos problemas para entendernos y el aprecio era mutuo.

Las dos noches pasadas en la aldea pusieron a todos de buen humor. No sé cómo se las arreglaron, pero creo que nadie se lavó con agua fría.

El segundo tramo del camino era más complicado. Había lomas y hasta escarpados, así como varios ríos que cruzar. Avanzamos lentamente. Según el mapa, había un pueblo lo bastante grande como para figurar en un mapa de Estado Mayor. Y en efecto, entramos en los campos y plantaciones de dicho pueblo un día antes de oler los perfumes de las cocinas al atardecer.

No recuerdo la fecha pero debía ser por Semana Santa. En la madrugada había mandado a Joseph para anunciarnos, porque no se entra así como así en un pueblo; no es una iglesia española. Así que ya nos esperaban y nos acogieron como reyes cuando entramos. Aparte de ser una diversión, también traíamos la esperanza de la llegada de un campamento forestal, sinónimo de mucho trabajo y aumento de la masa financiera circulante, para hablar como un economista; un beneficio para todos.

En esa entrada triunfal me sorprendió que muchas mujeres se me acercaron y se arrodillaron besándome las manos y diciendo: "¡Padre! ¡Padre!". Echándose a reír, Joseph las apartó. Me estaban tomando por el misionero a causa de mi barba.

❦ J-P Goffings ❦

El pueblo solo tenía un camino practicable en automóvil que ahí se terminaba, según el mapa en la plaza central, frente a la casa del jefe. Esta estaba flanqueada por tres construcciones cuadradas: el ayuntamiento o su equivalente —un letrero pintado a mano sobre un pedazo de tabla decía "Mairie" —, una tienda y la iglesia, supuse, por la cruz de madera que tenía plantada al lado de la puerta. Estaba colgada de un árbol una llanta —un *ring* en México— que usan como campana pegándole con una barrita de hierro. Ya lo había visto en escuelas o iglesias en varios lugares.

El jefe del pueblo, cuyo nombre no recuerdo —algo como Gustavo en alto volta— llevaba el quepí de antiguo miembro del ejército del general Leclerc y me hizo un perfecto saludo militar. Pasadas las salutaciones y explicaciones, que dejé a cargo de Joseph, mi equipo de cargadores, que ya había dejado su equipaje en el cuarto usado como alcaldía y que estaba totalmente vacío, desapareció en busca de cuartos disponibles. Todos estábamos exhaustos.

Una hora antes del amanecer las mujeres de los pueblos de África ya estaban moviendo leña, sacando las ollas y los platos, haciendo tortillas de sorgo; en una palabra, preparando el desayuno. Nos calentaron agua para lavarnos la cara y barrieron enfrente de sus chozas. Esas idas y vueltas, añadidas al cacareo de los gallos y al ladrido de los perros, sin olvidar el humo picante de la leña, me despertaron antes de que la luz del nuevo día tuviera oportunidad de unirse a aquella conspiración para sacarme de la protección del mosquitero.

El tiempo de encender la lámpara, ir al baño, echarme un poco de agua en la cara. Al mismo tiempo entró el cocinero con una taza de café humeante. Le sugerí ir a comprar huevos para un desayuno dominical. Joseph entró tras anunciarse con un breve aplauso y nos pusimos de acuerdo para quedarnos dos días y así aprovechar el tiempo para poner al día nuestros trazados y observaciones, lo cual empezamos en seguida. Para eso pusimos frente a mi choza la mesita y las sillas.

Horas después, como a las diez, me quedé boquiabierto al ver llegar del otro lado de la plaza un "dos caballos" rodeado por una multitud de niños y mujeres. El "dos caballos" es un coche Citroën, el más pequeño, económico y robusto jamás inventado. Muy chistoso, tiene un techo movible de lona y un capó hecho de láminas. Ronca como un barco y tiene suspensiones que dan la impresión de avanzar a saltitos y no de andar. El conjunto tiene aspecto de cabeza de pato. Además, como es muy alto, da la impresión de bailar cuando anda por las carreteras llenas de baches, como todas las de aquí. Chile es el único lugar de América Latina donde

los vi, años después. Para resumir, es el equivalente francés del vocho alemán, más aireado, hecho para la clase media a precio económico.

Las cuatro ruedas se movieron lentamente para inmovilizarse luego enfrente de la iglesia y dejar surgir de sus entrañas a un padre dominicano blanco, aunque cubierto de polvo rojo, desde la cabeza hasta las sandalias. Era alto, con barba negra y ojos oscuros. Un rosario de bolitas gruesas colgaba de su pecho y un casco colonial escondía su cabello. Ya había visto estos cascos de forma y nombre inconfundibles, pero nunca en una cabeza.

Mucha gente lo rodeaba. Varios hombres también se habían unido al grupo; entre ellos estaban algunos de mis portadores. Consideré que lo mejor era quedarme sentado y esperar a que se calmaran. Al ver la figura del padre, la cara de Joseph se iluminó. Entonces se levantó y gritó sin mirarme:

—¡Padre André!

En el tumulto general, fui el único que lo escuchó.

—¿Lo conoces?

—¡Sí! Sí. Fue mi maestro en Abengourou.

Alguien ya estaba tocando el *ring*, añadiéndose al ruido general, mientras Joseph trataba de abrirse camino hasta el Padre André, empujando a los niños y a las mujeres.

Pasó media hora antes de que acabara de saludar a todos, tomando en brazos a los niños, haciendo cien bendiciones y poniendo la mano en decenas de cabezas.

Unas mujeres empezaron a cantar de forma muy animada acompañándose con aplausos y levantando polvo con los pies. No pasó mucho tiempo antes de que aparecieran los tambores tocando a quién más.

Apareció el jefe con una túnica que llevaba la figura del presidente Houphouet Boigny en un fondo colorado con predominancia de amarillo. En la mano sostenía el gran bastón de jefe. En un abrir y cerrar de ojos, la tranquila mañana se había convertido en fiesta.

Todo se tranquilizó cuando el padre André entregó una pelota de fútbol. Y cuando todos los seres de menos de catorce años con dos piernas y un pene empezaron a correr detrás de ella armando una nube de polvo en la plaza, me levanté para saludar al padre del que Joseph no se había apartado y que ya lo sabía todo de mí.

André era un hombre jovial y sonriente. Tenía unos cuarenta años, calzaba sandalias y ya había liberado del casco su cabello. Estaba cubierto de polvo rojo de pies a cabeza. Abreviamos las presentaciones con la promesa de vernos por la tarde para misa.

Joseph me contó que el padre iba a quedarse dos días y que

llevaba cuatro meses sin venir al pueblo. Al día siguiente iba a celebrar una gran misa con bautismo de todos los que lo necesitaban, comunión para aquellos que lo merecían y matrimonio para todas las parejas que vivían en pecado. Añadió que esa noche, después de misa, iban a sacar las máscaras porque era día de fiesta. ¡Todo un programa! Vaya suerte para mí, porque necesitaba algo de diversión después de tres semanas metido en la selva.

Al declinar el sol, apareció André vestido ya con una sotana blanca cerrada a la cintura con una cuerda. Era un poco panzón. Ya no quedaba rastro del polvo que había cubierto antes sus sandalias de piel negra, ahora brillantes. Aceptó mi invitación a comer. Tenía la voz suave y profunda. Hablamos de varias cosas, solo por hablar. Cuando tocamos el tema de mi experiencia de seminarista, propuso la oración de un avemaría en latín. Después de ello, nos reímos de la situación así como me había reído de la misa en latín en Dori.

Luego asistí a la misa que dio André, más por educación que por verdaderas ganas. Fue sencilla y en el idioma local, que el padre dominaba, con unas canciones animadas por dos docenas de mujeres con los niños; cuando se terminó, las sombras eran ya muy largas.

Siguieron la fiesta y las danzas con las máscaras que personifican a los animales de la selva y que provocaban gritos de miedo entre los niños que se refugiaban en las faldas de sus madres. Ellas, por respeto a André, habían cubierto púdicamente sus senos. Cuando las había visto por la mañana los tenían naturalmente al aire en un despliegue de gran variedad de formas y volúmenes.

Disfruté las danzas de las mujeres, bien sincronizadas, aunque sentí compasión por las pobres criaturas colgadas con un taparrabo en la espalda de algunas mujeres, sacudidas como en una batidora.

Los bailes de los hombres eran individuales: uno tras otro se lanzaban al centro del círculo formado por la gente y ejecutaban unos pasos complicados y acrobáticos. Vimos el espectáculo desde las tres sillas en las que estábamos sentados: El padre André en el centro, el jefe de un lado y yo del otro. Los demás estaban en el piso. Hasta los tambores me parecían "civilizados". Aquello no tendría nada que ver con las innumerables fiestas y bailes a los que asistiría más adelante.

Fue al día siguiente cuando ocurrió el incidente, durante la distribución de los sacramentos de matrimonio, después de la misa solemne, la comunión y los bautizos. Mucha gente de las aldeas cercanas había llegado por la madrugada. Había tantas personas que el padre tuvo que hacer el ritual en la plaza. Todo el tiempo —habían pasado dos horas— me quedé

con Joseph, que no quería perderse nada, sentado contra el muro de la iglesia detrás de André.

Para el casamiento, el padre se había subido a un banquito y la idea era que desfilaran las parejas una tras otra solo haciéndoles la pregunta que siempre se contesta en todas partes por "Sí, quiero". Bendecirlos, congratularlos y darles una imagen de la Virgen de Lourdes en toda su blancura, con una plegaria en francés que, por supuesto, nadie podía leer. Con todos los familiares que acompañaban a los novios —algunos iban con bebés en la espalda y otros los llevaban entre las piernas—, era imposible saber quién iba a casarse con quién. Así que André tuvo que preguntar en cada grupo que llegaba aglutinándose frente a su banquito, quiénes eran los novios.

Todo iba bien; pero para el séptimo matrimonio, cuando André preguntó quién era la novia, una muchacha de unos catorce años levantó tímidamente el dedo. Al preguntar quién era el novio, otra muchacha un poco más joven alzó la mano. André hizo tres veces la pregunta y siempre las dos muchachas, rodeadas por sus familiares silenciosos, levantaban la mano. Cuando sentí que algo raro estaba pasando, presté más interés y le pedí a Joseph una traducción de lo que se decía. André no siguió con la ceremonia y se quedó callado. Entonces avanzó, apoyándose pesadamente en su bastón, un hombre muy viejo con dos o tres pelos grises en la cabeza y en el mentón.

—Sí Padre, así es, las puede casar.

André se puso muy rojo allí donde no tenía barba y dijo:

—¡No puedo!

—Sí puedes —contestó el viejo con voz tranquila.

—No puedo —insistió André, son dos mujeres.

—Sí puedes, todo está arreglado.

—¡No puedo!

Varios familiares empezaban a dar su opinión, igual que los que estaban atrás esperando su turno y rápidamente la situación se volvió caótica como en el Congreso mexicano cuando el PRD da muestra de democracia. Algunas voces se alzaron con vehemencia. Al parecer, todos opinaban que sí, que el padre de la Santa Iglesia Católica Apostólica y Romana podía casar a dos muchachas como marido y mujer. Pero el padre, que ya se había bajado de su banquito, siguió firme y eso provocó una especie de rebelión.

En aquel entonces, yo no sabía nada acerca de parejas homosexuales y me parecía algo asqueroso y repugnante, así que tomé el partido de André. Pero éramos pocos los que pensábamos así.

Mientras el tumulto se generalizaba pero sin llegar ellos a sacar los machetes, nos metimos en la iglesia con Joseph y André, cerrando detrás de nosotros las puertas, y salimos por la puerta de la sacristía para refugiarnos en mi choza. Allí armé el fusil que había pedido al cazador que me dejara.

André estaba fuera de sí.

—No las puedo casar. ¡Imagínense! ¡Son dos muchachas! —gritó, dejándose caer al borde de mi cama.

Yo no sabía qué decir y me atreví:

—¿Por qué creerán ellos que sí?

—No lo sé y no lo quiero saber.

Se instaló un pesado silencio. La vehemencia de afuera se iba calmando.

Joseph dijo con voz tranquila:

—Para ellos sí se puede. Tienes que hacer como si una de las muchachas fuera el marido.

—Pero Joseph, ¡no lo es! ¡Es una muchacha! Así la hizo Dios —otro silencio—. Me cansan. ¡Ay Dios, cuánto me cansan! —dijo André con una voz vaciada de todo ánimo.

En el mismo instante tocaron a la puerta. Joseph abrió y entró el jefe.

—Está bien, no se van a casar; pero quieren que les des a cada una, una imagen y que cases a los demás —dijo con voz muy ceremoniosa.

André sacó dos imágenes de su bolsillo y se las entregó al jefe, dejando escapar un "¡Por Dios!" desanimado.

Pasaron unos minutos antes de que saliera a la luz todavía fuerte del día. Desarmé el fusil y lo seguí. Quedaban unas cuantas docenas de personas pero muchas se estaban yendo. André terminó en un tiempo récord el casamiento de los que querían fornicar con la bendición del Señor. Luego se despidió rápidamente, arregló sus cosas, se subió al "dos caballos" y desapareció en una nube de polvo. Me quedé saludándolo con la mano hasta que desapareció del otro lado de la plaza. La luz se hacía más tenue y apareció Venus. Al regresar a mi choza, pasé frente a la del jefe que me miró con desolación:

—Sí, podían casarse —dijo antes de darme la mano y meterse a su casa.

Me comí un pollo con arroz y una tableta de chocolate con el café. Cuando salió Joseph le dije que al día siguiente iríamos a visitar a la familia de las dos muchachas.

La aldea se encontraba a cuatro kilómetros que caminamos rápidamente en la relativa frescura del amanecer sobre un caminito serpentino y

muy estrecho, apenas para una persona. No sé por qué pero tenía la sensación de que nos estaban esperando. Estaba con un *petit comité*: Joseph, el cazador y su fusil, los dos macheteros que llevaban los dos machetes y una cubeta metálica que iba a regalar.

El viejo con el bastón del día anterior me contó la siguiente historia. Le había pasado la cosa más terrible que le pueda pasar a un hombre en esas tierras. A pesar de haber tenido varias esposas, se había quedado sin descendencia masculina. Por lo tanto, no podía morir porque esto implicaba que nadie iba a asegurarse de que su espíritu sería llamado, cuidado, consultado y hasta alimentado por sus descendientes. Además, no podría entrar al bosque sagrado como sus padres, hermanos y amigos. Había fallado en asegurar su linaje, pues solo tenía hijas.

Como remedio a esta desgracia, la tradición permitía que se casaran entre sí dos de sus hijas, una con el papel de marido y la otra con el de mujer. Para tener descendencia, el clan contrataba a uno o más foráneos de otra aldea, a quien ofrecían un salario bien definido de tantos chivos, pollos y machetes por cada hijo de la muchacha-esposa que viera la luz. Una vez cumplido su contrato, el foráneo debía desaparecer para nunca regresar.

Al nacer el hijo, la muchacha-marido está investida de todas las responsabilidades paternales del hijo de su esposa-hermana, precisamente definidas y codificadas. Por ejemplo, existe una complicidad y solidaridad muy importantes entre abuelo y nieto. Se apoyan mutuamente para hacer frente a la arbitrariedad, injusticia o dureza del padre, ya que el abuelo es padre del padre. La pareja abuelo-nieto domina y se la pasan bien. Si el abuelo desaparece, el papel está endosado por sus hermanos. Así se busca el equilibrio y todos están contentos. El problema surge cuando no hay hijos.

Para no perder el potencial fecundativo de la muchacha-esposo, además de su matrimonio con su hermana se puede casar con otro hombre y ser madre de otros hijos con esta pareja y tan-tan.

No había nada en el asunto que tuviera que ver con el sexo, como lo pensamos André y yo. Se trataba únicamente de asegurar la continuidad de una familia y el recuerdo de un hombre para sus descendientes varones al entrar en el bosque sagrado. Sin embargo, era mucho para mi cabeza y no pararon de chocarse las preguntas y cuestionamientos en mi cerebro durante todo el regreso.

Hay hechos vividos, situaciones, experiencias, libros, películas, personas que acompañan o simplemente se cruzan con uno durante su vida, que le cambian su percepción de las cosas e influyen y marcan su personalidad, sus opiniones y principios. Todo lo que sabemos, somos, pensamos, alguien nos lo enseñó. Todo viene de un aprendizaje. Como lo dice una canción popular mexicana: "una piedra en el camino me desvió el destino". Eso mismo fue lo que me pasó. Mi cerebro de campesino flamenco, modelado por el seminario católico, acababa de sufrir un choque. Nada en el matrimonio de aquellas dos muchachas cuadraba con la moral y los tabúes que me habían inculcado y sin embargo lo veía justo, lógico y hasta en armonía con la naturaleza. ¿Entonces qué?

No hubo nada más relevante al final de mi primera caminata como trazador. Eso fue lo más importante. Pasamos por otro pueblo junto a un lago que decían sagrado. Albergaba a unos inmensos cocodrilos que los pobladores alimentaban con pollos. No sé por qué sacralizan a esos animales allí, ni entiendo a qué corresponde esta versión de Dios con sus variadas facetas, pero la fe no se cuestiona, según dicen, ¿no? Se me hace que el cocodrilo es uno de los raros animales contemporáneos que remontan su árbol genealógico directamente al Jurásico, o sea, doce millones de años atrás. ¿Pero dónde estaba Dios en aquella época?

* * *

Para mi segunda misión de trazador forestal, viajé al puerto de San Pedro en la parte extrema de Costa de Marfil, pegada a Liberia. En esa época, la única forma de llegar allí era en barco o en avión. El DC3 que nos llevó, reliquia de la guerra, aterrizó en una selva frondosa y oscura, aunque apenas era mediodía cuando llegamos. Encontré al agente de la compañía que en menos de diez minutos me enseñó lo que había que ver: un hotelito, casas de madera, la única carretera larga de dos kilómetros que unía el aeropuerto al conglomerado, el río San Pedro que desembocaba en el océano a unos kilómetros y que tenía a un lado un dique de cincuenta metros donde estaban amarrados unos troncos, cuatro autos Peugeot *pickup* y, por supuesto, la iglesia. Esta vez, hecha de madera con una torrecita en la cual colgaba una verdadera campana.

Lo único que quería mi contacto era salir de aquel infierno y lo único que yo quería era terminar rápidamente con este encargo que no se anunciaba como mi primera caminata de Abengourou. Fui a saludar al padre que me explicó que San Pedro había servido como puerto con América para la trata de los esclavos y fue fundado por los armadores de los famosos barcos esclavistas de San Malo. Con su ayuda pude reunir un equipo de marcadores pero no sin dificultad.

Sin entrar en los detalles, el perímetro era muy desnivelado. Mi intérprete local tenía un carácter totalmente opuesto al de Joseph: era recio, cerrado de mente, bruto y además mal cocinero. No sabía más que calentar agua y asar monos que había en abundancia y que apestaban asquerosamente. Me daba tanto miedo que dormía con el fusil cargado; pero eso era exagerado, solo un engaño de mi imaginación.

Allí viví otro acontecimiento que otra vez iba a revolver mis valores morales. El séptimo día de una caminata penosa entramos en un pueblo no señalado en el mapa y donde hablaban más o menos inglés, lo que significaba que se encontraba probablemente en Liberia y ya no en Costa de Marfil. O el mapa estaba mal, o era yo el que se equivocaba en el trazado. Concluí que era el mapa.

Para los que lo necesitan: Liberia no es cualquier ex colonia africana. Fue creada artificialmente por un grupo de asociaciones filantrópicas estadounidenses después de la Guerra de Secesión y la liberación de los esclavos. La idea era dar una patria a los esclavos liberados que querían regresar a su continente. Es la razón por lo cual se llama Liberia y que tiene una bandera con una estrella y rajas de colores rojo, blanco y azul. Su capital se llama Monrovia, por James Monroe. Por supuesto, los ex esclavos con el apoyo de sus ex esclavistas se establecieron, hicieron gobierno y se apoderaron de la administración excluyendo a las tribus tradicionales que vivían allí. Todo esto, por cierto, explica, por lo menos en parte, las recientes guerras civiles que devastaron el país.

La otra particularidad del pueblo era que las mujeres y muchachas eran muy atrevidas. No se conformaban con el juego de las miradas sino que también usaban sus manos. Lo experimenté cuando me saludó una mujer ya madura en el hotelito; o más bien cuatro cuartos que servían de hotel-burdel. Me puso la mano entre las piernas, para hablar claro, y se rió. He conocido muchas humillaciones a fuerza de cambiar tanto de vida, pero nunca de una forma así tan abierta. No me podía sentir más incómodo. En ese pueblo no había ninguna autoridad religiosa o administrativa para apoyarme, hacerme sentir en terreno conocido, seguro, con un mínimo de reglas familiares. Nada de eso. En general, cuando no me adaptaba a la situación, al menos conocía las reglas. Pero allí era imposible. Estaba sobre un terreno totalmente desconocido y eso me hacía sentir completamente perdido, nostálgico y miserable. Mi vida no corría peligro porque todos conocían el riesgo de matar a un blanco. El precio era demasiado alto para robarse solo un fusil o latas de Nescafé. No, mi angustia era moral. Un sentimiento de pesada soledad cayó como un velo sobre mis espaldas.

❦ J-P Goffings ❦

Decidí regresar a San Pedro al día siguiente. No sé quién había tomado la decisión de comprar una concesión de explotación en aquel lugar. Era como comprar un gato en un saco. Prácticamente era inexplotable e iba a ser muy costoso.

Había tomado un buen trago de güisqui del pico de la botella para ahogar la nostalgia cuando tocaron a la puerta. Era el intérprete que había mandado a informar al jefe de nuestra presencia, con la esperanza de que hubiera algo parecido a un jefe en este aparente desorden. Me dijo que el jefe me invitaba a la fiesta del *Name-Calling* que se celebraba al anochecer.

He aquí lo que pasó durante dicha fiesta. Estaba sentado en una silla al lado del jefe, a quien había traído los habituales regalos y quien me pasó la primera gira de vino de palma que venía en una calabaza sucia. Durante todo el tiempo que tomaba de ella, la sostenía una muchacha arrodillada con los ojos fijos en mis pies. Me sentía observado, así que me tomé un buen trago, para satisfacción del jefe y de mi intérprete a quien vi sonreír por primera vez desde que lo conocía. Empezaron a tocar los tambores y unas mujeres desnudas hasta la cintura iban ejecutando un baile frenético con sus pies golpeando pesadamente el suelo mientras sus senos se balanceaban como una gorra colgada a la silla de montar de un caballo al galope. Mientras tanto, seguían pasando más calabazas con más muchachas mirando mis botas.

El vino de palma se recolecta fresco: no se hace casi ningún proceso, solo una mera filtración usando un pañuelo. Se vierte en una calabaza donde se deja fermentar. La fermentación es sumamente rápida: en apenas unas horas dobla el grado de alcohol. Huele a madera podrida y tiene sabor a... ¡pues a vino de palma! No hay nada comparable. Después de dos días, una cosecha ya no es consumible para una garganta normal.

Aquello iba a ser fatal para mi estómago, así que mandé al intérprete a buscar la caja de cervezas que había traído de San Pedro, en previsión de este tipo de ocasiones.

Terminado el zapateo sin zapatos de las bellezas del lugar, echaron más leña en el brasero que se estaba muriendo en el centro del círculo y poco a poco las llamas con chispas asaltaron el cielo oscuro. Rápidamente el círculo se iluminó con una luz amarilla. Durante todo el tiempo, los tambores no paraban de tocar y las calabazas no paraban de girar. Era evidente que todo iba a acabar en tremenda borrachera colectiva, ya anunciada por las risas y carcajadas entre la muchedumbre.

Por suerte, mis cervezas llegaron para frenar el proceso de borrachera acelerada. El jefe se quedó muy complacido, se levantó e hizo un discurso que provocó aplausos y risas.

De repente, estaba en el centro una mujer, no muy joven, ya que

tenía los senos a la altura de su ombligo y estaba lejos de ser una belleza. Gritó algo que yo creí que era un poema pero que resultaron ser nombres, según me dijo el intérprete. Cuando terminó, todos se echaron a reír y empezaron otra vez los tambores. Algunos hombres aparentemente borrachos fueron titubeando hacia un punto del círculo donde estaba el esposo de aquella mujer, me dijo el intérprete. Llevaban todo tipo de regalos, machetes, cubos de plástico o de metal, calabazas decoradas llenas de vino de palma, cervezas, etcétera.

La jugada era la siguiente: cada mujer gritaba a la cara del mundo los nombres de los hombres con los que se había acostado en el año, los cuales debían entregarle un regalo a su marido. Dicho marido, llamado a su vez por otras mujeres, iba dando parte de sus regalos a los esposos de sus amantes. Así, los mismos regalos cambiando de dueño daban la vuelta al círculo. Mientras tanto seguían las risas y gritos, los tambores tocaban más frenéticamente y las calabazas pasaban de boca en boca. Cuando pregunté quién era entonces el padre de los hijos, el intérprete ya muy borracho y riéndose, me miró con asombro y contestó:

—¡De su marido, por supuesto!

Tuve la sensación de haber hecho una pregunta estúpida. No estaba acostumbrado a sociedades en las cuales la paternidad biológica y la paternidad social no tenían vínculos, como lo establecen supuestamente, con prepotencia, las reglas de la civilización occidental cristiana, apostólica y romana.

Más tarde averigüé que el *Name-Calling* existe en todas partes. El dicho mexicano, con equivalencias en toda Latinoamérica: "El chivito que nació en mi corral, es mío", ¿acaso no es una versión atenuada del *Name-Calling*? La costumbre entre los indios de los Estados Unidos y de América Latina, de mandar un valioso regalo al marido de la mujer con la cual han tenido una relación sexual, también es *Name-Calling*. No nos tapemos los ojos: en todas partes las reglas sociales componen con la naturaleza cuando ellas, las reglas, se desvían de esta.

La mezcla de vino de palma con la cerveza me estaba subiendo a la cabeza y, para sentirme más cómodo, me senté en el piso al lado de mi silla con la cabeza reposando en el brazo de esta. El jefe hizo lo mismo.

No sé si era fascinación o asco lo que me provocaba aquel espectáculo: esa forma de poner las cuentas en cero una vez al año. Además, no todas las mujeres eran jóvenes y atractivas; es más, algunas de las más feas eran muy populares sexualmente hablando lo que hacían alegres a sus maridos que se reían al ver acumularse los regalos.

❧ J-P Goffings ❧

Al final yo tenía la cabeza a punto de explotar. El cocinero y el intérprete me tuvieron que arrastrar hasta mi cuarto. Al día siguiente había otro *Name-Calling*, pero a ese no fui; dos borracheras seguidas eran demasiado. Además, no tomaba parte en ello ni como regalador ni como regalado. Así que levanté el campamento para regresar a San Pedro y, de volada, a Abidján. Ese lugar era demasiado para mí. Podía vivir en la selva africana, pero con un semblante mínimo de reglas familiares y límites. Pero aquello no, más allá que en materia de explotación forestal me parecía un desastre.

En Abidján, mi novia —por así llamarla— no me abrió. Intercambiamos unas palabras a través de la puerta de su departamento. Lloré de desolación, de frustración y de miseria al despedirme de ella. Años después, al aprender más y más sobre el tema —no me pregunten por qué tan tarde—, me di cuenta de que había sido un pésimo amante.

No sabía —¿de quién podía haberlo aprendido entonces?— que la sexualidad masculina sin educación ni aprendizaje, sin la complicidad basada en un mutuo consentimiento entre dos seres humanos, esa sexualidad no es más que un asalto instintivo y bestial; penetración y eyaculación. Cualquier animal macho lo puede hacer y así lo hace. La sexualidad femenina en cambio, es un asunto de cultura, más técnico, más fino, difícil, escondido, profundo, casi misterioso a la imagen de su sexo, tornado hacia adentro. El orgasmo femenino es la combinación del sentir, dar, buscar, cuidar y es muy mal entendido y aceptado por la parte masculina de la humanidad. ¿Será por eso que en nuestros mitos, historias fundadoras de nuestros valores morales y civilizaciones, fue tan reprimida la sexualidad femenina?

* * *

De regreso en Abengourou, me alojé en el hotel del viticultor; no fui al campamento forestal. Allí encontré a Billy, un norteamericano originario de Ohio que había integrado los Cuerpos de la Paz del presidente Kennedy y trataba, junto con dos muchachas gringas de mi edad, de enseñar a los Abengourenses inglés y a jugar al básquetbol de forma correcta. Era un hombre jovial, sin complejos y tenía una biblioteca infinita de clásicos de casi toda la literatura mundial, resumido cada uno en cincuenta páginas de dibujitos. Así fue como aprendí inglés. Billy me dio dos horas diarias de asesoría.

Como toda etnia minoritaria cultural, lingüísticamente hablando,

como flamenco tengo cierta facilidad para aprender idiomas, particularmente cuando me gustan. En efecto, ¿quién habla flamenco en el mundo? Los holandeses y, en una versión primitiva, los boers de África del Sur; y en otra versión aún más primitiva y distorsionada —aunque comprensible—, los Pennsylvania dutch en Estados Unidos o los mennonitas en México y América Latina. Es decir, casi nadie.

Para el flamenco que quiere ampliar su cultura, su negocio, su visión, su conocimiento del mundo, la única opción es aprender otros idiomas. Alguien dijo que un hombre es tantas veces hombre como lenguas ha aprendido. Me imagino que se refiere a la apertura, al acceso que da un idioma a diferentes culturas. Me gustó muchísimo aprender inglés. Durante mi niñez jugaba a vaqueros e indios en Heur. Y además aprendí que miles de jóvenes norteamericanos llegaron a morir en las playas de Normandía para librarnos de los nazis. Sencillamente me fascinaban los americanos y América.

Así fue que, cuando llegó a Abengourou un comprador de madera estadounidense, ya era capaz de sostener un diálogo mínimo. Eso fue muy útil porque, como todo buen norteamericano, él no veía ninguna necesidad de hablar otro idioma más que el suyo para comprar madera en Costa de Marfil. Me enteré luego de que no solamente son un cero en idiomas, sino también en geografía e historia. No me sorprende que, para la gran mayoría, Cancún sea la capital de México, Jefferson un grupo de *rock* y Europa el suburbio de Londres. Esta ignorancia es consecuencia de su soberbia, de estar segurísimos de ser el centro del mundo, lo que eran en realidad y siguen siendo en muchos campos, pero no en educación. Esta convicción de superioridad lleva a un comportamiento de prepotencia por lo cual son un poco odiados en todas partes. A menudo sin fundamento; pero las tripas y la envidia de los pueblos no son un factor imparcial.

El hombre no era muy alto, tenía ojos traviesos profundamente incrustados en sus órbitas, era delgado y calvo, y flotaba en unas ropas de tipo sahariano: bermudas caquis hasta las rodillas; calcetines blancos que llegaban casi hasta donde terminaban los bermudas; botas medias de alpinista y una chamarra con innumerables bolsillos. Solo le faltaba, para hacer completo el traje, el sombrero australiano allí donde una gorra de los Yankees de Nueva York cubría su calvicie. Lo acompañaba el gran patrón de la compañía del que solo recuerdo que llevaba los pantalones adentro de unas botas de caucho; pensé que, con el calor que había, debía tener hongos entre los dedos de los pies.

El patrón manifestó su alegría al ver que yo podía machacar algo de inglés porque su conocimiento era más primitivo que el mío. Esto muestra que para ser rico no hace falta ser culto. Luego la vida me enseñaría que esta es una constante universal e incluso podría ser una regla de proporción inversa. Con notables excepciones, los ricos que iba a conocer no serían sabios y los sabios raras veces serían ricos. La separación está en la inteligencia pragmática.

Este señor de la sahariana tenía una fábrica de madera en Virginia y durante la tarde, sin más formalidades, me propuso ir a trabajar un tiempo en su fábrica —me habló incluso de una escuela forestal en Tennessee— para luego regresar a Abidján como su representante y comprador de madera. Los gastos correrían a mi cargo, excepto en su aserradero.

En unos meses había pasado de cazador de pajaritos exóticos —y cómplice sin saberlo de un traficante de diamantes flamenco— a agente forestal y trazador, y me proponían convertirme en estudiante extranjero en Estados Unidos. ¡Qué fulgurante mi ascensión en la industria de la madera así como mi aprendizaje de la vida!

Al mismo tiempos que me preparaba para un salto decisivo en mi vida, fue asesinado Jack Kennedy, el "buen presidente"; murieron Juan XXIII, el "papa bueno" y la "mome" Edith Piaf, la "buena voz" de su tiempo. Corría el año 1963.

Capítulo III
Bowling Green-Washington-San Francisco

Se abrieron enormes los ojos del señor Joe Harlow cuando, un mes después, me presenté en su oficina en Bowling Green, Virginia. Sin pasar por Heur, desembarqué en Nueva York donde me retrasé cinco días en un YMCA, conociendo las hamburguesas y los perros calientes. Me pasaba el día caminando por la quinta avenida y alrededor del puerto. Visité a la señorita con su antorcha y mejoré rápidamente mi inglés por necesidad de sobrevivir. No recuerdo cómo llegué a Washington ni cómo me las arreglé para alojarme en el hotel Lafayette, enfrente del parquecito del mismo nombre y de la Casa Blanca. Pero sí recuerdo que de Washington a Richmond y luego hasta Bowling Green hice autoestop.

Puede ser que fuera mi ingenuo entusiasmo por descubrir a los norteamericanos héroes, descendientes de los vaqueros y libertadores de Heur la que me hacía verlos tremendamente simpáticos, serviciales, bien educados y hasta respetuosos. Todas las mujeres y muchachas me parecían bellas y quería casarme con ellas. Esto era el sueño, la realización de un deseo que traía desde que jugaba a vaqueros e indios. Llegaba a un país que, desde el instante en que pisé el asfalto del aeropuerto, me cayó requetebién.

Bowling Green, entre los más clásicos pueblos americanos, tenía una larga y ancha avenida que venía de la carretera federal para perderse precisamente en el aserradero de Joe. Para tener una idea del pueblito, les aconsejo ver cualquiera de las películas o telenovelas de Hollywood: era una caricatura que respiraba bienestar, opulencia, equilibrio; debía de haber un barrio pobre como en todos los pueblos, donde vivían los afroamericanos o gente de color o como quieran llamarlos, siempre que sea un nombre lo suficientemente "civilizado", para evitar decir "negros".

* * *

❦ J-P Goffings ❦

No llamar las cosas por su nombre para esconderlas es una característica cultural de ese país y de México también. Pero, en fin, blanco es blanco, viejo es viejo, negro es negro, miserable es miserable, pobre es pobre —y no "de menos ingresos" como los llama el señor Carlos Slim, el hombre más rico del mundo actualmente, cuando habla del cincuenta por ciento de sus conciudadanos mexicanos que viven en la miseria—; morir es morir y no pasar a otra vida. No entiendo las sensibilidades hipócritas.

Ya había estado en una situación delicada respecto a este tema cuando un día, en Abengourou, un policía me paró y, pasando su gran cara negra por la ventanilla del coche, me preguntó de qué color era él. Si le contestaba "negro", se podía ofender; y si, por el contrario, le decía "blanco", iba a pensar que le estaba tomando el pelo, así que balbuceé:

—Usted es africano.

Se puso frente a mí levantando la mano como lo hacen los policías cuando quieren parar el tráfico y gritó:

—¡No señor! Así, soy rojo —bajó la mano y extendió el brazo a altura del hombro—. Y así, soy verde. Usted está en infracción, documentos, por favor.

Es la única multa en toda mi vida que pagué con buen humor.

Joe me llevó a una casa donde vivía sola una maciza, gordísima señora mayor que me asignó un cuarto. Convinimos un precio con Joe y ella regresó a la sala para seguir una pelea de lucha en la tele, que todo el tiempo no había parado de difundir una alta dosis de decibelios. Aprendí a clasificar tablas de madera según la especie, el diseño de los nervios, la anchura y la longitud, el color denso o ligero; aprendí *inches*, pulgadas y yardas. Los sábados y domingos, unos rudos, elementales, grandes y macizos troncos de hombres de la fábrica, me llevaban a salones enormes donde se tomaba mucho y había orquestas de *country music*. Aprendí a bailar *hillbilly* y *square dancing*. Me ponía rojo con las miradas atrevidas y muy directas de las mujeres con las cuales era bastante cuidadoso. Eran pocas las noches en las que no había pelea por asunto de mujeres. Por no tener el hígado tan entrenado como el de ellos, las noches de sábado terminaba vomitando en el patio de la señora Daisy. Un par de domingos después de mi llegada, la hermana de un colega me invitó a su iglesia donde entonaban cánticos y comían hamburguesas y tortas después del servicio espiritual. Era una iglesia de blancos exclusivamente y bastante rígida y formal —nada que ver con los servicios religiosos de las iglesias de negros

que frecuentaría más tarde por gusto del espectáculo y del *gospel*. En la aserradora, casi no había horarios de trabajo. Ingresaba al amanecer y salía al anochecer, trabajando duro todo el día. El señor Joe, que pasaba de vez en cuando por allí, ya no hablaba de mandarme a la escuela y yo empezaba a sospechar que mi destino era terminar allí como obrero, moliendo tablas de la mañana a la noche. Mi calidad de sujeto del rey de Bélgica atrajo alguna curiosidad pero no tanto: todos allá tienen ascendencia, de cerca o lejos, de alguna otra parte del mundo; la mayoría de Europa del Este. Rápidamente dejé de ser belga para convertirme en francés: era demasiado fastidioso tener que explicar siempre dónde quedaba Bélgica. Siendo francés ya no me fastidiaban salvo con preguntas del tipo: "¿Tienen lavadoras, electricidad, autos o televisión?". Los obreros de la madera en Virginia no se hacen muchas preguntas acerca de la historia o la geografía. Sabían un poco de Alemania e Inglaterra y se estaban enterando de Vietnam donde la guerra empezaba a tomar un rumbo feo.

Fue la malaria la que me cambió el destino. Me cayó encima en la aserradora. El jefe me llevó a casa de la señora Daisy adonde llegué temblando, sudando e incapaz de mantenerme de pie. A través de una nube vi al médico y en menos de media hora, estaba en una ambulancia rumbo a Richmond. Afortunadamente, la señora Daisy había recogido mis cosas y las había botado en la ambulancia porque nunca regresaría a Bowling Green y tampoco nadie me vino a visitar al hospital. Allí fui muy popular. Nadie nunca había tratado un caso de malaria aguda, así que fui objeto de mucha curiosidad médica y también bastante maternal por parte del cuerpo de enfermeras; y aún más cuando les contaba un poco mi historia. Una de ellas, guapa, joven, con grandes ojos castaños, según recuerdo, en una cara suave, me aconsejó quedarme en Richmond a estudiar. Había roto poco antes con su novio y eso la hacía parecer aún más atractiva.

Cuando salí, me llevó sin más al Richmond Profesional Institute, donde su padre, un hombre jocundo y muy servicial, aceptó apadrinarme e inscribirme en los cursos del último año. Elegí Historia Diplomática de los Estados Unidos, Historia del Derecho y Leyes, Inglés, Comunismo y Literatura. Esto me dejaba aún suficiente tiempo para escoger, entre la larga lista de posibilidades de "trabajos para estudiantes", cualquier cosa para sustentarme.

Durante el año y medio que me quedé en Richmond, por supuesto fui mesero, guardia de noche en un hospital psiquiátrico —donde aprendí a encerrar seres humanos dentro de un chaleco de fuerza—; cochero en la agencia de locación de autos Hertz; profesor particular de francés —engaño de mi parte porque el francés que aprendí con los jesuitas y los mossi de Abengourou no era suficiente para enseñar, pero nadie se dio cuenta—; recepcionista de noche en un edificio de departamentos donde tenía que ponerme una corbata; cargador de cajas de cigarros en una central de tráileres; cocinero de comidas rápidas; lavaplatos en un restaurante renombrado y muchos más.

Lo aprendí todo sobre la *Boston Tea Party*, la Guerra de Secesión y Lincoln, la doctrina Monroe, las guerras hispánicas, la Constitución y sus firmantes, la filosofía jeffersoniana, Benjamín Franklin y Henry —el padre de la patria, el de "dame libertad o dame muerte", no el futbolista francés—, Hamilton y toda la letanía de los presidentes desde Washington. Aprendí el funcionamiento del *melting pot* y también las nociones de clase obrera y burguesía, sobre Lenin y el espantoso Stalin, los elementos de la guerra fría y la diplomacia de la "detente". El funcionamiento de la justicia con sus mil y un casos que definen lo justo, haciendo de este ramo un poder cambiante, evolutivo y muy vivo. Sin olvidar Chaucer, Shakespeare, Edgard Allan Poe, James Joyce, Steinbeck, Williams, Baldwin y mi favorito desde entonces y para siempre, Mark Twain, a quien sigo considerando el primero y mayor escritor norteamericano, aunque tengan muchos y muy buenos; pero ninguno como él. No me lo tragué todo, pero lo absorbí golosamente como un ogro que quiere más y más.

Kennedy había sido asesinado un año atrás y Johnson era presidente. En tan solo un año me hice tan norteamericano que un día, no me acuerdo por qué, me presenté en la oficina de reclutamiento del cuerpo de los marines; después de todo, era sargento mayor belga. Me rechazaron a causa de la malaria. En menos de un año, la malaria me salvó de dos estupideces.

Unos meses después desfilaba en la primera manifestación en contra de la guerra, frente a la Casa Blanca, gritando: *Oye! Oye! LBJ, how many kids did you killed today?* (¡Hey! ¡Hey! LBJ, ¿cuántos niños mataste hoy?). Pero eso lo contaré luego

Compartía un departamento con dos estudiantes de la región. Uno de los dos tenía serios problemas sexuales que provenían de su profundo y cristiano sentido de la moral. El Richmond Profesional Institute tenía algo que ver con una iglesia, no sé cual, pero no me sorprendería que fuera bautista.

Richmond es una hermosa ciudad con grandes avenidas arboladas. En todos lados hay estatuas de los generales de la Confederación, muchos montados a caballo con las patas delanteras levantadas, lo cual indica que murieron en combate.

🌺 *El Hedonista* 🌺

Mi integración a la sociedad norteamericana fue tan rápida y tan profunda que me postulé para Presidente de la Asociación de Estudiantes Católicos del Estado de Virginia, nada menos. Masticaba un inglés muy grueso, no era norteamericano, acababa de llegar a Virginia pero no importó. Pasé, la mano en alto, el primer turno de las elecciones con toda posibilidad de ganarlas. Aparentemente tenía carisma y poder de convicción. Hasta donde llegan mis conocimientos, únicamente hubo dos secretarios de asuntos exteriores de los Estados Unidos, extranjeros. Es más: los californianos eligieron a un actor austríaco como Gobernador, y el alcalde de Los Ángeles —que no es cualquier cosa— es mexicano. Podemos agregar que el presidente de la nación más poderosa del mundo es Obama, de padre keniano, y que la abanderada norteamericana que portaba orgullosamente la bandera estrellada en las últimas olimpiadas es inmigrante de Sudán. Así es ese país. Que un flamenco apenas bajado del avión fuera presidente de la asociación de estudiantes no tiene nada de excepcional. Tómeselo por dicho, así son los EE. UU. ¿Será por eso, por un sentido común que pone la eficiencia por arriba de todo, que están donde están? Lo digo especialmente por mis compatriotas mexicanos que sufren de constipaciones crónicas por este tema. Más tarde contaré más sobre esta idiosincrasia con fondo de imbecilidad.

En aquella asociación de estudiantes católicos encontré unas muchachas y muchachos raros. Eran más jóvenes que yo, pero no mucho. En algunas conversaciones aprendí que la mayoría de las muchachas estaban convencidas de que podían embarazarse por besarse en la boca (el famoso *French kiss*). Estaban apoyadas en esta opinión por el capellán de la asociación, un curita encargado de vigilar la orientación ideológica y la virginidad dentro del grupo. Los varones estaban llenos de granos; y cuando digo llenos, es llenos. Su obsesión era su primera relación, por supuesto, dentro de su futuro matrimonio. Según la manera como hablaban de esta, no iba a ser una fiesta de dulzura y cariño para sus esposas. Se adivinaba más bien la descarga bestial. Sin jamás hablar de él de manera normal, el sexo estaba presente todo el tiempo en los sobreentendidos, las risas disimuladas, las miradas. Si quiere ver cómo la represión y la abstinencia sexual llevan a la obsesión y la hipocresía, vaya a dar una vuelta por el interior de los EE. UU.

El contrapeso de estos virgencitos y virgencitas en mal de vida, era un grupito de estudiantes en el que ellas y ellos sí estaban liberados de la carga pesada de la represión y del tabú sexual. Muchos eran de la facultad de teatro o de artes. Por haberlos frecuentado, porque me gustaban, puedo decir que eran muchachas y muchachos a gusto con la vida y felices, lo opuesto a mis *roommates*.

* * *

12 de febrero de 2008. El gobernador de Nueva York renunció por un asunto de nalgas. Lo han atrapado frecuentando una prostituta y por eso tiene que dimitir. Algo más absurdo es difícil de concebir. Primero, nadie se pregunta si era un buen gobernador: creo que a estos hipócritas ni se les ocurre que un buen gobernador podría frecuentar a una prostituta. ¿Y qué tiene que ver lo uno con lo otro? Segundo, frecuentar a una prostituta puede ser la prueba de que su mujer no estuvo a la altura de las aspiraciones sexuales y que le faltaban unas experiencias que les habrían hecho mucho bien a la pareja, a los habitantes del estado de Nueva York y a la nación norteamericana. ¿En nombre de qué la cúpula puritana quiere meterse en una cama donde dos adultos hacen lo que les gusta hacer? Por haber amado la vida plena, por haber tratado de conjugar su mal de vida, su dolor de ser, en una sociedad muy hipócrita, sexualmente reprimida y psicológicamente enferma del sexo, el señor gobernador tiene que dimitir. Da asco.

A este ritmo y en este tiempo, con un país manejado por hipócritas, ni Jefferson, ni Adams, ni Washington, mucho menos Franklin, Teddy Roosevelt, ni Kennedy, ni tantos grandes más, podrían haber sido presidentes de los Estados Unidos. Porque a ellos les gustaba la vida, el placer, la libido que, por definición, es vagabunda. A todos les gustaba la vida con amantes, queridas y prostitutas incluidas. Lo que no impidió que crearan el país e hicieran de él lo que es. Los politiqueros hipócritas perdieron algo a lo largo del camino.

Me gustan las prostitutas aunque no tenga ninguna experiencia con ellas. Me gusta la idea de convivir con una clase de mujeres que tomaron sobre sí los dolores de la existencia, el malvivir en un mundo desnaturalizado en el cual los deseos son cruelmente reprimidos, ofreciendo la dulzura nocturna y los placeres fáciles a quienes lo necesitan para ser más humanos. Porque es inhumano vivir sexualmente frustrado.

Claro; todas las prostitutas no son de la clase de aquella señorita con quien copulaba su Excelencia el Gobernador. De un lado, el hotel Mayflower de Washington, caviar, champán y las eyaculaciones de la alta sociedad: presidentes, cardenales, gobernadores, diplomáticos, altos funcionarios, ministros, príncipes. Del otro lado, las banquetas, los amores de la bohemia y de los poetas, el marido o la mujer mal amados, los pobres y los miserables. La causa es la misma: el malestar en una sociedad que hace rato dejó de ser humana y natural, sexualmente hablando.

* * *

No fui elegido presidente de la Asociación de Estudiantes Católicos de Virginia. En el panel final de confrontación con los demás candidatos tuve que admitir que no tenía dinero. Es un *sine qua non*: el presidente de la asociación tiene que tener dinero, porque tiene que visitar las demás escuelas del Estado por su propia cuenta. Así salí de la corrida con los honores y un aplauso de pie de todos los votantes. Encontré la razón maliciosa, pero ya no me importaba. Me gustaba más el grupito de estudiantes de la facultad de artes.

Vivía la juventud *ad líbitum* y feliz. Me molestaron las vacaciones y, para no perder tiempo, me inscribí en la escuela de verano de William and Mary, en Williamsburg, una de las primeras ciudades coloniales que escapó al modernismo. Un museo al aire libre: todo está como fue en el siglo XVII, los habitantes y figurantes se visten a la moda colonial para el deleite de los turistas.

El campus universitario era de lo más hermoso, perdido entre árboles centenarios. Me inscribí en un curso de Ciencias Políticas. Allí me enseñó un apasionado de política, antinixoniano que juraba que Nixon —lo llamaba "Tricky Dick"— nunca volvería al poder, acerca del elefante y del burro. En eso se equivocaba gravemente. Teníamos pláticas sobre África, la colonización y la política africana de De Gaulle que no le gustaba y de la cual yo no sabía nada. Me aconsejó sacar ventaja de mi experiencia y seguir estudiando política y sociología africana.

Para sustentarme, trabajaba de mesero en el restaurante Claridge Lodge a la entrada de la ciudad museo, que efectivamente debía haber sido un establo. Tenía también un turno de dos horas durante las que manejaba un pequeño autobús turístico sin paredes, tipo tranvía, por lo cual me vestía con una túnica de sirviente de Su Majestad el rey de los ingleses del siglo XVII.

Me enteré de que en la Universidad de Virginia daban cursos sobre África y los fui a ver. No sabía nada acerca de universidades segregacionistas. Aquella era de puros negros y fue entonces cuando me di cuenta de que en el RPI no había negros. Me recibió un señor amable que me hizo saber con mucha diplomacia que iba a ser el único estudiante blanco y que esto podía llevar a problemas con algunos alumnos o maestros y que él no quería problemas. Me aconsejó ir a estudiar asuntos africanos en la American University de Washington, D.C. El pueblo afroamericano no es racista hasta que tiene problemas con el color de la piel blanca.

Existía efectivamente esa universidad con su nombre pomposo, arriba de la avenida de Massachusetts. La primera cosa que tiene que hacer uno cuando llega a Washington, D.C., es ir a la cafetería universitaria para consultar la lista de *student jobs*. Después de solamente dos días en el YMCA, me instalé en un cuarto en el sótano de una casa muy burguesa en Bethesda con la misión de cuidar al paralítico William Lawson *Junior*, de quince años, hijo del abogado William Lawson y de Margrit. Mi trabajo consistía en sacar a Bill de su silla de ruedas y ponerlo sobre la tasa del baño, limpiarle el trasero y regresarlo a su silla; ponerlo en la tina del baño, lavarlo y regresarlo a su silla; entretenerlo, aprendí a jugar ajedrez, hacer caminatas por el lujoso barrio empujando su silla, llevarlo al cine, al restaurante —lo que implicaba subirlo y sacarlo del Lincoln—; ponerlo en la cama en la noche, sacarlo en la mañana. El tipo pesaba como setenta kilos y yo sí que los sentía.

Yo no era burgués, ni mucho menos rico, pero vivía como tal, aparte de cargar la biomasa de Bill. Para no perder tiempo en transporte público, casi inexistente en Bethesda, usé el Lincoln, nada menos que para ir a la universidad o dar vueltas en Washington. Ganaba el alojamiento, la comida y un salario que, por supuesto, no bastaba para pagar ni siquiera una hora en la Escuela de Asuntos Internacionales de la American University. A ver cómo me las iba a arreglar para convertirme en estudiante de esa selecta institución.

Llegó el día de las inscripciones. La regla del juego era la siguiente: cada estudiante, postulante a un curso cuya denominación estaba indicada por un letrero situado arriba de una mesita con dos sillas sobre una de las cuales estaba sentado el profesor titular de la materia, debía tener una entrevista no muy larga con dicho profesor que, si aceptaba al estudiante, firmaba una tarjetita perforada. A priori, no sabía muy bien lo que quería estudiar; nunca había reflexionado mucho sobre el tema. Había varios títulos con África y pensé que eran mi mejor chance y no me equivoqué. Cuando mi futuro profesor se enteró de que había vivido en África, estuvo encantado de aceptarme.

Una vez debidamente firmadas las cuatro tarjetitas, el estudiante debía pasar por las tres últimas mesas cerca de la salida. En la primera le tomaban sus tarjetas y las introducían en un armario que era una

computadora de entonces y que vomitaba una hoja confirmando la matriculación; en la segunda le daban la nota y la tercera era para pagar o presentar credenciales de beca o de tutor. Mi problema era esa última mesita. Nunca llegué hasta allá; di media vuelta haciéndome el tonto y salí por la entrada.

Nunca se me había ocurrido lo cara que podía ser la educación. Pensaba que era un derecho y aquellos miles y miles de dólares que figuraban en la factura, aparte de que no los podía pagar, me chocaron. Por supuesto, la American University es una institución privada. Cada trimestre tuve que repetir el mismo circo.

Mis colegas de la sección africana de la School of International Affairs eran hombres y mujeres simpáticos con becas del Departamento de Estado, del Pentágono y de algunas instituciones cristianas. Uno era afroamericano, como se decía; luego se llamarían gente de color, lo que supone que el blanco no es un color. Los profesores eran tres: dos transparentes —si el blanco no es un color entonces los blancos son transparentes— norteamericanos, uno era pastor presbiteriano y el tercero era sudafricano, ex representante ante la ONU del ANC y nada transparente. Ninguno de ellos había jamás puesto el pie en suelo africano, excepto por supuesto, Villakasi que enseñaba políticas africanas.

De mí, que era un fraude, una rueda libre, muchos debían pensar que era agente de la KGB. El sentido común me indicaba que, al menos las tres cuartas partes de ellos, eran de la CIA. Pero lo pasamos bien. Lo aprendí todo sobre los partidos políticos africanos, las relaciones sociales en las tribus, el papel de la dote, que no es como a menudo creen los occidentales la compra de una mujer sino la alianza entre dos clanes. El afroamericano estaba obsesionado con la trata de esclavos, lo que se puede entender de un descendiente de los mismos. Así que pasamos horas y horas tratando el tema: los procesamientos, los beneficiados, las tribus africanas de origen, el comercio de seres humanos, los planes de los barcos "negreros"; en fin, toda la técnica y el resultado, pero nada o muy poco sobre la esencia.

Años después, en Cuba, escuché en una conferencia a un escritor afroantillano a quien un periodista, igualmente negro, le preguntó qué pensaba de la esclavitud. Calmadamente respondió que, visto el estado de África, él estaba muy contento que uno de sus tatarabuelitos hubiera conseguido espacio en el barco de esclavos.

Efectivamente, visto desde ese ángulo…

* * *

❦ J-P Goffings ❦

¿Qué hay de este episodio? El derecho a tener esclavos está inscrito con todas las letras en el *Antiguo Testamento*: se recomendaba a los judíos no tomar esclavos del pueblo judío mismo. En términos del estado-nación de hoy, equivale a que los chilangos del Distrito Federal de México pueden tomar o comprar esclavos en Estados Unidos pero no en Chiapas. Honor a los ancianos de la *Biblia*: como son los primeros, les debemos muchas de las invenciones y reglas raras de nuestra civilización. Muchos pasajes legitiman y codifican la esclavitud en los antiguos escritos. No prevén mucho respeto para el prójimo cuando este, por casualidad, no es de la familia. El no judío no dispone de los mismos derechos que un miembro del pueblo elegido por Dios. De manera que los que están fuera, o sea, todo el mundo, pueden ser tratados como un objeto, cosa o mercancía sobre la cual el propietario tiene derechos de vida o muerte. El *Génesis* defiende el esclavismo y, lo que anteriormente era un derecho de guerra, fruto de conquistas, se convierte en un banal comercio.

Los textos de San Pablo que legitiman la sumisión a la autoridad producen un efecto más allá de la justificación de la guerra y de la persecución. El cristianismo no prohíbe la esclavitud. Para lavarse un poquito la conciencia, un papa llegó a inscribir en el dogma que todos los que vivían más allá del Cabo Bueno, en la costa Norte de África, no tenían alma y que, por lo tanto, podrían servir de esclavos a los cristianos.

San Agustín quería que todos los esclavos sirvieran a sus amos con dedicación que pluguiera a Dios. Todo esclavo lo es por su bien y como todos son iguales ante los ojos de Dios, poco importa que en la Tierra existan diferencias finalmente accesorias: esclavo o amo, rico o pobre, todos somos como Dios lo mandó. Se debe mencionar que la Iglesia siempre ha tomado posición a favor de los ricos y de los amos. El buen esclavo que juega su papel irá al paraíso, derecho ganado con su sumisión en la Tierra.

Desde el siglo VI, el papa Gregorio I impide el acceso al sacerdocio a los esclavos. En la Edad Media, miles de esclavos trabajaron para los dominios agrícolas papales. Los grandes monasterios los usaban sin vergüenza. El dominio de Saint Germain des Prés, ahora barrio VI de París, tenía al menos ocho mil esclavos.

Por supuesto que los cristianos no son los únicos. Los musulmanes lo siguen practicando. Nada en el *Corán* lo prohíbe; todo lo contrario, está legitimado: las razias, la toma de guerras, los botines de niños, animales, mujeres y el reducir a esclavitud a los conquistados es legítimo. Además es al Islam al que debemos la invención del comercio de esclavos. Como para los judíos —de quienes el Islam es una pobre copia—, el derecho islámico prohíbe la venta de musulmanes pero de ninguna manera, la de los otros creyentes. Nueve siglos antes del comercio de esclavos tras-atlántico, la trata de esclavos transahariana inició este comercio repugnante. Se habla de diez millones de hombres deportados en un período de mil doscientos años por los seguidores de Alá, el misericordioso. Un cronista árabe de esa época dice "que se morían tantos en el viaje que ni los buitres ya querían comer los cadáveres". Me dan risa los Malcolm X, sus correligionarios y otros que combaten la civilización occidental con las herramientas islámicas: es como combatir el fuego con una antorcha.

Para resumir, todos —la *Torah* de los judíos, el *Corán* de los musulmanes y los *Testamentos* de los cristianos— justifican la esclavitud, destino para los subhombres que rezan a otro dios diferente del suyo. Por supuesto, esto no entró en las consideraciones de mis colegas aprendices de historia africana.

* * *

A pesar de que mover la biomasa de Billy Lawson *Junior* me permitió ir a mis cursos en Lincoln, no podía más combinar el trabajo de cuidarlo con las tareas de la universidad, que necesitaban mucha atención y tiempo. Salí de esa existencia casi burguesa de estudiante rico para reanudar la vida bohemia. Me alojé a una cuadra del Washington Circle y conseguí chamba como mesero en el muy exclusivo Jockey Club de Washington. Cantina de senadores y altos funcionarios, donde almorzaba cada miércoles el clan Kennedy completo presidido por la matrona Rose, un desmadre de prepotencia, nariz al aire, que había olvidado desde mucho tiempo atrás que su fortuna se debía al contrabando de alcohol que su marido había llevado adelante en la época de la prohibición.

Cada minuto que tenía libre —que no eran muchos después de las cuatro horas de curso, seis en el Jockey Club y tres o cuatro en la biblioteca— lo pasaba en el Washington Circle, una glorieta en la conjunción de Massachusetts y Connecticut, el templo santísimo de la marginalidad suave: la *hippie*, la de la *flower people*, del *peace and love*. La marginalidad dura, la de la extrema pobreza, de la miseria, estaba en los barrios negros, por allá por Baltimore o Virginia. Siempre había tocadores de bongós, tambores, algunos flautistas y jugadores de ajedrez. Tirado en el pasto, platicaba de cualquier cosa con perfectos extraños; la guerra de Vietnam era el tema principal. Se coqueteaba mucho y a la luz de las farolas se podía leer gratis.

J-P Goffings

Liberado de Billy, sus setenta kilos y su obsesiva madre, los sábados y domingos visitábamos en grupitos, integrados en su mayor parte por secretarias de alguna administración federal, los monumentos: el Smithsonian, la National Gallery. Es una banalidad, pero mis favoritos eran el Jefferson y el Lincoln Memorial.

Poco a poco me iba deslizando hacia una oposición feroz a la guerra, al tiempo que me convertía en un *hippie* convencido. Conseguí trabajo por cuatro horas diarias como asistente en un laboratorio de idiomas, en francés, por supuesto. Seguía sin conocer bien todavía el idioma de mi futura patria, pero es otro momento de mi vida al que llegaremos pronto.

Prueba de mis diversas facetas eran las noches que pasaba, cuando tenía algo de dinero, en una taberna chic en la Avenida Wisconsin tomando cerveza y cantando canciones de marineros ingleses, de borracheras alemanas, aprendidas en Soost. Me salían bien. Muchos convivientes me ofrecieron litros de cerveza. Me hice cuate del pianista, un señor mayor con mucha chispa que me animaba por otra vuelta de *"Three jolly coachmen sat in an English tavern..."* o *"What shall we do with the drunken sailor?"*

* * *

Todo un trimestre en la School of International Affairs estuvo dedicado a la colonización de África; los hechos y las aberraciones, pero también las diferentes filosofías de los colonizadores. La francesa, basada en el concepto de asimilación, pretendía hacer de cada negro y negra bajo su dominio un descendiente de los galos, buenos hijos e hijas de la Marianne, de la Patria y de la bella Francia. Los ingleses, ni pensarlo. Encontrarse un día con un diputado de las colonias en The House of Commons —como los franceses, que tenían diputados de sus colonias en el Congreso, que fueron los primeros presidentes de sus países una vez independientes—, no; ¡ni pensarlo! Los ingleses colonizaban con el concepto filosófico de "separación"; cada uno en su lugar y Dios guardará a las ovejas, con la ley segregacionista en medio. La lógica extrema de esta corriente filosófica fue el *apartheid* sudafricano. Una variante de la asimilación fue la portuguesa: los colonizadores no traían a sus mujeres a las colonias, lo que dio nacimiento a un sistema complicado de "asimilados", "semiasimilados" y "mulatos", cada uno con sus derechos y deberes. Allí uno pasaba de una a otra categoría por exámenes.

En alemán y en holandés hay dos palabras que resumen perfectamente los fundamentos filosóficos de los diferentes tipos de colonización:

gezelschaft y *gemeinschaft*. Si quieren conocer el significado exacto, hay muy buenos diccionarios...

La filosofía colonial francesa implicaba, por supuesto, que todos los colonizados un día fuesen ciudadanos iguales en deberes y derechos, de manera que un día, el Congreso, el Senado y probablemente el ejecutivo estuviesen llenos de y dominados por diputados negros o árabes, musulmanes, polígamos y tercermundistas, por la sencilla razón de que los colonizados eran la inmensa mayoría. Le tocó a De Gaulle salvar la patria por segunda vez, parando la islamización de Francia y apurándose a dar las independencias; cosa que los "pies negros" (colonos franceses de África del norte) nunca fueron capaces de entender y se metieron en la guerra de Argelia con las correspondientes atrocidades en ambos campos.

Pido la indulgencia de mis lectores si encuentran de alguna manera lagunas en mi relato. Esto es todo lo que me queda en la memoria. Después de todo, hoy soy acuicultor en México.

En fin, ¿cuáles eran las bases filosóficas de la colonización? Pienso que el filósofo Michel Onfray, que recomiendo a todos, apuntó el análisis más pertinente al cual me adhiero completamente: "La colonización es la exportación de la propia religión a los cuatro puntos cardinales del mundo mediante uso de la fuerza, la coacción física, mental, espiritual, psíquica y, por supuesto, armada". La exportación de la servidumbre es un hecho de la religión cristiana así como de la musulmana. La judía, por su parte, eligió establecer su dominio en un solo territorio sin jamás buscar expansionismo más allá. El sionismo no es ni internacionalismo ni expansionismo, por el sencillo hecho de que prácticamente la única manera de llegar a ser judío es nacer de madre judía. Por lo tanto, queda fuera el judaísmo en este capítulo de colonización. Ellos aspiran a una sociedad cerrada, nacionalista y de ninguna manera a establecer un imperio sobre la totalidad del planeta como las demás religiones del libro.

La religión católica es maestra en la destrucción de civilizaciones. Antes de cristianizarse, las legiones romanas "asimilaban" las culturas que habían conquistado. Integraron los dioses de los vencidos en su propio panteón; incluso les hicieron ofrendas. Después del golpe de estado de Constantino ya no integraban: destruían. La llegada al Nuevo Mundo en 1492 no es solo un descubrimiento, sino también la destrucción de otros mundos. La Europa cristiana aniquiló un número impresionante de civilizaciones indígenas americanas. Una vez lograda la sumisión por los soldados y mercenarios, llegaron los sacerdotes con procesiones, hostias, cruces, rosarios y más cosas placenteras. Predicando el amor al prójimo, el perdón de los pecados, las virtudes evangélicas y otras alegrías bíblicas: el pecado original, la culpabilidad, el odio a la mujer, al cuerpo y a la sexualidad.

Como penúltimo ejemplo del imperialismo católico, tenemos la complicidad con el nazismo para la exterminación de los judíos a los que, para la ocasión, convirtieron en pueblo deicida. Seis millones de muertos a los cuales se deben añadir los zíngaros, los masones, la gente de izquierda, los testigos de Jehová, los resistentes antifascistas, los opositores al nacionalsocialismo y otra gente acusada de no ser muy cristiana. La tendencia del catolicismo a la exterminación en masas es antigua y sigue vigente.

El último es el genocidio de los tutsis de parte de los muy cristianos y católicos hutus en Rwanda en 1994 —hace solo trece años—, cubierto, defendido y sostenido por las instituciones católicas y por el soberano pontifical, mucho más enérgico para ayudar a los sacerdotes, religiosos criminales a escapar del pelotón de ejecución que para ofrecer una disculpa al pueblo tutti. ¡Un millón de muertos en solo tres meses! Silencioso y cómplice de los hutus antes, silencioso y cómplice del descubrimiento del desastre después. ¿Escribió Juan Pablo II una carta al presidente de Rwanda para lamentar los hechos? ¿Para compadecerse? ¿Para arrepentirse? ¿Para solidarizarse? ¡Nada de eso! Pidió que la pena de muerte no se le aplicara a los criminales genocidas católicos. Nunca tendría una palabra para las víctimas. Esta pulsión asesina del catolicismo, compartida con las otras dos religiones del libro, tiene explicación. ¿Cómo evitar la dominación de la pulsión de muerte después de haber matado a todo lo que procede de la pulsión de la vida? La ciencia, la razón, el placer, los libros, el sexo, la cultura... El rechazo de todo lo que vive induce la celebración de todo lo que muere o mata: la guerra, el colonialismo, la esclavitud, el genocidio, la sangre. Esta es la esencia filosófica de la conquista colonial.

Por supuesto, esto no se enseña en ninguna escuela y mucho menos en la American University de Washington, D.C., donde el ambiente había empezado a calentarse demasiado para mí.

* * *

Ya no podía sostener el ritmo: una ponencia cada semana y un *term paper* cada trimestre; los dos para defender delante de los colegas. No me alcanzaba el tiempo y cuanto más pasaba, más pesadas se ponían las cosas. En fin, cuando el tiempo invertido para mantenerme vivo no me permitía tener tiempo suficiente para hacer un buen

trabajo, empecé a traducir del francés capítulos y páginas de Meister, Levi Strauss y hasta de René Dumont, que consultaba en la librería francesa de Georgetown. Todos son autores, sociólogos y antropólogos de fama mundial pero mis profesores ignoraban su existencia, sencillamente porque no había traducción en inglés. Así eran los norteamericanos en aquel entonces: ignorantes de buena parte de los conocimientos mundiales. Empecé a sospecharlo cuando un día el distinguido profesor Randall me dijo que mi *term paper* no estaba bien. Era una traducción literal de un capítulo de sociología de Claude Levi Strauss. ¡Pobre Randall!

Me enamoré de una estudiante francesa de Estrasburgo. Ni sé lo que estudiaba, creo que inglés, pero no importaba: ella estaba allá para divertirse. Tenía un departamento en Georgetown, prueba de que no era pobre. Era divertida, siempre de buen humor, no muy guapa, lo que compensaba con una fuerte libido.

Yo seguía asegurando mis turnos en la manifestación en contra de la guerra enfrente de la Casa Blanca, lo que consistía en llevar una pancarta y caminar en círculo frente a las rejas. Me parecía estúpido manifestarse así. Más tarde en París aprendí otra forma de hacerlo.

Las cosas se estaban calentando también en la universidad. Alguien se estaba dando cuenta de que yo no cumplía con algo. ¿Pero con qué? Así que recibí una carta de rectoría diciéndome que no tenían huellas de mi existencia. Se la mostré a Villacasi y juntos fuimos a rectoría para atestar mi existencia. Él mostró mis *term papers*, y yo, mi récord de credenciales, entregadas fielmente cada trimestre. Me faltaban dos meses para graduarme de una Maestría en Arte, en Sociología y Ciencias Políticas con Especialización en África. Para mí, la magia de los estudios se había quebrado desde que me di cuenta de la ignorancia de Randall acerca de Levi Strauss. Luego se pudo apuntar, con precisión, en toda la política exterior estadounidense esa falta de profundidad y sensibilidad sociológica. Vietnam, Camboya, Cuba, América Latina, Medio Oriente, Somalia y por supuesto, Irak, son las pruebas de los errores fatales en la política a causa de la falta de conocimientos y sensibilidad psico-sociológica del gobierno estadounidense. Alguien les tiene que enseñar que no todo es racional, lógico o sencillo en las otras culturas que no siempre son blancas, cristianas o ricas. Las intenciones pueden ser buenas, nobles, generosas y justas, pero siempre son ejecutadas con la mentalidad de los Randalls y de las simplificaciones del Midwest.

* * *

J-P Goffings

Era tiempo de levantar el campamento. Mi novia estrasburguesa rentó un auto y una mañana nos fuimos sin pedir la cuenta a California, donde llegamos tres semanas después.

Me había robado una educación y de las mejores, de las que el *establishment* norteamericano reservaba a sus altos funcionarios de carrera diplomática y a los agentes de la CIA y no sentía culpabilidad alguna. No sé si hay algún código penal que codifique el delito y con qué pena máxima lo castigue, pero yo lo considero menos grave que robar un caramelo. ¿No es un derecho la educación? Sin embargo, tengo la intención algún día, cuando me lo permitan mis finanzas, de pedirle la cuenta a la American University de Washington, D.C.

Esa experiencia me enseñó a entender dónde y en qué época me tocó vivir. Si es que lo humano se define por la concientización de su entorno, su época, algo de sabiduría me estaba llegando; es decir, la conciencia de por qué las cosas son como son. Entendí la lucidez y la imbecilidad, su espacio y límite. No me dieron diploma ni hicieron ceremonia de graduación. Eso es lo de menos. Estudié por gusto y no para ganar dinero.

Nunca me pasó por la cabeza aquello de la Carrera y de monetizar el saber. Por eso no estaba en el país y ni en el período correctos. No me había fijado que todo se monetiza. Aprender una cosa es saber que no se sabe nada, como lo dijo Sócrates; esto es lo esencial del aprendizaje. Esa fue la evaluación inconsciente que hice de mi experiencia como estudiante. Con mis colegas estudiantes del Pentágono, del Departamento de Estado, de la CIA y de las iglesias evangelizadoras, adquirimos un saber preciso y teórico, jamás distorsionado.

Lo leímos todo, lo aprendimos todo, lo vimos todo, con excepción de la realidad de la sociedad africana, en carne y hueso. Se pretendía formar a hombres libres con conocimiento de las causas, pero se fabricaron domésticos de la administración, que obedecían los usos y costumbres, sin darse cuenta de que un técnico más de la filosofía, de la sociología o de cualquier otra "ogía" no tiene ninguna utilidad para la sociedad. La búsqueda de la armonía con el mundo y su gente tales como son y no como lo imaginaban los dueños de las escuelas, no es el objetivo de la educación ni en Sint Truiden, ni en Washington, y mucho menos en Campeche.

No nos enseñaban la ironía de Sócrates que cuestiona, desmantela y destruye las verdades del momento o de moda; las virtudes espectaculares; el poseer, como único destino, el egoísmo generalizado como única imperativa ética; el consentimiento de la barbaridad; el disgusto con las ideas; la voluntad de tener poderes que, en fin, no lo son; la fascinación por los éxitos ficticios; la admiración de políticos de pacotilla. Nada de esto estaba en el programa.

La ciencia y la educación deben servir para vivir mejor en un mundo que se ha alejado de la espiritualidad. Si no es así, no vale ni una hora de atención. El mundo de hoy es el resultado de lo que hicieron los educadores de ayer. En esto, pero de forma un poco menos clara, era en lo que estaba pensando mientras recorríamos a lo largo y ancho el territorio de los Estados Unidos de América.

* * *

Esta no es una guía turística, por lo tanto no tiene caso contarles el viaje; pero nos fue muy bien.

Cuando las colinas de Hollywood aparecieron en la pantalla del parabrisas, Denise ya lo había organizado todo y quería que nos hiciéramos novios de verdad. Ya había hablado con su hermano, pudiente industrial de los aserraderos de Estrasburgo cuya mitad le pertenecía a ella, para que trabajara con él. No habló de matrimonio pero fue como si lo hiciera. En fin, el guión de la película decía que fuera el segundo de un industrial; que viviéramos felices en una casa grande, con otra en la montaña para esquiar los fines de semana en invierno, más otra en la Costa Azul para hacer nudismo en verano; que tuviéramos muchos niños y tan tan...

¿Por qué es así la mayoría de la otra parte de la humanidad? Aunque igual de inteligente y despierta, está condicionada y orientada hacia sus capacidades reproductoras. Le dedicaré un pensamiento más adelante.

A pesar de nuestras afinidades, del gusto de su compañía, algo me dijo que no tomara el camino que Denise me había trazado como una autopista. Pretexté que tenía cursos de especialización en Berkeley y me quedé mientras ella tuvo que regresar por un asunto familiar, creo que la boda de su hermano o algo así. Nos despedimos en el aeropuerto de Los Ángeles con mil besos y abrazos apretados —por cierto, escandalosos para Estados Unidos incluso en California— y con promesas. Una azafata de la TWA la buscaba y se quedó sonriendo buen rato antes de atreverse a decirnos que el avión estaba por cerrar sus puertas.

Semanas después, cuando por fin tuve una dirección, le escribí una postal a la que contestó con una larga carta en la que había muchas cosas excepto el grado de amor que yo había esperado. Meses después nos vimos en París, en el Café de Flore en Saint Germain. Estaba a punto de casarse pero no conmigo. Yo también, pero no con ella.

Traté de cursar una asignatura en Berkeley, donde había profesores de fama mundial, pero fue imposible. En el campus ya casi nadie hablaba de cursos sino de revolución psicodélica, social y espiritual, de manifestarse en contra de la guerra, de liberaciones sociales y sexuales: éramos *hippies* y felices. Temprano por la mañana, alrededor de las diez, se formaban grupos tirados en el pasto o en la cafetería. Bendita cafetería donde el pan, el agua, la mostaza y el *ketchup* eran gratis. Se animaban pláticas sobre cualquier tema, o se escuchaba un guitarrista o un tocador de bongó. Se intercambiaban flores, con algunas regaladas a la policía, que guardaba no sé qué. Se fumaban porros de marihuana. Nos besábamos y acariciábamos sin reservas aunque a la vista de todos. Allí me di cuenta de que no era exhibicionista aunque no desprecio el placer de la vista. Nuestros héroes eran algunos G. I. que regresaban de la guerra de Vietnam —quienes habían quemado su carnet militar y escupido sobre sus medallas de heroísmo— y que contaban su experiencia. Ellos tenían más éxito con el género femenino. A veces pasaba el día en Sausalito, territorio libre que pertenecía a los homosexuales, lesbianas y a toda la rebelión.

No sé muy bien en contra de qué nos rebelábamos. En mis últimas semanas en la American University, se inició un movimiento de estudiantes que reivindicaba el acceso a los dormitorios de las estudiantes hembras, después de las diez de la noche. Fui a gritar un par de veces con ellos frente a la rectoría. Era festivo, burlón, irónico. ¿Eso era rebelión? Berkeley era más antiguerra con un fondo místico-cristiano. De lo psicodélico nacieron los Jesús *Freaks*. Rebelión sin rumbo, un acto de liberación sexual, en contra del sistema pero sin cuestionarlo, en contra de la guerra, del dinero como un fin, de la barbarie, del capitalismo salvaje, pero sin echarlo realmente todo por la borda. La mayoría de mis amigos *hippies* eran tan apolíticos que ni se les ocurría cuestionar los fundamentos de la sociedad. Superficialmente nos contentábamos con predicar el amor, adorar las flores y fumar marihuana. Pero ¡caray! qué linda la vida superficial. Todo se vale y todo es bonito. Vivir el nihilismo y el relativismo desconecta por completo de la realidad; tanto que ya no tienes necesidad alguna de mirar de frente. La realidad, la sociedad, sus valores, la guerra, la barbarie no nos gustan. Subimos un escalón y negamos que exista para no molestar la paz artificial que nos fabricamos.

Este es el único pensamiento filosófico que se puede sacar del movimiento *hippie* que a veces confundimos con una revolución, si no social, por lo menos cultural. No es sorprendente que no quedara nada, o que quedase tan poco.

* * *

El Hedonista

A los sesenta y cinco toques de reloj con los que cuento hoy, he podido experimentar que esporádicamente surgen rebeliones en la sociedad de los hombres y que el progreso de la humanidad depende de estos sobresaltos. Aunque hay algunos que ponen el reloj en el pasado. A fuerza de tomarse por otros que no son, de imaginarse en una configuración alejada de la realidad, los hombres evitan la tragedia, pero pasan al lado de sí mismos. A fuerza de preferir ficciones tranquilizadoras, como los niños que se calman con un cuento, prefieren la fe que calma, a la razón que perturba. El costo mental de este autoengaño es monstruoso y a veces desborda en movimientos que son las válvulas de escape de la presión de vivir perpetuamente en la ficción y la mentira. Prefieren las fábulas, las historietas, los mitos a la realidad que los obliga a ver la crueldad evidente del mundo y de la vida. Para conjurar la muerte, la despiden; a fin de no tener que resolver un problema, lo suprimen.

Tener que morir es asunto de los mortales. El creyente, el ingenuo, sabe que es inmortal y que sobrevivirá a la hecatombe planetaria. Para ayudarlo en la construcción de la ficción de la inmortalidad hay individuos que se dedican a traficar con la ficción. El comercio de los *mundos "después"* asegura a aquellos traficantes una razón de ser al mismo tiempo que aseguran su subsistencia. Es como el psicoanalista que cura a su paciente para no tener que cuestionar sus propias angustias.

La sumisión de la sociedad de los hombres a los traficantes, guías espirituales, sacerdotes, chamanes, rabinos, gurúes, imanes, que promueven ficciones para esconder la angustia de la realidad, llega a tal punto de absurdo que necesita reajustes. Los reajustes, desde que existen las religiones, nunca son por consenso, pero sí por guerra, rebelión y sangre. El movimiento *hippie* y las rebeliones estudiantiles de los años 68 a 70 fueron uno de los ajustes por el cual la ciencia, la razón y la libertad ganaron espacios en sus perpetuas confrontaciones con la ficción, la demagogia, el oscurantismo, la fe y lo irracional.

* * *

Fue el instinto de conservación el que me dictó que tenía que bajar de la nube del *peace and love*, so riesgo de perderme para siempre en ese mundo irreal y artificial. Con mis pocas cosas en la mochila, dejé California y mi período *hippie* para regresar por aventón a Washington, el único lugar que me era familiar y donde sabía moverme.

En el camino, pasé cuatro días en una casa encantadora en un pueblo cerca de Milwaukee por haber pedido aventón en una autopista. Como el juez no iba a pasar antes de cuatro días, me quedé ese tiempo como huésped del sistema judicial norteamericano. La comida venía del único restaurante del pueblo y el *sheriff* me dejó una pila de más de un metro de alto de revistas de Mickey Mouse y otros. Cuatro días de comida gratis, baños de agua caliente que necesitaba mucho, un buen colchón, una recámara bien calentada, una pila de libros aunque fueran cómics, un *sheriff* servicial y un juez que se reía y pensaba que cuatro días de cárcel por mi delito eran suficientes y, además carísimos, para la comunidad. Me dejó una imagen de la cárcel estadounidense que no se ve en ninguna película.

Recaí en el Washington Circle y en el Jockey Club, pero esta vez sin *term papers* y sin el doctor en ciencias africanas, el pastor Randall que no sabía de Levy Strauss.

El Hedonista

Capítulo IV
París-La Habana

Se llamaba Marie-Chantal de Riac y tenía unos treinta años. Era hija de un general francés, profesora, parte de un programa de intercambio lingüístico y estaba a punto de regresar a París donde había nacido. Había vivido en Neuilly sur Seine. La encontré en el Circle. Hablamos mucho y me enamoré. Problema: era virgen y quería quedarse con el himen.

La acompañé a Nueva York desde donde iba a tomar el crucero "France", al cual yo también subí con un *ticket* de visita a favor de las viudas de marineros. Y me quedé como pasajero clandestino. Ella me alimentaba con panes y sándwiches que desviaba del comedor. Los días los pasábamos juntos leyendo, caminando sobre el lujoso trasatlántico, jugando los estúpidos juegos de sociedad que allí se organizaban y bañándonos en la alberca. Pero lo que debía pasar, pasó: un oficial me descubrió durmiendo en un pasillo de cabinas, cuando salía subiéndose la cremallera y ajustándose la corbata. Pasé los últimos dos días del viaje en el camarote-cárcel del crucero France, lo que tampoco era desagradable. Me dio la oportunidad de dormir cómodo.

En Le Havre nos esperaban su mamá, una mujer muy delgada, seca y bajita, de brazo del general, su marido. Nos instalamos en su casa en Neuilly y nos casamos en unas semanas ya que yo no podía más; con trompa y bomba, ella de blanco y yo de esmoquin en la iglesia de Neuilly-sur-Seine y con recepción en el Círculo Militar de París. Nuestra noche de bodas en un hotel dejó las sábanas con una mancha muy fea, como debe ser en el mundo de los buenos burgueses cristianos.

Nos mudamos a Elbeuf donde Marie fue contratada, esta vez como profesora de inglés. Yo aportaba una pequeña contribución vendiendo seguros de vida y enciclopedias a los campesinos de los alrededores. Hacíamos el amor día y noche, de lo cual ella se aburrió pronto. Entonces tratamos de llevar un ritmo sexual más "civilizado". Yo también me aburrí pero no de sus entrepiernas, sino de la pequeña ciudad y de la vida que estaba llevando. Además, miraba más y más intensamente, con deseos bestiales de cogérmela, a una de las colegas del colegio de Marie que aparentemente no tenía mucho en contra.

Empecé a ir a París más y más frecuentemente con el pretexto de inscribirme en una universidad para buscarme una equivalencia de mis incursiones en el mundo académico norteamericano. Encantada, Marie se quedó rápidamente embarazada. Poco a poco me di cuenta de que esa era su aspiración en nuestra unión sacramentada. Lograr maternidad era la cosa más importante en ese momento de su vida. Me contenté por haberla hecho feliz y haberle dado lo que ella quería de verdad. En cierta forma, estaba pagando una deuda. Tenía veinticuatro años.

* * *

Ayer, domingo 11 de noviembre de 2007 por la tarde, alimentando a los juveniles en la alberca número dos, me di cuenta de una pequeña fuga de agua en la base, justo donde la lona del fondo y de la pared se juntan. Estas albercas, a falta de poder comprar material profesional, son de jardín, compradas en Sam's Club, a cuatro mil seiscientos pesos, por veintinueve metros cúbicos de agua; la mejor relación dinero-metro cúbico del mundo. Son chinas. No había nada que hacer. Patricia y Patrick se habían tomado el domingo; yo estaba solo con un mundo de pececitos en una alberca que tenía una fuga y que en cualquier momento podía reventarse, haciendo de los pececitos animales terrestres. Veintinueve días de trabajo, sin contar las noches, una cantidad de dinero gastado y la posibilidad de perderlo todo. En un caso como este, el reflejo instintivo es el de llamar a alguna divinidad para pedirle que intervenga para cambiar el destino y que haga por lo menos que lo peor no ocurra.

Hace una semana el estado vecino de Tabasco se inundó. La capital, Villahermosa, está debajo de dos metros de agua. Un millón de damnificados, la desolación y la miseria total e indescriptible. La causa, según comprendo, más que la lluvia, tiene su origen en la apertura por parte de unos operarios del aliviadero de una presa río arriba cuya estructura peligraba. También, como siempre ocurre en México, las obras que tenían que proteger las tierras bajas del Estado, aunque pagadas, no fueron completadas por los dos gobernadores anteriores. Así va la corrupción. De las centenas de damnificados que vi en la televisión, casi todos estaban agradeciendo a "Diosito y la Virgen de Guadalupe" por haberles salvado la vida. A nadie se le ocurrió preguntarle a Diosito por qué había permitido la inundación. Y mientras agradecen a Dios, no piden cuentas a sus políticos. Esta es la desesperación de la cual nacen las creencias y luego las religiones organizadas y estructuradas. No aceptar la naturaleza y sus dramas, refugiarse en lo supranatural para no tener que mirar de frente la dureza de la existencia.

Esto empezó cuando el *homo sapiens,* unos millones de años atrás, levantó la cabeza para mirar las estrellas y sintió dolor mirando el cadáver inerte del cuate de ayer, del hermano, del padre. Así empezó el asunto que hace que los inundados de Tabasco agradezcan a Dios por salir con vida de la catástrofe, en vez de llamarlo a rendir cuentas junto con sus políticos. Como estos últimos están muy cerca del dinero, deben estar también muy cerca de Dios. El asunto por el cual el Papa tiene su autoridad empezó así: buscar una explicación de los hechos naturales fácil, al alcance de los cerebros. El camino corto es llamar a un arquitecto celeste que supuestamente maniobra todos los asuntos.

Afortunadamente Patou y Patrick regresaron temprano. Organizamos un turno de una hora cada uno para vigilar la fuga, a la espera de que llegara la luz del día y que pudiéramos transferir los pececitos a las jaulas en el mar. Durante la noche la pinche fuga se agrandó; el chorrito de agua, que al inicio era del gureso de un cerillo, a las dos de la mañana era como una pluma y a las cuatro, como mi dedo. Patrick y Roger se empaparon varias veces tratando de sellar el hueco con cinta adhesiva, lo que daba un resultado por una decena de minutos. Abandonamos la cinta y echamos arena contra la pared exterior.

Recordé el problema de matemáticas de la escuela secundaria: Si la bañadera de volumen X se llena con Y litros de agua por minuto y el tapón está roto y salen Z litros por minuto, ¿en cuánto tiempo la bañadera se llenará o se vaciará? Cuánto he sufrido con este problema y cuando por fin una vez me pasó de verdad, tuve que llamar a un plomero que nunca terminó la primaria. A las cuatro de la mañana abrí las válvulas para mantener el nivel del agua. Cuando el negro de la noche cedió al horizonte por el azul claro, el chorro de la fuga era del tamaño de un puño pero el nivel del agua se mantenía.

Con la llegada de Willy, nos movilizamos para sacar los pececitos. Los concentraron con una red (hablo ahora en tercera persona del plural porque a partir de entonces yo estaba fuera de combate). Pesaron agua en un cubo, suavecito pescaron pequeñas cantidades de peces con una cucharita y los vertían en el cubo puesto sobre una báscula. Cada quince cucharadas se anotaba el peso total y el cubo con los peces se lleva a la lancha donde se vaciaba en un tanque de media tonelada de agua oxigenada. Mientras que la cadena de concentrar, pescar, pesar, llevar, vaciar se repetía, Patricia aislaba en varias operaciones unos trescientos pececitos que pesaba uno por uno o en grupitos sobre una pesa de precisión. Se contaban y, dividiendo el peso por el número, se calculaba el peso promedio, lo que permitía el conteo de la biomasa global y el número exacto de pececitos llevados a nadar en el mar. El peso promedio de este primer ciclo de desove de la temporada era de 0,27 gramos por 29 días de cría en condiciones, digamos, rústicas.

Creo que este equipo, tomándolo todo en cuenta, es el mejor del mundo para la reproducción de peces marinos. Al mediodía, cuarenta y nueve mil novecientos sesenta y siete *sciaenops ocellatus* estaban en su ambiente natural, probablemente un poco asustados, preguntándose lo que pasaba, si es que un pez se pregunta algo. Cuando los vi al día siguiente, me parecieron contentos, si es que un pez se da cuenta de que está contento. ¡Creo que sí!

* * *

El viernes 22 de marzo del año 1968, con mis veinticinco años por cumplir, me presenté temprano en la universidad de Nanterre, en los suburbios pobres de París. Unos cuantos bloques de cemento gris llenos de ventanas, un enorme parqueo también gris y, para completar el aspecto siniestro de aquel campus, el cielo también estaba gris y caía una llovizna penetrante. Por fin había conseguido cita con un profesor de sociología africana para hablar de mis equivalencias académicas norteamericanas. La fecha es importante porque ese día se creó el movimiento estudiantil "22-MARS", punta de lanza del famoso Mayo del '68 que unos meses después haría temblar hasta sus cimientos al mismo estado de Francia. Por casualidad estuve allí y lo viví todo.

Llegué temprano y el profesor, de quien solamente recuerdo que era belga, apenas empezaba un curso de Etnología de Rwanda en un anfiteatro majestuoso y medio vacío, lo que era mucha gente para un curso sobre este tema. Me fascinó. Con la retrospectiva, este señor con unas diapositivas y cortometrajes estaba explicando las raíces de la guerra civil rwandesa entre hutus y tutsis que tendría lugar treinta años después. La sociología bien comprendida sí tiene utilidad política.

El grupo étnico que no se escuchó en esa guerra civil con su millón de muertos, es el de los pigmeos, probablemente porque fueron considerados por los dos protagonistas de la carnicería como de cantidad despreciable.

Al final de tan magistral demostración, aplaudí fuerte desde la última silla del anfiteatro, al lado de la puerta que empujaron de repente con tal violencia que me golpeó en plena cara y me tiró al suelo entre las sillas. En el tiempo que me tomó salir de esta humillante posición con la intención firme de pedir cuentas, con unas patadas a los culpables si fuera necesario, un grupo de gente gritando y empujando ya estaban sobre la tarima arrancando el micrófono de las manos del pobre profe que trató de resistir y por eso fue empujado. Incluso creí ver que recibía un golpe de micrófono sobre su cabeza calva. Mi primera reacción fue correr al frente y tratar de ayudarlo, mas cuando llegué a la tarima tuve que renunciar: primero, porque al profe ya no lo veía y segundo, porque esos gritones eran unos cientos. Me quedé quieto en el medio de los invasores, como si fuera uno de ellos. Seguí empujando para alcanzar el lugar donde pensaba que había caído el profe calvo, para de repente encontrarme frente a frente con un muchacho menos alto que yo pero más gordo, con unos ojos claros muy grandes debajo de un pelo abundante y tan rojo como nunca había visto en mi vida. Él tenía el micrófono. Me sonrió francamente mientras trataba de subirse a la mesa, por lo cual le di un empujón en las nalgas algo gruesas. El muchacho era Daniel Cohn-Bendit, que en un par de semanas sería la pesadilla de todo el gobierno francés, el General De Gaulle incluido.

Una vez arriba de la mesa, levantó las manos y todo el grupo de muchachos y muchachas respondió levantando el puño y gritando: "¡Revolución!".

El pelirrojo gritaba en el micrófono: "¡Camaradas!". Trató de calmar a las tropas, pero le costó trabajo. Camaradas era el nombre con el cual todos los combatientes de izquierda se identificaban, desde el peor de los estalinistas hasta el más suave social-demócrata. Vi al profesor etnólogo calvo sentado solito en las últimas filas del anfiteatro; me fui de la mesa directiva de la revolución; no tenía ni la menor idea de qué se trataba. Me dirigí hacia él. Me presenté, a lo que reaccionó solamente levantando la cabeza. Me gratificó con una mirada en la cual leí desolación y disgusto. Bajó sus ojos estudiando sus zapatos y con una voz cavernosa murmuró:

—¿Cómo me pueden hacer esto a mí?

Yo no tenía respuesta. Nos quedamos callados. Con una oreja escuchaba al pelirrojo enumerar una larga lista de reivindicaciones.

—¡Cómo me pueden hacer esto a mí! —me repitió el calvo.

Me senté a su lado.

—¿Qué pasa, profesor? ¿Qué quieren? —me atreví.

De nuevo me miró con esos ojos claros llenos de desolación. Yo me di cuenta de que no era el momento para hablar de mis problemas administrativos y académicos.

—Reivindicaciones y más reivindicaciones. Dicen que la universidad funciona mal, que los programas son malos, que quieren acceso a los dormitorios de las muchachas después de las diez de la noche. Yo estoy de su lado.

Al instante el pelirrojo efectivamente hablaba de eso. Estaba diciendo que era el símbolo de una universidad burguesa. Me sonaba muy familiar.

—Esto sí, es verdad —siguió desolado el profe, que había escuchado la última frase del pelirrojo mientras le crecía un bonito chichón como un montículo en el tope de la cabeza, allí donde le había pegado el micrófono.

En silencio miramos el espectáculo de la juventud burguesa rebelde. El anfiteatro se llenó con más y más grupitos de estudiantes que se unían a la gritería.

—¡Camaradas, a partir de ahora declaramos la huelga hasta la plena satisfacción de nuestras justas reivindicaciones! —gritó el pelirrojo.

Surgió un enorme tumulto. En una esquina entonaron "La internacional", que escuché por primera vez en mi vida. Me gustó.

El calvo se levantó.

—¿Me ayudas a recuperar mis películas en la sala de proyección?

—Por supuesto.

Yo delante, él detrás, empujando y descartando gente, buscamos hacernos un camino hacia el localito, porque el anfiteatro se había llenado. El cubículo arriba de una escalerita estaba totalmente abandonado. El calvo sabía manejar el aparato y mientras él embobinaba su película, disfruté del espectáculo con una vista panorámica. Todos estaban de pie, algunos sobre las sillas. El estrado estaba lleno con los supuestos representantes de las diferentes facultades. El pelirrojo no había soltado el micrófono y cada vez que anunciaba la llegada de representantes de una facultad, había aplausos y gritos: "¡Huelga, huelga!".

El calvo arregló sus películas en su maleta de cuero negro y nos dirigimos a contracorriente hacia la salida. En la puerta me tendió la mano:

—Mejor que nos veamos mañana si este burdel, porque es un burdel, nos lo permite.

A esto se giró y desapareció, la espalda encorvada como si todo el peso de lo que iba a venir lo aplastara.

Regresé al anfiteatro, que ya estaba repleto. Tuve que parar a la mitad del pasillo. Daniel Cohn-Bendit estaba proponiendo la formación de un movimiento estudiantil y de un comité de huelga integrado por representantes de cada facultad. El movimiento se llamó "Veintidós de Marzo" porque esa era la fecha del día y fue creado por un voto a mano alzada. Feliz de participar en algo y para no quedar atrás, levanté la mano. Ni era estudiante, ni sabía de qué se trataba, pero me pareció que era lo que debía hacer. Era, pues, miembro del movimiento estudiantil Veintidós de Marzo que encendería la mecha de la rebelión estudiantil que dos meses después pondría al país de rodillas.

El pelirrojo sabía manejar una muchedumbre; tenía carisma, un talento de orador sin par, seguimiento en las ideas, voluntad que sobraba y un tremendo sentido de la organización: el pelirrojo me gustaba. Media hora después, habíamos votado la huelga indefinida.

Utilizaba palabras y conceptos que me resultaban extraños: democratización de la universidad, cuota de hijos de obreros y campesinos, abolición de los exámenes para acabar con la arbitrariedad proteccionista de la burguesía, participación en todos los consejos, y qué más y qué más. Yo me había quedado en el acceso al dormitorio de las muchachas después de las diez de la noche. Votamos y votamos y volvimos a votar. Gritamos, aplaudimos y cuando el pelirrojo ya casi no tenía voz, votamos la toma de la rectoría.

La noche ya estaba cayendo. Más bien parecía un día que nunca se había levantado. Las farolas del parqueo se envolvieron de nubecitas grises dejando pasar una luz sombría que apenas llegaba al suelo.

Apretados como sardinas en una lata, seguimos gritando frente al edificio de la rectoría, tan gris como los demás.

No sé cuándo ni cómo pasó. No pude verlo. Sabía solamente que el rector había salido para dialogar con el comité de huelga. Fue recibido con un concierto de silbidos. De lejos, por arriba de los hombros, vi moverse un cubo de basura volcado, fondo para arriba, en medio de risas y griteríos. Debajo del cubo estaba el respetable rector que buscaba reintegrar su rectoría. Como asustados por su travesura, los manifestantes se disolvieron, dispersándose corriendo.

Mi cita con el profe calvo no tuvo lugar al día siguiente, ni nunca. Mucho antes de llegar al campus, tuve que caminar a lo largo de una fila de camiones de policía, la famosa policía antimotines, los CRS. Habían embestido la facultad durante la noche. Primer grave error del gobierno y de su ministro del interior, un tal Fouchet.

Empezaron unas semanas de provocaciones y confrontaciones con la policía. En estos días me alejé de la universidad, tratando de ganar un poco de dinero vendiendo mis seguros a los campesinos de Elbeuf y cuidando a Marie. Cuando regresé a París, me enteré de que circulaba la consigna "A la Sorbona". Unos días después se formó una manifestación estudiantil en la plaza Denfert-Rochereau, al lado del Observatorio. Recorrimos todo el boulevard Saint-Michel pasando cerca de la Sorbona sin un policía a la vista. Así empezó la *kermese*.

El siguiente día, la estatua de Víctor Hugo en la placeta central de la Sorbona llevaba una bufanda roja. Alguien había escrito en la escalera central "Los escalones lloran". En todas partes había escritos. "Está prohibido prohibir". En cada anfiteatro había debates interminables sobre todos los temas, desde la guerra de Vietnam hasta el servicio de limpieza o ¡hacer una autopista desde el bulevar Saint-Michel hasta el mar! Todo el mundo decía lo que quería decir. Todos los fanfarrones políticos, los poetas revolucionarios, los marginados de cualquier tendencia; todos estaban ahí.

Llegaron noticias de que otras universidades del país también estaban en huelga. Después de la toma del Teatro del Odeón, a dos cuadras de la Sorbona, me trasladé allá. Se instaló un debate-griterío permanente. No participé, pero escuché mucho.

Llegó el día en que el gobierno decidió limpiar la plaza, mandando escuadrones de CRS. Y empezaron las batallas campales. Cada tarde y noche tratábamos de retomar la universidad. Aparecieron las barricadas de coches encendidos, piedras, muebles y árboles en todas las calles de los alrededores. Jugábamos al ratón y al gato con los CRS en las calles de París. Cuando nos tomaban una barricada, construíamos otra cerca o detrás de ellos. Corrimos, entonamos cantos revolucionarios —algunos de la guerra española o de la revolución mexicana—, nos besamos, compartimos los escasos sándwiches que los habitantes nos tiraban por las ventanas, vomitábamos, llorábamos, teníamos los pulmones llenos de gases lacrimógenos.

Hicimos unas marchas hacia las fábricas Renault Billancourt en los suburbios para pedir la solidaridad obrera. Y la logramos porque los sindicatos se estaban juntando con la lucha estudiantil. Más bien, los obreros dejaron de trabajar y los sindicatos, para controlar los paros espontáneos, declararon la huelga. Poco a poco, el país se paralizaba y un día la policía nos restituyó la Sorbona. Sencillamente desaparecieron de la universidad y de todo el Barrio Latino. ¡Victoria! Los días siguientes, este se convirtió en lugar turístico. Los burgueses de París vinieron a visitarnos, muchos trajeron víveres, sus niños y mujeres vestidos de domingo como para ir a misa o al circo. El Barrio era un campo de batalla. No quedaba ni un adoquín en el suelo de los bulevares Saint-Michel y Saint-Germain, y muy pocos árboles en pie.

En aquel tiempo yo, que era un perfecto analfabeto político pero había aprendido un poco sin involucrarme, empecé un proceso de toma de conciencia. La causa justa por la cual valía la pena luchar era la causa obrera, socialista, repartidora justa de las riquezas, generosa, solidaria, fraternal, libre en todos los sentidos. Una sociedad más humana. Por fin, y por el resto de mi vida, la causa socialista me quedaría bajo la piel.

El patio de la Sorbona, todavía con un Víctor Hugo vestido de rojo, se convirtió por unos días en una fiesta escolar, con la diferencia de que, en vez de tener *stands* de tiro con bolas, juegos como el de pasar un anillo al cuello de un patito balanceándose en un tanquecito y los inevitables estanquillos de salchichas, la triple docena de mesas estaba ocupada por los comandos y los camaradas de los mil y un movimientos políticos.

Allí estaban los primeros ecologistas, cinco variantes de feministas, por lo menos tres variantes de maoístas y cuatro de trotskistas, los sindicatos libres, los estalinistas que pretendían que Kruschev había traicionado y los que pretendían lo contrario; los marxistas antileninistas y sus contrarios y los defensores de Pol Pot; sin olvidar unas tres federaciones anarquistas y una mesita de guevaristas. Esta última me interesó más que las otras, aunque de Guevara apenas había oído hablar algunas veces en la American University o leyendo los periódicos. Me involucré en una discusión apasionada al final de la cual, horas después, me inscribí para participar en un campamento internacional de estudiantes en Cuba en el mes de octubre. Aquel se llamaba "Campamento Cinco de Mayo" por el cumpleaños de Karl Marx.

Mientras tanto los sindicatos oficiales y los partidos políticos de la izquierda habían tomado el liderazgo del gran movimiento social que abarcaba todo el país, encauzando el movimiento estudiantil original. Los unos, porque veían una ocasión de oro para arrancar al gobierno el cumplimiento de sus siempre "justas reivindicaciones", y los otros, porque veían una ocasión de derrumbar el gobierno del general De Gaulle y sentarse en su silla.

El diez de mayo hubo una gran manifestación unitaria que había movilizado todas las artillerías pesadas de los sindicatos oficiales para que el evento se desarrollara según sus deseos. Bajamos el bulevar Saint-Michel rumbo al puente del mismo nombre. Aquello era un mar de banderas rojas. Me quedé con el grupo original del Veintidós de Marzo. Llegando a la Plaza Saint-Michel hubo un embotellamiento porque el puente, más estrecho que el bulevar, no podía absorber aquella ola humana. No nos importaba. Cantamos, gritamos, bailamos, convencidos de que aquello era la revolución. Empecé a tener unas dudas y a estar francamente decepcionado cuando, a mitad del segundo puente, me di cuenta de que el cortejo no iba a la izquierda sino que seguía recto hacia la avenida de

Sebastopol. El Eliseo, Palacio de la Presidencia, quedaba a la izquierda. No había ni un policía en la ruta, pero sí el servicio de la CGT, el sindicato del Partido Comunista que cuidaba el acceso a la calle que llevaba al Eliseo. No sabiendo ya qué pasaba, me acerqué a Cohn Bendit, el pelirrojo. Lo vi francamente preocupado. Seguimos caminando hasta perdernos, horas después, en los barrios obreros detrás de la estación de ferrocarril del este.

Con rabia, regresamos al Barrio Latino para un último gran enfrentamiento con los CRS. Con los ojos desorbitados por el gas lacrimógeno, las piernas que no querían portarnos más, la camisa y el pantalón rotos en varios lugares, terminamos festejando la derrota de la revolución con una sopa de cebollas en la taberna "El perro que fuma" en Les Halles, el vientre de París, donde desde las once de la noche hasta las seis de la mañana cada día, todo, absolutamente todo lo que se come en París cambia de manos. Muchas veces había ganado el buen dinero de mi supervivencia alquilando mis brazos en la noche como cargador de guacales de tomates y de cebollas, de papas, de ovejas descuartizadas, de cabezas de puerco, de salchichas de burro o de cualquier cosa. Eran unas horas de febrilidad, de corre-corre, de nerviosismo porque a las siete y media en punto pasaba el servicio municipal y los bomberos para limpiar las calles con tremendos chorros de agua. Todo lo que aún se encontrara en las calles se convertía en basura.

El general De Gaulle dio su conferencia de prensa, de la cual recuerdo la frase principal: "*La réforme, oui. La chienlit, non*" (La reforma, sí. Cagar en la cama, no). El trece de mayo la derecha organizó una contramanifestación monstruosa en los Campos Elíseos donde todos estaban vestidos de patriotas bajo un mar de banderas nacionales. De Gaulle disolvió las cámaras y llamó a elecciones que su partido ganó con asombrosa mayoría.

* * *

¿Qué había pasado en tres meses, aparte de mi personal toma de conciencia política y social; aparte de haber dado un sentido a mi vida, por fin?

Un movimiento estudiantil, que había empezado con unas reivindicaciones infantiles como el acceso a los dormitorios de las chicas, había logrado en tan poco tiempo paralizar un país, obligar al jefe de estado a verificar la lealtad del ejército hasta en Alemania, a disolver la Asamblea Nacional y llamar a elecciones para legitimarse. Un movimiento que liberó la palabra de todos los ciudadanos. Centenas de libros y miles de artículos han tratado de explicarlo y lo han explicado.

Mi intérprete favorito es el filosofo Michel Onfray, que leí muchos años después. Según él, todo recae en la imposibilidad de De Gaulle y su gobierno de interpretar los eventos. Este hombre que confiaba en André Malraux, escritor y su ministro de la cultura ("La gloria más grande del mundo es aquella de los hombres que no han abdicado"). Este hombre que dijo "No" a sus superiores militares que preparaban el país en los años mil novecientos treinta para hacer la guerra del mil novecientos diez. No al antisemitismo, al colaboracionismo, el entreguismo, al nazismo de Pétain, héroe de la guerra anterior. No al gulag de la ideología totalitarista comunista. No al optimismo delirante y religioso de las mañanas que cantarán para la humanidad entera. No al estilo de vida norteamericano consecuencia de la dolarización, único papel impreso venerado por los norteamericanos y por el mundo entero. No a los colonos franceses de Argelia que querían perpetuar su dominación sobre una colonia noventa por ciento árabe y musulmana. Ese hombre quería comprender, pero no pudo. Lo que pasa siempre cuando los gobernantes, aislados por sus cortes, pierden pie en la realidad.

En mayo de 1968 París era el eco de un grito y una onda sísmica venida de todas partes: de Estados Unidos, Holanda, Bélgica, de la India, de Japón, de México, de Checoslovaquia, de Alemania, de Bolivia donde acababan de asesinar al Che (porque era prisionero, y matar a un prisionero, es asesinato). Hasta hoy, los actores y los espectadores se pierden en hipótesis y conjeturas: ¿una explosión social, una brecha poética, un desbordamiento nihilista, una crisis social, un rechazo a la sociedad de consumo, un movimiento reivindicativo sindical? ¿Y qué más? Todo eso para decir que el espíritu de aquella primavera fue contestatario. Para decirlo como Freud, "un rechazo al padre", a la autoridad, a la jerarquía, a los modelos, a los valores burgueses.

El movimiento dejó una herencia en la cual cada uno encontraba lo que le gustaba encontrar. Los izquierdistas, de quienes formé parte, soñábamos con el paraíso para el mañana a condición de que todo el poder recayera en los comités obreros. Las feministas y los movimientos para la liberación de la mujer "tendencia Marie-Claire", muchos de los cuales se convirtieron en ideologías antihombres, vieron la ansiada emancipación femenina. Las asociaciones homosexuales y lésbicas divisaron su aceptación por la sociedad y la recuperación de sus derechos civiles. Los iluminados del pequeño libro rojo de Mao, pensaron en el triunfo de su ideología. Todo estaba allí, en el mismo saco. Y cuando todo está, nada está.

Creo que por fin pero tarde, el lado nihilista del movimiento fue comprendido por De Gaulle. Como todo hombre de acción, es en la acción donde encuentra la solución: disolución de la Asamblea Nacional, las palabras que calman y prometen un combate singular; elecciones por encima de los partidos. Había comprendido. Adelantó la participación para solucionar los problemas obreros. Con este proyecto, De Gaulle propone la introducción del asalariado y de los sindicatos en los consejos empresariales y la repartición de los dividendos.

En seguida se pusieron en contra de él el capital, la burguesía, el patronato y la izquierda que no quería que se realizara lo que, en su propio programa, nunca se había atrevido a proponer y no propuso tampoco en sus catorce años de poder socialista quince años más tarde.

Combatieron contra él todos los carreristas, los enanos de la política, los oportunistas y los capitalistas que afilaban sus cuchillos para matarlo políticamente, cosa que lograron. Marx lo dijo: la historia siempre se repite dos veces, una vez como drama y la segunda vez como farsa.

* * *

Regresamos a mi nueva razón de ser: la revolución; generosa, optimista, justa, utópica.

Ya me había sentido bastante extraño en mi boda con Marie-Chantal quien, más que cualquier otra cosa, estaba disfrutando su vientre creciente. Mis inclinaciones marxista-socialista-guevaristas no ayudaron en nada a armonizar las relaciones con la hija del General. Así, sin problemas de conciencia ni demoras, me uní al grupito francés que iba al campamento Cinco de Mayo, en Cuba.

Quienes se interesen por las descripciones de la naturaleza y los paisajes, podrían ir a ver cómo está hecha la provincia occidental de Cuba, que se llama Pinar del Río, en cualquier revista turística. El viaje era barato, incluyendo hospedaje y comida. Tenía el privilegio de ser invitado del gobierno cubano, igual que los trescientos candidatos revolucionarios de todo el mundo que me acompañaban. El turismo masivo tuvo que esperar hasta mediados de la década de los '90 para gozar plenamente de este derecho.

Del aeropuerto, donde nos recibió una orquesta de bongós, guitarras y trompetas con buen ritmo, fuimos llevados directamente al campamento donde llegamos de noche. Tomé una cama arriba, en una especie de

almacén lleno de camas sobrepuestas con un lavadero y baños en la entrada. Tenía una identificación colgada del cuello: nombre, país, mi foto donde lucía como un "joven premier" con orejas grandes y una frente amplia que terminaba en bucles morenos. No he cambiado mucho, salvo por el color, que ahora es gris; algunos dicen plateado, pero esto debe ser porque me quieren.

El primer día en el campamento le pedí el programa a una de las guías cubanas, de las cuales había muchas. Me hizo tantos elogios sobre mi camisa que terminé por regalársela. No hubo nada a cambio. Los primeros dos días no pasó nada. Llegaron más y más estudiantes revolucionarios del mundo entero. Siempre había alguna orquesta, a veces solamente de tres guitarras y un bongó. Encontré a mucha gente, entre otros, un grupo de francófonos belgas con los cuales me peleé verbalmente desde el primer minuto.

Fraternicé más con los cubanos. Mejor dicho, con las mulatas cubanas, muchachas de lengua y comportamiento igualmente sueltos, *cool*, muy fáciles de abordar, muy sonrientes, con los ojos negros y miradas sensuales que siempre parecían invitar a la posición horizontal. También eran muy revolucionarias, aunque no entendí su obsesión material que me costó mi camisa. La revolución para mí era la desconexión de los bienes materiales, de los valores burgueses, como lo era una camisa bonita. Era elevarse espiritualmente fortaleciendo la justa causa del pueblo en lucha, aunque no comprendía la finalidad de aquella noble causa.

La noche del segundo día se inauguró el evento. Hablaron varios comandantes de la revolución cubana con interpretación al inglés. No recuerdo todo lo que contaron. Hablaron del proceso cubano del Moncada y nos invitaron a ser revolucionarios con el lema: "El deber de todo revolucionario es hacer la revolución".

Todo terminó con una fiesta en la cual me encontré a un australiano con unas inglesas bebiendo cervezas y muy escépticas... Pensé que se habían equivocado de evento, de época y de país.

A la mañana siguiente subimos a unos camiones volqueteros con picos y palas. La idea era llenar las lomas con matitas de café. Como la tierra no era muy buena, teníamos que excavar, dentro del suelo pedroso, hoyos de un metro cúbico. Un francés, experto en café de la FAO, nos explicó que eso no servía para nada, sencillamente porque esa tierra no era para café y que una vez que las raíces llegaran a las paredes de los huecos y tocaran tierra natural, iban a morir. Nosotros lo tomamos por un sinvergüenza contrarrevolucionario y nos reímos de él. Porque era cierto para nosotros que el fervor revolucionario haría crecer café hasta en el Sahara.

En la tarde hubo un programa muy variado de conferencias, debates y exposiciones. Cada delegación de cada país exponía cómo creía que la revolución socialista iba a estrenarse en su país. Con el tiempo me di cuenta de la enorme cantidad de información que esto representaba para el servicio de inteligencia cubano. Además, gratis: éramos nosotros los que pagábamos para informarles, aparte de que también les hicimos sus hoyos para sembrar café.

Por la noche había espectáculos con conocidos artistas. El que más me gustó y me sigue gustando, el que sigue siendo el más grande artista cubano de todos, fue Bola de Nieve. Negro como carbón, bajo, gordito, los mismos labios que tiene mi hijo Hervé, auténticos labios del África del Oeste. Lloraba cuando cantaba boleros. Homosexual de primera, lo que era mal pero muy mal visto en la sociedad socialista versión castrista, misógina y machista, como ustedes saben, porque cincuenta años después sigue igual. Cuando Bola de Nieve canta "Drume Negrita" hasta las piedras se vuelven tiernas. Con "La flor de la canela" los árboles sonríen. Con "Monsieur Julián" las colinas se iluminan. Y con "Ya no me quieres" lloramos como niños.

Una noche vino la orquesta Aragón. Imposible quedarse sentados. Culturalmente el gobierno nos trató de primera. Llevaron también a aquella fangosa colina, el Ballet Folclórico Nacional, el Ballet Nacional de Alicia Alonso, y hasta a Nicolás Guillén. El trato cultural fue impecable.

Conocí a Isabel Monal, profesora universitaria de marxismo-leninismo que estaba aprendiendo el alemán para poder leer al dios supremo revolucionario en su lengua de origen. Era una persona seria, algo guapa y generosa. Hablamos de sociología y política africana. Sus conocimientos se limitaban a los escritos publicados acerca de la tentativa revolucionaria del Che en el Congo, que terminó de manera desastrosa, y algo de Patrice Lumumba del cual ella tenía una lectura muy marxista y ortodoxa, lo que es un ejercicio intelectual en cierto grado acrobático. Para encontrar la lucha de clases en el Congo y en África en general había que usar mucha imaginación. De una forma u otra, ella lo lograba. Por el contrario, esta dificultad que yo tenía entonces para hacer cuadrar los esquemas marxistas con las realidades sociales y étnicas africanas me iba a traer problemas más tarde.

Isabel me presentó al Rector de la Universidad, que visitó el campamento. Convinimos una cita en la institución.

Vale la pena la visita a ese lugar, la primera universidad del continente, con su escalera monumental en el centro en la cual se encuentra una estatua de mujer sentada con los brazos abiertos como el Cristo de Río de Janeiro. En la base, la inscripción clásica: "Alma Mater". Esta escalera fue el escenario de centenas de manifestaciones estudiantiles en las cuales el joven estudiante de Derecho, Fidel Castro, había jugado un rol distinguido. Esto por supuesto fue prerrevolucionario. Desde el triunfo de la Revolución, los estudiantes por definición ya no tienen materia para manifestar, como lo decretó el mismo señor Castro. Desde 1959, el lugar sirve únicamente para conmemoraciones y manifestaciones de apoyo donde a veces el propio Castro arenga, por horas, a la multitud convocada y obediente con implacable retórica sobre la marcha del mundo y el fin del capitalismo y de la dominación norteamericana, aún hoy en espera.

La Universidad misma está asentada como un castillo arriba de una loma, de la cual desciende una avenida ancha hasta el Malecón. Los edificios de las facultades, imponentes con sus columnas griegas, están distribuidos alrededor de una plazoleta con árboles centenarios.

Hombre informal, el rector me recibió de pie en un despacho grandioso con paredes, techo y suelo de maderas preciosas. Después de unas breves presentaciones en un inglés impecable, me propuso sencillamente impartir la materia Ciencias Africanas de un posgrado, tan pronto como pudiera. Isabel asistió a toda la entrevista sin perder por un segundo la sonrisa que tenía, muy bella y natural.

El rector me acompañó al patio, me estrechó la mano firmemente y, tan-tan, tenía empleo y nada menos que de profesor de la Universidad de La Habana. Aproveché el día para visitar la colonial Habana Vieja, que entonces era un barrio sucio, casi abandonado, con casas a punto de caerse y algunas derrumbadas, tiendas vacías y cerradas igual que los hoteles. Todo esto fue restaurado luego con dinero de la Unesco. Traté de conseguir algo de beber o de comer en la famosa Bodeguita del Medio, sin éxito. Excepto unas pocas bolsas de leche en polvo, unas botellas de aceite y cuatro latas de concentrado de tomate, no tenía nada que ofrecer. Además, todo era por la libreta, el famoso sistema de racionamiento de alimentos del paraíso socialista aún en vigor. Pero en esa época, para mí todo eso era lo de menos.

Pasé la noche sobre un sillón en el apartamento de Isabel, que ella compartía con su madre, dos tías y tres hijos menores de los hijos de las tías. Al día siguiente me llevó un taxi, que había conocido tiempos mejores y que acabó con mis ahorros, al Campamento Internacionalista Cinco de Mayo.

* * *

❦ J-P Goffings ❦

No crean que, cerca de alcanzar la edad en que a la mayoría de los europeos se jubilan para cuidar sus flores, sus nietos, sus perros y gatos, no tengo otra cosa que hacer que contarles mi historia. No. Estoy todavía en el combate contra el resultado muy incierto de poder un día retirarme, para llamarlo así. Al ritmo que van las cosas, más parece que me retiraré al crematorio o al hueco del borracho, al estilo de los indios de Florida (si la ocasión se presenta, contaré la historia de la muerte en estas tribus).

Por el momento, tengo que moverme, y mucho, para mantener la empresa con vida. Una manera de hacerlo es vender la producción de *sciaenops ocellatus* cuando tenga la talla requerida a mi único y fiel cliente en Miami. Es lo que hicimos hoy. La particularidad de estas exportaciones es que nosotros, únicos exportadores de peces marinos de cultivo de México, tenemos que hacerlo de manera, digamos, ilegal. Sí, señor. Soy exportador fraudulento. No de contrabando, porque el producto pasa debidamente por los servicios aduaneros, sanitarios y de transporte. Sin embargo, es un fraude: probablemente soy el único exportador legalmente fraudulento del mundo.

Creo que vale la pena que se lo cuente, también para que tengan una idea de cómo funciona el México de abajo, desde las pequeñas empresas que, a pesar de que todos los funcionarios de este país se liguen contra ellas, no quieren morir.

Después de una docena de años de practicar el honorable y excitante oficio de creador y operador de granjas marinas en el Mediterráneo francés —una historia que contaré más adelante—, llegué a México con un proyecto y muchas ganas de promover mi empresa, al mismo tiempo que el cultivo de peces marinos en este, ahora, mi país. Me asombró ver que éramos el primer proyecto de desarrollo integral de acuicultura marina, de esta orgullosa y miserable nación que en este ramo tiene treinta años de retraso y no hace nada por solucionarlo (esto también es para más adelante).

De manera muy ingenua, lo confieso, quería hacer las cosas como se debe, es decir, según las leyes y reglamentos vigentes para el cultivo de peces en México, que aún no existía. Quiero decir que el cultivo aún no existía, las leyes que lo regulan sí, y son muchas. Presenté mi demanda para obtener el derecho de poner jaulas flotantes en el dominio público marítimo en la forma que exige la Ley de Pesca. La administración encargada es la Secretaría de Agricultura y Pesca y algunas cosas más, abreviado SAGARPA. Estaba a cargo de un industrial del ajo y de su subsecretario para los asuntos de pesca y acuicultura, un senador. Ambos llegaron con la administración panista del presidente Vicente Fox. Un artículo de la Ley de Pesca estipula que, si la administración no responde en cuarenta y cinco días, la concesión de fomento es automáticamente acordada. Esto se llama una afirmativa ficta. Ciudadano obediente de la ley, dejé pasar los cuarenta y cinco días, e ingenuamente, le escribí al director general de la dependencia, otro alto servidor público para que, según el artículo 16 de la Ley de Pesca, tuviera a bien otorgarme formalmente la autorización solicitada.

Error monumental y demostración de ignorancia de mi parte. Aprendí que en México la ley es una cosa con la cual los altos funcionarios se limpian el trasero. El tal funcionario no quería otorgarme nada. Debí haber sabido desde el principio —estaba ya suficientemente al tanto de la idiosincrasia mexicana—, que la ley no es *dura lex sed lex,* sino un objeto de negociaciones como cualquier otro: comprar un auto, calcetines en el mercado, una casa. Algunos amigos, muy al tanto, con decenios de practicar la administración mexicana, sencillamente me recomendaron ir a Mazatlán, donde reinan los señores servidores públicos, con una maleta llena de billetes. Se reían, muy sorprendidos de que no hubiese pensado en eso.

Mientras me obstinaba en pedir a la SAGARPA que respetara la ley y ellos, a través de sus apoderados, no me hacían caso, instalé la granja, crié peces y los exporté convencido de que el interés de crear la primera granja marina de México, empleos y riqueza, era superior a los caprichos corruptos de funcionarios. Así, del 2002 al 2007 me he convertido en un exportador clandestino, pero no fraudulento, tal como lo he hecho otra vez esta mañana. La estupidez y las consecuencias de decenios de prácticas administrativas corruptas acopladas a una burocracia que los favorece, no tienen límites en este país.

La perversión de un sistema en el cual el funcionario tiene todo el poder y lo usa como le dan las ganas consiste en que la obtención de una concesión da derecho a un registro pesquero, el cual da derecho a una "guía pesquera". Sin la guía pesquera no se mueve ningún pez en México; y sin corruptela, no hay registro pesquero. Es sencillo. Basta no ser tonto para comprenderlo y aceptar "naturalmente" el juego del sistema de corrupción como cualquier otro negocio.

Así cosechamos, pesamos, seleccionamos, calibramos, empaquetamos y transportamos por años, evitando los controles en las carreteras, otra manera de conseguir mordidas. Una vez llegado a la aduana del aeropuerto, ganas el derecho de contribuir al incremento de la masa financiera circulante en México, único elemento que asegura el desarrollo.

Así es el México que quiere competir con el mundo. Me estoy adaptando, pero si un día me dan un chance, hay un culo que va sangrar (como dice un refrán de una polquita gaucha uruguaya).

Al escritor-poeta surrealista André Bretón le gustó mucho México. Comprendo por qué. Salvo que lo mío no es poesía. Esta corrupción estructural de cuello alto y muy blanco, no es el gansterismo suave que toca directamente a la gente. La que les toca es la mordida dada al policía o al funcionario subalterno. Sí, es corrupción; pero, ¿qué tiene que ver con la otra? La de las decenas, centenas y miles de millones, la de los múltiples salarios, la del robo indiscriminado del presupuesto, la venta de plazas en toda la administración, la compra de jueces en todos los estados. Poca cosa, en fin, darle cincuenta pesos a un policía porque hiciste una infracción. Visto como están pagados estos pobres servidores públicos, es más bien ayudar al Estado a mantenerlos en la calle.

Hasta aquí, porque me estoy encabronando. Mejor regresemos a Cuba en el año 1968. Así es que, además de tratar de conectarme contigo, lector, un par de horas por día cuando puedo, manejo en paralelo la vida real de un pequeño empresario exportador clandestino.

* * *

Regresé a Cuba a finales del mismo año después de haber asistido al nacimiento de mi hijo Jan en una clínica muy privada de Neuilly-sur-Seine. Marie estaba feliz. Su mamá y su generalísimo papá también. Bueno, yo también. Para ellos se estaba cumpliendo un ciclo: Jan es el único descendiente de toda la familia Riac.

En mi cabeza, ya estaba dando un curso de Sociología Africana en la Universidad de La Habana. El evento del nacimiento de un heredero no me tocó particularmente. Pasé unas semanas contento de ver a Marie feliz, habiendo cumplido su sueño de ser madre. No sé si ha tenido otros sueños en su vida. Creo que sí, pero este sin duda era uno de los mayores. Nos despedimos sin muchas efusiones sentimentales. Quedó entendido que ella y nuestro hijo vendrían a La Habana tan pronto como mis cosas lograran algo de estabilidad.

Llegué a la ciudad un par de meses antes de tomar mi silla de catedrático; justo lo que necesitaba para aprender un mínimo de idioma español que me permitiera hacerme comprender.

* * *

El Hedonista

Con su permiso, quiero regresar un momento al episodio de la corrupción, porque quedé encabronado y mi asunto tiene raíces: en México, sobre el plano moral, no veo otra cosa que veneración del dinero. Por encima de la Virgen de Guadalupe, por encima de Dios, por encima de la patria, está el dinero. Se hace que con mi experiencia y a mi edad es una profunda equivocación. Como valor superior, me quedo con la libertad y el honor, que es la forma elegante de vivir. Cuando me despedí esta mañana de mis cuates del café y dije "que iba a tratar de ganarme la vida honestamente", todos se morían de la risa. Hablar de honor, de honestidad, pasa aquí por ser una manifestación de mal gusto, arcaica, cómica, casi una falta de respeto. Hoy uno tiene que ser moderno, es decir, dar en la astucia, ser chueco, hipócrita: acariciar, querer, cultivar las virtudes de la pequeñez, como las llamaba Nietzsche. Pretendo que cultivar y cuidar las elegancias morales lo eleva a uno por encima de las miserias existencialistas mejor que cultivar el dinero como única razón de ser. Por eso tal vez sigo evaluando al señor Slim —el hombre más rico en un país de muchas miserias— como un pobre tipo.

¿Qué tienes que hacer para ser exitoso en este lugar? Celebrar a este o al otro por las ventajas que podría procurarte; hacerte admisible; ser cuidadoso con fulano aunque sea un perfecto imbécil porque él, su tío o su papá, tiene un puesto de poder. Consumir tu propia energía más en parecer que en ser. Reconocer talento en aquellos que no tienen ninguno. Hacer la comedia, practicar los usos y costumbres de los poderosos del dinero. Hacer visitas aunque aburridas. Tener en la mira el reconocimiento, el certificado, la seguridad del afecto efímero de los seguidores. Aprender a comer culebras, tener las rodillas flexibles y la lengua lista para lamer botas. Halagar, ser un doméstico, ser un arrodillado congénito. Preocuparse por el efecto de la impresión, de la falsa reputación. Ser calculador, fabricante de intrigas. No tener valores, principios, ideología. Acomodarse a todo, incluida la cloaca. Es la meta y la manera de vivir del ser nihilista.

¿Cómo evitarlo? Basta con alejarse de los espacios que ocupan y que han marcado pestilentemente como los animales que establecen su territorio con sus orinas.

* * *

Extrañamente, estas calidades de elegancia moral, para mi gran sorpresa, no las encontré en la Cuba castrista donde se quedaron exclusivamente al nivel del discurso, un concepto machista romántico de hidalgos sin miedo y sin reproche en lucha contra el imperialismo.

Sobre el momento, el rector de la Universidad de La Habana se quedó boquiabierto de la sorpresa al verme. Era evidente que no esperaba mi regreso y que ya no sabía qué hacer conmigo. Convinimos que mis cursos empezarían en enero y que, mientras tanto, me alojaría en el hotel Deauville sobre el Malecón en espera de que me asignaran una casa, lo que para mí era lo de menos. Busqué a Isabel, sin encontrarla.

La Habana, en el período de presovietización era un experimento social, un invento psicológico, un taller político, materialmente decadente, un burdel alegre. Económicamente, un desastre que aparentemente a nadie le importaba y, políticamente, una tiranía tropical, es decir, una prisión con pachanga. Para aquellos que no estaban de acuerdo, por supuesto, era un infierno.

Compartí el hotel Deauville y sus más de cien recámaras, gran sala de restaurante, alberca y *night club* donde cada noche tocaba una orquesta completa para una sala enteramente vacía, con un solo español que era cura. Siniestra y surrealista experiencia el ser casi el único cliente de un hotel que un día perteneció a la mafia italiano-norteamericana y donde se apretaban los jugadores en la sala del casino, actualmente cerrada.

Pasé los días caminando por los barrios del centro y hacia Miramar. Me sorprendió que la gente saliera de sus casas para preguntarme, sin más formalidad, de dónde venía, qué estaba haciendo, dónde había comprado mis pantalones y mis zapatos...

Desgraciadamente mi español rudimentario no permitía mucha conversación, lo que ellos trataban de compensar con unas cuantas palabras en inglés. Jamás he visto a gente tan deseosa de aprender, tan curiosa. Ya eran diez años de aislamiento e iba a durar hasta hoy. Esto crea curiosos. Así como veremos más tarde que la miseria también crea miserables.

Fui al cine, descubrí al masajista Ichi, versión japonesa de los vaqueros del Oeste. Ichi es el John Wayne japonés, un samurái ciego que, a pesar de esta pequeña discapacidad, apaga la llama de una vela con su sable sin tocar la vela. Me divertí.

Hasta fui un domingo al campo, al trabajo voluntario, actividad altamente improductiva pero socialmente interesante. Se trataba de ponerse en una esquina de la cuadra a las cinco y media de la mañana, con unos candidatos y candidatas más, para pasar un día en el campo. El camión llegaba sobre las nueve, ya conocías a todo el mundo y habías cantado unas canciones revolucionarias. Siempre hay un tipo con una guitarra o un bongó que se pierde por allí. Una o dos horas de pie en la cama de un camión modelo 1950 cuyo último amortiguador se había ido en el año 1960, y descubrías un campo de papas, de yuca, de tomate o de cualquier cosa comestible. Después de un discurso sobre la producción revolucionaria, cosechabas papas, las ponías en un bulto que se quedaba allí hasta quién sabe cuándo. Muy rápido llegaba la pausa de la merienda, después de la cual era hora de tirarte en el césped para descansar y platicar con la revolucionaria más simpática de la banda de guapas muchachas revolucionarias. A las tres, subías de nuevo al camión porque el chofer estaba apurado por regresar para ver el juego de pelota de la tarde. Todo el mundo cargaba unas papas o unos tomates en los bolsillos; estaba prohibido llevar canastas. Pasabas un día productivo y revolucionario muy bien visto por el Partido y el Comité de Defensa de la Revolución (CDR), de muy cuestionable eficiencia productiva pero de gran utilidad para el control político y moral de cada cubano. Pero esto era lo de menos. De todas formas era probable que los bultos de papas que dejabas en ese campo estuvieran todavía allí el domingo siguiente.

Escogí como cuartel general y sala, el *lobby* del hotel Habana Libre, antiguo Hilton (todavía parte de la herencia de Paris Hilton) por arriba de la Rampa, a dos cuadras de la Universidad. Era algo como el punto de encuentro de la revolución latinoamericana, léase mundial porque había también independentistas de Québec, franceses de Bretaña o vascos de Etarra. Esa característica la compartía con otro hotel de la misma categoría, el Riviera, sobre el Malecón. Todo lo que tenía el país de revolucionarios castristas extranjeros ha pasado, pasa y pasará por estos dos hoteles de cinco estrellas. Por supuesto, escoltados y cortejados por una legión de muchachas y por el servicio de inteligencia cubano, muchos pertenecientes a ambas categorías.

Me mezclé con los revolucionarios del movimiento independentista de Québec, los Tupamaros de Uruguay, los valpalmares de Brasil, los MIR de Chile, los no sé qué de Costa Rica, Nicaragua, Argentina, Ecuador, Haití, República Dominicana, Bolivia, Venezuela, México y qué más. Había algunos auténticos guerrilleros que habían secuestrado a embajadores norteamericanos, cónsules, industriales, o que habían atacado cuarteles militares. Estaba muy impresionado. Algunos se convirtieron en mis amigos.

Fui a tomar el ascensor en mi hotel privado de más de cien cuartos —no cuento al cura español—, cuando una silueta en minifalda, alta, muy bien proporcionada, por lo que pude ver, con el pelo corto, porque todo estaba cubierto por una gorra de tipo nada obrero pero de tendencia proletaria. Subimos juntos al mismo piso con un breve saludo y una sonrisa que ella tenía muy bella en una cara delgada con ojos risueños. En todo este hotel vacío de quince pisos, nos habían asignado cuartos frente a frente. De todas las nacionalidades posibles era belga, nada menos que de Waterloo, y se llamaba Paule. Es decir que era de Valonia, de la "otra" etnia, es decir la enemiga. Tenía un porte noble, como también lo era, y lo es, interiormente. Pero eso lo aprendería más tarde, porque a partir de ahora este relato será muchas veces en plural, ya que Paule aún es mi compañera de vida, cuarenta años después. En aquel presente continuo de 1968 era funcionaria de la Unesco, en la oficina regional de este respetable organismo. Hablamos un poco de nosotros, nuestras historias y el motivo de estar allí, en La Habana, ese día.

Por un buen rato miramos en silencio el mar rompiéndose sobre el Malecón, en altos chorros majestuosos que alcanzaban las casas del otro lado de la ancha avenida. El Malecón de La Habana en la época "de los nortes" es un espectáculo que ninguna fuente artística puede igualar. Allí, de pie frente al mar, puse mi brazo sobre sus hombros y nos besamos con un beso suave, natural, que luego se convirtió en apasionado. Nos movimos hasta la cama e hicimos el amor. Estaba seguro de que en alguna parte de ese cuarto había micrófonos y cámaras. No me importaba. Apaciguados nuestros cuerpos, la acariciaba con mi mano derecha, la otra sosteniendo mi cabeza, porque no me cansaba de admirar su magnífico cuerpo el cual seguía con ganas de besar en cada centímetro.

Después de un largo rato ella abrió los ojos y, volviéndose hacia mí, y tomando también apoyo en su mano izquierda, me sonrió. Yo quería hablar, pero ¿de qué? ¿De qué hablan los hombres después de hacer el amor? Sin parar las caricias le pregunté:

—¿Por qué las mujeres cierran los ojos cuando hacen el amor?

Se puso a reír, con una risa clara, franca, que se reflejaba en sus ojos.

—Así nos enseñaron. A las mujeres les está prohibido demostrar demasiado placer.

Me sorprendió la respuesta. No lo había pensado nunca.

—¿Ah, sí? ¿Desde cuándo?

Ella entró en el juego.

—Desde Eva.

—¿Desde Eva? Explícame eso.

Puso una almohada debajo de su codo.

—Como seminarista, tú sabes del pecado original: la culpa, el deseo de saber, todo viene de una mujer.

La interrumpí:

—Sí, el papel de Adán en esta historia no es muy glorioso. Se contenta con obedecer, someterse y conformarse; un poco débil mental en el fondo. La curiosidad, el deseo de saber lo que hay detrás, la desobediencia, todo esto es Eva. Por eso los hombres decidieron reprimirlo y declarar que el pecado original se transmite por el vientre de la mujer, como lo dijo San Agustín. Todo lo que está relacionado con la sexualidad es impuro y por lo tanto justifica un combate contra el cuerpo que da placeres. El culto y una cultura que nace de la culpabilidad.

Esta vez fue ella quien me interrumpió:

—Por eso, todo lo que nos queda a nosotras, las mujeres, es ser madres o esposas. La personalidad femenina fue ahogada y todos los predicadores, curas, imanes y rabinos, se ligaron para borrarla.

Ella hablaba con una voz suave y reposada, como si fuera una amable charla sobre el tiempo, mientras que para mí esto fue la discusión post-orgasmo más intelectual que jamás había vivido. Me excitaba a morir. Nos quedamos silenciosos por un rato, dejando que nuestras manos se pasearan libremente sobre nuestros cuerpos. Ya la tarde había avanzado y la luz del día había tomado un tono medio gris. Las nubes, que desfilaban rápido sobre el malecón, se encargaron de apresurar la llegada de la noche. Después de un tiempo, y sin movernos ni parar lo que estábamos haciendo, me llegaron pensamientos que se ajustaron:

—Es cierto que en todos los escritos sagrados el cuerpo de la mujer es maldito, culminando con San Pablo quien es el más implacable misógino de la historia. Además, está la maldición de las menstruaciones que permiten una sexualidad sin peligro de procreación. La familia es el único horizonte que fue dejado a las mujeres. Por lo tanto, todas las formas de placer fueron declaradas pecado. Los homosexuales fueron condenados a muerte por practicar placeres no relacionados con la procreación. Creo que es el *Talmud* de los judíos que dice que el soltero es solamente un semihombre. Escucha el título de una ponencia en el Concilio de Mâcon, en Francia en el siglo VI. Te lo cito de memoria pero era algo así: "Disertación para demostrar que las mujeres no son criaturas humanas". Nada mal, ¿eh?, para saber de qué temas hablaban los padres fundadores de la Iglesia.

Por supuesto, estaba tratando de impresionarla, porque en el fondo quería con todas mis fuerzas que esta mujer quedara en mi vida de cualquier forma. Me respondió:

—¿Sabías que el *Corán* no está nada mal en cuanto al odio a la mujer y al placer? Dice en alguna parte que: "El hombre tiene el derecho de labrar a su mujer a voluntad como labra su campo". En los países musulmanes el testimonio de una mujer vale la mitad del testimonio de un hombre. Además, una mujer estéril en el mundo musulmán es despreciada igual que la que llegó al matrimonio sin ser virgen y vale lo mismo, es decir, nada. Así que debe ser por todo eso que cerramos los ojos, para borrarlo.

—Es que ustedes representan demasiado placer, deseo, pasión, exceso; en fin, ponen en peligro la virilidad masculina y también a Dios. Con esta carga cultural es probable que no estemos listos para comprender la sexualidad femenina.

Recordé el *Name-Calling* en Liberia.

—Pensándolo bien, ustedes los hombres también cierran los ojos. ¿Por qué será?

Me quedé pensando un rato.

—Probablemente por vergüenza...

Se rió. Nos quedamos en el cuarto hasta la mañana siguiente. Le conté la historia de las dos muchachas que querían casarse en Costa de Marfil, el *Name-Calling*, las extrañezas de los jóvenes frustrados de los Estados Unidos. Hicimos el amor más fuerte y más cuidadosos del otro. Así pasó la noche. Por la mañana le pedí que me tradujera al español mi curso que aún estaba en inglés. Lo que aceptó de muy buen grado.

El domingo siguiente fuimos juntos al trabajo productivo revolucionario; ella con unas botas blancas salidas de no sé dónde. Qué idea la de venir a Cuba con botas y gorra... Pero, a fin de cuentas, tenía razón porque llovió ese día y yo me cubrí de lodo hasta las rodillas. Esas botas atrajeron la atención y, para saber más acerca de ellas, una cubana alta y guapa se acercó a pedir explicaciones, tal como lo hacen las cubanas, sin pena ninguna. Allí encontramos a una pareja que aún son nuestros queridos amigos de La Habana: Juan y su adorable mujer Mariana. Más cubano que ellos, te mueres.

A pesar del lodo y de la lluvia, fue una salida alegre. Más hablaba Mariana, más quieta quedaba Paule. Por fuerza, cuando Mariana abre el molino de palabras, no puedes soltar una. No cosechamos nada, nunca sabré por qué el Partido Comunista cubano me llevó esa mañana al campo en los alrededores de La Habana, en lo que oficialmente se llamaba "el Cinturón Verde", donde pretendían cultivar mil y una cosas para abastecer a la ciudad. Como casi todo en Cuba, la idea era buena, pero no funcionó. Allí también sembraron café que nunca creció. Terminamos la tarde en el apartamento de Juan y Mariana en el centro de la ciudad, entre las calles Ánimas y Virtudes, tomando café y contando historias. El hecho de que fuera profesor de la Universidad los impresionó mucho y lo querían saber todo. Cuanto más aislados están, más curiosos se vuelven los hombres. Es normal y afortunado: sin curiosidad nunca aprenderás nada, sobre todo cuando el aislamiento informativo, viajero, televisivo, verbal, intelectual, físico, te está impuesto.

Me mudé para ocupar una linda casa en Miramar, a dos pasos del Mar Caribe. Debe haber sido una casa de la clase media superior, confiscada por el gobierno como todo el barrio. La regla es que si dejas tu casa por más de seis meses o algo así, pasa a ser propiedad del pueblo, de la nación, del gobierno y, por último, del Partido Comunista, sus organismos y adeptos. Esta es la concepción revolucionaria de la propiedad inmobiliaria. En esa época no le di un pensamiento. Tampoco me molestaba; aunque en alguna parte de mi mente empecé a pensar que estaba viviendo en *Rebelión en la granja* de George Orwell. La mejor descripción, anticipada, de cómo se vive en la Cuba socialista de todos los tiempos.

Paule se mudó a un pequeño apartamento en un sexto piso frente a la entrada al puerto, con vista al Castillo del Morro.

Llegó el día en el que empezaba mi carrera de catedrático en la Universidad, en la Facultad de Humanidades, que se encuentra al pie de la loma universitaria, detrás del estadio y del campo de tiro que luego frecuentaría dos veces a la semana para averiguar si todavía tenía la puntería del tirador de élite del ejército belga que había sido. Tenía veintiséis años y estaba nervioso como un novio virgen la noche de su boda. Isabel fue apuntada por el rector para hacer las presentaciones y servirme de traductora si hacía falta. Quince alumnos me esperaban. ¡Y qué alumnos! Para empezar, yo era el más joven. Provenientes del Ministerio del Interior e Inteligencia —la CIA local—, del Ministerio de Relaciones Exteriores, del Comité Central del Partido —el gobierno por encima del gobierno—, un par de profesores de ciencias sociales e historia, y una representante del Instituto de la Cultura Cubana. Aquella mujer era la única afrocubana del grupo, y negra como carbón. Sus conocimientos del África se limitaban a lo que sabía de los santeros de Regla, del otro lado del puerto. Tenía un hambre de aprender que en más de una ocasión me incomodó, lista a entregarme su cuerpo —nada malo por cierto— para que la ilustrara en la fiesta del *Name-Calling* liberiano.

Los alumnos eran de la misma extracción, versión cubana socialista, que aquellos con los cuales yo había estudiado en Washington. En fin, sus contrapartes. Y esto no era como para calmar mi nerviosismo. Charlamos media hora acerca de sus conocimientos, que eran rudimentarios. Se podrían resumir en el conocimiento detallado de la lucha y el asesinato de

Patrice Lumumba, el efímero presidente del Congo ex belga, que luego iba a llamarse Zaire, y se mantuvo bajo la sombra de la dictadura de Mobutu Sese Seko. De sociología africana, nada.

A fuerza de ver la historia y los pueblos a través del muy parcial tamiz marxista, se pasa al lado de cosas importantes y se cometen errores. Errores que el gobierno castrista no iba a dejar de cometer. Nadie habló de la aventura revolucionaria abortada del Che en el Congo, basada en la estrategia castrista que consiste en crear las condiciones revolucionarias si aquellas no existen. Es decir, crear el caos a golpe de ataques, bombas y mentiras para después, sobre las ruinas y los cadáveres, construir la revolución socialista. Es una teoría algo cogida por los pelos, descabezada, que el médico argentino creía realizable allí. Costó algunas vidas cubanas, algunas congolesas. Regresó con la cola entre las piernas.

Pasé la segunda hora presentando la organización social básica vigente en casi todas las partes de África. La familia chica polígama, la familia grande consanguínea al tercer grado, el clan, el aglomerado de familias consanguíneas y la tribu, el aglomerado de clanes con sus castas.

Desde el primer curso, iniciado por Isabel surgió el tema del "modo de producción asiático" tratado por el viejo Karl en una de sus obras. Comprendí que si no hablaba y no pasaba mis conocimientos a través de este filtro, pasaría por un contrarrevolucionario, enemigo del socialismo y por consiguiente, amigo del imperio norteamericano. La dialéctica comunista castrista es muy simplista y corta curvas. Me iba a costar trabajo remodelar la historia, las relaciones sociales, la economía tribal a través del tamiz de la lucha de clases, de la cual ninguno de mis oyentes quería desviarse ni una jota.

Tres veces por semana pasaba los diez minutos de "entre clases" en el pasillo junto con un profesor de historia miembro del Comité Central. Cada vez que esto ocurría, él me pasaba los últimos chistes que se contaban en el Comité Central del Partido Comunista de Cuba. Cuentos y chistes como éste: Fidel quería emplear al tipo que De Gaulle había puesto sobre la torre Eiffel para avisarle cuando llegara la crisis económica a Francia y ponerlo arriba de la torre del Castillo del Morro para avisar a Fidel cuando llegara la prosperidad a Cuba. El tipo no se entusiasmaba con la oferta, entonces Fidel le dice: "¿Por qué no aceptas? Allá, en Europa, dentro de poco vas a perder tu empleo. Yo te ofrezco un empleo por cinco generaciones".

Ante mi pregunta de cómo el Che logra ser ministro de economía y finanzas, me contaron que fue en una de las reuniones nocturnas durante las cuales los comandantes de la revolución se repartieron los puestos de gobierno, mientras el Che se había quedado medio dormido. Cuando Fidel preguntó quién era economista, el Che levantó la mano y fue nombrado ministro de economía. Finalizada la reunión, Fidel le preguntó si era cierto que era economista puesto que era médico, a lo cual el Che sorprendido respondió: "¿Qué economista? Creí que preguntabas quién era comunista".

Verdad que estos señores que tenían asegurada la comida, la casa, las escuelas exclusivas para sus hijos y el auto con chofer, se divertían y se reían mucho. Si fuera contado en público, cada uno de sus chistes le costaría de tres a diez años de "campo de reeducación" al común de los cubanos. Igual que poseer un billete de un dólar o un disco de los Beatles, eran considerados como desviaciones culturales contrarrevolucionarias, por consiguiente criminales, y te llevaban a la cárcel.

Mis relaciones con los grupos revolucionarios de América Latina iban creciendo; sobre todo con los brasileños y los uruguayos. Me gustaba su lado irreverente, libre, cínico, al borde de la amargura. Me cayeron bien a tal punto que ingresé a un grupito que practicaba ejercicios de guerrilla urbana: espiar, organizar redes de comunicaciones, vigilar, proteger y más disciplinas. Lo vivía como un juego del gato y el ratón, pero un poco más serio. En el fondo era eso, un juego. Me divertía hacerlo y después platicarlo en interminables reuniones de análisis; sustituyó la acción que me hacía falta.

Un día, Marie, a la cual llamaba una vez a la semana con la ayuda de Paule, me puso una condición para su llegada a La Habana que me causó problemas, aparte de que me sorprendió totalmente: quería un cochecito para llevar al niño. Creo que en todos mis meses en La Habana había visto dos. Recorrí por días y días todas las tiendas posibles e imposibles de la ciudad; unas más vacías que las otras. Inquirí en todas partes. Un cochecito para bebé no es parte del equipo doméstico revolucionario socialista. Traté de disuadir a Marie Chantal. Nada que hacer. Quería su cochecito de bebé, y cuando se le mete algo en la cabeza, no hay quién la convenza de lo contrario. Era eso o nada. Ya estaba con ganas de optar por esta última solución, aunque me hacía sentir mal por no cumplir una palabra dada, que era la de reunirnos en La Habana.

Después de semanas durante las cuales el cochecito me minaba el ánimo y que veía que el asunto se tornaba en drama, un señor que nunca había visto me susurró que tenía uno, nuevo, modelo 1959, pero que su precio era en dólares, la moneda prohibida que solamente el gobierno tenía el derecho de tener. Quería cien dólares por el carrito que, efectivamente, tenía cuatro ruedas y era de un modelo que hubiera sido útil en

Canadá en el mes de diciembre. Por supuesto, no tenía los cien dólares. Paule, sin decir palabra, sacó de su cartera dos billetes de cincuenta. Así es ella: financiaba el cochecito de su amante para que la mujer de este estuviera contenta y viajase a juntarse con él. Empujé el pinche carrito ridículo por toda la ciudad hasta Miramar, donde lo puse en el centro de la sala, por otra parte, completamente vacía. La visita de Marie y Jan se pintaba mal antes de haber empezado.

El jefe de la oficina regional de la Unesco y de Paule, un suizo casado con una veneciana cuyo tema de conversación favorito era el hundimiento de Venecia, una noche organizó en su casa una cena con Carlos Puebla, el autor del famoso "Comandante Che Guevara" que cantó allí por primera vez en público. Desde entonces, durante los siguientes cuarenta años, no se puede pasar un día en Cuba sin escucharla por lo menos tres veces. Nos enredamos en una discusión de sobremesa muy humorística, chistosa y hasta chismosa sobre la revolución y sus dirigentes. Fuera del alcance de los aparatos represivos del estado cubano, el famoso poeta no tomaba la cosa de la revolución muy en serio; la llamaba "la recreación". Mientras lo dejaran llevar la buena vida en los círculos diplomáticos y artísticos internacionales, no le importaba mucho. Terminó por tocar y cantar canciones nada revolucionarias, de las cuales "La camisa" es la que me divirtió más. Nos reímos, contamos chistes, fumamos puros de tamaño extravagante, cantamos, bebimos e hicimos un hoyo en la reserva de coñac del suizo y su esposa veneciana.

Nada más que para provocar —es una tendencia natural: la estupidez me vuelve provocador— pedí al vendedor de la librería en La Habana Vieja si tenía *Rebelión en la granja* de George Orwell. Sabía que no, pero qué. Me contestó que iba a ver y desapareció por una puerta encuadrada de ambos lados y por arriba también por metros y metros lineales de las obras completas de Lenin en varias ediciones. Entré por gusto, no por curiosidad, porque sabía lo que hay en las librerías cubanas. Aparte de las obras ya citadas, los discursos de Fidel Castro, las obras de Marx, completas por supuesto, algunas pequeñas ediciones de la Casa de las Américas cubana que pretende ser la cima de la literatura latinoamericana y algunas obras técnicas. Encontré, por ejemplo, un tratado sobre las hélices de los grandes barcos de los años cincuenta, unos escritos sobre matemáticas y diferentes ciencias, todos anteriores a 1960. Se puede conseguir libros en Cuba pero no en las librerías sino en la calle, por una red de ventas clandestinas, a menudo fotocopiados.

Reapareció el joven vendedor con cara enojada.

—No señor, no lo tenemos. Y nunca lo vamos a tener.
Más que lástima o vergüenza, había odio en su voz.
—Qué pena. ¿Por qué no? —quería que el placer se prolongara.
—¡Por que es así!
Con esto me volvió la espalda y regresó a su mesita donde había pilas de libros con portadas polvorientas. Le agradecí y con una sonrisa regresé a la calle. Sabía que debía mi salvación a mi acento extranjero. Si no fuera así, sería señalado y tal vez interrogado por la policía política, que no comprendería por qué quería leer ese libro definitivamente clasificado como "contrarrevolucionario".

* * *

Con la perspectiva actual sobre aquella época en la que el mundo estaba regido, más que hoy, por ideologías, creencias, ideales y capillas religiosas, aún no comprendo el enorme desgaste de energía y recursos que la revolución cubana empeñó para borrar al individuo en beneficio de la colectividad o por el concepto de interés comunitario, que algunas individualidades sentadas sobre el poder —todo el poder— tienen de este concepto.

Es cierto que la cohesión social y un sentido de la igualdad exigen el abandono de algunos derechos o aspiraciones individuales. Pero, ¿por qué lo querían abolir todo? Querían regular lo que lees, lo que ves, lo que comes, lo que oyes y, por último, lo que piensas.

Los enemigos del individuo son muchos. Los sacerdotes en primer lugar; los políticos, los comunicadores de todo tipo, desde el periodista conformista hasta el locutor en la tele; las corporaciones, algunas veces los universitarios, los promotores de castas, los fanáticos del orden, en fin, todos los que saben que en la singularidad rebelde residen las fuerzas de cuestionamiento y protesta contra sus poderes.

El individuo que solamente aspira a la satisfacción de sus sueños y que está dispuesto a pagar el precio y los sacrificios para alcanzarlos, no tiene derecho de vida en el colectivismo.

La obra maestra del individuo es la libertad. La Cuba socialista está en el extremo opuesto de estos valores. Aquí la palabra y la dialéctica se convirtieron en hechos, por la simple razón de que las promesas de la demagogia igualitarista y dictatorial no son alcanzables. Lo que queda es la palabra. ¡Diablos, cómo la usan! En todo momento, por horas, en interminables reuniones de las cuales solo quedará la palabra. Creo que esta fascinación, esta manera de tomar la palabra por un hecho ya cumplido, es muy corriente y común en la idiosincrasia latina. La historia de varios países lo demuestra.

* * *

¿Quieres un ejemplo? El mismo día que se inauguró la cumbre de jefes de Estado y de Gobierno de América Latina y el Caribe en Cancún en cual todos los jefes del estados del sub continente apretujaron, abrazaron y besaron al cubano Raúl Castro; murió en condiciones atroces, el albañil-plomero, disidente, preso político del mismo Raúl; Orlando Zapata Tamayo, tras una huelga de casi tres meses en una cárcel cubana, se puede decir que fue asesinado por el mismo Castro (ser disidente en La Habana es cuando dices que no te gusta el gobierno de los Castros y por eso te encarcelan por 36 años).

Que Evo, de Bolivia o Chávez, de Venezuela; Ortega, de Nicaragua o Correa, de Ecuador no dijeran nada y siguieran aplaudiendo al dictador Castro era lo esperado, son de la misma banda; pero que Lula da Silva, de Brasil; Calderón, de México; la señora Bachelet, de Chile o la señora Fernández de Kirchner, de Argentina y los demás; quienes siempre tienen los Derechos Humanos en la boca, ¿¡no levantaron un dedo en señal de protesta!? Eso sí, me revela e indigna.

El día siguiente, con un cinismo sin nombre, el Castro chico dijo que la muerte de Zapata Tamayo fue culpa de Obama. Nadie se movió, Lula y Calderon siguieron besando a los Castros; los europeos se "lamentaron", nadie tuvo ni una palabra para el nuevo héroe cubano de los Derechos Humanos. Tal es la fuerza del verbo en América Latina en pleno siglo XXI. Esto ocurría el 22 de febrero de 2010, en la Riviera Maya mexicana; te lo digo para que no pienses que fue en el oscuro medieval europeo.

* * *

Llegaron Marie Chantal y Jan, ya un niño de unos meses, muy dinámico, risueño, de buen humor y muy ruidoso. No me gustan los niños, especialmente a las once, tres y cinco de la madrugada. Marie venía a Cuba para hacer una última verificación, para ver si su matrimonio iba a funcionar. No funcionó desde el primer día en que pisó el suelo cubano. Yo ya no era el mismo. Tenía problemas para aguantar su frivolidad, sus caprichos, en fin, su lado burgués. No se interesaba por el laboratorio socio-político que era Cuba; se había quedado atrás. El centro del mundo era su hijo, el mío, no.

Decidí llevarla un domingo a la playa de Santa María, a unos treinta

kilómetros de la Habana y al regreso planeé una visita al Castillo del Morro donde el Che había ejercido el oficio de ministro del interior. No creas que es poca cosa desplazarse con transporte público a una playa en Cuba, o sencillamente al interior de la ciudad. Cada día, para transportarme de Miramar a la Universidad —una distancia de cuatro kilómetros—, me podía costar hasta una hora y a veces una más. Además de que si los animales fueran transportados en estas condiciones rumbo al matadero, a la empresa responsable la llevarían a juicio por maltrato de animales. Aquella es una batalla campal para subir y para bajar. El letrero en cada camión que decía en inglés o francés —origen de los autobuses— "48 pasajeros máximo" es una burla. Sí, "chico", en Cuba se enlataba hasta tres veces esa biomasa.

Afortunadamente, Isabel nos llevaría en su Lada ruso. Además, como autoridad del Partido, nos facilitaría la visita al museo.

Era difícil creerlo, pero allí estaban expuestos documentos firmados por el Che ordenando fusilamientos de supuestos contrarrevolucionarios. Digo supuestos, fusilados sin juicio, en los primeros meses luego de la entrada triunfal de Fidel Castro en La Habana, en enero de 1959. Como de costumbre, semejantes ocasiones son oportunidades de ajustes de cuentas entre individuos que a menudo tienen pocas cosas que ver con la revolución. El terror es la segunda etapa de las revoluciones, después de la toma del poder. En Francia, Rusia o Cuba, es lo mismo.

Estos fusilamientos ordenados por el Che me obsesionaron. Toda la semana estuve en busca de Joao, el historiador-ideólogo de los Valpalmares brasileños. Tenía unos cuarenta años y era conocido por haber participado en un asalto a un cuartel militar de donde había robado armas. No sé cómo pero logró llegar a Cuba, donde estaba refugiado. Era muy amigo de Roque Dalton. Cuando veías a uno, el otro no estaba lejos. Y fue así como lo vi, por fin, en el lobby del Habana Libre, tirado en dos sillones alrededor de una mesita de té, conversando con Roque. Me uní a la conversación sentado sobre la mesita. Estaban animados y riéndose: platicaban sobre sexo oral. Joao lo describía con múltiples detalles diciendo lo rico que era. Roque lo encontraba asqueroso, demasiado cerca del ano para que se atreviera a poner la boca ahí. El dedo sí, pero no la lengua. Me quedé escuchando y riendo; mi experiencia en la materia no me permitía participar. Cuando el tema se estaba agotando, Roque miró su pulsera y se fue corriendo. Cayó bien porque quería hablar con Joao y no con Roque. Este me miró.

—Flamenco, tú tienes algo en mente.

Todos me llamaban "el Flamenco". Su español era gravado con un fuerte acento portugués.

—Joao, quiero caminar. ¿Vamos?

Conversar en el Habana Libre es como hablar directamente en el micrófono de la inteligencia del estado cubano.

Salimos y atravesamos el parque de Coppelia, que debe tener otro nombre pero que llamábamos así a causa de un renombradísimo puesto de venta de helados que se encuentra en el centro del parquecito. Sin hablar mucho, nos dirigimos hacia el parque Víctor Hugo, a unas cuadras del hotel. Rápidamente me di cuenta de que dos muchachas no tan jóvenes nos estaban siguiendo. El número de gente que trabaja para la seguridad cubana es indescriptible. El parque del viejo Hugo es un regalo de paz y tranquilidad, de pasto verde y grandes árboles, con un kiosco en el centro y muchas banquillas en las vías transversales.

Nos sentamos sobre un banquillo cerca del busto de Víctor que está en una de las esquinas.

—Joao, me siento mejor haciendo mis confidencias al busto del viejo Hugo, que a la seguridad del estado cubano.

Se rió el brasileño. Las muchachas seguidoras se sentaron sobre las escaleras del kiosco, demasiado lejos para escucharnos. Saqué una cajetilla de Marlboro y fumamos.

—Yo también, Flamenco. Cuéntame.

Joao se puso cómodo. Estiró sus piernas que casi alcanzaban la mitad del pasillo inhalando largas nubes de humo, parte del cual le salía por las narices.

—Mira, Joao, hace unos días vi unas órdenes de fusilamiento firmadas por el Che y tengo problemas para creerlo.

Sin mirarme, dejó pasar una gran cantidad de humo por la nariz. Esta manera de echar el humo por sus ventanas nasales le debía gustar; lo hacía todo el tiempo.

—¿Por qué no lo puedes creer, Flamenco?

—Mira, Joao, no sé para ti, pero para nosotros, los europeos, el Che es el símbolo de la izquierda humanista, íntegra, idealista y por consiguiente, visceralmente en contra de la pena de muerte. Firmar órdenes de fusilamiento es contrario a los ideales humanistas de la izquierda y a la Declaración de los Derechos Humanos. ¿No es así?

Mientras yo hablaba, Joao empezó a sonreír, una sonrisa de las que hacen los padres hacia sus hijos cuando están enternecidos por la ingenuidad de sus criaturas.

—Flamenco, ¿dónde has vivido? ¿No has leído los diarios del Che en el Congo o el diario de Inti Peredo de Bolivia? ¿No te enteraste de la pésima relación del guerrillero heroico con el partido comunista de Bolivia? ¿Y no sabes nada de que el Che exigió a la Unión Soviética que utilizara su arsenal atómico en defensa de la revolución cubana? Y cuando los soviéticos le dijeron que no, le pegó en la cara al embajador ruso en Argelia en plena recepción diplomática. ¿No sabes nada de todo esto?

Yo me quedé atónito. Tras encender otro cigarro y echar más humo por la nariz, siguió:

—El argentino quería una guerra nuclear planetaria nada más que para defender su concepción de la creación de un hombre nuevo, que debía construirse sobre las ruinas del viejo mundo. Con quién pensaba él construir ese hombre nuevo después de una guerra nuclear, no lo dijo. Menos mal que los rusos no accedieron a esa locura, porque la construcción del hombre nuevo cubano es todo un desastre, como lo puedes ver.

Esto lo dijo moviendo la cabeza en dirección de las dos muchachas sentadas en las escaleras del kiosco.

—A mi entender, este tipo alcanzó un grado de patología psicológica que avecinaba la locura. Todos lo sabían. En primer lugar los cubanos; cuando poco después, cercado por el ejército de los dictadores bolivianos, llamó desesperadamente a Fidel para que lo sacaran de allí. Y el líder máximo cubano le dio con la puerta en la nariz, leyendo la famosa carta de despedida del romántico guerrillero. De hecho, lo condenó a muerte cerrándole la puerta de regreso a Cuba. Debo decir que, mientras tanto, la Unión Soviética estaba dando de comer diariamente a los cubanos y manteniendo la revolución más o menos viva.

Cuanto más hablaba Joao, más mi mirada se fijaba en mis zapatos. Nos quedamos silenciosos. Un mundo se estaba cambiando en el parque de Víctor Hugo. Por fin balbuceé:

—No, no lo sabía.

Joao puso su brazo sobre mis hombros:

—Oye, Flamenco, no me vayas a caer en depresión, ¿eh? La religión se alimenta de la ignorancia. Esto sí lo sabes, ¿no?

—Pero, Joao, entonces ¿qué?

Retiró su brazo y se puso a practicar, haciendo círculos con el humo de su nuevo cigarro, mientras seguía:

—Entonces nada. Es un mito y actúa como un mito. En eso la fe es el factor dominante, junto con el culto a lo maravilloso, y da la espalda a la historia con una H grande. Tú sabes que el mito tiene una potencia verbal que crea lo que anuncia.

—Esto sí lo sé. Fui religioso y seminarista.

Me pegó fuertemente en la espalda y se puso a reír. En esto, un joven que había notado que estaba espiándonos, se acercó y de debajo de su sweater sacó un rollo de papel amarillo que contenía cuatro puros con anillos rojos llamados Winston Churchill.

—Puros, baratos —lo decía mientras miraba hacia todas partes.
—No, gracias joven —dije yo, pero Joao interrumpió:
—¿A cuánto?
—Dos por un dólar.
—Te compro los cuatro por un dólar.

Sacó un billete verde de su bolsillo y lo tendió al joven, quien lo tomó y se fue con un paso rápido.

—¡Tú tienes dólares!
—Claro. Soy extranjero aquí y no estoy sometido a la ley del dólar.

Ambos encendimos un puro que me parecía un bastón de silla, alargué también las piernas y nos quedamos quietos por unos largos minutos.

—Siento lástima y compasión cuando veo a la juventud europea bien alimentada, generosa, romántica e idealista portar las camisetas del médico argentino quien, aparte de ser un mediocre estratega militar, fue también un estúpido y peligroso político.

—Joao, ¿por qué estas mentiras?
—Flamenco seminarista, tú debes saber que son aquellos quienes se apoderan de la herencia los que crearon los mitos. El Che no creó su mito, lo hizo un poderoso aparato de propaganda, un Estado que tiene sus razones de estado para hacerlo.

—Se parece mucho al mito creado por el emperador Constantino y San Pablo acerca de un Nazareno hace muchos años…

Joao se puso a reír ruidosamente, tanto que las muchachas del kiosco nos miraron.

—Así es, Flamenco. Exactamente así es. El Nazareno terminó mal, horriblemente mal, pero no el emperador que creó el mito. Cuídate de los mitos y aunque te sirvan por un tiempo, nunca olvides que son mitos.

—Gracias, profesor. Te ofrezco un trago de lo que hay en el bar del hotel.

—¿No hay nada en la casa de Paule?
—Sí, debe haber, pero yo no estoy en su casa.

Me miró con ojos de cómplice y se rió. No tenía ganas de explicarle la complicada situación de mis asuntos. Nos levantamos y regresamos al Habana Libre. Las muchachas habían desaparecido.

Antes de llegar a la futura herencia de Paris Hilton, marchando a buen paso al lado de Joao, me surgió un pensamiento loco pero real:

—Joao, ¿cuál es la diferencia entre los fusilados del Che y los asesinatos de los pobres izquierdistas en Brasil?

El revolucionario brasileño fijaba la mirada de frente; no movía la cabeza.

—Ninguna.

Hizo una reverencia para dejar pasar a un viejito que portaba dos panes envueltos con el periódico Granma y continuó:

—Desde el punto de vista revolucionario, la diferencia es enorme. Desde el punto de vista humanista, ninguno. No hay diferencia. Ambos son barbaridades del mismo tamaño, como los colgados de Raúl.

—¿Qué hay de los colgados de Raúl?

Volvió la cabeza hacia mí sin perder de vista la banqueta que estaba bastante destrozada.

—¿Ah, eso tampoco lo sabes?

Habíamos llegado a la esquina del parque Copelia y nos paramos.

—¿Qué tengo que saber?

—En la guerrilla de Oriente Raúl tenía la mala costumbre de fusilar a los que consideraba contrarrevolucionarios. Esto era una mala publicidad para la revolución y, cuando su hermano Fidel le sugirió que parara el derramamiento de sangre, empezó a colgarlos.

Creo que la boca me quedó abierta. Eso todavía no lo había escuchado.

—¿Es broma?

Empezó de nuevo a moverse hacia el Habana Libre. Mirándome sobre el hombro, lanzó sonriendo:

—No tanto.

En mi casa en Miramar, tanto Marie como yo sabíamos que el matrimonio no tenía futuro. Cinco semanas de conflictos, griterías y reproches nos habían agotado. Decidimos separarnos. Ella regresaría a Neuilly con Jan tan pronto como fuese posible. Yo le di sin remordimientos una carta en la cual consentía el divorcio con abandono de mis derechos paternales. Sin embargo, el alma me salió por la garganta cuando besé a Jan por última vez en el hangar del aeropuerto José Martí. Dieciséis años después, reanudamos relaciones tomando cafecitos en París.

* * *

J-P Goffings

En el otoño de 1969 se acabaron mis cursos en la Universidad de La Habana. No porque hubiera agotado el programa ni mucho menos. Tampoco porque no hubiese interés por parte de mis alumnos; al contrario. Pero sencillamente cerraron la universidad por una única razón: la zafra de caña de azúcar. El país se clausuró, ministerios enteros cerraron sus puertas, hasta el Ministerio de Relaciones Exteriores se redujo a una décima parte de sus burócratas y pusieron un aviso en la puerta que decía: "Cerrado por la zafra".

Fidel Castro, el gobierno, el comité central, el partido, los comités de defensa y *tutti quanti* decidieron que la salvación del país, la recuperación del nivel de vida y la apertura de las puertas que daban acceso al paraíso socialista, pasaban por la producción de diez millones de toneladas de azúcar. Por supuesto, nadie explicó por qué ni cómo diez mil millones de kilos de azúcar iban a salvar la revolución, pero una fiebre colectiva se expandió en todo el país. Si llamabas a alguien por teléfono no te contestaba con su nombre sino con "Los diez millones van". En la radio o en la tele, a cada rato surgía alguien quien gritaba, con fondo de cañaverales: "Los diez millones van". Terminando una conversación con alguien que no conocías muy bien, por toda seguridad decías: "Los diez millones van": Una orquesta de música popular surgió con el nombre de "Los Van Van". Hasta Carlos Puebla compuso una canción, pero sospecho que con un fondo irónico. Con los amigos guerrilleros pasados y presentes, quienes frecuentaban cada vez más el céntrico apartamento donde me había instalado con Paule —Paule tenía acceso fácil a todo tipo de botellas y comidas que habían desaparecido de las tiendas del Ministerio de Comercio Interior (MINCIN), por el cual decían los cubanos que en China "no hay" se dice "mincín"—, decidimos inscribirnos en una brigada de macheteros cañeros.

Disfrutábamos mucho a nuestros amigos latinos. Siempre con la ayuda de Paule y su estatus diplomático, organizamos comidas nacionales, mientras que las discusiones sobre el futuro del socialismo en sus países nunca paraban. Después de todo, ¿cómo edificar un buen socialismo sin una buena *feijoada* con ron a falta de cachaza o un ceviche peruano?

Había pasado ya un tiempo desde que lo conocí, pero al fin ganamos la amistad de Roque Dalton, poeta revolucionario de El Salvador. Hablamos mucho de escritores, de poetas, de arte y de la esencia filosófica de la revolución. De las leyendas populares de su país; de los hechos heroicos de los *Soviets* de los años treinta en El Salvador; de sus héroes fusilados por soldados y por la United Fruit Company que gritaban pegados al paredón: "¡Viva Lenin, viva el comunismo!".

Roque Dalton fue asesinado en su país por un grupo izquierdista rival.

Querido amigo,
No merecías morir de una manera tan estúpida. Tú fuiste el que me dijo que las revoluciones, como Cronos, se comen primero a sus hijos. Sin duda sabías lo que iba a ocurrir y por amar tanto la vida íntegra, no te retractaste. Asumiste nuestras contradicciones. Espero que no hayas sufrido, porque le tenías horror al dolor físico. He llorado cuando supe sobre tu salida del mundo. Sabías que la causa era desesperada como todas las utopías, pero asumiste tus responsabilidades. Gracias, Roque, fuiste un hombre como me gustan y de los cuales hay pocos. Te agradezco tu risa, buen humor y lucidez.

J-P

* * *

La única cosa que existía de nuestro campamento internacionalista era una pila de tablas de madera, palos y láminas. Todo esto en el espacio de un terreno de fútbol, encerrado por cañaverales por los cuatro lados. Los dos cubanos responsables, tan perdidos como nosotros en ese océano verde, tenían un plan trazado sobre una hoja de cuaderno, que hizo oficio de plan arquitectónico, para construir nuestro campamento. Setenta camas en dos dormitorios, un comedor con mesas y banquillas, una cocina, baños y duchas, aunque no se veía de dónde saldría el agua. El fervor revolucionario haría lo demás.

Cortar caña es entrar a un infierno dantesco. Con botas de cuero grueso, pantalones gruesos, camisas gruesas cerradas hasta el cuello, de mangas largas, guantes gruesos que te impiden empuñar bien el machete o la mocha y un sombrero de paja pesada; así es el uniforme del machetero que enfrenta el cañaveral bajo un sol que hubiese permitido freír un huevo sobre la hoja del machete.

¿Cómo se corta la caña? Envuelves de tres a cinco cañas bajo el brazo izquierdo, muy por de abajo. Con el machete en la mano derecha le das un machetazo a ras del suelo tan cerca de la tierra como puedas, cuidándote los pies, porque cuanto más cerca de la raíz de la caña, más denso es el contenido en azúcar. Te levantas con las cañas siempre debajo del brazo y con otro machetazo, de un amplio movimiento, le cortas el cogollo. Limpias las cañas de las hojas con el lomo del machete y depositas tus trozos de caña formando una pila desde donde, más tarde, es recogida en carretas y llevadas al central. Vuelves a bajarte para agarrar otras cañas bajo el brazo y así todo el día. Parece que nunca alcanzarás el fin del campo.

J-P Goffings

En diez minutos toda tu ropa pesa una tonelada por empaparse con tu sudor. A veces, cuando ya no ves nada por el sudor que te cae en los ojos y aparecen estrellitas volando, te paras, te cortas un trocito de caña de medio metro, lo pelas y lo masticas sentado a la sombra escasa que te da la caña. Es energía pura; además te calma los nervios.

Al final del día, caminar hasta el campamento es un martirio. No hay piernas que te soporten ni brazos que puedan moverse. Nadie habla. Apenas quitadas las botas, te tiras a la litera y te duermes. Por la noche te despiertas y vas en busca de algo para comer, un cubo de agua para lavarte la cara, quitarte la camisa que te está lastimando el cuello por su rigidez, mezcla de sudor, tierra y polvo. Vi algunos pantalones que quedaron parados solitos.

Pasados los primeros tres días, tu cuerpo está cubierto de una capa de composición variada, de todo tipo de polvos, lo que te protege de las moscas y te enseña cuál es tu olor. Cada uno tiene el suyo. He podido reconocer compañeros en la oscuridad por su olor. Fui uno de los mejores macheteros del campamento; incluso me defendí a nivel regional. El día dominical de descanso se organizaban competiciones de macheteros entre los diferentes campamentos de la región. ¡Qué bueno!

A pesar de vivir lo que los esclavos de las minas de oro o de sal de los faraones egipcios no habían vivido —y mucho menos los esclavos negros en los campos de algodón de la Cotton Belt sureña de los Estados Unidos—, siempre había alguien para contar un chiste, un cuento, tocar una guitarra o cantar una canción popular de la docena de países que representábamos.

No sé cómo ni de dónde, pero un sábado apareció Paule con tres botellas de ron, una sonrisa amorosa y unos ojos como platos cuando vio cómo estábamos. Ese día me tomé un baño con jabón que me trajo y nos fuimos a dar un paseo por los cañaverales. Cuando haces el amor en un cañaveral, al aire fresco del atardecer cuando ni una hoja se mueve sobre la tierra martirizada por tanta caña; ni del picor de la caña, ni del duro suelo, ni de las moscas te acuerdas. Paule se hizo muy popular en nuestro campamento internacionalista. Regresaba cada fin de semana cargada de todo el ron que podía cargar. Hasta cortamos cañas juntos, en pareja. Pero un día se dio un machetazo en la pierna. No era nada grave y el autoproclamado enfermero brasileño le puso una venda. La gravedad era justo lo suficiente para tener una cicatriz de por vida.

En diciembre regresé a La Habana para pedir la prórroga de mi visa, sin ningún apoyo de la universidad, donde no había nadie. La permanencia de inmigración, con malas ganas, me prorrogó solamente por dos meses. Si había una cosa que no quería, era marcharme de Cuba.

Inventamos un plan para ponernos al abrigo de malas sorpresas por las visas. Este consistía sencillamente en hacer como si nos quisiéramos casar, especulando que, para el momento en que lográramos reunir el papeleo —en especial un acta de nacimiento que tenía que venir de Heur—, ya habría terminado el contrato de Paule o las ganas de seguir en Cuba y nos marcharíamos juntos a América Latina.

La frecuentación diaria de los latinos de La Habana, más las informaciones oficiales cubanas que nos hicieron creer que la revolución continental estaba a la vuelta de la esquina, nos habían dado ganas de ir a ver. Este fue el plan. Para darle un inicio, tomamos una cita con un notario en La Habana Vieja, uno de los pocos notarios privados que sobrevivían después de diez años de colectivización socialista. Era el día 24 de diciembre del año 1969.

Un señor muy mayor, muy digno, algo gordo, con una camisa blanca de mangas largas y pantalones negros, nos recibió en un despacho notarial de inicios del siglo XIX. Todo era madera preciosa oscura barnizada, una biblioteca mural con las obras completas de José Martí —señal distintiva de la burguesía cubana— y sillones de cuero al final de sus vidas pero confortables.

Después de unas breves presentaciones, nos habló con una voz suave, con tono cansino:

—Entonces, ¿ustedes quieren casarse?

—Sí, maestro. Es decir, queremos empezar los trámites, que suponemos serán largos.

El maestro en derecho inmobiliario y otras cosas cerró los ojos y quedó en silencio durante un rato tan largo que pensamos que se había quedado dormido, pero por fin dijo:

—Muy bien. ¿Tienen los pasaportes?

Le tendimos nuestros pasaportes a través de la amplia mesa de su despacho.

—Disculpen un momento.

Se levantó lentamente para desaparecer por una puerta en la esquina izquierda que no había visto; el lugar era bastante oscuro; solamente unos rayos de luz de un sol invernal alcanzaban a dar una débil visibilidad a través de una sola ventanita opaca y sucia, casi escondida entre los libros de la pared derecha.

El tiempo se hizo largo. Propuse a Paule hacer una caminata por el Malecón para ver la puesta del sol, pero el notario se había ido con nuestros pasaportes, así que esperamos.

Por fin reapareció con nuestros pasaportes en la mano y unos

papeles más que desplegó sobre el escritorio. Se había puesto lentes, que antes no había notado, por arriba de los cuales me miró con una expresión divertida y algo burlona:
—¿Dónde están sus testigos?
No comprendí bien, pero Paule contestó:
—¿Cuáles testigos?
Giró la cabeza hacia Paule:
—¿Ustedes quieren casarse?
—Sí, sí. Pero los trámites...
Había como una duda en la voz de Paule.
—No, no. Todo está en orden. Pueden casarse. Si no tienen testigos, permítanme llenar este vacío.
Se levantó y salió por la puerta que daba sobre la calle. Lo escuchamos gritar: "Juan, ven acá" y luego: "Llámame a Aurelio", mientras Paule y yo nos mirábamos incrédulos y pronto riéndonos.
—Paule, creo que este tipo nos va a casar.
La tomé de la mano que ella apretó.
—Yo también lo creo; pero no comprendo cómo lo puede hacer.
—Es su asunto.
La miré fijamente:
—¿Tienes algún problema con eso?
Negó con la cabeza y nos pusimos a reír de verdad.
Reapareció el notario acompañado por dos señores mayores uno de los cuales era un santero vestido de blanco desde el sombrero —auténtico panamá, debajo del cual salían unos pelos también blancos— hasta los zapatos. Aparte de eso, era muy negro con dientes muy blancos, algunos de oro, que exhibía abriendo la boca para mostrar su más bonita sonrisa y su riqueza. El otro testigo parecía que acababa de salir de un taller de carpintería: tenía la ropa llena de polvo de madera. Hicimos las presentaciones. Escuchamos religiosamente el acta de matrimonio que el notario nos leía muy ceremonialmente; firmamos y los testigos también. Paule pagó al notario que nos deseó mucha suerte y esperaba vernos "una vez que esta recreación socialista hubiera terminado". Le di algo a los testigos. Invitamos a todo el mundo a un trago esa misma noche de la Nochebuena en nuestra casa.

Todavía preguntándonos qué había pasado, nos encontramos en la calle estudiando nuestra acta de matrimonio, siempre riéndonos algo nerviosamente. Acababa de casarme con Paule por una visa.

Resulta que la visa nunca me la dieron: el gobierno cubano no reconoció el casamiento por razones que contaré más tarde.

El Hedonista

No sin dificultades, debido a la anulación de las fiestas navideñas, logramos reunir a unos amigos y amigas, casi todos latinos porque los cubanos tenían miedo de ser vistos en una fiesta. Por la zafra, el gobierno había cancelado las fiestas de la Nochebuena y de Año Nuevo, que fueron trasladadas al 26 de julio. La tiranía era de tal tamaño que podía hacer esto también. A pesar de todo, llegó Isabel Monal, que toda la noche sostuvo una acalorada discusión con el muy poco marxista santero. Los dos se habían apoderado de una botella de ron que concienzudamente vaciaban a medias. El delegado del Comité de Defensa de la Revolución que vivía al lado vino a ver lo que pasaba, porque él tenía que entregar un reporte diario de todo lo que ocurría en el inmueble a su responsable de cuadra. Quién recibió a quién. Quién hablaba con quién. Y de qué. Quién comió qué. Todo estaba reportado, discutido y analizado para proteger la Revolución. ¿Qué te parece? Pues lo invitamos. Apareció con su mujer vestida como una muñeca de los años treinta. Pusimos música, bailamos, la fiesta se desbordó hasta en las escaleras. Los brasileños hicieron una *feijoada* con todo lo que encontraron. Roque Dalton recitó poesía de mucho doble sentido.

Como no hay transporte nocturno en La Habana, todos los que no podían caminar hasta su casa se quedaron a dormir. Sobre las cuatro de la madrugada, una calma de borrachera se instaló poco a poco. Había cuerpos en todas partes. Isabel y el santero habían desaparecido. Una pareja de argentinos se había envuelto en una sábana y dormían al pie de la cama en la cual encontramos roncando, y muy a gusto, al poeta Roque Dalton. Lo empujamos un poquito y nos acostamos como pudimos a su lado.

No solamente acabábamos de casarnos por una visa: también pasamos nuestra noche de bodas con Roque Daltón en la cama. Esa fue la Nochebuena más alegre de mi vida.

* * *

Treinta años después, en 1999, pasamos también la noche del veinticuatro de diciembre en La Habana, en casa del escritor Héctor Valdés en el Vedado, a unas cuadras del hotel Habana Libre. Por contraste, esta fue la más siniestra de todas las Nochebuenas de mi vida. Ni un gato en las calles; de ninguna casa salía música; ningún coche tocaba el claxon. Vimos todo eso desde la terraza del segundo piso de Héctor que decía: "Así se festeja ahora en La Habana. Que nadie me diga más, jamás, que este es un lugar alegre. Hay más festejos en el barrio más miserable de Haití que en la capital del socialismo, mierda". Entramos y nos emborrachamos tristemente en silencio. Valdés es un revolucionario de la primera etapa, fiel toda su vida al ideal de sus veinte años.

* * *

El día siguiente, Navidad, visitamos a Juan y Mariana que se cayeron de espaldas cuando anunciamos nuestra boda.

Ese año, el Año Nuevo no llegó a Cuba. Juan se preparaba para salir al día siguiente hacia un campamento, a cortar caña. ¿Qué otra cosa podía hacer uno en Cuba a finales de 1969? En fin, el gobierno no logró su meta de diez millones de toneladas; produjeron ocho punto cuatro. Una décima porcentual por debajo del pronóstico anunciado por la CIA. Pero, ¡qué movilización, qué entusiasmo mientras duró la zafra! Es parte de la esencia de las dictaduras totalitarias hostigar física, espiritual y continuamente al pueblo, bajo el riesgo de ver el edificio derrumbarse. Es así desde los juegos romanos. Las dictaduras, de cualquier tipo, se repiten pero no innovan. Incitan la memoria, las letanías, pero no la inteligencia. Repetir, recitar, rezar, no es pensar. Escuchar un millón de veces "Patria o Muerte" impide pensar que, siendo cubano, ni siquiera tienes el derecho de entrar en un hotel o de sentarte en una playa. Festejar cada año el asalto al cuartel Moncada impide enterarse de la lucha mortal por el mando entre los diferentes grupos revolucionarios. Es igual que comulgar sin saber nada sobre el dogma de la infalibilidad papal. Es marchar contra el imperialismo yanqui sin saber nada acerca de las nacionalizaciones de bienes privados sin indemnización alguna que operó Fidel Castro.

Escuchar días enteros ataques contra el capitalismo impide evaluar la propia explotación por parte de un capitalismo de estado salvaje. Aplaudir la proclamación del Che como ejemplo a seguir por toda la juventud impide preguntarse cómo pinta el futuro de la juventud. Aprobar el fusilamiento de dos muchachos que querían robar una lancha para huir de Cuba evita pensar en las perspectivas de vida que ofrece el sistema castrista a la juventud cubana. Y tantos y tantos callejones sin salida más. Allí está el problema de un ejercicio de poder tiránico completado por una voluntad enfermiza de querer mantenerse dueño absoluto de todo. Tierras, bienes y seres humanos. Porque decidir lo que se puede hacer y pensar, o no, es ser propietario de los cuerpos y espíritus de todos. Ver a unos muchachos llorando, corriendo en el Malecón, cita de los homosexuales de La Habana, perseguidos por una plebe, un lumpen armado de palos encabezado por una puñada de esbirros del partido comunista de Cuba —para los cuales, por cierto, esta plebe es el pueblo— no es nada chistoso, ni revolucionario, ni socialista, ni progresista, ni humanista.

Menos mal que los papeles de divorcio con Marie, pronunciado por un tribunal parisino, me llegaron meses después de mi casamiento con Paule. Porque estaba en una situación de fragrante poligamia administrativa. ¿Y qué? Esto me permitió darme cuenta de que efectivamente en el espacio de unos veinte meses, me había casado legalmente dos veces. Me parece que merece una reflexión. Fue la última vez que me casé.

* * *

Tomando en cuenta nuestro equipaje cultural, la pareja fusional es la coronación de la erótica judeocristiana. Cuando románticamente hablamos de amor, de alma gemela, de la princesa o del príncipe azul, vemos ya una razón para establecer un contrato social o un seguro existencial.

Compartido entre dos, el dolor de la existencia parece menor. Por supuesto, es una ilusión. La conquista del príncipe azul o de la gemela femenina, produce inevitablemente la decepción. Jamás lo real soporta una comparación con lo ideal. La voluntad de completarse genera siempre el dolor de no completarse o completarse en pocas partes. La decepción y el desencanto se manifiestan cuando ajustamos nuestra vida real a la imaginaria, usando como vehículo la moral dominante apoyada sobre la política, la ideología y la religión.

Naturalmente la familia moviliza macho y hembra con roles distintos desde tiempos inmemoriales: para las mujeres, todas las actividades sedentarias, mientras que sus compañeros cazan, pescan, cultivan, viajan, van a la guerra.

Miles y miles de años después, esto no ha cambiado en su esencia, a pesar de un barniz cultural de las estratificaciones sociales. Esta división y núcleo servirían para las primeras estructuras estatales que reprodujeron el plan natural de la especie. La familia y el amor hecho realidad entre dos seres libres y conscientes de su proyecto, glorifican menos que el destino fatal de todas las especies sobre el planeta.

La otra razón que explica la codificación ascética: la fuerte voluntad de reducir a nada los increíblemente fuertes poderes de lo femenino. La experiencia enseñará temprano al macho que, en materia de sexualidad, obedecer solamente a las leyes de la naturaleza, el va y viene de la penetración-eyaculación, la satisfacción del placer orgásmico primitivo, del impulso, del deseo, no hace buena convivencia con las exigencias de la naturaleza femenina. Porque el placer femenino exige recurrir a los artefactos culturales, a técnicas corporales y al erotismo. Esto es inaccesible para los que se contentan únicamente con seguir los impulsos naturales, como lo puede hacer y lo hace cualquier animal. Por no poder alcanzar ni comprender la naturaleza del placer femenino, la civilización —la nuestra— la redujo a una porción incongruente.

¿Cómo divulgar e imponer este código? Por el intermediario de la religión o de creencias, de manera general, excelentes medios para reducir y extinguir la libido. Para domarla y suprimirla, los representantes de Dios —mesías, apóstoles, sacerdotes, papas, imanes, rabinos, ministros, predicadores— decretaron que el cuerpo es sucio, impuro, el deseo culpable, el placer inmundo, la mujer definitivamente seductora y pecadora.

Si sacrificar el cuerpo y todas sus necesidades es una cosa irrealizable, poco a poco fue llevado a un sacrificio parcial: la sexualidad únicamente en el cuadro familiar, matrimonial y monogámico. Con el tiempo, la llama de la pasión original disminuye y desaparece en ambas partes de la pareja. El aburrimiento de la repetición, el encajamiento del deseo —que por definición es libre y nómada— apaga la libido.

En la familia, donde el tiempo se da prioritariamente a los niños y al marido, la mujer muere, con el triunfo en ella de la madre y de la esposa que consume la casi totalidad de su energía. El proceso ha tenido éxito: a fuerza de determinismo social, de imposiciones ideológicas, moralistas de todo tipo, la servidumbre logró ser voluntaria y la víctima termina por encontrar un placer, el cumplimiento, en la renuncia a sí misma.

El amor, la sexualidad y la procreación son tres cosas diferentes. La confusión de la pretendida fusión de estas tres cosas en una sola por la moral judeocristiana, obliga a amar al compañero sexual con el objetivo de procrear. Añadamos que el compañero no puede ser una relación de paso, sino un marido oficialmente esposado a una esposa oficialmente reconocida como tal o viceversa; si no, se cae en el pecado.

Hoy se permite, gracias a los adelantos de la ciencia, una programación de la fecundación, lo que lleva a una situación revolucionaria: vivir la sexualidad por el placer, sin el miedo del embarazo. En una segunda etapa también sugiere la sexualidad sin amor. Lo que no quiere decir sin sentimientos, sin ternura, sin cariño. No querer comprometerse de por vida en una historia de largo plazo no impide la dulzura amorosa.

La relación sexual no es un seguro de vida que garantiza una relación futura, sino un gozo pleno del presente, vivir el instante magnífico del placer, de la dulzura y del orgasmo. Como lo apunta Onfray, "el Eros pesado de la tradición ajusta la relación sobre la pulsión de la muerte, lo que implica: el inmovilismo, lo fijo, el sedentarismo, la falta de fantasmas, la repetición, la costumbre ritualizada. Al contrario, el Eros ligero, conducido por la pulsión de la vida, quiere el movimiento, el cambio, el nomadismo, la acción, la iniciativa, el desplazamiento. Siempre tendremos bastante vacío en la tumba para hacer una ofrenda a la inmovilidad".

Esto lo hago mío. Aprovechar el instante, la vibración de los átomos que flotan en el ambiente que define lo que llamamos atractivo y que no impide la duplicación del instante que puede contribuir a la construcción de una relación en el tiempo. Una historia no empieza por su fin; no se toman apuestas sobre el destino de una relación, sino que se construye un momento en la arquitectura de un movimiento posible. El contrato que puede resultar de este movimiento no es de duración indefinida sino definida. Posiblemente renovable, pero no obligatoria.

El modelo dominante de relaciones matrimoniales de nuestra civilización se puede resumir en: nada-todo-nada. Existimos separados, ignorantes el uno del otro. Nos encontramos, nos abandonamos a la naturaleza de la relación. De repente, el otro es todo: indispensable, la medida de su propio ser, la razón de la existencia, el sentido de la vida hasta en el detalle. Pero viene el tiempo, con todo lo que contiene de destructivo, y produce sus efectos: el otro empieza a ser el que molesta, cansa, aburre, el que da los nervios y termina por transformarse en el que tienes que sacar de tu vida, aunque sea con violencia. El otro regresa a la nada. Una nada cargada de un coeficiente de odio como premio.

La otra posibilidad es el dispositivo "nada-más-mucho", que empieza de la misma forma: dos seres ni saben que existe el otro; se encuentran y construyen sobre el principio del Eros ligero una relación. Desde ese momento se construye día tras día una relación positiva que define el más: más expansión, más complicidad, más placer, más serenidad. Cuando este más llega a una suma real, el mucho aparece y califica la relación de completa, y ahora sí merece llamarse amor.

Estas consideraciones me parecen justas. Las relaciones amorosas que viví, y que aún vivo, se trazaron según este esquema de manera natural, sin formularlo tan pertinentemente como lo hace Onfray. Hay interés en no contratar lo que no puedes cumplir si quieres evitar graves neurosis, conflictos y demás melodramas y frustraciones que te pudran la existencia.

* * *

J-P Goffings

Creo que era febrero cuando regresamos a la universidad, donde descubrí que tenía a una profesora adjunta, de nombre Tania, que acababa de regresar diplomada de la Universidad Patricio Lumumba de Moscú. De estatura baja, muy flaca y seca, con características físicas asiáticas. A primera vista ya sabía por qué el servicio de inmigración no quería prorrogar la visa. Mi futuro como profesor de la Universidad de La Habana estaba sellado. Yo había sido incapaz de presentar la sociedad peul del Macina en Malí en términos de cuadros de la lucha de clase marxista. Ella en verdad tampoco lo había logrado, pero lo hizo tomando unas libertades importantes con la verdad, la sociología, la estructura social y política y la superestructura psicológica que determina valores.

Era tiempo de preparar la salida. En uno de los múltiples eventos hice amistad con varios académicos de universidades latinoamericanas y, como según la propaganda cubana, la revolución socialista continental estaba en la puerta, es hacia allá que puse las miradas.

Previo a la salida, para ver de qué color era el pasto del continente, embarqué como sociólogo con un equipo de planeación urbana que fue enviado a la Isla de Pinos con la misión de hacer una planeación "socialista" de los nuevos pueblos para el hombre nuevo que, por supuesto y por definición, debería ser diferente al pueblo capitalista. Aterricé en un rancho que tenía unas cuatro mil hectáreas de tierra y miles de cabezas de ganado. Argumentando que tenía que conocer la psicología de la gente que íbamos a urbanizar, viví la vida de vaquero. Un sueño de jovencito en Heur se hizo realidad. Por fin era vaquero y lo disfruté como ninguno.

Ensillábamos los caballos antes del amanecer, con el frío cortante de la madrugada. Acurrucados en una frazada y dejando las riendas libres sobre la nuca del caballo, había que rodear ganado, mientras los primeros rayos del sol nos sacaban de la torpeza al mismo tiempo que respirábamos la naturaleza, contentos del nuevo día. Llevar el rebaño al baño garrapaticida, haciendo un descanso cerca de un campo de caña para chupar trozos a modo de desayuno; pasar las vacas una a una por el baño que lo envolvía todo en un olor agrio picante... Realicé mi sueño de romanticismo juvenil.

Había en esta estancia, como para toda producción planeada en Cuba, una tablilla de metas. No cumplirlas era ser mal socialista, mal patriota, mal revolucionario y casi un agente del imperialismo yanqui. Nuestra meta era la inseminación artificial; tantas vacas que inseminar por día. Siempre alguien se encargaba de llevar unos termos con los tubitos de espermatozoides de algún toro premiado. Era el primer trabajo del día y por todo el día: vigilar si alguna vaca montaba a otra. La vaca en celo no es la que monta, sino la que se deja montar. A aquella la atábamos con el lazo, la inmovilizábamos, le metíamos la mano y le colocábamos el semen. Cuando llegaba la tarde y quedaban tubitos en los termos para cumplir "la meta socialista" empezábamos a inseminar todo lo que podíamos atrapar, hasta a los toros. Me dieron un certificado de inseminador artificial que he guardado con orgullo por mucho tiempo.

Parece que habían levantado un pueblo socialista modelo, con casas de dos pisos. Me enteré de que ningún guajiro, y menos los vaqueros, querían vivir allí. Además, los urbanistas olvidaron de integrar una tienda y una placeta para los eventos. Regresé a La Habana sin ganas, pero impaciente por ver a Paule.

El aparato de seguridad no nos dio mucho tiempo. Un día tocaron a la puerta y me llevaron al cuartel donde fui encarcelado (ellos decían "retenido"). Todas las protestas y las leyes vigentes para los diplomáticos y su familia no pueden contra la voluntad arbitraria del gobierno cubano. Ya sabía que no había muchas leyes que se respetaran en Cuba, pero me sorprendió que fueran tan pocas. Lo propio de la tiranía es que la palabra del jefe y sus representantes es ley. Estaba en el proceso de expulsión. Afortunadamente se retrasó durante tres días porque no había avión con destino a México adonde había elegido dirigirme. Eso me dio tiempo para arreglar unos pocos asuntos pendientes y avisar a mis amigos latinos. Todos vinieron a verme, silenciosos, asombrados y en desacuerdo. ¿Pero qué?

Igual que los grandes criminales o los personajes muy importantes, me escoltaron elementos del ejército cubano hasta la pasarela del avión de Cubana de Aviación con rumbo a México.

* * *

Sigo creyendo en la justicia, un mejor nivel de vida para el número más grande, igualdad de oportunidades y lo de "a cada uno según sus posibilidades". Pero pagar el precio del abandono de todas mis libertades individuales, del derecho a criticar decisiones u orientaciones imbéciles; vivir con jefes que son jefes porque gritaron más fuerte "Viva Fidel" y no porque son competentes; vivir con, por, y dentro de las mentiras más evidentes porque así les conviene a unos adictos al poder; en fin: adherir y apoyar la dictadura, el despotismo, la demagogia; ya no era ese el socialismo que yo quería. El socialismo de tipo castrista que ya se podía calificar de tiranía paranoica y que no iba a tardar en ser también asesina, me curó del desbordamiento de generosidad de mi juventud.

Estructuralmente incapaz de procurar la felicidad hoy y ahora, el socialismo utópico leninista-castrista, y hoy chavista, se convierte en algo como una religión. Es decir: vean la felicidad, el máximo de bienestar, en un tiempo futuro. El tiempo después del tiempo; y en nombre de ese tiempo ficticio sacrifiquemos el hoy, el instante, lo inmediato, en fin, todo lo que es importante en materia de vida real. La felicidad hipotética, si llega mañana, es casi siempre la aseguración de la desgracia en su espera. Las desgracias que son el precio que hay que pagar para llegar a un futuro luminoso. La consigna es que el final luminoso y feliz justifica las desgracias en esta vida. Esto no es nuevo ni revolucionario. Allá donde la consigna debería ser: goza de la vida aquí y ahora sin hacer daño ni a los demás, ni a ti mismo, optaron por imponer una vida de sacrificio, de contrariedades intelectuales y materiales, una vida a medias, nada más que para acceder a un ideal cuya realización es hipotética y de todas formas —y en el mejor de los casos— para tus muy lejanos descendientes.

El dúo tiránico Castro-Guevara en once años había regresado la economía cubana al nivel del 1956, igual que las libertades o la pena de muerte, que ya no existía en Cuba desde el 1940 y que fue restablecida por el régimen castrista. La ración alimenticia de los cubanos en 1970 era menor que la de los esclavos en 1842. La dirección de la economía, sometida a los caprichos de Castro —el Che se retiró en 1965 para beneficiar a otros países con su experiencia como presidente del Banco Nacional y Ministro de Economía en Cuba— fue horrorosa y perdura hasta hoy.

¿Cuáles fueron los errores? Una lista interminable. Mencionemos solo algunos ejemplos:

Primero, la Reforma Agraria, que convirtió a la producción agrícola en improductiva e ineficiente y acabó con la ganadería.

Segundo, las nacionalizaciones de todo el comercio y los circuitos de distribución, que dejaron casi de existir; las frutas y las viandas se pudrían en los campos y no había manera de traerlas a las magras tiendas. Esto incluía desde los hoteles hasta los carritos de venta de perros calientes.

Tercero, la industrialización caprichosa que se tradujo con la compra de centenares de fábricas sin tener las materias primas para abastecerlas.

Cuarto, la reforma urbana que acabó con la industria de la construcción de viviendas.

Quinto, la militarización y la carrera a los armamentos que consumió las reservas financieras.

Sexto, las guerras africanas que acabaron con los últimos centavos de las reservas, sin contar los miles de cadáveres.

Séptimo, los "planes especiales" que terminaron con la poca producción que había escapado a los programas anteriores, como el café y el arroz: plan de caña de azúcar (el peor fracaso), plan de la rana toro, plan hidropónico, plan Niña Bonita (mejoría de la raza bovina), plan de almacenaje de vinos en toda Cuba; plan langosta (que acabó en tres años con la langosta), plan del queso camembert, plan del Cordón de La Habana, plan de plátanos, plan de champiñones, etc.

Si a todo lo anterior le agregamos los Juegos Panamericanos y una retahíla infinita de congresos, eventos, festivales, con fines propagandísticos —gastos que no tenían ni pie ni cabeza—, un aparato militar monstruoso, servicios de seguridad, espionaje, etc.; comprendemos fácilmente las razones de la extrema pobreza del pueblo cubano, salvado únicamente por el aporte de dinero proveniente de la inmigración y los regalitos de aliados circunstanciales.

La estatización por completo de la economía creó un monstruo burocrático, inútil, ineficiente y corrupto. Recuerdo un buen chiste del Comandante, que dijo en 1969: "En la próxima década, sobrepasaremos el ingreso per capita de todos los países de América, el norteamericano incluido". En el año 2008, Cuba disputa los últimos lugares de dicha clasificación con Haití y Nicaragua. Es vil, falso, descarado, cínico y denigrante e irrespetuoso pretender, como lo hace la burguesía comunista de Cuba, "lo que importa es la conciencia revolucionaria; las cosas materiales no importan", cuando ellos mismos viven en la opulencia y con tarjetas de crédito en dólares.

🌱 J-P Goffings 🌱

Capítulo V
Santiago de Chile-Bamako

En aquellos tiempos —inicio de los setenta—, cuando bajabas del avión que llegaba de Cuba, unos cuantos uniformados mexicanos y unos güeros manifiestamente WASP (White Anglo-Saxon Protestant) te llevaban a un cuarto donde, frente a una pared blanca, tomaban tu foto de frente y de perfil. Exactamente como se hace en los puestos de policía con los delincuentes; solamente que aquí el único delito era bajar de un avión proveniente de Cuba. De la paranoia cubana caí de plano en la paranoia norteamericana del gobierno de Nixon. También agarraban tu pasaporte y, sobre dos páginas, ponían un cuño que decía "Llegado de Cuba". Con esto podías entrar en el "mundo libre".

Esta comedia de inteligencia de la CIA no era del agrado del señor mayor y calvo que me precedía en la cola para la foto. Se dirigió hacia el fotógrafo, le arrancó el aparato de la mano, lo tiró contra el muro donde estalló en mil pedazos, gritando: "No tienen derecho, cabrones". Fue aplaudido por todos los demás candidatos que iban a enriquecer los archivos de la CIA. Siguió un tumulto de gritos y empujones gracias al cual creo que escapé a la foto, pero no al cuño en mi pasaporte aún belga.

Desde entonces me dejé crecer la barba que aún tengo desde hace treinta y siete años. Me acostumbré a esta cara peluda, cómoda, en la que no se nota si tú no te afeitas y que con unas tijeras recorto según mi gusto una vez a la semana. De todas formas, ya no puedo quitármela por miedo a descubrir al viejo que se esconde detrás del pelo y del bigote. De una manera general, nunca he aprendido a cuidarme el aspecto exterior; considero que no soy un sujeto interesante para mí mismo. Dejo a los demás esta fastidiosa tarea.

El día siguiente a mi llegada a México me presenté en la embajada belga con una demanda de pasaporte. Tenía un contacto en la Universidad Autónoma de México que me conectó con alguien que conocía: uno de los directores del Museo de Antropología. Armamos un ciclo de conferencias sobre diferentes temas relacionados con África. ¡Tenía para comer!

* * *

🌿 *El Hedonista* 🌿

En las primeras comunicaciones con Paule, todavía en La Habana, me enteré de que mi padre había muerto una semana antes, después de una breve enfermedad que se suponía que era cáncer. Mi padre, este familiar extraño que nunca conocí, tras decenios de haber hecho acero, que trabajaba las 3x8, al que nunca había escuchado hablar con mi madre sino a gritos, a quien no le gustaba su vida —lo que se comprende— y tampoco se gustaba a sí mismo. Ya no se vería más subiendo a su bicicleta a horas imposibles para ir a tomar el bus que lo llevaba a su turno a enfrentar la boca abierta del alto horno que vomitaba la pasta hirviente que sería acero. La cara frente al líquido y la espalda en la corriente de aire helado que atraviesa el hangar, donde el monstruo vomitaba por horas.

Aunque la fundición estaba a más de cuarenta kilómetros de Heur, en algunas noches claras se veía, desde la loma de la iglesia, el horizonte pintado de naranja a las horas en que se abrían los hornos. Allá estaba mi padre, el que velaba porque hubiera comida en la mesa. Entre gases, nubes de humo tóxico, olores a azufre y polvos de metales, con un largo gancho sacando las impurezas y vigilando que el flujo del río de magma corriera para donde debía correr.

No estaba allí por gusto. Todos los días de su vida maldijo el día en que puso el pie en aquel volcán. Pero lo seguía haciendo. Nunca sabré por qué. Nunca lo conocí haciendo otra cosa, aunque mi madre contaba que en la guerra de los nazis le dieron un trabajo de guardia de noche de los campos agrícolas, que consistía en impedir que la gente de la ciudad de Lieja viniera a robar papas, trigo o remolachas. Tanta era la hambruna en la ciudad.

Me dijo también que ellos, los del campo, no pasaban hambre. Tenían sus propias tierras y por falta de leche de vaca, que se debía entregar al ejército nazi, me criaron con leche de cabra y de burra. Nuestra casa era la obra de su vida. Estaba situada casi al final de la única calle del pueblo. En su momento, era la casa más moderna del pueblo, con su techo de dos aguas, muy pendientes, sus muros de ladrillos rojos muy regulares, una terracita en frente a la cual se accedía por cinco escalones que daban a la puerta principal que, hasta donde yo recuerdo, nunca fue abierta, salvo para sacar el ataúd de mi abuela que vivía con nosotros y se murió cuando yo era sargento en la escuela militar.

La planta baja estaba compuesta por una sala grande, un comedor calentado por una gran estufa de carbón y una cocina que tenía otra estufa. Estas dos estufas eran la única calefacción de toda la casa. En el primer piso había tres cuartos y una sala de baño la cual nunca fue instalada.

Salir de la cama en invierno significaba dejarse traspasar de lado a lado, cuerpo y alma, por rayos helados. Por eso, mucho antes de la hora de salir de debajo de los tres o cuatro cobertores, mi madre ya había reanimado la estufa con el carbón traído la noche anterior. Salir de la cama, vestirse rápidamente con ropa helada, bajar la escalera y entrar en la sala donde la estufa roncaba, era como renacer.

Es probable que esa casa fuese la razón que estimulaba la convivencia decepcionante, agria y violenta entre mis padres. Debe ser que no era fácil pagar los treinta y cinco años de mensualidades, sobre todo cuando llegaron mis hermanas a enriquecer el pueblo flamenco. También estoy convencido de que, por ellas, mi padre no podía dejar de trabajar ni un día hasta que se murió un año antes de beneficiarse con el retiro. Faltar a un solo pago nunca se le hubiera ocurrido. La deuda, antes de ser un asunto de dinero, es un asunto de honor. La palabra dada era sagrada, a pesar de haber pagado a los bancos cuatro veces lo que de verdad costaba.

Cuando mi padre regresaba del monstruo, un olor a polvo metálico llenaba la sala, diferente del olor agrícola y de bestias que reinaba en todo el pueblo y que cambiaba con las temporadas. El olor a boñiga de vaca era el olor maestro y permanente. Aquellos animales aprovechaban sus idas y vueltas desde el pastoreo al establo para sembrarlo todo con sus grasas y negras galletas que impregnaban hasta los muros de las casas. Todas estas fragancias típicas de un pueblo agrícola desaparecían cuando él entraba en la sala.

En el mundo de mi padre, la ternura no se expresaba con gestos, menos con palabras. Me es fácil recordar las pocas veces en que vi sus ojos endulzarse, casi dejando escapar una mirada de orgullo y ternura. Ocurrió un par de veces en los cafés, cuando lo acompañaba para los cantos de gallos o las carreras de palomas viajeras. Entonces me ofrecía una barra de chocolate y furtivamente pasaba la mano por mi cabello. Sentía el peso de su mano, aquella mano que casi siempre me pegaba, casi como una caricia, pero contenida, como si tuviese miedo de decir o hacer algo malo. Esos raros momentos eran eternos para mí, una eternidad que nunca debió durar más que un instante, pues pronto retiraba su mano. No hablaba. Charlar no era de su estilo, menos para decir nada. Estaba enojado con las palabras. Nunca he sabido cuáles fueron las cosas que amaba, probablemente porque estaba convencido de que no amaba ninguna.

Obedecía, a su manera, a su destino fatal. Cuando a la edad de hacer las mil y una preguntas, cuando lo ayudaba a sembrar o cosechar papas, fresas, tomates y unas cosas más que cultivaba en un pedacito de terreno al lado de la casa —¿por qué llueve?; ¿por qué los pájaros vuelan?; ¿por qué aquel suelo es gris y el otro de color ladrillo?; ¿por qué?; ¿por qué?; ¿por qué? —, me gritaba que fuera un poco más silencioso. Y si seguía preguntando, se enojaba de verdad y me mandaba a volar. Seguro que en los planes que tenía para mí, el primero era el de llevarme un día con él al volcán de la industria metalúrgica valona y, de paso, los domingos, a la cantina donde los gallos cantaban y las palomas volaban.

El día que le llevé a Marie Chantal —porque ella quería conocer a mis padres—, me cuestionó sobre lo que yo hacía. Le expliqué los viajes al África, mis estudios de sociología en América. Me preguntó si en África había estado con las negras, lo que por lo visto no le gustaba. No le contesté para evitar que me diera una respuesta racista. Luego quiso saber qué era eso de la sociología. Traté de ser sencillo, enredándome en mi explicación. Me miró gravemente y con reproche en la voz, me preguntó:

—¿Y cuándo vas a empezar a trabajar?

Cuando lo miraba con su cuerpo masivo, que le dificultaba subir a la bicicleta, su cráneo calvo —desde que recuerdo su cráneo era calvo—, era difícil creer que tenía la reputación de haber sido un día el hombre más guapo del pueblo, que subía los treinta y cuatro escalones de un granero con dos bultos de trigo de cincuenta kilos sobre el hombro.

Desde temprano me pregunté qué es lo que pensaba; qué ideas y sentimientos lo perturbaban, cuáles lo divertían. No lo sé y nunca lo sabré. En verano, cuando lo veía subir a su bicicleta que tenía que inclinar ligeramente para poder pasar la pierna por encima de la silla, admiraba su fatalismo para ir a enfrentar un río de magma. Ya el calor sin magma era insoportable. En invierno, cuando llegaba congelado, con la cara rojo-azulada por el frío, y se reanimaba los pies en una cubeta de agua caliente que mi madre le preparaba, mi cabeza se llenaba de compasión y de rabia a punto de llorar. Así aprendí la condición obrera de la industria metalúrgica de Lieja, la miseria, la pobreza de la existencia, sus condiciones físicas y morales deplorables Este es el origen de mi rebelión, que se reforzaba en paralelo con el grado de mi toma de conciencia política y social. Los hechos, antes de incursionar en la formulación de los análisis socio-económicos, me enseñaron la condición obrera.

No sé lo que le debo a mi padre ni cómo quitarme la deuda de la existencia. Tal vez recordándolo, como lo estoy haciendo ahora, contando lo que fue el trabajo y la vida de aquellos que fueron explotados, aquellos que cobraban una miseria, la alienación de aquellos que no tenían la conciencia, ni los medios, ni las palabras, ni la oportunidad de rebelarse.

Tal vez por ser el hijo de mi padre, un hijo de un obrero metalúrgico, soy así donde quiera que vaya, aunque esté entre la burguesía, entre los que lo tienen todo, los que han tenido suerte, los que están seguros de sí mismos. Porque de cierta forma son ellos, los patrones de mi padre, los responsables de las condiciones de vida que me impusieron, los que hicieron de mí lo que soy hoy y seré siempre: un rebelde. Esto es lo que le debo. Así por lo menos la vida de mi padre no habrá sido en vano como lo parece. Nuestras trayectorias nos condujeron —a él y a mí— a vivir sobre dos planetas extraños y diferentes el uno del otro, como los planetas que siempre circulan a la misma distancia con la misma relación entre sí.

* * *

¿Por qué decidimos viajar a América Latina? Por nada, para ver. Paule había decidido seguir, por un rato más, el caminito de la vida que habíamos empezado a andar.

Por eso me fui a comprar un coche de quinta mano en Laredo, Texas. Unos encuentros raros en el camino, que hice con el dedo al aire, me llevaron a la conclusión de que poniendo el dedo al aire en México, te conviertes en un posible objeto sexual, para todo tipo de gente, de todas las clases sociales y de todas las edades. Salvé mi virginidad de este lado. Llegué a Laredo con la impresión de que la bisexualidad en México estaba bastante desarrollada.

De regreso, al volante de un Chevrolet azul automático, de unos diez años de antigüedad, lo que tenía que pasar pasó. No se compra un coche por ciento setenta y cinco dólares para que te lleve lejos. Me dejó a unos cien kilómetros al sur de Monterrey. Pero como buen hijo, tuvo la gracia de descomponerse a unos cientos de metros de una gasolinera con taller. Aparte de esta gasolinera no hay nada ni nadie en ese terrirorio. A lo lejos, pegado contra una montaña, está el pueblo; pero en la carretera fantasma, sola una gasolinera solitaria. Bueno, para la reparación se necesitaba una pieza que se conseguía solo en Monterrey, cosa de la cual el chofer del autobús que pasaba por allá dos veces al día se iba encargar.

Me alojé en el segundo piso de la cantina del pueblo, frente a la iglesia. El lugar parecía escapado del escenario de una película de Ford, con John Wayne como actor principal. Si quieres saber cómo era, busca cualquier película de John Wayne donde hay un pueblo mexicano, según la versión Hollywood. Los tres días siguientes los pasé sentado sobre una silla de plástico, apoyado contra la pared de la gasolinera mirando los camiones y los coches pasar, bebiendo coca cola, fumando y comiendo perros calientes picantes.

Allí fui testigo ocular de un tráfico que hizo que el grado de imaginación e invención del pueblo mexicano subiera varios escalones en mi opinión. Desde el primer día ya había visto que, cada vez que un coche con placas de los EE. UU. con rumbo al norte se paraba para llenar su tanque, el empleado, maestro de la bomba, trataba de venderle un paquete de lo que rápidamente comprendí era marihuana. Si resultaba la venta, el tipo se iba al teléfono, hablaba brevemente, regresaba al taller y se ponía a charlar conmigo. Horas después, un autobús proveniente de Laredo y Monterrey se paraba del otro lado de la carretera y tocaba el claxon. En seguida el servidor de la gasolinera se precipitaba hacia el chofer, moviendo sus cortas piernas y gran trasero con una agilidad sorprendente. El chofer le bajaba por la ventanilla una bolsa de plástico que descubrí que contenía el mismo paquete vendido a los gringos junto con la gasolina.

En dos días comprendí el circo. El gasolinero tenía un cuate en la policía o la aduana fronteriza al cual señalaba el coche que llevaba la marihuana. Para no ir a mayores, el gringo pagaba por cierto una buena mordida y el policía se quedaba con el paquete, que remitía al chofer del autobús, quien lo regresaba al vendedor. No sé cuantas veces el paquete viajó hasta la frontera pero todos en esta gasolinera-taller estaban de excelente humor.

En México, D. F. me alojé en la casa de un contacto habanero, el arquitecto Jaime y su simpatiquísima esposa Margarita, que tenía dos amigas solteras iguales de simpáticas que ella, quienes me llevaron un par de veces a la zona rosa. En esta época en la zona reinaba una atmósfera de barrio latino parisino. Por estúpido, inexperto, tonto, imbécil, jovencito, bobo, torpe, inhábil, fallé en hacer el amor con estas dos mujeres (no separadas sino juntas). Hasta hoy me arrepiento.

* * *

A fines de agosto llegó Paule que ya, en una vida anterior, había conocido esta ciudad. Cargamos el Chevrolet, nos despedimos y, sin pedir más, nos enganchamos hacia Yucatán, que no es precisamente el camino más directo hacia Santiago de Chile.

Turismo de vagabundos, eso es lo que era. Libres, saliendo de los senderos trazados. Recuerdo que, para visitar la zona de Palenque, tuvimos que ir al pueblo a buscar al guardia que tenía la llave. Encontramos allá a un arqueólogo alemán que trataba de encontrarles sentido a todas esas piedras. Simpatizamos y nos quedamos poniendo la tienda de campaña que teníamos, cerca del baño de las vírgenes, o algo así.

❦ J-P Goffings ❦

De Guatemala a Antigua había por lo menos cinco retenes del ejército que buscaban guerrilleros. Llegando a Antigua, a la caída de la noche, nos alojamos en un hotelito frente al cuartel de policía. Apenas apagado el motor del Chevrolet, se cerraron las dos enormes y pesadas puertas del portón. Nadie en las calles. La poca gente que vimos marchaba de prisa, rasando los muros. No era el momento de una apacible caminata turística, así que nos metimos a la cama temprano. Sobre las diez, empezó lo que parecía una toma de la ciudad, con tiroteos muy nutridos y continuos. Para calmar nuestro nerviosismo, apagué la luz e hice despliegue de mi ciencia militar informando a Paule de qué tipo de armas eran los tiros. "¿Ves, querida? Eso es un mortero cincuenta y dos y eso una ametralladora de treinta y uno; el otro es un tiro de un FAL". El asunto se calmó sin parar por completo después de una hora. Nada tranquilos, más bien angustiados, nos dormimos.

Al día siguiente, en la plaza llena de indígenas vendiendo artesanías, un viejito simpático que quería vendernos un poncho nos dijo:

—¡Qué pena que no vinieran ayer! Había una fiesta en el barrio de San José. ¡Tiramos petardos hasta la madrugada!

Hasta hoy Paule se ríe de mi ciencia militar.

El día anterior del que elegimos para salir de El Salvador ocurrió un asalto a un banco. Botín: unos millones de dólares. Al siguiente día, grandes titulares en todos los periódicos: "El asalto estaba tan bien preparado y llevado a cabo que, por cierto, los culpables son extranjeros". Ese mismo día nos presentamos en la frontera con Honduras. Nunca un coche fue tan bien desarmado e inspeccionado. Mientras tanto, Paule se quedaba estoicamente sentada sobre un Colt 38 comprado al guardia de la zona arqueológica de Palenque, con las balas en su trusa de costura, que el militar pidió para examinar, aunque no vio las balas. Hay un hada para los viajeros vagabundos.

En la frontera entre Honduras y Nicaragua caímos en la guerra del fútbol. Ambos puestos fronterizos se habían retirado a unos veinte kilómetros. Tardamos tres horas para pasar el *no-man's-land* entre hoyos de bombas. Deshecha, destrozada, la carretera era igual a una calle de Berlín en 1945. Cuando llegamos al otro lado pensé que me había equivocado y hecho una vuelta de regreso. Los muchachos en uniformes eran iguales a aquellos que acabábamos de dejar; los mismos fusiles, los mismos cinturones que decían "US Army", las mismas gorras, los mismos pantalones y zapatos, y ellos igual de bajitos y morenos.

En Costa Rica tomamos a bordo a dos jóvenes: uno era colombiano y el otro peruano. El peruano nos salvó la vida cuando, bajando el Cerro de la Muerte, se nos fueron los frenos. Logramos parar el coche, cada uno frenando con sus pies y llevando el vehículo hacia el talud. Era buen mecánico y nos arregló el Chevrolet en varias ocasiones.

Los viajeros nos acompañaron hasta Panamá donde una noche, parados en un pueblo, participamos de una fiesta. Pero se pusieron en una bronca por el asunto de haber mirado a una muchacha, cosa que no les gustó al hermano y al papá de la niña. Paule los curó con lo que nos quedaba en la trusa de primeros auxilios. En una playa hicimos un concurso de tiro instintivo con el Colt 38, así, de la cadera, como John Wayne. Les gané.

Llegamos bastante destrozados, sucios y cansados a la zona del Canal de Panamá, para darnos cuenta de que la carretera Panamericana se terminaba allá y no seguía del otro lado del canal. Aquella parte de Panamá era utilizada por el ejército norteamericano como zona de ejercicios para las tropas que iban a Vietnam. Por lo menos esto es lo que nos dijeron los panameños.

El peruano tomó un avión para Medellín, en Colombia, porque allí estaban las mujeres más bellas de América Latina según él. Encontré en ello una excelente razón para ir a Medellín. El colombiano quería quedarse un rato en Panamá, donde había conseguido un trabajito no sé de qué. Fueron buenos compañeros con buen sentido del humor. Nos reíamos a veces hasta que nos dolía la panza.

No recuerdo cómo lo encontramos, pero un gringo ya mayor, empleado de la zona del canal, nos invitó a su casa y nos hizo visitar la zona que, social y arquitectónicamente, era como un suburbio de Washington. Era simpático y probablemente de la CIA.

Logramos vender el Chevrolet y el Colt 38 a un joven comerciante chino, lo que nos permitió comprar un pasaje en un trasatlántico italiano con el bonito nombre de Leonardo Da Vinci que, una vez pasado el canal, hacía cabotaje a lo largo de la costa pacífica hasta Valparaíso. Pero teníamos ganas de hacer el tramo por carretera, así que desembarcamos en Callao, el puerto de Lima.

Cuatro noches en el confort de un trasatlántico, con camarote matrimonial, *farniente* y comida italiana, nos repusieron físicamente de tres semanas de *camping* y de dormir en el coche. Moralmente no era necesario recomponerse. Paule es magnífica compañera de viaje. Todo lo tomaba a la ligera, incluso la insoportable humedad y las legiones de mosquitos de Panamá. Nunca se quejaba.

Seguimos por carretera hasta Lima, donde tenía un buen contacto en la Universidad de San Marco. Si hay una cosa que no comprendo es por qué Lima está donde está. Un cielo siempre gris, como sus majestuosos edificios y palacios coloniales. Nunca vimos el sol allí. Unas peruanas conocidas en el Leonardo Da Vinci nos ofrecieron hospedaje en un palacio que tenían desocupado: una docena de cuartos, salones de mármol con columnas y escalera monumental. Cuando sonaba el teléfono tenías que correr cincuenta metros y bajar veinte escalones para alcanzarlo. Frío pero ostentoso.

Esas casas fueron construidas cuando la burguesía todavía no invertía su dinero en la bolsa de valores sino en la piedra. Igual que los peuls del Sahel, que no tienen ganado para hacerse ricos sino para demostrar su estatus social, los peruanos hicieron casas para demostrar su rango. Cuanta más ostentación, columnas y mármoles, más elevado su rango y más celoso el vecino.

Ya había experimentado este concurso de arquitecturas de "a quién más" en el barrio del Vedado de La Habana. Los ricos se comportan y tienen los mismos valores en todo el mundo.

Un seminario en San Marcos, unas conferencias más un par de emisiones de televisión, siempre sobre las culturas africanas, nos repusieron bastante las finanzas como para seguir hacia Chile.

Creo que en esta época no había nada más fácil que desplegar algunos conocimientos sobre África. La cultura general de la intelectualidad local sobre el tema era doble cero. Sus conocimientos no llegaban más allá de lo que traían los dibujos de Tarzán y Jane. Así que no me costaba mucho trabajo ser un experto.

Subimos al autobús contentos de dejar Lima, la gris.

* * *

Anteayer, 15 de febrero de 2007, desde Campeche mandamos veinticinco mil peces juveniles de 0,89 gramos a Culiacán en la costa pacífica de México, justo del lado opuesto. Unas cincuenta y dos horas de camión. Son granjeros de camarón que quieren averiguar si no ganarían más dinero cultivando peces. No es difícil predecirlo, porque con el camarón hace rato que no ganan ninguno y si no fuera por las intervenciones masivas de subvenciones del gobierno con dinero público, probablemente estarían muertos desde hace tiempo.

Esta situación siniestra del cultivo del camarón me fue pronosticada hace quince años por el señor De la Pomelie, especialista del IFREMER en una conferencia al regresar de un viaje a Asia. La mayor parte del camarón asiático se produce en un sistema cooperativista, y las cooperativas —manejadas por los estados— abastecen al productor de semillas, alimento, asistencia veterinaria y medicamentos. Y luego les compra la producción. Los productores, en su mayoría campesinos que tienen algún acceso al agua salada, trabajan en familia y casi no tienen ningún costo de producción. A menudo el estanque de camarón está a cargo de la mujer y los hijos. No producen mucho por familia, alrededor de unas decenas de toneladas, pero no les cuesta gran cosa. Lo que les paga la cooperativa es pura ganancia que se adiciona al ingreso tradicional.

Así es como los obreros de Milwaukee o de Turín pueden comer camarón. Pero también hace que producir camarón en cualquier otra parte del mundo ya no sea rentable. Desde hace siete años estoy contando esta historia a los camaroneros mexicanos y a los funcionarios de los gobiernos. Nadie lo creía y nadie hacía caso. Seguían pagando costos de producción aunque el producto estuviera fuera del mercado. Parece que no saben hacer otra cosa: siguen esperando que la bonanza del camarón regrese otra vez y por eso lo siguen haciendo. Y el tesoro público, ayudando.

Tengo que callarme porque cometí el mismo error con mis granjas de peces en Francia. Lo cuento más tarde. Una de las alternativas, pero aún no comprendida por el comisionado, recuérdese, era cultivar peces marinos para los cuales ya tenían las instalaciones y las inversiones hechas. Aparte de esta empresa en Culiacán, a nadie todavía le había caído el veinte. De ahí podría venir el renacimiento de la industria pesquera mexicana. Por eso hace falta, solamente, que el jefe de turno —para quien, como para cualquier buen político, todo anda bien—, patrón de la CONAPESCA y de un presupuesto de miles de millones de pesos que nadie sabe para dónde van, abra un poco los ojos.

Es contraproducente dejar las cuestiones de desarrollo en manos de políticos incompetentes, quienes siempre tienen prioridades que no son productivas y, en el caso particular de México, son incapaces de ver más lejos que sus turnos en el puesto. Estoy todavía, tras nueve años, en espera de que a la legión de funcionarios, investigadores y políticos les caiga el veinte. Todo lo que saben hacer es cantar la gloria del jefe para asegurarse sus fines de quincenas. De resultados, nada. Son como la Santa Iglesia de

Roma: no cambian hasta que están obligados; entonces piden disculpas, a veces con quinientos años de retraso. Mientras tanto, seguimos haciendo funcionar el único laboratorio de producción masiva de peces marinos en México, rodeados por enanos de la visión y del coraje para ver las realidades de frente después.

* * *

Santiago de Chile nos recibió con un aire de invierno. Los altos de Lo Barnechea estaban blancos de nieve. El aire que bajaba de los Andes enfriaba los huesos. El río careaba trozos de hielo y los árboles del parque de Providencia tenían los pies fríos. Me resultó muy extraña la explosión del invierno en julio. Sin haberlo planeado, leíamos poco las noticias en este viaje. Nuestra entrada iba a la par de las últimas semanas de la campaña electoral en la cual se enfrentaban la Unidad Popular de Salvador Allende, la Democracia Cristiana de Eduardo Frey y el Partido Conservador con su candidato Alessandri a quien, por su edad y su programa conservador, todos llamaban "el Momio" y a sus partidarios, "los momios".

Nuestro contacto chileno era el señor Arancibia, que estaba muy comprometido con Allende y el partido socialista chileno, y nos puso al tanto sin tardar. La coalición de la Unidad Popular incluía a todos, desde los muchachos y muchachas guevaristas-castristas del Movimiento de Izquierda Revolucionario, el MIR, adeptos de la revolución armada, hasta los más mansos socio-demócratas del partido socialista, pasando por el muy estalinista partido comunista. Como ejercicio equilibrista, este era de alto vuelo y sin red de seguridad.

Todo nos gustaba: los chilenos, francos y abiertos, con un gran sentido del humor, ironía, espíritu crítico y falta de respeto hacia lo establecido. Era muy refrescante después del real-socialismo cubano. Los chilenos no se toman en serio; el tipo de seriedad que lleva a ser pesados no es de su gusto. Un poco como los judíos, quienes también saben reírse de sí mismos, lo que los salvó de sus dramas existenciales, como individuos y como pueblo.

Nunca había visto algo parecido: las chilenas y los chilenos según sus preferencias políticas mostraban uno, dos o tres dedos, o accionaban el claxon de su auto el número de veces que correspondía a su candidato preferido. En los balcones de sus casas, como en las tiendas, desplegaban carteles con el número uno, dos o tres. Cuando se encontraban con alguien que contestaba a su saludo con otro número, se reían de buen corazón y hacían un movimiento con la mano izquierda hacia el trasero

para hacer comprender que el otro iba a llevar una cola. Llevar una cola es perder las elecciones.

No lo van a creer, pero el día después de las famosas elecciones que ganó Allende, varios opositores se paseaban por las calles jalando una cola de tela o de papel atada a la chaqueta.

¿Cómo resistir a la seducción de tanto buen humor? Fuimos seducidos por esta gente desde el primer día y todavía los considero los latinoamericanos más cultos, inteligentes y abiertos de todos. Su enorme progreso económico de los últimos diez años es prueba de que no me equivoqué.

La primera en conseguir trabajo fue Paule, nada menos que como traductora del obispo de Santiago. Era temporal pero pagaba bien. Nos instalamos en la orilla del barrio residencial de la clase media en los bajos del parque de Providencia, del otro lado de la universidad de la cual nos separaba, en los altos de la Alameda que llevaba al centro, el río Mapocho.

Pasé días y noches en el parque de la Alameda, que se había convertido en tribuna pública y popular de todos los partidos políticos. Debates e intercambios civilizados, aunque los tonos eran a veces vehementes; pero nunca vi que se llegara a las manos.

No crean que era solamente un fenómeno de ciudad. El primer domingo, Arancibia nos llevó más arriba en la cordillera contra la cual Santiago se apoya y donde la clase media tiene sus casitas de campo de fines de semana. Era emocionante pasar por los pueblitos de unas pocas chozas y ver a los campesinos saludando a los pasantes con uno, dos o tres dedos levantados. La mayoría levantaba tres, de la Unidad Popular de Allende.

Las dos universidades de Santiago, la Católica y la de Chile, me contrataron para dar unos seminarios y cursos sobre mi sustento ya habitual: África. La universidad chilena incluso me dio dos horas de programa en su canal de televisión, lo que nos permitió acompañar nuestra dieta de ensaladas con quesos y vinos.

La democracia es hermosa cuando la dejan expresarse. No pasaban más de dos días sin una manifestación en apoyo a tal o cual candidato en la misma avenida Alameda. La medida de la popularidad consistía en ver hasta dónde se llenaba la avenida. En los títulos de los periódicos del día siguiente se podía leer: "Ayer la democristiana llegó hasta el número tal".

La más impresionante que me tocó ver era la de las mujeres de Chile en apoyo a Salvador Allende Gossens, encabezada por una manta a todo lo ancho de la avenida que decía en letras monumentales: "Mujeres de Chile, con Salvador Allende… gocen". Allí estaba todo el sentido del humor, de la ligereza y la libertad que caracteriza a la mujer chilena.

Hasta donde yo sé, la mujer chilena es libertina, con lo que quiero decir amante de la libertad y practicante de la independencia. Se contaba —no lo verifiqué— que genéticamente nacen muchas más hembras que machos y que en la época de la colonización de Australia —de la cual los primeros colonizadores eran los presos ingleses—, barcos enteros llenos de chilenas fueron mandados a ese continente para equilibrar los géneros y dar inicio a una colonización duradera. No sé si es verdad, pero este desequilibrio de géneros tal vez ha forjado el carácter de la chilena, libre e independiente. Todo lo contrario de la mujer latina estereotipada, sumisa, dependiente, poco educada, en perpetua búsqueda de la seguridad material, la exclusividad sentimental, afectiva y sexual al punto de sacrificarse como persona para lograrlo; "madres con tetas grandes" como lo dice tan bien Fernanda Familiar, hueco negro más que fuente de luz. Como ya lo dije, madre y esposa, no mujer. Pero cuidado, las generalizaciones siempre son peligrosas.

* * *

Libertina. Ya solté la palabra. A mi juicio, no hay hombre ni mujer, pensamiento o filosofía digna de su nombre que no sea libertino, es decir, liberado, autónomo, independiente, poco preocupado del orden y de la moda de una época que casi hace, de todos, domésticos y lacayos. El libertino es lo contrario al sumiso. El verdadero libertino no tiene dios ni lazos que traben su libertad; es equilibrado y auténtico. Por supuesto el libertino se reconoce de una sola mirada; tiene enemigos por todas partes. Porque el libertino no tiene ni quiere aceptar ataduras. Él pone incansablemente al todopoderoso individuo antes de los grupos, las masas, las castas. No quiere la mediocridad de las sociedades, ni aquellas de hoy ni aquellas de mañana, aunque se las pinten luminosas. Quiere el "aquí y ahora", el placer, la voluntad, la existencia entusiasta, la satisfacción, la felicidad individual en contra de una hipotética felicidad colectiva siempre por llegar. Dice en alto lo que todo el mundo platica o quisiera platicar en voz baja.

¿Esto quiere decir que rechaza toda moral? Por supuesto que no; al contrario. Anuncia una ética de substitución. Usa su conciencia en la codificación de los placeres, operando una sutil diferenciación entre la calidad y la cantidad. El libertino, como dijo La Mettrie, filósofo y médico en el ejército de Luis XIV, enemigo de Voltaire y Rousseau, nunca se despreocupa de los demás: el bien para él no es posible sin la felicidad de los demás.

🍷 *El Hedonista* 🍷

Es la moral opuesta a las reglas de la moral de los libros sagrados que, por siglos y siglos, se acomodaron muy bien al sufrimiento de los demás, a la miseria de importantes proporciones de la población (el caso de México es caricatural). Para el libertino, la satisfacción y la felicidad no pueden ser solitarias o individuales; el placer del otro y su felicidad le son tan necesarios que no es posible sentir el verdadero placer sin el placer del otro.

Afirma La Mettrie que el placer sensual, el deseo, quererlo, solicitarlo, recordarlo, convocarlo, realizarlo, sugerirlo, es tan grande que "gozar nos eleva por encima de nosotros mismos", nos arranca de nuestra triste condición de mortales, nos hace olvidar que tenemos que morir, que vamos a morir.

* * *

Unas palabras sobre La Mettrie, a quien me han llevado unos pensamientos acerca de las mujeres chilenas.

En 1742, durante la batalla de Flandes, sufrió una fiebre que lo dejó varios días inconsciente. Como médico y filósofo que era, experimentó sobre sí mismo la demostración de que el alma y el pensamiento son de materia; porque cuando la carne falla, el pensamiento no tiene lugar. Confirmado por haberlo experimentado en carne propia, pasó el resto de su vida escribiendo su visión de la vida y del mundo, influenciada por su experiencia.

¿Qué puede el cuerpo fuera del gozo del amor? ¿Fuera de gozar de todo? La música, el cine, la lectura, el teatro, el trabajo hecho con placer, la danza y la mesa, a condición de que se permita ser acompañado por alegres anfitrionas, finas, cultivadas y cuyas conversaciones sean agradables. Asimismo el espectáculo de la naturaleza, la belleza de los paisajes, la explosión fascinante de las estrellas. En todas las ocasiones, vivir es la búsqueda de las ocasiones para ser feliz. Es querer gozar. De manera que el deseo de placer es asunto de materia. Esta no es ni mala ni buena; es la naturaleza. No hay necesidad de grandes demostraciones para probar lo que genera placer y lo que genera disgusto: el cuerpo lo sabe solo.

* * *

El entorno inmediato del candidato Allende fue monopolizado físicamente, con el pretexto de la seguridad, por los muchachos y muchachas del MIR, o sea, el ala más guevarista-castrista y radical de los grupos izquierdistas que actuaron como guardia pretoriana de la Unidad Popular. Esto tendría sus implicaciones y consecuencias más tarde.

Que Allende fuera elegido en una contienda de un solo turno, es decir, con algo más del treinta y ocho por ciento de los votos, no nos restó alegría ni nos aguó la fiesta. Pasé una semana entera bailando la cueca y tomando vino blanco que, además de alegrarme, me provocaba unos dolores de cabeza espantosos, lo que no me impedía beber igual al día siguiente. Así es la juventud. En una de estas peñas encontramos a Isabel Allende quien decenios después sería nuestra autora latina favorita. Para los que quieran saber más sobre la idiosincrasia chilena les recomiendo leer a esta formidable escritora, sobre todo *Mi país inventado*, obra estupenda. No hay dos como Chile y no hay dos como Isabel.

En poco tiempo la Universidad de Chile, notoriamente de izquierda, se puso al servicio del gobierno. Me inscribí en la sección "Reforma Agraria" y me fui con una docena de muchachos y muchachas al campo a la región de Bulnes, al sur de Santiago, donde empieza el territorio de los mapuches.

Aquel latifundio era una maravilla. Contenía y producía trigo y maíz, alojaba una fábrica de queso artesanal, un rebaño de ciento cincuenta vacas lecheras normandas, un haras de caballos pura sangre de carrera con dos árabes entre ellos, hectáreas de viña, varios estanques con peces, dos hangares con puercos y unas dos mil gallinas. Todo estaba mecanizado. Había un taller para atender los ocho tractores y las dos cosechadoras. Todo esto sembrado alrededor de la mansión del propietario. Mejor dicho, del ex propietario, porque nuestra misión de reformistas agrarios era dar una forma de organización a las cooperativas agrícolas que iban a encargarse de mantener el conjunto operacional en beneficio del pueblo.

Sabía algo sobre vacas y trigo. La primera cosa que hice antes de buscar dónde dormir, fue ir a recoger a unos peones en sus chozas para que ordeñaran las vacas, que estaban haciendo un escándalo frente a la sala de ordeñe, mugiendo como si las estuvieran matando con un pequeño cuchillo, las ubres tocando el suelo. Nadie las había ordeñado por días.

No soporto el sufrimiento de los animales. Al anochecer, todas estaban de nuevo pastando y la futura cooperativa campesina de la hacienda, rica con dos mil litros de leche con la cual nadie supo qué hacer. El colector de la fábrica de leche no había venido desde la toma de la hacienda por los valientes peones y trabajadores que habían ejercido sus justos derechos de expropiación.

Aquello no era una reforma agraria muy planificada. Unos cuantos días antes, el propietario del lugar, el hacendado, se fue a Bulnes a hacer compras y al regreso encontró la entrada de su hacienda cerrada, con una docena de peones armados con machetes impidiéndole ir a su casa. Me contaron cómo había pasado en la primera reunión de esa noche. Como planeación me pareció un poco primitivo.

El problema era de tamaño. En la cabeza de los futuros cooperativistas no estaba la misma película que en la cabeza del delegado del ministerio de la reforma agraria que nos acompañaba. Ellos nos esperaban para dividir entre ellos las tierras, las huertas y todo lo que había allí; y cada uno por su cuenta. Por eso no habían ordeñado las vacas: no sabían de quiénes eran.

Cuando el funcionario trató de explicarles sobre la cooperativa, el trabajar juntos por el bien de todos, etcétera, la incomprensión fue total. Aunque no se atrevieron a decirlo claramente, los ojos y las caras de los peones transmitieron desilusión e incomprensión. En aquella reunión fundadora de la cooperativa, muy movida y ruidosa, estaba claro que muchos no se querían entre sí; casi llegaron a los golpes. ¿Cómo se crea una cooperativa entre personas que se odian? Ni en la primera ni en las siguientes reuniones, que duraron horas y horas, alguien se puso de acuerdo.

Mientras discutían por varios días, yo me había apoderado de los caballos y de las vacas junto con el contramaestre, que se había quedado pero que estaba del lado del patrón. Ordeñamos las vacas, botamos la leche y llevamos las vacas a los pastos. En las tardes ensillábamos dos caballos y hacíamos largas cabalgatas por el latifundio mirando, desde las lomas, la viña ya abandonada e invadida por la maleza. Tomamos una copa de vino blanco en una aldea de cuatro casas llenas de mujeres y niños. Aunque no hablamos mucho, nos gustó nuestra mutua compañía.

La planeación socialista no es para la producción, y menos la agrícola. Esto ya fue probado en Bulgaria, en Polonia, en China, en Cuba y en toda la Unión Soviética. No será diferente aquí en Chile. Es cierto el chiste de esa época cuando los soviéticos empezaron a comprar trigo en los Estados Unidos, que decía: "Los comunistas son los agricultores más fuertes del mundo: siembran en Ucrania y cosechan en Arkansas". O el otro que decía: "Establece socialismo en el Sahara y en poco tiempo estarás importando arena".

Un fin de semana asistí a un espectáculo tan triste y melodramático como inútil. Se vendían las pertenencias de los dueños. Allí estaban sentados sobre una docena de sillas, seis o siete hombres, algunos maduros, otros cuarentones, cuatro o cinco mujeres, una de las cuales muy anciana, un par de edad media y dos jóvenes de unos veinte años, guapas, con la frente alta. Hablaban entre ellos en voz baja. Una de las muchachas estalló en llantos y gritos cuando un peón trajo una hermosa yegua y los peones y trabajadores, venidos de todos los alrededores, empezaron a gritar sus apuestas. La muchacha se refugió en los brazos de un señor entrecano y bigote negro, su padre, donde siguió sollozando. Este llanto que viene de las tripas, entrecortado con sobresaltos para encontrar el aire, parecía que iba a sofocarla.

El maestro de ceremonia que reglamentaba la venta pública alzaba la voz gritando las apuestas, aunque esto no era necesario: se había instalado entre los presentes un silencio pesado, hasta los muchachos y las muchachas de las brigadas Isabela Parra del partido comunista que habían sido acarreados de Santiago para la fiesta dejaron de reír o cantar y silenciaron sus grabadoras de las cuales estaban sacando canciones revolucionarias desde la mañana, repitiendo hasta el cansancio "Comandante Che Guevara", "Bella Chao", "Adelina" y más canciones de los republicanos españoles y los revolucionarios mexicanos.

Uno de los dueños, de edad media, vestido a la manera tradicional de los hacendados chilenos (de traje negro, con botas, camisa blanca, sombrero de anchas alas y una manta negra por fuera y roja por dentro que le daba un porte majestuoso) se levantó y gritó una cifra que aparentemente nadie iba a subir. Caminó, recto como un palo, hacia el caballo. El peón, que miraba vergonzosamente la punta de sus chancletas, le tendió las riendas que el caballero tomó sin mirarlo un instante. Dio la vuelta y caminó con la yegua hacia la señorita que había levantado la cabeza del pecho de su padre, secándose las lágrimas con la manga de su blusa blanca y besó con afecto la nariz de la yegua que manifestaba signos de contento. Yo tenía ganas de aplaudir, pero con tantos brigadistas comunistas al lado, me abstuve cobardemente. Pasó lo mismo con la pieza siguiente, una silla de montar inglesa que otro caballero consiguió y le regaló a la señorita.

El silencio seguía reinando entre los asistentes. Un silencio avergonzado de quien de repente se da cuenta de la crueldad gratuita y de la falta de humanidad de las que eran responsables. Después, los ex dueños se levantaron y dejaron el escenario. No le quedó más remedio al maestro de la siniestra representación que declarar la venta cerrada hasta el día siguiente a las diez.

Nosotros, los revolucionarios de pacotilla, debíamos encontrarnos en una fiesta con asado. Me fui a buscar mi colchón en la pieza común

donde dormíamos. Me había quitado hasta el hambre. No pude convencerme de la necesidad de obligar a la burguesía a comprar sus propios bienes personales en nombre del socialismo, la justicia y el bienestar del proletariado.

Temprano, a la mañana siguiente, me fui a visitar la casa de los dueños. El jardín, o lo que quedaba de él, estaba sembrado de todo tipo de basura: cartones, trozos de madera que un día fueron parte de muebles, dos colchones medio podridos y una gran cantidad de botellas vacías. Me dio pena leer las etiquetas, había de todo: coñac Remy Martin, güisqui Black Label y champán Veuve Cliquot. Aparentemente aquí habían pasado unas buenas borracheras. Faltaba un batiente de la puerta, así que entrar no era una infracción. No quedaba gran cosa de muebles, aparte de unas sillas cojas, unos sillones eviscerados al cuchillo que dejaban ver sus rellenos de algodón amarillo, una mesa de madera maciza, que no fue llevada probablemente por su peso y tamaño y que había recibido unos machetazos que no le habían hecho mucho daño. Las paredes de un amarillo rosado estaban vacías y dejaban ver las marcas de los cuadros que un día habían decorado la sala. La chimenea monumental, con dos banquillas de piedra de cada lado, estaba llena de papeles, cartones y cenizas.

La única cosa intacta, y que aún tenía vidrio, era un gran mueble mural de biblioteca. Empecé a leer los títulos: libros sobre caballos, caza, animales salvajes, algunos de geografía, un atlas inglés, todos encuadernados de cuero fino con sus títulos en letras doradas, la Enciclopedia Británica en inglés, que debe valer una fortuna, y en la esquina descubrí una docena de libros de sociología también en inglés, de autores que no conocía.

Tomé uno y me senté en uno de los sillones, de espaldas a la puerta. Debe haber sido interesante porque no escuché sus pasos cuando me asustó una voz femenina detrás del sillón.

—Los puedes tomar, ahora son tuyos.

Cuando salté del sillón, se cayó el libro. Me di vuelta y vi a unos pasos, una mujer de más de treinta años, de ojos claros, con cara dura pero bonita y el pelo largo que le caía sobre los hombros. Estaba vestida con blusa blanca cerrada al cuello excepcionalmente largo; o tal vez era la cerradura de la blusa lo que hizo que lo viera largo y gracioso. Repitió:

—¡Son tuyos ahora!

Me tomé un momento para encontrar una buena respuesta, porque aún no estaba repuesto de la sorpresa. Le contesté en inglés:

—Creo que siempre serán suyos.

Ella quedó sorprendida. Me contestó en un inglés de Oxford o Cambridge:

—Yo ya los tengo adentro. No los necesito más.
—Los libros son compañeros de la vida, uno siempre necesita tenerlos cerca —creo que en alguna parte había leído esto.
—¡Ah!, ¿sí?
Manifiestamente no estaba preparada para esta plática.
—¿Usted no es de aquí?
—No, no soy de aquí, por lo menos no de esta tierra. Pero tal vez por las demás cosas sí soy de aquí —lo había dicho sin respirar, rápidamente.
Esta vez fue ella quien necesitó tiempo. La dureza de su cara había desaparecido para dejar una expresión de sorpresa medio sonriente. Reconocí a la otra mujer que el día anterior, desde lejos, había tomado por una jovencita.
—¡Ah!, usted es poeta.
—No, no soy poeta. Puede ser que sea un romántico, pero poeta no.
—Los poetas se equivocan mucho —en eso estábamos de acuerdo—. ¿Qué haces aquí?
La pregunta fue directa y clara. Después de un momento mirándonos, porque nunca había reflexionado sobre eso, pude balbucear:
—Participo.
En mi voz se debió escuchar excitación y poca convicción.
—¿Y usted lee obras de sociología?
Apuntaba el libro, con un dedo muy delgado.
—Soy sociólogo con especialización en asuntos africanos.
Toda esta conversación se desarrolló ambos de pie con el sillón roto entre los dos.
—¿Y usted?
—Yo también, soy socióloga, urbana.
Caíamos ambos de sorpresa en sorpresa.
—Lo nuestro no sirve para gran cosa, ¿no es así?
—Ya no. Este gobierno nos está llevando al comunismo de Castro y allá los sociólogos no sirven para nada.
—¡Yo estuve allí!
—¿Dónde?
—¡En Cuba!
—¿Entonces eres agente de Castro?
Me ahogué en una risa nerviosa.
—No lo creo. Me botó de allí.
—¿Quién? ¿Castro?
—Sí.

Silencio grave.

—Entonces, ¿qué haces aquí con ellos, con esos ladrones que pretenden robarse hasta el caballo de mi hermana? ¿No estuviste allá ayer?

—Sí.

—¿Qué te parece?

—Lamentable, vergonzoso.

Se adelantó para apoyar las dos manos en la espalda del sillón; manos finas que tenían uñas pintadas de rojo oscuro.

—¿Entonces por qué razón usted participa en eso?

En el fondo, yo me estaba haciendo la misma pregunta.

—Dicen que ustedes los dueños son explotadores.

Regresó a su cara la expresión de dureza y de enojo. Con un tono más alto replicó:

—No es cierto. Les dimos trabajo.

—Pero ellos desayunan con un chile verde, una galleta dura y vieja y unos tragos de mate sin mucha hierba.

—¡Es que lo beben todo!

Vi en sus hombros que ella misma no estaba convencida de lo que estaba diciendo. Aunque unos días después —y lo voy a contar— pude averiguar que ella no estaba totalmente equivocada tampoco.

Sentí que entre los dos se establecía una corriente, lo que los anglosajones llaman *feeling*. Aproveché el silencio para ofrecerle el sillón con un gesto de la mano, lo que aceptó después de alguna excitación que leí en su cara. Se sentó en la punta del sillón con las piernas cruzadas, como se les enseña a las señoritas en la buena sociedad. Yo me senté en el suelo frente a ella, con las piernas cruzadas al estilo indio. Todo esto pasó sin quitarnos la mirada. Al rato bajó la mirada y se dejó caer al fondo del sillón. Entonces vi grandes lágrimas corriendo en sus mejillas, arrastrando el negro de su maquillaje y trazando lentamente su camino hasta su mentón de donde cayeron sobre su blusa, dejando manchas negras sobre su pecho que sollozaba. Hay una cosa que no soporto, es el sufrimiento ajeno; sobre todo de una mujer guapa. Retuve mi impulso de tomarla en mis brazos y consolarla con todo lo que ella me permitiera hacer. Me sentí estúpido por no dejar ir las cosas más lejos. Entre dos suspiros, buscando aire, hizo que su cabeza se moviera hacia atrás y su pecho apuntara hacia mí. Seguía dejando correr sus lágrimas.

—No somos momios, somos cristianos. Siempre hemos tratado bien a la gente como lo manda la *Biblia*.

—La *Biblia* no lo dice todo, aunque se pretenda que todo esté en ella.

—¿Lo demás está en Marx?

"*Touché*", pensaba yo. Esto puso fin al río de lágrimas que ya había empapado su pecho.

¡Diablos! ¡Cuántas ganas le tenía yo a esa mujer, por muy hacendada que fuera! Sentí una erección tan fuerte que me dolía y que traté de esconder cerrando las piernas con los brazos alrededor de las rodillas, lo que resultó incómodo.

—¿Conoces a Pablo Neruda?

—Sí, algunas cosas —mentía, no había leído nada del poeta nacional chileno.

—Es mi favorito.

—Diga algo de él.

Recitó un poema entero de Neruda que trataba del mar. Allí estaba yo, escuchando y deseando a una mujer que recitaba un poema de Neruda, hija de hacendados que supuestamente yo estaba ayudando a expropiar.

Se levantó y fue directo a la biblioteca de donde sacó un libro encuadernado con cuero fino como todos, que encontró sin excitación. Regresó y me lo tendió.

—Toma. Esto sí es un regalo verdadero. Lo demás es robo.

Ya había tenido que reprimir una risa al pensar cómo lucirían los cuadros faltantes en las paredes, que me imaginaba de escenas de caza o de paisajes suizos, en las chozas de los peones. Era *Canto general*, de Pablo Neruda.

Volvió a sentarse. No sé cómo hablamos de Washington y sus monumentos, que ella conocía muy bien, hasta el Circle conocía, y de Londres, de la Galería Tate, que yo no conocía. Luego caímos en las rebeliones de los negros que habían quemado medio barrio en Los Ángeles. Le conté mis experiencias africanas.

Mientras tanto, yo no me aguantaba más dos cosas: un deseo bestial por aquella mujer y quedarme sentado en el suelo. Me levanté para sentarme sobre el brazo del sillón y en ese movimiento le toqué el brazo. Me rechazó pero suavemente. Fue a buscarme una silla coja —le faltaba una pata— que puso frente al sillón. Comprendí que las ganas sexuales eran compartidas pero no llegamos a más.

Pasé un par de horas junto a ella, la más hermosa de todas mis aventuras chilenas. Ya con el sol en alto, fuimos interrumpidos por una tos discreta que hizo que se levantara como si tuviese un resorte debajo de las nalgas.

—Papá.

Apareció en el salón el patriarca, ex dueño de todo lo que pertenecía a la hacienda: vacas, caballos, cabras, tractores, los muertos y los vivos.

—Helena, te estamos buscando.

Por supuesto, no podía llamarse con otro nombre que no fuese Helena.

El papá, vestido como el día anterior con los pantalones adentro de las botas —lo que en el lenguaje vaquero significa que era propietario de un hato de ganado— avanzó sin saludarme. Le respondí con la misma descortesía, encerrando mi regalo con las dos manos.

—¿Has llorado?

La voz del papá era de un barítono tirando hacia lo bajo, grave y suave. No así la mirada que me echó, dura, llena de odio. El deseo de venganza se leía en aquellos ojos claros.

—No, papá, no es nada.

En la mirada de Helena había un profundo afecto y admiración.

—Vamos. Nos están esperando para la comedia socialista —dijo sin quitarme los ojos de encima.

Sabía que si hubiera tenido una oportunidad, me hubiera matado.

Helena se había acercado a su papá y, cuando yo ya pensaba que era lo último que iba a ver de ella, se soltó de su brazo y regresó hacia mí, que me había quedado inmóvil apretando mi Neruda contra mi pecho. Me tendió la mano.

—Tal vez nos veamos en tiempos mejores.

—¿Dónde?

Se rió, dejándome ver por última vez su boca que tanto había deseado.

—En Bulnes.

—¿En Bulnes? ¿Vives en Bulnes?

Para mí todos los hacendados tenían sus palacetes en los barrios *chic* de Santiago.

—¿Qué crees? Esto no se ha acabado. Seguía riéndose.

—¿Cuándo?

—Viernes tarde, en el bar del hotel.

—¿Hay más de un hotel?

—Ninguno que se merezca el nombre.

Durante todo el intercambio, nos quedamos con las manos agarradas. Ella dio un apretón suave antes de liberarse y de juntarse con el papá, que se quedó observando todo aquello de reojo.

Allí estaba yo de nuevo, odiado por su dios-padre y con una cita con la hija que iba a asistir al espectáculo del desmoronamiento de su mundo.

No fui a la representación teatral donde la burguesía tuvo que volver a comprar sus pertenencias. Fui a buscar el caballo negro, un semental alto con crines abundantes y largas, pecho amplio y cola que tocaba casi el suelo. Lo ensillé y di un paseo galopando por los llanos y las lomas de la hacienda. Regresé con la puesta del sol y con un hambre que me dio dolor de cabeza. Desmonté la silla y sequé al caballo que estaba sudado. Esta vez sí que me iba a comer la mitad del asado, aunque para eso tuviese que escuchar todo el repertorio de Isabela Parra, "El Comandante Che Guevara" y todas las canciones republicanas españolas.

Pasé la semana a la espera del viernes, averiguando si las vacas estaban ordeñadas y jugando al fútbol por la tarde contra el equipo de los peones. Era más masacre que fútbol, pero me divertí.

Esa semana murió, en la casa de un peón, un recién nacido de apenas dos semanas. La cajita de madera con el cuerpecito, cubierta con una tela blanca, estaba en el centro de la sala. Cuando se llenó el cuarto, el padre y la madre bailaron una cueca, los pómulos blancos, sin música. Me emocionó mucho y me brotaron lágrimas. Terminada la cueca, el padre tomó la cajita, la llevó bajo el brazo y la enterró en el jardín con el llanto de la madre y de algunas mujeres más. Luego, el padre montó su caballo ya ensillado y se fue a trabajar. Unos muchachos de mi grupo de reformistas agrarios gritaban: "¡Viva la Unidad Popular!". ¡Era de muy mal gusto!

Aunque eran apenas las cuatro de la tarde, el bar del hotel —que parecía más una taberna amplia con muebles de madera fina al estilo de un *pub* inglés— estaba animado y casi lleno. Había de todo: granjeros, funcionarios y políticos, que se reconocen en el mundo entero por sus miradas huidizas, sus risas ruidosas y las miradas misteriosas de los que quieren que pienses que ellos saben más de lo que dicen.

Me senté en una mesita contra la pared con dos sillas. La mesa del lado izquierdo estaba ocupada por cuatro uniformados de cortes y colores diferentes, todos con bigotes, y dos civiles, señores mayores. A la derecha, dos parejas de mediana edad platicaban en voz baja; es decir, los hombres con los hombres y las mujeres, vestidas como salidas de misa, entre ellas. La amplia sala me hizo pensar en una taberna alemana del lado de Soost, en Westfalia: mucho humo, mucho ruido aunque no molesto, ambiente de gente civilizada y bebedora, aplicada en que se respeten las formas.

A pesar del esfuerzo que había hecho para tener un pantalón limpio y una camisa planchada, mis pies sin calcetines y mis mocasines usados hasta el desgaste, me traicionaron. No era parte de ellos. Mirándolos bien, había allí varios uniformados en distintas mesas. El mesero, de unos cuantos años, con delantal hasta la rodilla como las meseras de las *brasseries* parisienses, chaqueta negra, camisa blanca de mangas largas y cara de mapuche, me tomó el pedido —una cerveza— con una expresión de sorpresa. En cada mesa había botellas de vino, pero me moría de ganas por una cerveza, la primera desde hacía mucho tiempo. Hay cosas que delatan nuestro origen.

Todavía no me quedaba claro lo que estaba haciendo allí. Por un rato observé las mesas, casi todas ocupadas, la mayoría silenciosas. Donde hablaban en voz baja era en las de los uniformados. La familiaridad de militares y civiles me pareció algo rara. Por costumbre, en todas partes del mundo los de uniforme van juntos, son gente que marchan al mismo paso, que saben obedecer órdenes, cabezas dentro de las cuales todo está cuadrado con mosaicos sencillos: blanco y negro, bueno y malo. La familiaridad con civiles —raza inferior— es rarísima y casi reservada cuando ocurre en altos grados.

En algunas mesas jugaban a las cartas y en otras, al ajedrez. Casi todos fumaban, lo que me dio unas ganas incontenibles. Cuando llegó mi segunda cerveza, pedí una cajetilla de Marlboro.

Dos cervezas y quizás una hora más tarde, la vi entrar, acompañada por su hermana la sentimental, que de entrada me molestó. Cuando tengo una cita, no me gustan los chaperones. Vinieron directamente a mi mesa, saludando de la mano por aquí y por allá a algunos caballeros que se levantaron a su paso. No era Marilyn Monroe bajando la gran escalera, pero era algo parecido. Me levanté y, aprovechando que me tendía la mano, le hice un besamanos rápido pero fervoroso, lo que provocó sorpresa y risa.

La hermana tomó un colorido rosado. El hielo estaba roto. Pasamos un rato de pie en presentaciones y civilidades. La hermana se llamaba Orfea, tal vez porque el papá, que quería matarme, sabía de mitología griega. La mitad de la sala nos observaba boquiabierta. Por fin el mesero mapuche nos trajo una silla y nos sentamos.

—Y ¿cómo está nuestra estancia? —dijo en un suspiro apenas sentada.

Si yo la había sorprendido con el besamanos, ella me sorprendió al abrir el fuego como si fuera su agente de información.

—No sé bien. Parece que la formación de la cooperativa tiene algunos problemas.

—Claro que tienen problemas. La mayoría de los peones y de los empleados están de nuestro lado. ¿No viste sus caras en la venta?

—No sé. Puede ser.

—Sí, lo es. Sabemos todo lo que pasa, incluso que ordeñas las vacas para que no se mueran.

Me reí, pero no quise comentar.

Pasó un momento mientras el mapuche puso dos vasos de Martini con hielo en la mesa.

—¡Por Dios, qué calor hace aquí!

Sin formalismo, desprendió dos botones de su blusa blanca, lo que dejó aparecer la mitad de dos hermosos, firmes y bien proporcionados senos. Instintivamente empecé a fantasear, besándolos y acariciándolos. Helena sabía hablar a los hombres.

—Mi querido Jean-Pierre, esto no va a llegar muy lejos.

El tono era firme, seguro; no permitía contradicción ni cuestionamiento.

—¿Por qué estás tan segura? —me atreví.

—Esta comedia no tiene na'que ver con el carácter de nuestra gente, que conozco, créeme.

Más chileno que el "na'que ver", te mueres. Lo dicen a todo propósito y todo el tiempo. Es la característica de los chilenos entre todos los latinos.

—¿Entonces qué?

Sorbió un traguito de su Martini rosado, tomando el vaso por el pie con el dedo chico en alto imitada en eso por Orfea que, a juzgar por sus ojos, disfrutaba el intercambio. Puso el vaso en la mesa con delicadeza y replicó:

—Lo vamos a recuperar todo. Allende que no es un mal tipo, va a dimitir; en el mejor de los casos, llamará a otras elecciones.

Esto sí era visión y programa. Siguió:

—Fidel Castro va llegar a Santiago la próxima semana y va a radicalizar la colectivización que nadie quiere aquí, ni los socialistas.

En eso creo que tenía razón.

—Allende fue elegido —objeté tímidamente.

—Sí, con algo como el treinta y seis por ciento. Y se comporta como si hubiera sido con el ochenta.

Olía su perfume ligero con trazas de jazmín y cuando pensaba que no me miraba estudiaba sus senos. Sentí suavemente una erección deliciosa y caliente entre mis piernas. ¿Cómo discutir en serio con una mujer que te da erecciones? Ella también se dio cuenta; lo supe por su ligero rubor; pero hizo como si nada.

—Espero que tengan clemencia y que los tuyos se muestren magnánimos cuando llegue el momento.

No contestó. Se tomaba otro trago siempre con el dedito en alto.

—Tregua, Jean-Pierre. He traído a Orfea porque quería que nos hables del África.

Me mostró su más bonita sonrisa y mi cuerpo respondió con una erección ya respetable.

Las historias de esta otra civilización, verdaderamente otra, con otros valores básicos, otras reglas morales y otras incomprensibles costumbres, el cuento del matrimonio de mujeres de Costa de Marfil y el *Name-Calling* de Liberia las fascinaron tanto como el valor social de la dote, el evitar a la suegra y todo lo demás.

Al vernos reír sin contención, algunos clientes de las mesas vecinas habían acercado sus sillas y me escuchaban. Incluso me proveían de cervezas. Nunca he tenido un auditorio imprevisto de tan buen genio. La historia del *Name-Calling* la conté por lo menos tres veces.

La tarde ya había cedido lugar a la noche. Sin más formalismo, Helena le preguntó a una pareja si me podían llevar en su coche a la hacienda. Pasé los quince kilómetros entre Helena y Orfea. Nadie hablaba. Nos tomamos las manos y nos acariciamos todo el viaje; caricias suaves a las cuales ella correspondía de igual manera. El caballero que nos sirvió de chofer dijo, dejando el motor roncando: "Hasta aquí".

Salimos. Nos besamos con pasión. Sentí, sin vergüenza, una eyaculación: miles de espermatozoides buscaban su camino hacia mi rodilla izquierda —puerto a la izquierda— lo que no era el buen lecho del camino natural, ¿pero qué?

Ella se dio cuenta. Sonrió. Me susurró al oído: —Buena suerte con tu vida —con lágrimas a punto de brotar de sus ojos.

Le contesté: —Igual para ti —también con lágrimas que corrían por mis mejillas perdiéndose en mi barba.

—Eres un buen hombre.

—Eres buena mujer, no te pierdas.

Con las luces del coche, pasé la reja y me fui caminando, saludando por última vez a la silueta que se quedaba detrás de la puerta abierta del auto y que tenía también el brazo en alto.

Ese fue un amor que nunca fue.

Caminé los dos kilómetros que me quedaban con la Cruz del Sur en frente, al lado de un estanque en el cual las ranas me regalaron un concierto; hasta me parecía que se reían de mí.

Campeche, 19 de septiembre de 2007

Querida Helena:

Ya pasaron treinta y siete años de nuestro encuentro. Supongo que recuperaste la hacienda y Orfea, su yegua. Espero que hayas tenido una buena vida, preocupándote por los demás como me lo hiciste comprender en su momento. Tenías el corazón grande. Espero que amaras mucho y que tuvieras muchos amores y amantes, porque uno tiene que vivir sus deseos y amores. Deseo también que hayas sido muy amada. Que hayas tenido a un buen hombre como marido y muchos amantes amorosos y que tal vez, si así lo deseabas, hayas sido madre y ahora abuela. Deseo que el "intermezzo" estalinista de Chile no te haya dejado heridas ni amarguras en tu mente ágil. Sí espero que hayas sacado de aquella experiencia la sabiduría de saber que nuestras preocupaciones diarias, rutinarias y a menudo fútiles pueden llevar a que nos olvidemos de que no todo el mundo vive como uno; cosa que los tontos sí se olvidan hasta que la realidad se les cae encima. Los pobres, que ya no pueden con su pobreza, no tienen mucho con qué manifestarse para que se los tomen en cuenta. No escriben en periódicos o revistas; no tienen sus programas de radio o tele. Sé que descubriste —y no de la mejor manera— que alrededor de ti vivían seres oprimidos, infelices y tratados con injusticia, humana o divina. Deseo que hayas sido magnánima y tolerante, no solamente con los que se equivocaron poco, esto es fácil, sino con los que se equivocaron mucho e irrevocablemente. Seguramente habrás vivido bien, con mucho dinero y espero que, de vez en cuando, lo hayas puesto sobre la mesa para que quede claro quién manda a quién.

Según leo, los asuntos en Chile andan bien. El país crece más que cualquier otro en América Latina, a tal punto que ya eligieron por segunda vez un gobierno socialista; además, a una mujer sin marido, agnóstica —lo que no es poca cosa— y que se cuida del extremismo, lo que desafortunadamente Allende no supo hacer.

Sociable como eres, estoy seguro de que tuviste muchas amigas y amigos de los cuales, por lo menos uno o una, era de plena confianza. También espero que hayas tenido enemigos, ni muchos ni pocos; justo lo que hace falta para que, de vez en cuando, dudes de ti misma. Espero que, por lo menos, un día de cada año hayas estado triste para que ese día hayas descubierto que la risa constante es imbécil y que la risa cotidiana es buena. Espero, por fin, que hayas vivido cada día plenamente, cumpliendo tus deseos para ser feliz. Espero que pasaras sin dolor en el alma los años negros del gobierno de Pinochet, que no tuvo compasión con los poetas que se equivocaron —como siempre lo hacen— y que la venganza estúpida e imbécil no haya oscurecido tu corazón.

Aunque no es excusa de ningún error, nuestra juventud es nuestra juventud. Tú me ayudaste para que no tuviera remordimientos de lo que ya pasó. En 1985 me solicitaron para un trabajo en Chile en la región de

los mapuches. Lo rechacé por miedo a encontrarte, lo que por cierto no hubiese podido evitar. No quería irrumpir en tu vida por segunda vez. Las cosas entre nosotros están bien como están.

Te agradezco por haber sido mi amor más grande que nunca fue, por haberme dejado crecer a tu contacto, tan breve como fue.

Buena suerte con tu vida,

Jean-Pierre

* * *

Al despertar fui a ver al responsable del grupo de reformistas agrarios al cual pertenecía para notificarle que el lunes regresaría a Santiago. Solamente me señaló con la cabeza que estaba bien.

A pesar de ser presa de una enorme nostalgia por Paule, no quería faltar a la fiesta de no sé qué santo en un pueblo a unas tres horas de cabalgata de la hacienda, a la cual el intendente me había invitado.

Vestido con una manta amplia, sombrero, botas con espuelas de plata grandes como la mano y guantes de lana —todo prestado del guardarropa de los dueños que el contramaestre guardaba celosamente escondido bajo su cama en una maleta de cuero—, me sentí todo un vaquero. Apretamos el paso, galopamos en los llanos, desmontamos y caminamos para subir las lomas más escarpadas.

Aquel pueblo no era pueblo; tenía una sola calle polvorienta y un pueblo que se respete debe tener por lo menos dos calles. Era un camino con un par de docenas de chozas de madera de cada lado. Al final, después de la última casa, había un techo con una lona roja sobre la cual, en las características letras blancas, estaba escrito: "Coca Cola", aunque de Coca Cola no vi ni una botella en todo el día.

Dejamos los caballos, mantas y espuelas, custodiados por un conocido de mi compadre. Llegamos a tiempo para ver los últimos pasos de la procesión. Eran cuatro hombres portando en la espalda una tabla sobre la cual tronaba la estatua del santo del cual nunca sabré el nombre. Los portadores deben haber estado ya un poco tomados porque faltó poco para que el santo se cayera en la fosa. Eran seguidos por seis músicos con tambores, trompetas y un acordeonista, algunos niños vestidos de blanco y dos docenas de mujeres, varias en ropa tradicional mapuche con pesados collares de plata fina.

Nos quitamos el sombrero y pusimos una rodilla en el polvo cuando pasaron en frente. Las mujeres rezaban avemarías. No vi ningún cura.

Apenas el santo hubo regresado a la capilla —que se distinguía de las demás chozas por una cruz de dos metros plantada en frente de una cabaña de tablas de las cuales faltaban algunas—, empezó la carrera de caballos en la línea recta del camino. Había carreras de cien y doscientos metros.

Frente a una casa, dos representantes muy voluminosos del género femenino despachaban vino blanco; no en vasos sino en cubitos de cartón de a litro. Algunas vendían también galletas y panes rellenos de carne, cebolla y chile verde. Probé los dos: uno acabó con mi garganta; el otro, con mis tripas.

Cansado de que todas las personas que cruzábamos me ofrecieran de beber de su cubito de vino blanco y también de hacer como si bebiera cuando en verdad cerraba solamente los labios sobre el borde, me retiré sobre una lomita para ver, desde una posición alta, las carreras que se sucedían. Como no apostaba, no me apasionaron de verdad. Deben haber sido cerca de las dos cuando los músicos empezaron a tocar cuecas bajo la lona de "Coca Cola". Ya la cabeza me dolía tanto por el vino blanco que no aguantaba más. Se animó un baile.

Hasta ese momento no había visto presencia femenina de menos de cuarenta años. No sé de dónde salieron, pero había macizas, bajitas, con pelo largo y negro como carbón que encuadraba caras sin expresión, sin risa; incluso las encontré miedosas y graves, como si estuviesen haciendo la cosa más seria de sus vidas. Me aburrí rápidamente y regresé a las carreras.

El público ya había disminuido. Algunos habían caído en las fosas; otros, al lado del camino. Aquello empezaba a tener un aspecto de campo de batalla después de la acción, con cuerpos de caídos sembrados en todos partes; algunos, los unos sobre los otros, en pareja. Como sabes, ya había visto borracheras en todas partes: en África, en Amberes, en Alemania; pero como aquella, ninguna.

La gente bebía hasta caer. Donde cayeran se quedaban hasta recobrar un poco de conciencia por el frío de la noche o hasta cuando un compadre, un poco menos borracho —aunque no mucho—, los cargara sobre sus caballos.

Me sentí mejor cuando el capataz se sentó a mi lado. Le tendí mi cartón de vino, que rechazó.

—Ya no. Tenemos camino por hacer.

No terminó totalmente la frase cuando, de debajo de la lona roja del baile, salió un grito espantoso, seguido por un tumulto superado por más gritos que no comprendí. Veía a una multitud huyendo, corriendo por debajo de la lona. Un jovencito se paró con los ojos fuera de sus órbitas. Nos

gritó que no sé quién había matado a alguien con un cuchillo por haber bailado con una muchacha.

—Nos vamos —fue todo lo que me dijo el capataz, corriendo hacia la casa donde estaban nuestros caballos; yo, detrás de él.

En menos tiempo del que hace falta para decirlo, recuperamos las mantas, ensillamos los caballos y salimos al galope hacia un bosque que alcanzamos cuando los últimos rayos de sol desaparecían detrás una loma. Nos paramos para ajustar las monturas, ponernos las espuelas y vestirnos para la noche.

—¿Qué pasó?

—Un chico acuchilló a otro por un asunto de faldas. Pasa a menudo.

—Ya sé. Pero, ¿por qué corremos nosotros?

Me miró paternalmente, con compasión.

—Por los carabineros.

—¿Dónde están? No vi ninguno.

—Van a llegar. Y todos los que aún estén allá van a ser tomados por asesinos o testigos, el tratamiento para los dos es igual.

—Y ¿por qué no nos fuimos por el camino?

—Porque por ahí vienen los carabineros y de muy mal humor. Cuando esté oscuro regresaremos al camino. En la noche los veremos de lejos.

Remontamos en silencio de viña en viña, de bosque en bosque. Dejamos las riendas sueltas colgando sobre el pescuezo del caballo. El medio nublado de la tarde había dado paso a un cielo espléndido con una media luna que no alcanzaba para ver las ramas de los árboles, de las cuales recibí algunas en plena cara, pero que dejaba que las estrellas luciesen más. ¡Y cómo lucían! Regresamos al camino cuando ya no podíamos más sino adivinar las ramas. Los caballos nos llevaban solos. De tanto vino y excitación me caía del sueño. Poniéndome al lado del capataz escuché que estaba roncando.

Sabía quedarse erecto en la silla de montar, durmiendo; me faltaba mucho para ser un verdadero vaquero. Me recordó el refrán africano que dice: "El tronco del árbol botado en el río puede quedarse allá por cien años, pero nunca será un cocodrilo".

* * *

Dos eventos me dieron la bienvenida en Santiago. El primero fue la visita de Fidel Castro y, el segundo, las manifestaciones diarias de las

J-P Goffings

"cacerolas vacías", es decir, las de amas de casa de clase media o sus criadas, quienes golpeaban con cucharas sartenes, cubetas y cacerolas, formando un concierto ruidoso por las calles centrales de la ciudad. Paule me contó que la situación del abastecimiento de las tiendas había degenerado considerablemente; que las que vendían alimentos estaban casi vacías; que había colas en todas partes para comprar cualquier cosa, casi como en Cuba; que los transportes públicos hacían huelgas y qué más. Parecía que la gestión socialista de la economía no estaba mejor que la de la reforma agraria.

La delegación cubana trajo en su equipaje a la profesora Isabel Monal con quien pasamos una noche bebiendo vino y tratando de no hablar de política, lo cual era imposible. Me parecía que los gobiernos comunistas en sus prácticas y resultados tenían mucho en común con los dictadores latinos. Me trató, ni más ni menos, que de pequeño burgués cuando le contaba que, en realidad, no estaba funcionando la reforma agraria. Casi me designó como agente de la CIA y trató de convencerme de que, más que nunca, la lucha armada era la única manera de terminar con el sistema capitalista. La consulta popular, las elecciones, etcétera, fueron sencillamente descartadas. Cuando contesté que Fidel había prometido elecciones dentro de seis meses, en 1960 y que nunca había cumplido, me clasificó dentro de los contrarrevolucionarios.

Diálogo de sordos, sin interés, en el cual las descalificaciones ocupan el lugar de los argumentos. Una táctica dialéctica conocida y muy empleada por los tiranos y fanáticos. Ya los castristas habían despegado de la realidad y no necesitaban realidades. Sus realidades eran lo que dijera el jefe supremo. ¿Qué hora es? La hora que usted diga, jefe.

Aunque eran solamente las once de la mañana, el bar de vino de la Alameda, a dos cuadras del palacio de La Moneda, estaba casi lleno. Como era sábado, esto en Santiago era normal. Arancibia, con quien tenía cita, no estaba de humor alegre. Acababa de explicarme cómo el ala social-demócrata del gobierno de la Unidad Popular, a la cual pertenecía, estaba perdiendo piso y peleando en retirada frente a los asaltos de la dialéctica simplista de la extrema izquierda. Esto no le gustaba nada; incluso lo dejaba muy preocupado.

Había encontrado a Arancibia en Cuba. Nos habíamos caído bien, aunque en La Habana nunca había pronunciado una palabra que no fuera un chiste, un cuentito o una banalidad. Era campeón de ajedrez. Lo había visto jugar en un partido múltiple, él solo contra veinte adversarios. Y les ganaba a todos. Matemático apreciado, era además parte de la cúpula del partido socialista chileno.

—Es una locura pensar que los chilenos vamos a aceptar de buen grado el tipo de vida que Castro impuso por las armas y la represión al pueblo cubano. Es una locura, te digo —levantó su vaso de vino blanco para beber un largo trago, puso el vaso en la mesa con un movimiento de disgusto; casi lo botó—. ¿Te has dado cuenta con qué tipo de discurso Castro tiene viva la revolución? Recorriendo todas las manipulaciones de la publicidad con argumentos simplistas, como si estuviera vendiendo polvo para lavar la ropa. Continuamente inventa enemigos interiores y exteriores, mentiras, demagogia. Nosotros no queremos eso.

A mi turno bebí. Pero a esa hora yo aguantaba solamente café.

—Bah. Tú sabes como yo que este edificio caribeño va a caerse por su propio peso.

—Claro que lo sabemos. Pero, ¿cuándo? ¿Después de haber sacrificado cuántas generaciones? Sabemos que el socialismo a la cubana es un paréntesis entre el capitalismo salvaje y el capitalismo liberal. Pero yo no quiero asumir esta responsabilidad de la represión y de la escasez solamente para ver si van a funcionar sus utopías.

—El socialismo real es una construcción de tipo religioso, platónico. Cree lo que dice. Crea realidades que no existen.

Sin haberlo pedido, el mesero había llenado mi tasa en la cual eché la cucharita de azúcar. Seguí:

—Con lo poco que yo he visto del pueblo chileno, no creo que vaya a pegar. Ustedes son más pragmáticos, no aceptarán de buena gana el socialismo de los bailadores de pachanga caribeños.

Levantó los ojos, que tenía claros, un poco verdes y mirándome de frente con una mirada de desolación, se expresó:

—Lo creo también; pero, ¿cuál va a ser el precio y quién va a pagarlo?

La posición en la cual habíamos tenido esta conversación intensa era poco confortable: ambos estábamos sentados en el borde de las sillas, los codos en la mesa, acercándonos tanto como lo permitía el mueble, así que me dejé resbalar contra el respaldo de la silla. Encendimos un cigarro. El bar de vino se llenaba poco a poco con parejas medio jóvenes tomadas de la mano mientras bebían mirándose el fondo de los ojos. Parecía que nuestra mesita era la única donde reinaba el mal humor. Dos parejas ocupaban las mesas de al lado, lo que prácticamente impedía que siguiésemos con este tipo de conversación.

—Arance, ¿sabes cuál es la diferencia entre la dialéctica socialista, la comunista y la castrista?

Por primera vez vi que una sonrisa se pintaba sobre su cara y sus ojos se llenaron de chispas.

—No, cuéntame.
—La dialéctica socialista es buscar un gato negro en un cuarto oscuro. La comunista es buscar un gato negro en un cuarto oscuro sabiendo que el gato no está. La castrista es buscar un gato negro en un cuarto oscuro sabiendo que el gato no está pero gritando: "¡Lo cogí!".

Pasaron unos segundos antes de que el respetable señor profesor Arancibia dejara escapar una carcajada ruidosa que hizo que todo el bar girara la cabeza hacia nosotros. Cuando terminó de secar sus lágrimas —porque se había reído tanto que unas lágrimas recorrieron su cara con barba de dos días— se acercó:

—¿No tienes tiempo mañana domingo?
—Sí tengo.
—Acompáñame a visitar a un amigo en el campo. Te recojo a las diez. Hay para una hora de coche.

Se levantó, dejó unos billetes en la mesita y nos fuimos. En la avenida nos dimos un abrazo.

Un poquito después de las once, Arancibia apagó el motor frente a una hacienda aislada en el valle del río Mapocho, cerca de la carretera que lleva hacia el sur. Durante media hora habíamos atravesado campos y más campos llanos con diferentes siembras y unos pueblos en donde familias enteras estaban sentadas sobre sillas y hasta sillones frente a sus casas, bebiendo vino o mate. Mi compañero me había hablado de su amigo: un señor mayor, latinista, algo como una eminencia cerebral de la socialdemocracia chilena. Vivía solo con dos sirvientes en una inmensa hacienda que me impresionó por su soledad en medio de campos bien entretenidos, rodeados de unos árboles y con un pasto de campo de golf.

Nos esperaba de pie en la puerta. Delgado, alto, con un traje gris de tres piezas y abundante cabello plateado. Mantenía en la mano derecha un bastón delgado con pomo de marfil. Las salutaciones fueron calurosas, con miradas a los ojos. Me estaba evaluando y midiendo aquel señor. Su sala estaba tapizada de bibliotecas de piso a techo, alrededor de una chimenea monumental en la cual crepitaban unos troncos, porque el fondo del aire estaba fresco. Cuatro confortables sillones entornaban una mesita baja frente a la chimenea. Una luz suave a causa del día que estaba nublado, se filtraba por tres grandes ventanas arqueadas. Sentí que ese era un antro de filósofo. De todas maneras, si un día me hago filósofo, quisiera que sea en un entorno igual. Todo respiraba inteligencia y equilibrio.

Apenas me senté, me preguntó de manera sencilla, como si

simplemente quisiera saber de dónde venía, sobre Bélgica. Para no dejar dudas, tan brevemente como pude, le conté toda la historia del seminario, de África, de París en el '68, de Cuba y de la reforma agraria en Bulnes. Entonces me di cuenta de que ya tenía una historia que contar, y de que varios episodios debían ser chistosos, porque mis oyentes se rieron bastante. Todo esto se hizo chupando mate que una sirvienta, bastante corpulenta y con ropa que arrastraba la alfombra, llenaba de agua hirviente. No me gusta mucho el mate. Es amargo pero parece que hace bien a los intestinos; aunque los míos no tenían nada de malo en ese momento. Veinte minutos después, me dejé caer en el fondo del sillón. El dueño del lugar hizo sonar una campanilla que no había visto y en seguida apareció la sirvienta con un plato de cobre sobre el cual sonaba una botella de Borbón tres vasos y una copa con hielo. Ahora sí estaríamos cocinando.

—¿Así que pasaste por una experiencia religiosa intensa? —el tono era suave, nada inquisitivo.

—Oh, sí. Y desde entonces me dedico a verificar y a menudo a deshacerme de ella.

Nos reímos suavemente.

—Así es la vida real: aprender y desaprender.

—Cuesta mucho tiempo, pero los que no desaprendieron, no aprendieron.

—Así es, joven. La religión, desde los griegos, fue definida como la fe ciega en lo que diga el jefe o el dogma. Lucrecio fue el que definió el concepto, diciendo que la religión nace de la falta de cultura y de saber: el creyente se satisface de la fe porque es ignorante. Decía que los sacrificios a las divinidades, a los mitos y a las ilusiones proceden de una falta de información sobre la naturaleza de las cosas. Las debilidades, los miedos, las angustias, llenan el cielo. Cuando el filósofo en cada uno de nosotros trabaja, los sacerdotes retroceden. La razón, la inteligencia, el saber, vacían el cielo.

Nunca había escuchado hablar de Lucrecio, pero esto me pareció de una lógica y un sentido común que no permitían contestación ninguna. Arancibia hizo oficio de mesero y nos sirvió Borbón sobre rocas de hielo. El viejo amigo de Arancibia se arrojó un cobertor sobre las piernas. Anunciando mi intención de interrumpir con una pequeña tos, me atreví:

—Entonces, maestro, ¿la religión es cosa de ignorantes?

Mirando los troncos rosados en la chimenea, prosiguió como si nosotros no estuviésemos:

—Desde el inicio de los tiempos, joven, los ignorantes siempre han sido los que gritaban más fuerte y lograban convencer a las masas, aun más ignorantes que ellos, de hacer su voluntad. Defendían sus deseos de poder político y mundano, citando de vez en cuando a unas divinidades con palabras que ellos mismos no comprendían; tomando sus intolerancias por convicciones. Afortunadamente estamos entrando en un período en el cual la humanidad por fin se está liberando de ellos, mirando del otro lado, hacia el lado de una civilización donde la palabra "verdad" se está poniendo en el centro de la construcción filosófica. Y esto gracias al tremendo progreso de la ciencia.

Hizo una pausa. En completo silencio siguió jugando, moviendo los troncos rosados con la punta de su bastón.

—Pero esto nos aleja de Lucrecio.

Lo miré de reojo, cuando una sonrisa se pintaba sobre su rostro, y pensé que el viejo se estaba divirtiendo.

—Lucrecio no era el único que cuestionaba a los dioses. Leucipo, siglos antes, ya decía que los dioses deberían dejar el espacio a los humanos. También existieron Demócrito, Aristipo, Diógenes, Epicuro, Filodemo de Gárdara y tantos más que pensaban la misma cosa. Pero poco sabemos de ellos: el trabajo demoledor de Platón y del cristianismo pasaron por allí; en especial el trabajo de un cierto San Jerome fue particularmente devastador para los pensamientos y trabajos de los filósofos griegos y romanos, allá por los años cuatrocientos.

—¿Y qué pasó en los demás lugares, aparte de la Antigua Grecia?

Sin mover la cabeza, mirando el fuego y moviendo de vez en cuando unos troncos —con lo que hacía miles de chispas que subían por la chimenea como si esta terminara en un aspirador gigante—, respondió:

—Oh sí, en las demás partes también pensaban. El pensamiento no es monopolio de los europeos, al contrario. En Egipto, Babilonia, China, la India y otros lugares que los griegos consideraban como bárbaros, se formulaban las mismas tendencias de pensamientos. Hablo de Lucrecio porque influyó en nuestra civilización, nada más.

Hizo una pausa y agarró su vaso. Arancibia y yo nos levantamos acercando nuestros vasos para que se tocaran. El sonido de los cristales me mostró que eran de primera calidad. Esperaba un brindis rimbombante del tipo: "¡A la Unidad Popular!" o "¡A la salud de Allende!"; pero nadie dijo nada. Nos regamos las gargantas en silencio.

Como era el más joven, consideraba que era mi deber mantener el fuego, así que puse dos tronquitos sobre el brasero, que enseguida reaccionó consumiendo la corteza. El dueño del lugar y de tan filosóficos pensamientos no se había movido de su silla. Tan pronto hubo puesto su vaso en la mesita de madera al lado de su sillón, prosiguió:

—La negación de la realidad y su sustitución por construcciones teóricas, fantasmagóricas, es una vieja historia humana. Platón, alumno de Sócrates, inventó el concepto. Desde entonces, todas las religiones monoteístas lo han adoptado. También fue la fuente de inspiración que Paulo de Tarso, el judío más psicópata de la historia de los judíos, que cuenta con una larga lista de psicópatas, adaptó a la religión cristiana.

Lo interrumpí:

—Ya he escuchado mucho sobre Platón y San Pablo pero, ¿que dicen exactamente?

Movió la cabeza hacia mí, me sorprendieron las chispas que salieron de sus ojos. Manifiestamente se estaba divirtiendo conmigo.

—Dice Platón que lo que ves, tocas, sientes, lo real, no es real. La verdadera realidad es invisible, está en las ideas, en los conceptos, en el idealismo y la magnificencia de la vida. La filosofía de Platón incluye el alma inmaterial, el odio de la vida aquí abajo, el gusto por la vida después de la vida o en un paraíso para más tarde; el sufrimiento como factor esencial de la salvación y el odio de los placeres, en particular las mujeres, proveedoras de este. Lo opuesto a Platón es querer la felicidad en la Tierra, aquí y ahora, y no en un hipotético paraíso, inalcanzable y pintado como un cuento para niños. La antítesis de Platón es la realidad, la vida mientras vivamos, la materia como realidad.

—¿Así que Platón es el origen de los valores y creencias de nuestra civilización?

—Sí, es probable.

—¿Cómo resistir a esta invasión en la cual todos participan?

Tomó una larga inspiración y sin quitarme los ojos de encima, cargados de placer y alegría, continuó:

—Disminuyendo las angustias y los miedos de la existencia; domesticando a la muerte con una terapia activa; viviendo el aquí y ahora; viviendo más intensamente para que la salida sea menos penosa; construyendo soluciones con los hombres y el mundo; rechazando hacer del dolor y del sufrimiento las vías de la salvación individual; cultivando el placer, el contentamiento y la felicidad; componiendo con el cuerpo y no odiándolo. En fin, el contraproyecto platónico es el placer puro de existir. Es un proyecto de actualidad.

Todavía no sé para qué Arancibia me había llevado a esa hacienda, pero sé que se lo voy a agradecer toda la vida. Tomamos otro güisqui Borbón que sirvió sin hacer ruido. Tornando la cabeza hacia Arancibia y mirándolo a los ojos, el filósofo chileno dijo:

—Tú sabes que el platonismo está vigente en el entorno del Presidente; estos muchachos y muchachas de la extrema izquierda que se han apoderado del entorno de Allende: los del MIR, del Partido Comunista, de las Brigadas Parra, los intelectuales a la moda, idealistas socialistas, oportunistas y todas las brigadas vanguardistas de todas las capillas revolucionarias, lo están aislando y desconectando de la realidad de un Allende humanista y socialdemócrata. Nosotros, los socialistas parlamentaristas, no vamos a tener ninguna chance de hacer valer nuestro punto de vista, pero sí vamos a... Arancibia me hizo una señal con la cabeza para que me alejara. Salí discretamente para hacer un paseo solitario por el parquecito alrededor de la hacienda. Encontré un banco de madera debajo de un inmenso roble. Encendí un cigarro para ver el humo mezclarse con el gris del cielo. Me sentía bien, plenamente satisfecho por comprender mejor el qué y el porqué de las cosas y de mi vida. Sentí que no hay felicidad verdadera sin comprensión y conocimiento y que este puede ser infinito.

Ya era la tarde cuando Arancibia salió. Nos despedimos con un abrazo del dueño de ese lugar hermoso y de tanta sabiduría. Nunca supe su nombre.

La visita de Fidel terminó. Le había entregado a Allende el Kalashnikov con el cual Salvador iba a morir. En ese mismo momento fue pactado el envío masivo de armas a Chile. Armas de las cuales el destinatario no era el ejército chileno sino los sindicatos, el Partido Comunista y los grupúsculos de la extrema izquierda. Podría ser que el hecho de descargar estas armas de los cargueros cubanos en el puerto de Valparaíso, bajo la nariz de la flota de guerra chilena —acto manifiestamente provocativo—, haya sido la gota que hizo desbordar el garrafón de la paciencia de los militares. Según los propios dichos de Allende, "estamos caminando hacia una guerra civil"; no había mucho espacio para otras soluciones. La guerra civil es la pieza maestra de la estrategia guevarista y castrista para establecer el reino del socialismo.

* * *

Cuando fui a la gran reunión de todos los movimientos y partidos de la izquierda que tenían algo que ver con el campo, en la Universidad de Chile, el problema del eventual golpe de estado militar ya estaba resuelto. Sabiendo que el treinta y tanto por ciento de los votos de la Unidad Popular no bastaría para establecer el paraíso socialista en Chile, Allende y su gobierno de idealistas de izquierda habían resuelto el problema con un decreto que decía: "El ejército chileno respeta la constitución". Punto. Na´ que ver, circulen. En tan poco tiempo ya estaba en un estado de platonismo avanzado. "Cuando la realidad no coincide con la ideología, suprimamos la realidad", como dijo el viejo Joseph Stalin.

Igual que en los mítines estudiantiles en el teatro del Odeón del '68 en París, todo el mundo hablaba, gritaba. Todos querían ser jefes y los jefes se disputaban entre ellos para ilustrarnos con la declaración más revolucionaria. El tema de la marcha de la reforma agraria fue apenas mencionado para dar lugar a discusiones de políticas generales. A este nivel de la discusión general, la dialéctica de la izquierda estalinista era muy fuerte.

Los maestros en la jerga política les tienen horror a las consideraciones técnicas, de la ciencia, del nivel donde tienes que ir a buscar las soluciones aplicables y realistas. Estos no son sus temas, ellos se ocupan de lo general. A las consideraciones prácticas, técnicas, las consideran como para los escalones de los técnicos inferiores: indignas de sus preocupaciones ideológicas o sus fervores revolucionarios.

Noté la presencia de varios cubanos, probablemente olvidados del equipaje de Castro, que concienzudamente tomaban notas. Un representante de las famosas brigadas "Parra" de la juventud comunista por fin logró imponer un poco de orden y pronunciar un discurso que trataba de la lucha armada contra la oligarquía y del heroico sentido constitucional del ejército chileno, que pronto se convertiría en ejército del pueblo en lucha, etcétera, etcétera. Al final quiso saber si había preguntas. Como estaba de buen humor, levanté la mano. Me paré y pregunté:

—¿Qué pasaría si el ejército no es tan constitucional?

Me parecía una buena pregunta en vista de mi experiencia en Bulnes, donde aparentemente el ejército y la oligarquía eran como culo y calzón. Los revolucionarios alrededor se silenciaron y el conferencista me preguntó si podía repetir la pregunta. Rascando la garganta, articulando como un periodista de la BBC, apoyando cada sílaba lentamente, pregunté:

—¿Qué pasaría si el ejército no es tan constitucional como lo creemos?

Al parecer nadie había pensado en esa eventualidad. Alrededor de mí se creó un vacío, como si yo tuviese la peste negra. El silencio ganó la mitad de la sala. Pasó un momento antes de que llegara la respuesta.

—Hay aquí un compañero extranjero, que no sé de dónde viene, que quiere sembrar la duda en la revolución socialista...

No recuerdo todo, pero fui acusado en público de ser agente de la CIA, pagado por la reacción chilena, manipulado por la oligarquía y qué más. Algunos empezaron a señalarme con el dedo, gritándome nombres entre los cuales apareció el de mi madre, empujándome más fuerte hacia la salida, golpeándome donde podían. Afortunadamente, unas tipas del MIR me reconocieron y trataron de protegerme y llevarme hacia la salida. Yo no pedía nada más, solo quería salir. Una vez fuera del anfiteatro, corrí todo lo rápido que pude fuera del campus de la universidad. Si no hubiera sido por aquellas muchachas del MIR, creo que me hubiesen linchado en el primer poste de iluminación pública que encontraran.

Una vez fuera de alcance, me dejé ganar por una inmensa cólera y una profunda tristeza. Lloraba de rabia. Sentí que ese era el acto final de mi historia de constructor del socialismo chileno.

Poco más de un año después, Pinochet y sus generales dieron el golpe. El país había caído en la ingobernabilidad, asfixiado por el gobierno norteamericano quien con su visión primitiva de "con nosotros o con los comunistas" y el miedo que les dio la nacionalización de las minas de cobre, contribuyó para que se acabara el experimento socialista en Chile, bajo la mirada de avestruz de los gobiernos europeos. Desbordado sobre su izquierda por doctrinarios ciegos, soñadores que ya no tocaban tierra, Allende llamó a un referéndum para darse nueva legitimidad o llamar a elecciones. Pero ya era tarde. El golpe estaba en marcha. El gordito un poco bajo, con sus bigotes plateados y su mirada franca, hizo muestra de una bravura digna de otro siglo: bajó de la pared el Kalashnikov de Fidel Castro, se puso un casco que parecía de la primera guerra mundial y se dejó asesinar en el Palacio de la Moneda.

Los días siguientes, los extranjeros de todas las nacionalidades encontrados por el ejército fueron abatidos sin otra forma de proceso en las calles o deportados para nunca reaparecer.

En los ochenta, me topé en París con mi acusador principal en aquella famosa asamblea. Nos cruzamos sobre el puente del Louvre. Nos saludamos. Había salvado su piel y estaba de guardia en el museo del Louvre en la sala de los pintores flamencos, mientras tantas y tantos buenos compañeros habían pagado sus fuegos de la juventud con encarcelaciones, violaciones, torturas, o siendo tirados desde helicópteros y aviones, o enterrados medio vivos en los campos de muerte de la dictadura.

Es difícil ser magnánimo con los grandes idiotas responsables de la sangre y de la muerte de los que creían ciegamente lo que los idiotas como él proclamaban como ciencia cierta.

* * *

🌵 *El Hedonista* 🌵

Cuando le conté lo que había pasado a Paule, supimos que ese era el fin de nuestra historia chilena. Dos semanas después abordamos el autobús que cruzaba la Cordillera de los Andes rumbo a Mendoza y luego a Rosario desde donde, tras viajar un día entero por un campo de girasoles, una madrugada fresquita desembarcamos en Buenos Aires.

Dentro de la mochila, bien escondido en un doble fondo, traía un par de docenas de cartas y recados de los opositores izquierdistas argentinos, uruguayos y brasileños quienes, por supuesto, con la llegada al poder de Allende a la presidencia habían convertido Santiago en plaza mayor de la oposición a las dictaduras militares latinas. A algunos de ellos ya los habíamos conocido en Cuba. El mundo de los que se mueven es un microplaneta.

Una ex colega de Paule en las Naciones Unidas cuando trabajaba en Nueva York, nos ofreció hospitalidad. La gente era muy desconfiada. Había militares por todas partes. Los amigos y amigas de la anfitriona rechazaron hablar de otra cosa que no fuera el estado del tiempo, el precio prohibitivo que había alcanzado el asado y de qué bonito era París. En voz muy baja se hablaban entre ellos sobre cómo un tal o una fulana habían sido sacados de su casa en la madrugada por soldados y habían desaparecido. Me acostumbré rápidamente a la gran idea que tienen los porteños de sí mismos. El chiste de que se suicidan tirando una bala treinta centímetros por encima de sus cabezas, por el complejo de superioridad, es cierto. O que suben a una colina fuera de la ciudad para ver cómo queda cuando ellos no están. Casi todos tenían hasta tres empleos, dos para poder vivir y uno para poder pagar el psiquiatra.

En ese ambiente, hubiera sido una locura distribuir el correo que traía, tocando a las puertas. Abrí las cartas y seleccioné lo que se podía leer y lo que políticamente traería problemas al destinatario. Así, las queridas mujeres y madres de los revolucionarios argentinos escondidos en Chile recibieron solamente cartas de amor y afecto por el correo normal. Las demás las quemé en el patio de la casa. Hice igual con las cartas de los uruguayos y de los brasileños.

Me disculpo ahora por esta cobardía, pero de verdad no era el momento para que la policía política argentina me descubriera haciendo de cartero para la oposición izquierdista. En el mejor de los casos, hubiéramos pasado unas semanas en las salas de torturas de la dictadura y, en el peor, nos hubieran tirado de un helicóptero sobre el inmenso y bonito azul del océano. Algunas de esas cartas hablaban con toda sencillez de armas y asaltos. Me sentí honrado por la confianza que depositaron en mí, pero

♦ J-P Goffings ♦

la represión del ejército argentino no era chiste. Dos europeos venidos de Chile no pasaban inadvertidos en el Buenos Aires de los coroneles y de los generales del '72.

Tras un par de semanas en compañía de unas amigas de Paule, quienes nos alojaban, y varias cenas con unos asados, nos subimos a bordo del trasatlántico Michel Ángelo, barco italiano como su nombre lo indica, rumbo a Europa con escalas en Montevideo, Río de Janeiro, Salvador de Bahía, Lisboa, Barcelona y Cannes. Fue la segunda vez que subí a un trasatlántico, pero esta vez con un billete de transporte, aunque fuera en segunda clase. La tercera ya no existía.

Sigo teniendo claramente en el fondo de mi memoria, la entrada, muy lenta, del Michel Ángelo en la bahía de Río de Janeiro una madrugada con neblina. El Pan de Azúcar salió majestuosamente del claroscuro de la madrugada como si fuera la guardia pretoriana de la ciudad. Nos habíamos aglutinado uno contra otro envueltos con un cobertor en el puente más alto del barco, silenciosos, dejándonos llevar por el espectáculo de un día que nace en Río, con el Pan de Azúcar y la bahía iluminándose con los primeros rayos del sol.

La escala en Río era de tres días; decidimos pasar dos noches en tierra. Cuando bajábamos de la pasarela con nuestras mochilas al hombro, noté la presencia de un señor con sombrero, bigotes platinados en una cara morena sobre una corbata negra y una camisa blanca, de pantalones y zapatos igual de blancos. Me miraba de manera amable. Por un momento pensé que era un "contacto" de mis amigos brasileños del Movimiento Valpalmares (tenía también mensajes verbales aprendidos de memoria para transmitir) ya encontrado en La Habana y, luego, en Santiago. Pero algo por dentro me dijo que no me identificara con la palabra secreta y que me cuidara.

El individuo nos siguió. En el autobús que tomamos, él estaba sentado tres asientos atrás y cuando bajamos, también bajó. Durante las dos o tres horas que caminamos por el barrio histórico, siempre lo noté una docena de metros detrás de nosotros. Si nos parábamos, se paraba. Si entrábamos en un café, nos esperaba afuera. Logró que me pusiera nervioso este carioca.

Pensaba que se aburriría cuando entramos en un hotelito. Teníamos ganas de bañarnos y hacer el amor. Cuando salimos horas después, allí estaba, esperándonos en la puerta. Este no era un contacto de Valpalmares; parecía más un agente de la seguridad del estado de los militares brasileños encargado de vigilarnos a cada paso.

Fui hacia él y con mi más amable sonrisa lo invité a un café. Para mi gran sorpresa, aceptó. Bien, así sea. Le pedí llevarnos a un café bueno. Caminamos unas cuadras mientras que el Sherlock Holmes de la dictadura nos platicaba sobre Río: de qué nos debíamos cuidar, dónde estaban las mejores playas, las maravillas arquitectónicas y plásticas de tal cual iglesia. Pensé que el gobierno brasileño debía tener una gran opinión de mí para asignarme un guía turístico privado. Era un hombre afable me parecía un buen tipo; suave, delicado, atento, simpático. Lo sorprendí un par de veces con una expresión dura en su rostro. Probablemente era un torturador cruel pero con guante de seda.

Tomamos café con cachaza. Le contamos nuestro viaje desde México —no iba a mencionar Cuba, aunque por cierto lo sabía todo— a Panamá y de allá a Argentina —tampoco mencioné Chile. Allí estábamos, convertidos en simpatizantes de Valpalmares y también de los Tupamaros, tomando café con cachaza, bromeando con un agente secreto del gobierno fascista brasileño. ¿Qué hacer? Pos nada; sobre todo no hacer nada y olvidarse rápidamente de los mensajes verbales aprendidos de memoria.

Nos acompañó hasta el hotelito. Entró con nosotros y cruzó unas palabras con el recepcionista, que nos miraba con desconfianza de una manera no muy amable. No entendí nada de lo que dijeron pero comprendí que por cualquier movimiento en la noche o llamadas, aquel gordo mulato iba enseguida a llamarlo a él o a cualquiera como él.

Cuando empujé la puerta al día siguiente, esperaba verlo allí, pero había otro matón esperándonos, más joven y menos amable. Se contentó con quedarse diez metros atrás, incluso en la playa casi se sentó en la arena al lado de Paule. Por lo menos estábamos seguros de que nadie iba a robarnos la ropa mientras nos bañábamos.

Lamento haber tenido que dispersar las cartas y recados de mis amigos revolucionarios sobre la inmensidad del Océano Atlántico. Las había leído todas, y ninguna, a mi juicio, era lo suficientemente importante como para cambiar el curso de las cosas o la historia de América Latina.

La travesía del Atlántico era un culto al *farniente*: cinco días para comer, hacer el amor, dormir, jugar a las cartas, hacer el amor, comer, leer, dormir, hacer el amor... Recuerdo que una noche gané un concurso de disfraces con una manta chilena, el sombrero de alas anchas, unas botas y las magníficas espuelas traídas como recuerdo de Bulnes. Era todo un gaucho. Imposible no ganar un concurso de disfraces.

Esto me trajo la amistad de una mujer argentina, cuarentona, guapa, no muy alta y con ojos verdes. Era judía e iba a Israel. Tenía muy buen humor; bromeaba a espaldas del joven oficial italiano del cual había hecho su amante durante la travesía. Hablaba muy libremente de su relación sexual, que le gustaba a medias porque aquel joven tenía "mucha boca" e "iba a la cueva". No lo entendí, porque en esa época de mi vida yo aún pensaba que la boca era el órgano con el cual se besa y se come.

* * *

¡Israel! Mis queridos hijos y otros lectores: lamento decírselo, pero creo que ustedes tampoco van a ver el fin de la querella que a veces se convierte en guerra, entre semitas del medio oriente. Como dijo el humorista Guy Bedos: "Aquí hay demasiados grandes actores en la misma película: Abraham, Jesús y Mohamed se disputan el primer rollo". ¿Cómo quieres que esto funcione? Uno es un infanticida, el otro un psicópata que se tomó por Dios y el tercero subió al cielo sentado sobre un caballo blanco. ¿Y por qué no sobre un elefante rosado? ¿No les parece que aquí estamos en presencia de droga dura? Y dicen que los *fan clubs* de estos tres individuos, no muy normales, siguen matándose entre sí desde hace siglos. Esto es suficiente para perder la fe.

Si el problema mayor del reinado de Ramsés II, grande entre los grandes faraones de Egipto, era Palestina, ya sabrás que la solución no es para mañana ni para pasado mañana.

¿Cómo sucedió que las tres religiones monoteístas —de las cuales dos están en perpetua conquista del mundo, con las consecuencias catastróficas para toda la humanidad que ya conocemos— nacieron en esta pequeña, muy pequeña región? ¿Por qué allí, de todas las regiones del mundo disponibles, la inteligencia se separó de la razón? ¿Por qué en ese pedacito de la geografía terrestre la razón renunció a sus poderes, perdiendo así sus ventajas, poniéndose al mismo nivel que la fe irracional y se crearon las religiones? ¿Por qué ahí, sobre un espacio de unos miles de años, nacieron los tres libros sagrados?

Allí los judíos inventaron el monoteísmo inspirándose en el culto solar egipcio. ¿Y por qué lo hicieron? Sencillamente para hacer posible la supervivencia del pequeño pueblo, dándole un valor de coherencia, de cohesión y de existencia. La mitología inventada por ellos de un dios guerrero, sanguinario, vindicativo, agresivo, combatiente, jefe de guerra; todas características muy útiles para movilizar y entusiasmar las fuerzas de gente sin tierra. El mito del pueblo elegido por Dios funda la existencia de una nación con un destino.

Es interesante contar las páginas de los libros que contienen los fundamentos sagrados. El *Antiguo Testamento* cuenta con unas tres mil quinientas páginas; el *Nuevo Testamento*, con novecientas; y el *Corán*, con setecientas cincuenta. En un total de algo más de cinco mil páginas, todo y lo contrario de todo está dicho.

Hitler justificaba la exterminación de los judíos citando el ejemplo de Jesús rechazando a los mercaderes del templo, mientras que Martín Luther King justifica su no violencia apoyándose en los mismos textos. El estado de Israel se apoyó en la *Torah* para justificar la colonización de Palestina y los musulmanes, *Corán* en mano, se otorgan el derecho de desalojarlos y botarlos al mar.

Yahvé manda a Moisés el célebre quinto mandamiento: "No matarás". Cuando Dios habla lo hace de manera sencilla, a la manera de la enseñanza primaria, en futuro simple. No da espacio para discusiones. Basta para establecer un programa de no-violencia, amor, paz, perdón, tolerancia; esto no deja margen para guerras, violencia, ejércitos, pena de muerte, combates, el paredón, las cruzadas, la Inquisición, la bomba atómica, el asesinato, los hombres bomba, las hogueras, etc.

¿Por qué entonces lo hacen? Es que el mismo Yahvé, unas páginas más tarde, interviene para justificar que los judíos exterminen unas poblaciones que además designa explícitamente con nombres y apellidos: los hititas, los cañarenses, los jebuseos, los permisitas y los hivitas; todos pueblos que también vivían en Palestina. Como a Yahvé también le gusta el detalle, manda cómo hacerlo: "Destruirás sus altares, sus monumentos, prohibirás el contacto con ellos, los matarás…". El vocabulario incluye palabras como golpear, pegar, aniquilar, destruir, quemar, desposeer, etcétera. En fin, la guerra total.

En el caso de Canaán, Yahvé justifica la masacre de todo lo que vive: hombres, animales, mujeres, niños, ovejas, burros, bueyes (el texto dice: "el pequeño rebaño"). Todo debe pasar por el filo de la espada de su pueblo elegido. La conquista de Canaán y la toma de Jericó son a precio de todo lo que vive. Así, los judíos, por mandamiento de Yahvé, tienen el triste privilegio de haber cometido el primer genocidio de toda la historia humana, la exterminación de todo un pueblo.

Tres mil años después, los negros norteamericanos compusieron un *gospel* muy bonito "*Joshua fit the battle of Jericho, Jericho, and the walls come tumbling down, down, down...*". Creo que se dejaron llevar por el ritmo sin conocer la verdadera historia de la más espantosa masacre de la historia humana por la cual Dios paró el camino del sol en el cielo para que el día fuera más largo y sus seguidores tuvieran más tiempo de luz para masacrar.

¿Qué se puede pensar de esto? ¿Dónde quedó el "no matarás"? ¿Cómo conciliar el exterminio de todo un pueblo con el "no matarás"?

Podría ser que una lectura más fina del texto implicara un sobreentendido, algo como: "tú, judío, no matarás a otro judío". ¿Quién sabe? Lo que sí sabemos es que la *Torah* fue el primer libro en el cual apareció la desigualdad metafísica entre los seres humanos.

¿Qué tiene esta diminuta región que la hizo tan prolífica en metafísica y que miles de millones de personas juran en su nombre? Es árida, con grandes extensiones de tierra en las cuales es difícil y penoso lograr la supervivencia. En una palabra, es un desierto. Moisés, Jesús y Mohamed son peregrinos de la arena. El desierto es tierra de verdades: o sobrevives o mueres. No existen alternativas, ni bosques, ni llanos sabrosamente verdes. Es tierra de luchas interminables contra la naturaleza. Es una competencia continua, con la supervivencia constantemente en la mira. El derecho de pastoreo prolonga o abrevia la existencia.

Abraham, criador de burros y Mohamed, de camellos eran viajeros e inmigrantes por oficio, libres de ir y venir donde quisieran porque eran poseedores de rebaños. Dijo Renán, en su historia del pueblo de Israel, que el desierto es monoteísta. El hebreo tiene cinco palabras para designar al desierto. En aquellos tiempos se iba al desierto como hoy se va a la guerrilla: para escapar de la persecución, a los impuestos o al juez. No hay mucha distancia entre el insurrecto y el santo. Ambos se purifican por la sed y el hambre. Son portadores y portados por el espíritu purificador. El soplo divino se siente mejor en el desierto que en la hierba, las ricas praderas, los verdes bosques o en las metrópolis. Ese es el ecosistema donde nacieron los monoteístas. Todo lo contrario de la selva, donde lo fantástico y lo misterioso son cuentos de animales, de flores, de vegetales, de abundancia y de dulzura.

Es probable que a Dios le guste la naturaleza hostil, con temperaturas extremas, las rocas y los paisajes lunares, por tener algo de "inhumano" por lo cual es más fácil imaginar y aceptar la noción de un jefe supremo y absoluto. La vida en el desierto es un constante desafío; allí puede nacer el concepto de un Dios todopoderoso. Entre una población miserable y orgullosa se inventó la relación: "Yo te soy fiel y tú me proteges". En fin, considerándolo bien, el teatro de los monoteístas no se pudo haber inventado en otro sitio que no fuese allí.

De la misma manera se puede explicar —por lo menos parcialmente— el carácter expansionista de los monoteístas como una prolongación del nomadismo pastoral por medios ofensivos: vivir y creer es marchar. Para Regis Debray, el desierto es el más implacable enemigo del pluralismo. Digamos que es "un hervidor espiritual y un sofocador cultural".

El supramundo de las regiones fértiles o selváticas está poblado de seres relacionados con la naturaleza: elfos, duendes, kabouterkens, aluxes, magos, merlines, brujas, sabios y malignos, espíritus de animales de los bosques, plantas y árboles. Allí nadie inventó un Dios que parara el sol para que sus seguidores tuvieran más tiempo de luz para exterminar hasta el último de sus semejantes, como lo hizo Yahvé en los genocidios de Canaán y de Jericó. Los locos por este Dios eligieron como domicilio las regiones de Arabia, de Palestina, de Irán, de Afganistán o de Arizona: espacios negativos que incitan a un esfuerzo de purificación-expansión.

* * *

No les cuento nada sobre el intermedio parisino que hizo la conjunción entre Santiago de Chile y Bamako, Malí. Porque no hay nada que contar, salvo, tal vez, que sea de algún interés que perdí la virginidad de mi boca. También aprendí a esquiar y apreciar la magnificencia de las altas montañas de los Alpes en compañía de una nueva amiga para siempre en la persona de Chantal, todavía hoy, compañera y amiga de nuestra pareja. Gracias a Paule, que se había reintegrado a la Unesco, nos embarcamos un día por Bamako donde le habían ofrecido un trabajo por cuenta de la muy respetable y muy burocrática organización "onusiense". Yo la acompañaba como su esposo, amante y compañero; por lo cual me entregaron un flamante pasaporte diplomático de las Naciones Unidas, nada menos.

Pocas veces se sabe por qué las ciudades están donde están: ¿Un cruce de caminos? ¿El capricho de un conquistador? ¿O, aún más sencillo, el lugar donde cayó por un ataque de malaria o de sífilis? ¿Un pueblo de donde fue originario un libertador, un señor de la guerra? Me imaginaba que Bamako era la capital de la poderosa tribu Bambara, pero no es así; la capital de los Bambara es Ségou, a cientos de kilómetros más al norte.

El caso de Bamako es aún más misterioso, porque está sobre el río Níger que da vida a toda el África del Oeste, recorriendo una majestuosa curva desde la costa de Guinea hasta Nigeria, donde se fusiona con el Atlántico en un fértil y enorme delta tras haber recorrido cinco países áridos. Desde Bamako corre hacia el noreste hasta Tombuctú, desde donde se inclina al este hacia Gao y Níger, capital del país del mismo nombre que el río, para por fin tomar un rumbo sureste hacia Port Harcourt en la región de Biafra. Sin embargo, este señor de los ríos no es navegable desde Bamako. Solamente lo es después de las cataratas de Koulikoro, a unos cincuenta kilómetros río abajo, para no dejar de serlo hasta el Golfo de Guinea en el este Nigeriano, o sea, unos cuatro mil kilómetros más lejos.

J-P Goffings

Entonces, ¿por qué Bamako está donde está? Me inclino por la explicación de que el jefe de la columna del ejército francés de conquista colonial estuvo atorado por un ataque de malaria aquí, o que se enamoró de una belleza Bambara que le transmitió las "orinas calientes" (enfermedad venérea muy común en África y muy dolorosa para los blancos a quienes les faltan las inmunidades naturales de los africanos). Que el tratamiento de la enfermedad, administrado por el veterinario de la tropa colonial, no funcionó bien y que el campamento provisional se convirtió en puesto de mando permanente. Así de sencillo, quizás.

Debo aclarar que las unidades militares en expedición no siempre incluían a un médico, pero sí un veterinario que actuaba como doctor para todos los mamíferos, de cuatro o de dos patas, con el deber de inspeccionar a todas las prostitutas de los burdeles que siempre seguían a las tropas (es así desde las leyes y reglamentos de Napoleón, relativos a la guerra).

Sin embargo, debemos tener en cuenta las posibles razones estratégicas de orden militar. La ciudad está a los pies de unas colinas desde las cuales se domina toda la misma y los alrededores. Tal vez no es casualidad que sobre estas colinas se encuentren el palacio presidencial, antigua jefatura colonial, unos campos militares, un par de ministerios claves y un hospital exclusivo con el bonito nombre de "Punto G". Con unos cañones y ametralladoras se controla todo lo que se mueve en Bamako, sus alrededores y, en especial, el único puente que cruza el río. Los estudiantes llaman a esta colina "la colina del poder", por oposición a otra colina que abriga la universidad y que se llama "la colina del saber".

Tres o cuatro calles asfaltadas, flanqueadas por comercios casi todos pertenecientes a la colonia libanesa que acompañó o siguió de muy cerca a los ejércitos coloniales franceses, al mismo tiempo que los padres franciscanos, dominicanos y algunos jesuitas. Así se cumplía con la estrategia general de toda conquista colonial: ejército, curas y comerciantes. Estos últimos —la mayoría libaneses herederos de sus ancestros, los fenicios— eran gente afable y sociable. Son ellos quienes difundieron en África una cierta "mejoría" que comprende desde la lámpara a petróleo hasta las tiendas a la moda en las metrópolis. Comerciantes muy listos, a veces un poco gánsteres, pero indispensables. En algunos casos raros, el cuarto elemento, los colonos, siguieron a las tropas; pero no fue el caso —o lo fue en poca medida— en el África del Oeste.

Ya he hecho la descripción de metrópolis coloniales a propósito de Ouagadougou, de la cual Bamako es ciudad hermana. La población Bambara es musulmana al estilo del Islam africano, a pesar de la bella catedral y unas escuelas católicas muy concurridas, incluso por los hijos de la élite musulmana.

Paule era coordinadora de un programa de educación superior científica y yo tenía tiempo libre, lo que me permitía saltar los dos pies juntos en la sociología y etnología, sin preocuparme por el protocolo de rigor en la comunidad de los "pequeños blancos", como se designa a la fauna humana que sigue tratando de ganarse la vida y la fortuna con todo tipo de ocupaciones: profesores de colegios, carniceros, panaderos, hoteleros, gastronómicos, comerciantes, empleados de embajadas o administraciones de cooperación internacional; "expertos" en todo tipo de cosas.

El "gran blanco" es el embajador de Francia, ex potencia colonial, y algunos, no todos, embajadores de países europeos y el norteamericano, único representante de los dos continentes americanos, que no se ocuparía de un eventual guatemalteco que se hubiera perdido en Malí (la solidaridad continental de las Américas tiene sus límites).

Hervé: para empezar, voy a contar tu historia que, por supuesto, también es la nuestra, la de nuestra familia.

El segundo domingo que estuvimos en Bamako, convencí a Paule de prestarse a una contemplación de la comunidad de los blancos y algunos malienses, argumentando que desde el punto de vista sociológico era una experiencia interesantísima. Por supuesto, la mejor observación etnosociológica de esta comunidad se da a la salida de la gran misa del domingo; y el mejor lugar para observarlos es la terraza del café, en frente de la catedral. Allí nos ubicamos, pero llegamos un poco temprano; el "*Ite missa est*" aún no estaba dicho. A la vuelta de la bonita construcción de estilo arquitectónico indefinido, notamos un póster escrito a mano y apostado sobre la gran puerta: "Hacemos un llamado a los miembros de la comunidad cristiana que tienen disponibilidad de alojamiento para estudiantes. Ponerse en contacto con el padre Paulo". Haciéndome el que sabía, el africanista erudito, le dije a Paule:

—¿Tú has visto las casas que tienen? Te apuesto a que ninguno de estos cristianos se ha propuesto para alojar a un estudiante negro.

—No te creo. La mayoría tienen casas para doce hijos.

—¡Ah!, ¿no? Veremos.

Nos instalamos en la terraza del café Chez Émile, frente a la catedral y vimos el desfile de la comunidad cristiana en la cual primaban el color blanco de la piel y los vestidos a la última moda. Casi terminado el desfile, quedaban unos grupitos de gente que discutía en el atrio de la iglesia. Las comunidades blancas en África no son comunidades en el sentido estricto: son una especie de tribu que se divide en clanes, según sus grados en la jerarquía. Los comerciantes, los maestros, los cooperantes, según sus campos de especialización; los de la agricultura, que no se mezclan con los de la ganadería; el clan de los ingenieros, de los empresarios, etcétera. Ninguno de estos clanes se mezclan. Se reciben entre sí, hacen sus fiestas entre sí, se emborrachan y, a menudo, follan entre sí.

Cuando ya no quedaba casi nadie en la puerta, salvo un padre en sotana blanca recogida en la cintura por un cordel negro, nos acercamos a él.

—Buenos días, padre.

Sus ojos negros casi cerrados reflejaban algo de ironía y me miraba de arriba a abajo. Me estrechó la mano y nos presentamos. Proseguí:

—A propósito del póster, padre, quisiéramos saber si ya ha tenido muchas ofertas.

Miró el póster y se volvió hacia nosotros:

—Verdad que no. Ustedes son los primeros y los felicito.

En breve: tres días después se presentó en nuestra casa una señorita de alta estatura, con cuerpo un poco macizo, muy negra de piel, vestida con una saya larga, una blusa con flores y un pañuelo en la cabeza. A sus pies, un bultito. La señorita Beatrice Sawadogo entró en nuestras vidas.

Su historia va así. Es de la tribu mossi del Alto Volta, originaria de un pueblo de mossis que se encuentra en la región de la curva del Níger, más precisamente en lo que era, en el tiempo colonial, el Office du Níger, un enorme plan agrícola colonial de cultivos regables que aprovechaba las aguas del Níger. ¿Qué hace un pueblo de católicos mossi en pleno territorio de los peuls musulmanes? Sencillo: las tierras más apropiadas para la agricultura en todos los territorios de la colonización francesa en el África del Oeste eran las que encierra la curva del Níger, que engloba vastas regiones de pantanos con agua en abundancia nunca más profundas que un metro. El Office del Níger fue el plan agrícola colonial destinado a ser el granero de toda el África del Oeste, con altas probabilidades de colocar sus productos en toda África y Europa.

Problema: la región del bucle del Níger es territorio de los pastores peul que tienen como valor moral supremo no trabajar la tierra, pues lo consideran un trabajo de esclavos y de otras etnias especialmente buenas para ser saqueadas. Ellos se consideran los señores nobles que solamente consideran digna de su empeño a la ganadería.

¿Solución? Fácil: importar y establecer agricultores mossi, y tantan. No era del otro mundo, tomando en cuenta que la docena de países que componen el África del Oeste pertenecían todos al mismo poder central, los llamados "territorios franceses del Oeste Africano".

Esto es un poco de la historia que explica cómo Beatrice, mossi y

católica, nació en Malí, en un pueblo de agricultores en territorio peul, ganadero y musulmán.

Seguimos. Aquella doncella fue reclutada por un misionero que había convencido a su familia de que Dios la había llamado para hacerse monja. Por eso fue mandada a una escuela de monjas en Bamako. Ahora sabes también cómo llegó a Bamako.

Convertirse en monja, para una chica africana, es entrar en la servidumbre de por vida; servidumbre de los curas, tal vez de un obispo, de alguna institución educativa, de un hospital. Es renunciar a tu vida sexual —que se limitaría probablemente a unas violaciones de unos curitas y masturbaciones—, renunciar a tu vida afectiva y a tu capacidad reproductiva y ¿qué más? Todo gratis, como contrapartida de alojamiento y comida, a menudo sin sabor y escasa. ¡Ah sí!, se me olvidaba: constantemente, día y noche, vigilada y con obligación de rezar y salmodiar. Con eso se acaba también tu vida de ser pensante.

Sucedió que tu madre, Hervé, después de un tiempo de ensayo de la vida de aprendiz-monjita, concluyó que no le gustaba la perspectiva y quiso salirse de la escuela de la servidumbre, aunque esta fuese por la gloria de Dios. Las monjas sencillamente la botaron a la calle. Haber fracasado como aprendiz de monja no era una condición para regresar al pueblo mossi en el bucle del Níger. Por donde se mire, la vida en la capital, aunque sea por espejismo, es más acogedora que la vida en el pueblo agrícola sin electricidad, sin posibilidad de ir al cine y demás encantos. El futuro en el pueblo se pintaba, como en todos los pueblos, para cortar leña, cargar agua, trabajar en el campo y procrear a todo dar. Entonces Beatrice se quedó en Bamako donde, caída en la miseria, el padre Paulo la recogió, la inscribió en una escuela para maestros y le consiguió un alojamiento en nuestra casa, gracias a mi prepotencia de querer jugar al genio sabelotodo delante de Paule.

Se instaló en un cuarto y a veces comía con nosotros cuando Jacobo, el cocinero y servidor que habíamos contratado, no estaba. No presté atención a la relación entre ellos, pero me enteré rápidamente de que Jacobo le había hecho comprender que bajo ningún pretexto quería que ella se sentara en la mesa con nosotros cuando él servía. Un bambara cocinero y servidor de blancos no iba a caer en la decadencia y la desgracia de servir a una chica mossi, para él, raza inferior y despreciada. No voy a entrar en la psicosociología de las tribus y poblaciones malienses.

* * *

J-P Goffings

Esto lo estoy escribiendo el 31 de diciembre de 2007, en la única estación integral de peces marinos de la República Mexicana (ya lo dije, pero como estoy orgulloso de eso, lo repito). Debo aclarar que este título que tengo desde hace seis años, lo debo principalmente a la estupidez y necedad de los funcionarios —políticos, federales y estatales— que no han querido hacer del sector acuícola una industria nueva para México. Me preparo para pasar la noche de guardia del Año Nuevo, cosa que ya es tradición, pues lo estoy haciendo desde hace casi veinte años. Navidad, San Silvestre, Pascua y las fiestas civiles son las noches que me tocan a mí, por la sencilla razón de que no tengo corazón para pedirle a nadie que pase esas noches de fiestas cuidando peces e instalaciones.

El espíritu de las fiestas del solsticio de invierno no está totalmente ausente. Lucecitas y decoraciones de circunstancia cuelgan de unas palmeras de cocos y unos árboles de ciruelas. Me viene bien: para contraatacar una subida de nostalgia de nieve, frío afuera y calor humano adentro, encendí una fogata y me instalé en una silla de playa para admirar el espectáculo del universo. Vale la pena. Para no complicarme la vida, como cada año, voy a cenar con huevos, tocino, pan, mantequilla, café, y *grog* (jugo de un limón, dos dedos como mínimo de ron, azúcar o miel, mezclar y llenar con agua hirviendo; es bueno para todas las enfermedades, incluida la nostalgia). Si aguanto hasta la medianoche en compañía de los perros, abriré una pequeña botella de champán conseguida en Sam's Club.

Me gusta. Poco a poco desarrollé una alergia aguda a las fiestas obligatorias de fechas fijas, las asambleas donde por obligación tienes que estar de buen humor, sonreír como un imbécil incluso si no comprendiste o no escuchaste por decimoctava vez el mismo chiste del cuñado, el mismo cuento de la suegra que ya conoces de memoria o el relato de la tía sobre sus dolores de piernas. Distribuir besos a mujeres gordas, feas, a menudo estúpidas, que no tienen absolutamente nada que contar fuera de lo relacionado con el pipi y la caca de su progenitura o sus enfermedades. Intercambiar regalos que te costaron una quincena para poder averiguar que los libros del año pasado no fueron leídos.

No, gracias. Con Winky, Pirata y Blacky lo pasamos bien. Les compro un pollo, porque es Año Nuevo para todo el mundo, y una generosa porción de tocino. No les doy champán, eso no; aunque quisiera, pues no hay manera de dormir por la música ranchera a todo dar y los petardos que los pescadores de los lados izquierdo y derecho harán explotar toda la noche. De paz, nada.

Acabo de pagar la quincena más aguinaldos. He tenido que pedir

dinero prestado para poder cumplir. El año fue pésimo. La empresa lo termina endeudada, no mucho, pero sí con deudas. Como el 2007 no quiero otro año, ni para mí ni para el país. México sigue cultivando arduamente su subdesarrollo. Tiene tasas de crecimiento de alrededor del 2 por ciento y cuarenta por ciento de su población en la pobreza o pobreza extrema, sin contar los emigrantes a los Estados Unidos. La gran corrupción sigue galopando. A veces pienso que no hay ni un solo hombre o mujer honesto en este país, salvo mis amigos. No es cierto, por supuesto, pero todo lo que tiene relación con el Estado es engaño, trampa y mentira.

En niveles de educación, somos los últimos de la OCDE, lo que no le impide al famoso sindicato de los maestros de la mafiosa Esther Gordillo imponer al gobierno tener solamente ciento ocho días de trabajo efectivo de clases por año, dictadas por un ochenta por ciento de maestros que no pasaron el examen de calificación del primer nivel, incluido el cuatro por ciento de los maestros que son declarados oficialmente analfabetos. Así está bien comprometido para decenas de años el porvenir de México como Estado próspero encaminado hacia el desarrollo. Esto no les mueve un pelo. El sindicato los protege, duermen bien. Acabo de recibir el calendario 2008 del sindicato de los maestros de México, republicano y laico: la imagen de frente es la sagrada familia de Pepe, María y el niño Jesús. Todo un programa. La Cámara de Diputados acaba de repartir entre ellos lo que sobraba de su presupuesto del año, es decir, doscientos cuarenta millones de pesos (veinticuatro millones de dólares). Si esto no es un robo al presupuesto, entonces, ¿qué es?

La Suprema Corte acaba de disculpar a un gobernador por haber encarcelado a una periodista que reveló sus relaciones muy íntimas con un industrial pedófilo. Probablemente por chantaje del PRI, que defiende a su gobernador, con amenazas de no votar reformas en las asambleas. La justicia mexicana es una farsa. Lo que no impide que nuestros jueces supremos sean los mejor pagados del mundo. ¿A dónde vamos con esto?

A nivel local, el gobernador aprobó un gasto de veinte millones para hacer un monumento que no tiene pie ni cabeza: podría ser una grapadora o un dedo; y otros cuarenta para traer a Campeche un concierto de los muchachos de Il Divo, beneficio a nivel "cultural" para siete mil privilegiados campechanos de un total de 800 000 pobladores. Ni tenían el derecho de transmisión por televisión. El *fan club* de Il Divo de todo México agradeció respetuosamente al pueblo de Campeche por haberle regalado un concierto de sus favoritos sin gastar un peso.

Pero cuando un empresario pide un préstamo de cien mil pesos, le contestan que no hay dinero. El producto industrial de Campeche bajó al uno por ciento en 2007.

En agricultura y pesca, los fenomenales presupuestos anunciados beneficiaron solamente a los grandes productores y armadores. ¿Qué esperaban? Para las medianas y pequeñas explotaciones pusieron criterios de acceso que nadie puede cumplir: por un lado, un pequeño productor tiene que calificar como "marginado", es decir, probar que es muy pobre y disponer del cincuenta por ciento del capital que quiere invertir. Por otro lado te dirán que si tienes este monto, ya no eres pobre ni marginado. Así te quedas a merced del aparato administrativo que puede hacer lo que quiere según criterios que nadie conoce.

La clase dirigente, que obtiene sus empleos por afiliación familiar, amiguismo o simpatía política, sigue siendo altamente incompetente. ¿Cómo podría ser de otro modo? En la política, el PAN, en el poder por el segundo sexenio, no se muestra menos corrupto ni más competente que el PRI, que estuvo setenta y un años en el poder. El PRD, con su práctica, visión e ideología estalinista del siglo pasado, espera solamente acceder a la caja, al estilo del PRI de donde procede.

Adicionamos en el "informe México" que hoy mismo un obispo calificó de pecado tomar las doce uvas a la medianoche, barrer la casa por fuera para echar la mala suerte, ponerse ropa interior de color para atraer dinero, hacer la vuelta de la cuadra con una maleta para viajar en el año. Todo pecado de superstición. ¿No habrá otra cosa que sea pecado, por ejemplo, robar el presupuesto público; mentir en los gastos; engañar a la gente, al pueblo, contando mentiras y no cumplir promesas; promover la injusticia? Pienso en el refrán de Atahualpa, cuando el chico le pregunta al padre: "¿Dónde está Dios?", este contesta: "No sé dónde está tan importante señor, pero creo que come en la mesa del patrón".

En materia de superstición, la Iglesia, desde muy temprano en su historia, no tiene muchas lecciones que dar. El fundador real de la Iglesia, el Emperador Constantino, como muchos tiranos, fue incapaz de asegurar su sucesión. A su muerte dejó un vacío de poder que desestabilizó al alto clero del Estado, de tal manera que durante tres meses, del 22 de mayo al 9 de septiembre del año 377, obligaron a los ministros civiles, militares y religiosos a rendir sus informes diarios ante su cadáver expuesto.

En materia de superstición, ¿quién es mejor? Porque creer que un cadáver aún ejerce el poder no deja mucho margen para la reflexión, ¿o sí?

Es agotador y algo frustrante constatar que somos gobernados por una casta de ineptos sin moral, que juegan a gobernar. Convencidos de que basta acceder a la "plaza" para convertirse en funcionarios y gobernantes aptos, calificados, expertos. Piensan que lo que dicen es verdad, real, para no tener que mirar lo real de frente. Me asegura un amigo que: "Aquí no hay izquierda ni derecha; aquí no hay progresistas ni conservadores; aquí existe solamente el presupuesto".

En esta fantasía que se hace realidad gracias a la demagogia de los políticos y funcionarios estatales, puedes encontrar varias cosas: proyectos que nunca salieron de la etapa de papel pero que fueron pagados; producciones agrícolas que surgen de tierras que nunca vieron una semilla; pescados y mariscos que nunca vieron el agua; construcciones de casas que nunca han tenido fundaciones; carreteras que si existieron, nunca duraron más de seis meses; servicios que nunca existieron; fábricas que quedaron en el aire; hasta árboles que nunca fueron sembrados. Si Platón supiera las consecuencias de su filosofía, hubiera preferido nunca haber nacido.

Así va México en este final del año 2007 y el 2008 no pinta diferente. La inercia de este país es legendaria, proporcionalmente vinculada al nivel de la deshonestidad, del bandijae de cuello blanco, de la corrupción y de las mentiras. El subdesarrollo mexicano va bien y, antes que ser económico, es moral. Tiene para un rato antes de modernizarse.

Mejor regreso a mi relato. Me estoy encabronando otra vez y no está bien empezar el año de mal humor; aunque las fechas del 24 o 31 de diciembre no me importen para nada. Sí; rememoro que, tras millones de años de evolucionar, el *homo sapiens* se dio cuenta de los ciclos de la naturaleza. Empezaron pues a recordarse los días de los solsticios, anunciando que la madre naturaleza estaba cumpliendo ciclos. De esto sí quiero acordarme esta noche, festejando a mi manera y dando una oportunidad a otros para que festejen a su manera y según sus gustos.

* * *

Merodear por los cafés de Bamako me cansó rápidamente, a pesar de que había algunos personajes pintorescos que encontré, como ese cónsul de Argelia que nunca se cansó de contarme la emoción que había sentido cuando un día estrechó la mano del Che o ese arquitecto francés que se especializaba en dibujar historietas eróticas para una editora francesa.

No recuerdo cómo ni dónde, pero un día me topé con el veterinario Boubakar Sy, egresado de la escuela de Maisons-Alfort. Por nuestras afinidades izquierdistas, simpatizamos. Mis vivencias en el Mayo del '68 en Francia y en Cuba, me daban ciertas credenciales de izquierda. Como estaba en el Gobierno del lado del Ministerio de la Ganadería, me propuso acompañar como intérprete-guía a un norteamericano de la agencia de desarrollo USAID durante un periplo hacia Nara, no lejos de la frontera con Mauritania, en el Sahel. Esto era justo lo que quería.

La misión de Jack Reynolds consistía, creí comprender, en hacer una evaluación del tamaño del desastre de la sequía que, según el gobierno maliense, había matado la mitad del ganado y llevado a la población a la hambruna. Jack procedería por muestras y la muestra era la región de Nara. Tomaba su misión en serio, tenía los recursos para hacerlo. Llevábamos dos Land Rovers. Una era para las personas: nosotros dos, el chofer, la contraparte maliense que estaba representada por un joven veterinario, desafortunadamente bambara, lo que implicaba que teníamos que llevar también a un intérprete moro y otro peul. La segunda era para la gasolina, el material doméstico, ocho planchas metálicas pesadas de medio metro por tres, por si acaso nos quedábamos varados en la arena, cajas y cajas de agua esterilizada, bidones de agua de la pila para que se lavara, creo, el cocinero. Parecía que íbamos a un picnic de gran clase. Varios años después, en Chad, me organizaré de la misma manera para más o menos la misma misión, aunque no por diez días sino por dieciocho meses.

Tras una hora de Land Rover, cambiamos la carretera de rojo polvo de laterita por una de arena con profundos hoyos de llantas que, a su vez, pronto desapareció para dividirse en una multitud de huellas de camiones que iban más o menos en la misma dirección que nosotros. El camino a Nara debía tener unos dos kilómetros de ancho a través de escasos arbustos de acacias y otras plantas espinosas. Lo mejor que podíamos hacer en ese caso era trazar nuestro propio camino. Las trazas de camiones ablandan la arena y aumentan la posibilidad de quedarse atascado hasta los ejes.

Jack estuvo inquieto todo el día tratando de consultar el compás, al estilo de las fuerzas especiales. Más allá de su indudable aspecto de *marine*, con botas, camiseta, chaqueta y sombrero del ejército de su país, era un hombre afable y simpático, de expresión suave, lo que no se adivinaba cuando lo mirabas. Debía tener unos cuarenta años. Era delgado, de un metro ochenta; lo digo porque era más o menos de mi altura. Tenía ojos castaños con una expresión franca, sobrepasados por cejas muy espesas. Era de Indiana y vivía en Washington. Nos caímos bien mutuamente, sin lo cual una caminata como esa no es posible. Le encantaba que tuviésemos tantos lugares conocidos en común. Imponía una parada cada hora y media, lo que es una medida muy sabia. Una característica de los Land

Rovers es que tienen una suspensión tan dura que cada piedrita que hay en el camino entra directamente en tu columna vertebral. Ni contar cómo quedaba la espalda por esos caminos libremente elegidos, a campo traviesa, a pesar de que nuestro chofer, Isidro, era excelente. Mientras los choferes verificaban los motores —otra exigencia de Jack—, el cocinero, sobre una estufita de gas de *camping*, nos calentaba un café.

Estábamos bien cargados de café y azúcar cuando cruzamos a los primeros nómadas moros. Aparecieron por sorpresa a veinte metros a la izquierda, saliendo de la cortina de acacias. Salieron de ninguna parte e iban aparentemente a ninguna parte. El primer camello que vimos portaba un baldaquín debajo del cual una mujer velada de negro dejaba aparecer solamente un ojo. En segundo lugar, vi al hombre que caminaba del otro lado del camello llevándolo de una cuerda. Estaba vestido con un turbante negro, manta azulina y pantalón amplio negro. Colgada de su espalda con un cordel, se balanceaba una espada. En el cordel que le cerraba la cintura tenía un gran cuchillo. Seguía otro camello atado por una cuerda a la cola de su predecesor. Cargaba una lona enrollada alrededor de largos palos que sirven para sostener la tienda. Seguían unos burros cargados con las demás cosas: unas sartenes, bultos de granos, cajas de cartón de quién sabe qué pero indispensables para la vida en el Sahel; es decir, lo esencial para la supervivencia. Al lado de los burros caminaban unos jóvenes, sus hijos, vestidos con camisetas sin mangas y pantalones hasta las rodillas.

Aprendí del intérprete moro que no es corriente que estas tribus bajen tanto al sur, lo que indicaba que efectivamente debía haber un problema de pastoreo en sus zonas habituales. Parecían salidos de una página de la *Biblia*; del *Antiguo Testamento*. Cielo gris, aire caliente, arbustos espinosos, pasto escaso y amarillo, quemado por un sol implacable; me imaginaba las tierras de Judea y Samaria, lugares donde el sol quema las cabezas, seca los cuerpos, endurece el alma y da esperanzas de paraísos de pastos verdes, de agua abundante y limpia que corre en ríos que nunca se secan, donde el aire es dulce y perfumado y la comida abundante, sabrosa y variada. Sin olvidar que, en el *Corán*, el paraíso está poblado por una infinita cantidad de muchachas que siempre siguen siendo vírgenes y que están a la libre disposición de los hombres del paraíso. ¿Qué tal? Entiendo por qué los libros sagrados dan descripciones del paraíso que solamente pueden surgir en mentes quemadas por el sol.

Paramos las Land Rovers para dejar pasar la vanguardia de una familia mora en trashumancia, de la cual todavía no veíamos la primera chiva. Detrás —muy atrás—, avanzaba el rebaño de ganado: borregos, chivas y más borregos y camellos. Como nadie saluda a nadie, la vanguardia seguía su camino, ignorándonos soberbiamente; ni siquiera nos juzgaron dignos de una mirada. Por supuesto, ellos sabían desde hacía rato de nosotros por el ruido de los motores, pero habían decidido ignorarnos. Seguían su camino misterioso y en unos minutos habían desaparecido como habían llegado, detrás de la cortina de los arbustos. Jack los había ametrallado con su cámara fotográfica.

Fue solamente al tercer encuentro, tres horas y dos cafés más tarde, que conseguimos entablar un diálogo, cuando un hombre armado con un fusil de la trata de esclavos salió de un bosque a unos metros delante de las Land Rovers. Jack ordenó parar y mandó al intérprete moro para ver si aquel moro tenía ganas de hablar. Vimos de lejos la manera en que se inclinó a distancia. Por el color de piel bastante negro de nuestro intérprete, sabía que era de casta inferior: los nobles moros son morenos. Nuestro empleado era probablemente hijo de un ex alumno de la "escuela de los hijos de jefes" coloniales.

* * *

Para incorporar los clanes y tribus al sistema colonial francés, basado en los valores republicanos, más que recurrir a la obra exclusiva de los misioneros (convertir las tribus musulmanas al catolicismo era un sueño poco realista que la república laica no intentó cumplir) la autoridad colonial instaló "las escuelas de los hijos de jefes". Los jefes de clanes y de tribus tenían la obligación de mandar a estas escuelas por lo menos a dos de sus hijos, preferentemente los mayores, para que les inculcaran y enseñaran los valores morales, los mecanismos y las leyes de un Estado-Nación y de la madre patria, la República francesa, aquella de: "Libertad, Igualdad, Fraternidad". En algunas colonias más al sur esas escuelas funcionaron bien pero en la mayoría de las regiones del África del Oeste no funcionaron; por la sencilla razón de que los jefes de las tribus islamizadas, para no dejar infiltrar y contaminar su cultura, sus usos y costumbres, no mandaron a sus hijos sino a los hijos de sus esclavos o de castas inferiores.

Resultado: Los primeros africanos con instrucción moderna y sobre cuyas espaldas reposaba la construcción de un estado moderno, no eran hijos de jefes, eran hijos de familias de estatus social inferior. Mientras que las estructuras tribales quedaron intactas.

Las castas dominantes perdieron influencia en la construcción administrativa y política de los países de los cuales no participaron, sino a través de sus súbditos, pero se quedaron con el poder tribal intacto. Lo cual implicaba que los funcionarios y los ministros de sus tribus les debían obediencia, respeto y sumisión. Por lo tanto, la estructura sociológico-política de los países resultaba indefinible. No eran tribus y tampoco eran Estados-Naciones. La tribu seguía siendo el valor de base de la sociedad, lo que explicaba que cada conflicto interno normal en un país Estado-Nación se convertía rápidamente en una guerra tribal. Lo que no facilitaba el buen gobierno en los estados africanos. Los últimos ejemplos actuales son: Costa de Marfil, Kenya, Somalia y tantos más.

* * *

Tenía muchas dificultades con Jack para que no saliera de la cabina hasta que el intérprete no nos trajera la autorización y la invitación a una conversación. En general, los gringos saben poco de etiqueta. No me molesta, al contrario; pero aquí esto podía traernos consecuencias graves. Los norteamericanos son eficientes, no de muy buenas maneras; son respetuosos pero de costumbres ajenas a las normas protocolarias.

Por fin regresó el intérprete con el señor moro. Se pararon a la escasa sombra de una acacia, a unos diez metros. *In extremis*, pude agarrar de una caja de cartón un cono de azúcar y una bolsa de té. Ir al encuentro de un señor moro sin regalos es peor que ir a una fiesta de los Reyes sin juguetes. Pasamos los tradicionales diez minutos de salutaciones y presentaciones. Le di los regalos al intérprete que se los entregó al moro y este empezó a agradecerme. Mientras tanto, Jack se ponía cada vez más y más impaciente. Todo sucedía en tres dimensiones: el moro hablaba al intérprete, el cual me traducía al francés y yo le contaba a Jack en inglés quien, además, grababa toda la conversación. Ya estábamos en ceremonial desde hacía media hora.

—Pero, por Dios, pregúntale cuánto ganado tiene.

El pobre Jack ya no podía más. Me quedé boquiabierto. Si hay una cosa que no puedes preguntarle a un pastor nómada saheliano es cuántas vacas, borregos, chivas, burros, caballos y camellos tiene. Es un secreto que se comparte solamente entre familiares. La interdicción total de la pregunta tiene dos razones. Una viene del recuerdo de que la autoridad colonial cobraba impuestos sobre las cabezas de ganado. Desde entonces el ganado se escondía, como probablemente el rebaño de este señor estaba escondido a poca distancia de nosotros. Dos: no todo el ganado de su rebaño es de él. Es costumbre que, para asegurarse contra catástrofes, se disperse el ganado entre varios familiares. En un rebaño de cien cabezas probablemente no más de veinte son de su propiedad; las demás están caminando en los rebaños de sus hermanos, tíos, padre e incluso en los de la familia de su esposa.

—Jack, ¡no puedo preguntar eso!

—Yo quiero saber cuántas cabezas de ganado tiene este señor y cuántas ha perdido por la sequía. Es sencillo, ¿no?

Yo también pensé que era sencillo, pero no lo es. Su cara se había puesto roja y estaba enojado.

—*OK, OK*. Le voy a preguntar.

Poniéndome frente al intérprete, de manera que Jack no viera mi cara, empecé a mover los ojos y a hacer muecas con todos los orificios de mi cara mientras hablaba rápidamente, por si acaso Jack captara algunas palabras. Tenía el sentimiento de que comprendía más francés de lo que mostraba.

—Mira, Yusuf, el americano quiere saber cuántas cabezas tiene este señor y cuántas murieron. Yo sé que esto no se pregunta, se va ofender tu hermano y esto recaerá sobre ti. Así que explícale que diga cualquier cosa para que el americano esté contento.

Lo repetí otra vez. Los choferes, el cocinero y el intérprete peul, sentados aparte pero cerca, escondieron sus bocas detrás de sus manos para que no se viera cómo se reían.

El diálogo entre los dos moros duró un momento. Pedí al cocinero que nos hiciera otro café porque esto se podría poner feo. Por fin regresó Yusuf.

—Mira, patrón, dice él que de vacas le quedan solamente tres que sirven para la leche y la sangre que alimentan a sus hijos; de borregos quedan seis y sus camellos murieron todos. Dice él que ha perdido mil setecientos cuarenta y tres cabezas; la mitad eran bovinos y la otra mitad borregos. Dice él que no han comido desde hace tres días y que su mujer perdió un bebé anteayer.

Cuando exageran, exageran. De todo esto tal vez la última frase era verdad, aunque de eso también tenía mis dudas. Traduje todo al micrófono de la grabadora de Jack tornándome un par de veces hacia el intérprete para averiguar los números que este ya casi había olvidado y me dio otros. Jack estaba satisfecho y lo mostró con una amplia sonrisa.

La sesión fue levantada con una ronda de apretones de manos. El moro se quedó largo tiempo sosteniendo con sus dos manos la de Jack en señal de gran respeto. Eso significaba que la mano de Jack era tan poderosa y noble que él necesitaba sus dos manos para sostenerla. Al mismo tiempo murmuraba miles de bendiciones. Hizo igual con mi mano; pensé que nunca más la iba a soltar. A los demás ni les echó una mirada. Yusuf

se quedó despidiéndose por quince minutos más. Después el moro se fue con sus regalos por donde había venido, lo que indicaba que su familia y su rebaño estaban por allá y que no iban a ninguna parte, como lo había sospechado al inicio del encuentro.

Allí, en pleno Sahel, en el territorio de Malí, no muy lejos de la frontera de Mauritania, acababa de representarse una comedia de primera. ¿Quiénes son los imbéciles que mandan a otros imbéciles a hacer preguntas imbéciles a ganaderos moros nada imbéciles?

Vista la posición del sol, Jack mandó instalar el campamento allí mismo. Consistía en una tienda de campaña con dos cuartos, una mesa y dos sillas plegables.

Con la aparición de Venus, a la luz amarilla de la fogata, degustamos un Johnny Walker *on the rocks* —llevábamos un refrigerador-bar que funcionaba con la batería del Land Rover—, en una mesa con un mantel blanco. Envueltos en el olor de arroz con carne y pedacitos de tomate deshidratado, escuchamos *jazz* de Nueva Orleáns, Louis Armstrong y *gospel* de Ella Fitzgerald. Trabajar con el dinero del contribuyente norteamericano tiene sus ventajas.

Repetimos una media docena de veces la obra de teatro antes de llegar a Nara. Pensándolo hoy, treinta años después, es probable que, de vez en cuando, en los campamentos de los trashumantes moros del lado de Nara, los pastores o sus hijos aún se rían de los blancos que preguntaron a sus padres cuántas cabezas de ganado tenían y de cómo estos se burlaron de nosotros.

En Nara la representación tuvo una variante. El actor principal no era un pastor moro sino el subprefecto bambara, también hijo de un ex alumno de la escuela de "los hijos de jefes". Por supuesto, mucho antes que nuestros Land Rovers entraran en Nara, estaba enterado de qué se trataba. Conseguimos alojamiento en el campamento administrativo, una especie de hotel primitivo de tres cuartos para agentes del gobierno de paso, lo que nos permitió lavarnos otra cosa que las manos y la cara, aunque fuera con agua fuertemente nitratada. Jack estaba obsesionado con la reserva de agua. A cada rato estaba contando botellas y bidones.

Desde el inicio quería compartir generosamente el agua embotellada con los componentes malienses de la expedición. Al principio aceptaban, aunque se veía que no era de buena gana; lo hacían por buena educación. Pero pronto los sorprendí utilizando el agua mineral para lavarse la cara y las manos cuando desplegaban sus tapetes y se tornaban hacia el este para las plegarias… y bebían el agua de los bidones. Cuando lo noté, les

hice observar que el agua de los bidones era para lavarse y el agua de los botellas para beber. El intérprete peul, que hacía oficio de vocero del equipo, me contestó:
—Patrón, esta agua de botella tiene un mal sabor.
Sin comentarios, porque todo es relativo. *De gustibus et coloribus, non disputandum est*: sobre gustos y colores no se discute, como dijeron ya los romanos en su tiempo.

El subprefecto, máxima autoridad en la región, conocía bien a los blancos por haber estado un año en la Universidad de Rennes en Francia, y captó rápidamente la jugada. Sentados sobre una gran alfombra alrededor de una variedad de platos impresionante para Nara —que era más bien un lugar miserable y desértico—, compartimos la cena con la crema de la sociedad del lugar: unos funcionarios, un par de comerciantes, cuatro dignatarios moros y peuls. El joven bambara nos pintó un infierno dantesco, al punto que casi creí que el único borrego que había sobrevivido a la sequía era aquel que nos estábamos comiendo. Todo el mundo intervenía en la discusión, que tenía apariencia de un concurso para el cuento más dramático. Mientras tanto, yo trataba de alcanzar con la mano un pedacito de *boule* —una especie de pudín, pero hecho con harina de sorgo y en forma de pelota—, hacer una bolita, remojarla en una de las salsas, tomar de paso un pedacito de carne de borrego y colocarlo todo en la boca con un movimiento elegante del puño, sin mancharme la manga o toda la camisa.

Estábamos en el fuego cruzado de preguntas y respuestas entre el subprefecto y Jack, y viceversa. El único tiempo que tenía para colocar el máximo de bolitas de sorgo con carne en mi boca era cuando uno de los locales contaba su historia al subprefecto. No tenía ninguna intención de dejar pasar la noche utilizando solamente mi boca para hablar. Cada vez que tornaba la cabeza hacia Jack para escucharlo o decirle lo que decían los demás, lo veía más reluciente de grasa, con la camisa manchada de pedacitos de carne y motas de sorgo alrededor de la boca. Me confesó que era la primera vez en su vida que comía con las manos. Se notaba, pensé, con la excepción quizás de las hamburguesas y del Kentucky Fried Chicken. Después de haber tratado de llevarse a la boca un pedacito del pudín cubierto de salsa y carne sin perder la mitad en el camino una docena de veces, abandonó la empresa. A vista de ojo, estaba disfrutando la situación a pesar de estar parcialmente cubierto de grasa y de salsas verdes y rojas.

A medida que los estómagos se llenaban, la conversación se hizo más calmada y espaciada para por fin terminar por completo. Todos estaban convencidos, incluso yo, de haber hecho un buen trabajo para que los Estados Unidos de América decidieran inundar con un río de dólares, a falta de agua, la miserable comunidad de Nara. Unas mujeres jóvenes pasaron con tazas de agua para que nos laváramos las manos y los alrededores de la boca; algunos también se lavaban los pies, no sé porqué, pues estas extremidades no participan en el ejercicio de la comida. Levantaron los restos de la cena y trajeron cojines. Mientras tanto, el cielo nos mostraba su espléndido y asombroso espectáculo. Me recosté sobre la espalda en todo su largo.

El subprefecto había sacado su enorme radio de onda corta y escuchamos las noticias de Radio Francia Internacional, lo que dio un descanso a mi lengua. No recuerdo ya cuáles eran las noticias de ese día, pero sí que después del noticiero escuchamos religiosamente un informe extenso sobre la situación del tráfico en el bulevar periférico de París. ¿No es sabroso? Tirarse sobre una alfombra gruesa y suave en una terraza perdida en el Sahel, oliendo inciensos exóticos, la cabeza en la Vía Láctea, y enterarse de los embotellamientos de la puerta de Versalles, de Orleáns, de Champerret o de Saint-Cloud. Es deliciosamente surrealista.

Después del ceremonial de las noticias, pasamos al ceremonial del té. Ya no había casi nada que interpretar; las conversaciones tornaban acerca de las noticias escuchadas y algunos asuntos de la subprefectura y del gobierno. Nadie hablaba de todo el ganado que la sequía se había llevado. Nos levantamos cuando el subprefecto decidió que era tiempo de que "nuestro sueño nos durmiera", lo que no logramos antes de un fastidioso y largo ceremonial de apretones de manos con todos, y de desearnos buenas noches. Como hacía todas las noches, saqué mi camita al aire libre. El firmamento es el techo más lindo y Jack era un roncador de poca armonía.

Boubakar Sy me había encargado que no faltara a la visita a un campamento de guardias de una reserva ecológica, que en esa época aún se llamaba "reserva de fauna", a unas siete horas de Nara en dirección de Tombuctú. Jack era excelente navegador y nos topamos con el campamento al atardecer. Les cuento esta visita porque algo insólito me pasó ahí. El amigo de Sy, compañero suyo durante siete años de estudios en la escuela de Maisons-Alfort en los suburbios de París, era un marxista-leninista erudito.

Nunca sabré si era un buen veterinario, pero en eso era un maestro; el único marxista-leninista que jamás encontré, incluyendo los cubanos e Isabel Monal, que se habían leído todos los treinta y algo de volúmenes de las Obras Completas del alemán que había cambiado el mundo conceptual político y económico de mi generación. Los tenía todos en un cajón metálico cerrado con cadenas y candados. Alrededor de una fogata, envueltos en cobertores, porque las noches sahelianas son frescas, a golpes de café y de té, discutimos hasta que el cielo anunció la llegada ineluctable del sol. La obra que nos gustaba más era *El izquierdismo, enfermedad infantil del comunismo,* de Vladimir Ilich Lenin. Incursionamos también en otras de las cuales tenía alguna noción. Hasta tenía una copia de una obra de Paul Lafargue, yerno de Marx: *El derecho a la pereza.*

Pretendía él, el veterinario, que la clase obrera tenía derecho al poder. Yo estaba más inclinado a defender la mayoría parlamentaria; ya había visto a la clase obrera en el poder en Cuba. No coincidimos mucho, pero fue la noche más política e intelectual de mi vida. Cansado de Vladimir Ilich, le hice unas preguntas sobre su trabajo.

—¿Hay muchos cazadores furtivos?

—Sí, muchos. Vienen de Mauritania en caravanas.

—¿Qué buscan?

—Todo: pieles, marfil, pelos de colas de elefantes; hasta la carne se llevan.

—¿Vas detrás de ellos?

—Muy poco.

—¿Por qué?

—Falta de gasolina, municiones y por otras razones.

—¿Cuáles?

Tomó aire y sin mirarme, contestó:

—Es que cuando los vemos, se convierten en animales salvajes, hasta en leones.

Me quedé frío. Allí descubrí al más erudito leninista que jamás había encontrado, diciéndome con una desconcertante sencillez que los cazadores contrabandistas se convierten en animales salvajes. Hay conexiones entre la dialéctica marxista-leninista, la política y la brujería africana que solo los africanos comprenden.

Jack aceptó la invitación a dar una vuelta por la reserva para observar animales salvajes, lo que me dio la oportunidad de dormir y no hacer nada en todo el día. A su regreso por la tarde, decidió que el material socio-económico que había colectado bastaría y que al día siguiente iríamos rumbo a Mopti, a las orillas del río Níger, para tomar la carretera pavimentada hacia Bamako.

Nos costó trabajo, porque estábamos del lado malo del río. Este problema fue resuelto por el intérprete peul quien allí estaba en su territorio. Nos resolvió el problema subiendo las dos Land Rover, una a la vez, sobre diez lanchas de troncos de madera amarrados el uno al otro. Cruzar el río nos tomó todo un día, con Jack blanco de preocupación, pues ya veía sus Land Rovers en el fondo del agua fangosa del río. Pero todo pasó bien. Por fin nuestro equipo pudo beber toda el agua del río que le gustaba tanto y nosotros bañarnos sin contar botellas.

Mopti era una ciudad animada. Mucha gente, mucho polvo, mucho ruido. Un enorme mercado, sobre todo de pescado seco. Toda la ciudad olía a él; un olor fuerte, penetrante, que se metía hasta en los vestidos. Más tarde regresaría varias veces a Mopti y a Djenne, otra ciudad fenómeno del Sahel, pero por su significado religioso: tiene la mezquita de barro más grande del mundo.

* * *

Convivir día y noche con sahelianos es agradable y tranquilo. Son personas pacíficas, amables, serviciales, de buen humor, preocupados por hacer el bien tal como les fue enseñado en los pocos versos del *Corán* que aprendieron de memoria. Para ellos el Islam es bueno y tolerante. No se imaginarían nunca que un musulmán pueda envolverse en dinamita y hacerse explotar para matar inocentes en una cafetería de Alemania o de Israel; robar un avión y estrellarse contra un edificio con el único objetivo de matar a tanta gente como se pueda, incluso musulmanes; o decapitar civiles como lo hacen los seguidores de Bin Laden. Para ellos, estos hechos deben ser la obra de unos locos que no pueden ser musulmanes. Ellos esperan, en la entrada del paraíso, no encontrar a nadie, ni siquiera un perro accidentalmente atropellado que les pida cuentas por hechos cometidos en esta vida y que les podrían impedir el acceso al verde paraíso.

Que estos musulmanes compartan la misma religión y los mismos valores que los pilotos del 11 de Septiembre o los asesinos del tren de Madrid y el metro de Londres, me parece increíble. Unos temen el peso del pecado: haber engañado a un compadre, la blasfemia, haber matado sin necesidad, accidentalmente, aunque más no sea un perro que cruzó la calle. Los otros imaginan que en el paraíso los esperan de brazos abiertos y de fiesta por haber hecho pedazos la vida de miles de inocentes. El mismo libro justifica ambos grupos situados a los extremos opuestos de la misma humanidad: Los unos esperan la santidad, los otros realizan la barbaridad.

Michel Onfray: "De ninguna manera desprecio a los que creen en los ángeles, el efecto positivo de la plegaria, la eficiencia del ritual, el bien de las encantaciones, las lágrimas de la Virgen, la resurrección de un hombre crucificado, la virtud de las conchas, el poder de los hongos, el valor del sacrificio de animales, el efecto trascendental del nitro egipciano, los molinos de rezar, la virtud de los dioses con cabeza de perro egipcios o de los dioses indios con trompas de elefantes. No desvalorizo a ninguno. Pero en todas partes consta cuánto los hombres fabulan para no mirar la realidad de frente. La creación de mundos 'de después' no sería grave si no se pagara el precio fuerte: el olvido de lo real, la ignorancia del único mundo que es real. Cuando la creencia se enoja con el eminente, el ateísmo reconcilia con la tierra otro nombre de la vida". Me siento más cerca de esta filosofía que de los dogmas religiosos.

* * *

Entretanto Paule se había hecho amiga de una italiana casada con un escritor poeta maliense, del cual tenía también tres hijos: dos varones y una niña. Según mi apreciación, Diabaté no tenía mucho de escritor ni de poeta; alineaba palabras sonantes pero sin sentido. Creo que a fuerza de querer imitar a los escritores y poetas franceses del siglo anterior, perdió en el camino todo lo propio. A pesar de eso, él y su esposa eran agradable compañía. Diabaté es un nombre que indica que era de la tribu de agricultores malinké y que pertenece a la casta de los griots.

¿Qué son los griots? Son muchas cosas: historiadores, mensajeros, músicos, contadores, criadores, bufones y poetas de la sociedad malinké u otras tribus. Hasta muy recientemente, todo su saber era de transmisión oral: no había escritos. Son la memoria de un pueblo, de la tribu, de los clanes y de las familias, que transmiten su arte y su saber de generación en generación. De hecho, son intocables y gozan de privilegios. En una cultura en la que la procedencia biológica es sumamente importante. Conocer la historia de todo el mundo, sus antepasados, los hechos heroicos que cumplieron —a los cuales adicionan algunos si el pago de sus servicios es generoso—, todo esto da poder e impone respeto. Aquí, como en todas las tribus, antes de que tú seas tú, eres descendiente de alguien de quien depende tu lugar en la jerarquía de la sociedad y de esto los griots tienen la llave. Sin el reconocimiento público de tus antepasados no eres nadie y esto los Griots lo saben mejor que tu propio padre.

¿Quiénes son los malinkés? Te lo cuento porque tiene importancia por lo que va a seguir. Son una tribu de agricultores asentados sobre ambos lados de la frontera entre Guinea y Malí. Tienen una historia sangrienta porque fueron también conquistadores y fundadores de un imperio y sometieron a varias tribus de los alrededores. Hasta vencieron a los mossi de Burkina Faso, los bambara, dyula, los peul y los bozos de Malí, y se hundieron en las zonas forestales de Costa de Marfil y Guinea. En el inicio de la conquista colonial francesa, opusieron fiera resistencia. Su emperador, Amory, es aún glorificado y sus hechos de guerra son la parte más importante del repertorio de los griots diabaté. De hecho, es la principal fuente de inspiración de la tradición oral. Pueden sentarse alrededor de una fogata y pasar la noche entera tocando la cora y cantando la gloria de aquella época. La cora es una especie de arpa montada sobre una calabaza con hasta cuarenta cuerdas que se toca con ambas manos.

Debido a mi curiosidad sociológica, el domingo siguiente a mi regreso de Nara, cargamos todo en mi Mehari —un jeep de plástico de Citroën, con motor de dos caballos— y arrancamos rumbo a Kangaba, capital sagrada de los malinkés del lado maliense, a unas tres horas de Bamako por una carretera de polvo rojo de laterita. De forma que cuando llegamos, todos estábamos rojos, blancos y negros por igual.

Parte de la razón por la que estábamos en Malí era eso: el romanticismo de comer polvo y tomar nivaquina contra la malaria. Me sentí de nuevo explorador descubriendo tribus y vidas diferentes y misteriosas, como años antes en Costa de Marfil.

Tras habernos limpiado lo que decentemente se pudimos limpiarnos al lado de la carretera, hicimos la visita obligatoria y protocolar al subprefecto de Kangaba. Hombre joven, militar, simpático, poco formalista, entusiasta y muy enterado de los escritos de mi anfitrión. Mientras pasábamos una hora en salutaciones, se había montado una fiesta en el barrio donde vivían los griots diabaté. Cuando bajamos de la colina donde según el concepto urbanístico colonial siempre se encuentran la comandancia, el cuartel militar y la jefatura, nos esperaba una escolta de mujeres vestidas de *boubous* largos, amplios, ricamente bordados con hilo blanco u oro, con enormes turbantes en sus cabezas que les daban una estatura de gigantes. Nos escoltaron cantando hermosas melodías pegándose las manos al ritmo de tambores y coras. Por todos lados había caras sonrientes y felices.

La casa de los diabatés en Kangaba era un barrio entero de unas veinte chozas circulares de adobe, con techos de hojas de palmeras. Algunos pueblos mayas en Yucatán tienen las mismas. Nos costó otra hora saludar a todo el mundo, haciendo rondas y rondas con apretones de manos, tratando de hacerlo lo más conforme que se podía con la etiqueta malinké. Pero no debió ser muy conforme, porque todos se reían de buena gana. No era grave, porque los malinké tienen un dicho que va así:

"A los niños y a los extranjeros tienes que perdonarles todo, porque los pobrecitos no saben".

Allí encontré por primera vez a mi futura madre mítica y a mis dos hermanos. Pero esto lo contaré más tarde.

Diabaté me llevó a visitar el pueblo, donde no había gran cosa que ver, salvo una casa circular grande, puesta en el centro de una gran plaza que pomposamente llamaban la "kaaba" y también la "casa sagrada". Era una casa cualquiera, salvo por el misterio del cual todos los malinkés la habían envuelto. Nadie tiene derecho a visitarla ni a echar una mirada adentro salvo el jefe del pueblo y el más anciano griot. Me dijo que él sabía, por haber mirado por un hueco cuando niño y que por eso lo habían corrido del pueblo. Me dijo también que si hubiese revelado lo que había visto, es probable que lo hubiesen matado.

Su exilio a la capital, donde vivía en casa de un tío, le había permitido ir a la escuela y luego a Francia. En fin, debe su carrera de escritor a su curiosidad infantil. Adentro había unas estatuas y unos cajones de madera.

Otra historia acerca de este santuario es que cada año los niños chiquitos del pueblo, en una ceremonia, reconstruyen y reparan las paredes. Cada niño hace un mortero de fango y paja y lo pega con las manos a la pared, del lado exterior solamente. Me contó, pero no lo creí mucho, que si por mala fortuna el mortero de un niño no pega bien a la pared, el niño es separado del grupo y mandado a su casa con las palabras: "Habla con tu madre". Se supone que no es hijo de su padre.

Fuimos a saludar al jefe del clan de los herreros, amigo de los griots. Los herreros son muy temidos y respetados en todas las tribus porque dominan y trabajan el fuego y el metal, elementos misteriosos. Fabrican equipos agrícolas pero también armas, puntas de flechas, de lanzas y hasta escopetas. Nada sofisticadas pero eficientes. Se llaman "fusiles de la trata de esclavos". Los herreros son un clan muy cerrado: se casan con hijos e hijas de herreros de otros pueblos, clanes o tribus; raras veces un individuo ajeno a su casta ingresa en ella.

Pasamos la tarde recostados sobre alfombras, comiendo mucho, escuchando historias, canciones de los hechos heroicos de Amory y de los antepasados de los presentes: me sorprendió la habilidad con la cual Paule colocaba las bolitas de carne y salsa grasa en su boca sin mancharse. Creo que tomamos todas las cervezas que había en Kangaba.

Cada fin de semana regresábamos a la casa de los griots de Kangaba, y aprendimos a vivir según las reglas de los malinkés. Cazaba con ellos. Hasta aprendí, sin mucho éxito, a tocar balafón, una especie de marimba con calabazas de diferentes tamaños como cajas de resonancia. Les ayudé a alquilar un par de bueyes para sus cultivos de arroz.

Aprendí algunas de sus reglas sociales que encontré muy astutas y sabrosas, como por ejemplo, el "evitar a la suegra". Tu suegra por definición es la mujer que te ha regalado lo que tú más quieres en la vida, tu mujer; por lo tanto la quieres. Para garantizar la perennidad de ese amor es mejor que no hables ni mires a tu suegra. Si tienes algo que decirle, pasarás por el intermedio de tu mujer; si te cruzas con ella en la calle, cambiarás de lado para no tener que mirarla ni hablarle. ¿Quién no tiene problemas con su suegra?

Otra regla que me gusta es la del respeto por las jerarquías dentro de cada generación. Las relaciones padre-hijo son muy duras. El padre es el temido, el represivo. Pega, te tira piedras, te grita. Pero la relación abuelo-nieto es toda suavidad, muy afectuosa, de cómplices, de bromas y chistes. Así todo se equilibra, porque el abuelo es también el padre del padre del nieto y vigila que no haya excesos.

Por fortuna, varios entre ellos hablaban un francés comprensible. Así entendí las mil y una historias que me contaban y si no, nos las arreglábamos con señas y mímicas, lo que nos hizo reír mucho. Descubrí que dentro de la jerarquía del pueblo, estrictamente definida por castas y familias, había una fraternidad —por llamarla de alguna manera— que atravesaba toda la organización verticalmente estructurada. Es la "fraternidad de los cazadores". Bajo condición de aceptar el largo aprendizaje, las pruebas y sus usos, cualquier hombre, de cualquier casta, podía acceder al envidiable estatus de cazador. Es una organización medio secreta en cuanto a su jerarquía interna y sus enseñanzas. Una noche pedí a mi hermano Djibril que me instruyera en la fraternidad y me contestó que me daría su respuesta durante mi próxima visita.

Un sábado, cuando llegaba a mi casa en Kangaba, me encontré con un joven sentado al lado de la puerta. Nunca lo había visto. La primera cosa que noté fue que tenía los ojos muy blancos, fuera de las órbitas, con sus pupilas mirando hacia arriba. Además, su pelo tenía rastas. Nunca había visto rastas en África. Espesas trenzas sucias le caían en los hombros y, como vestido, portaba una túnica gris que envolvía sus piernas, las cuales se veían muy flacas.

Lo saludé y no me respondió, lo cual es muy grosero. Seguía mirando el tope del árbol detrás de mí. Djibril me tomó del brazo y me llevó un poco aparte.

—¿Quién es? —le pregunté.

—Es un joven de Kayes, lo estamos curando.
—¿Curando? ¿Está loco?
—Un poco. Tiene la enfermedad francesa.
—La enfermedad francesa. ¿Y qué es eso?
—Su familia lo mandó a Francia a trabajar y a mandar dinero, pero no aguantó. Tuvieron que regresarlo porque después de unos días estaba loco.
—¿Y tú lo curas?
—Yo y todos los demás. Se quedará con nosotros el tiempo que haga falta para que se vuelva normal.

Así aprendí que los griots también son los psiquiatras de la tribu y se encargan de recomponer a los miembros de la tribu que hayan padecido un fuerte choque cultural o psicológico que los haya dejado desorientados. Debo decir que sacar a un joven de su pueblito africano y meterlo de lleno en un metro de París puede ser desorientador.

Más tarde, en París, me tocó acoger a un socio de la SOTERA del Chad. El ya mayor ganadero casi se cae de espaldas cuando, bajando los Campos Elíseos y corto de billetes, saqué dinero de un cajero. De regreso en Chad, el tipo había contado por todas partes que yo era un mago muy grande: había sacado dinero de un muro. Los choques culturales que desorientan a las mentes sí existen.

Cuando no estábamos en Kangaba, durante los fines de semanas, Paule y yo hacíamos recorridos por el Sahel sin otra razón más que el placer de estar fuera de la ciudad, frecuentar un mundo diferente, campamentos y pueblos que eran distintos a nosotros, dormir a cielo abierto, cazar —aunque esto se traducía más en espantar aves que en matarlas. Al regresar un domingo al atardecer de una de estas escapadas, el guardia de la casa, un señor de respetable edad, ex combatiente de la guerra contra los nazis y de Argelia como casi todos los que vivían en nuestro barrio, me interpeló de manera bastante disgustada. Nuestro barrio se llamaba Quinzanbougou porque todos los ex militares africanos del ejército francés habían recibido, a su desmovilización, una concesión urbana para construir su casa allí; de ahí su nombre: barrio "de los quince años".

—Se acostó, patrón.

Nunca me había hablado así.

—¿Quién se acostó con quién, Abderramane?

—Ella, patrón, la negra que vive con usted.

Entendí que se trataba de Béatrice. Y noté que él era más negro que el carbón.

—Tres noches, patrón. Tres noches seguidas. Como no reaccionaba mucho —al menos no tanto como él había esperado—, me explicó con mucho detalle que "la negra" había recibido a un hombre, probablemente su novio, un mossi como ella y de un pueblo de la zona del Office de Níger.

Al día siguiente, cuando me crucé con Béatrice que se miraba concienzudamente los zapatos, supe que era la verdad. Ni mencioné el asunto, que olvidé antes de que el sol se hubiera puesto. Creo, Hervé, que durante ese fin de semana fuiste concebido. Así es la vida.

En Kangaba me acogieron con muy buen humor y risas. Sí, el consejo de los cazadores había aceptado que me iniciara en la fraternidad como aprendiz, pero antes tenía que tener familia malinké. La ceremonia de adopción se hizo esa misma noche y fue breve. Fuimos a la casa de la madre de Djibril, que interrumpió sus pilonzazos en un mortero donde hacía harina de sorgo, a pesar de su avanzada edad, aún con mucha energía y tratando de controlar el movimiento de péndulo de sus senos. Cuando hablo de avanzada edad, entre los malinkés esto gira alrededor de los cuarenta años. Tenía el rostro ligeramente inclinado hacia el suelo pero me parecía muy vigorosa, con una cara risueña, labrada por profundas arrugas y unos ojos que decían que había bien cumplido, llenado su vida y que a ella no le podías hacer cuentos.

Nos sentamos sobre un petate. De un lado, mi hermano Djibril y su madre, que se había cubierto el rostro con una blusa; del otro, los demás, entre ellos sus hijas e hijos, nietos y nietas. Yo estaba en frente de ella. Djibril habló suave y respetuosamente a su madre, con los ojos al suelo en señal de respeto. A la señal de Djibril, entregué tres cortes de tela bien plegados y un sobre con una suma de dinero que Djibril pronto abrió. Contó los billetes en la mano de su madre, lo que hizo que ella se riera mucho. Una vez escondido el dinero en su ropa, sacó de debajo de su blusa su seno izquierdo, muy flaco y largo. Lo tomó en su mano y me lo tendió. Me adelanté de rodillas, me incliné hacia aquella mamela e hice como que la mamaba. Pasó igual con el otro seno. Olían mal, a sudor y leche agria.

El haber mamado las mamelas de la misma madre hizo de mí el hermano de Djibril, de toda la familia y miembro del clan de los diabaté. Así llegué a ser Yousouf, miembro del clan de los griots de la fiera tribu de los malinkés del oeste africano. Para simbolizar mi entrada en la sociedad de los hombres de la tribu, a modo de iniciación y, para averiguar que todo esto agradaba a los ancestros, tenía que ir a pasar la noche en el bosque sagrado donde moraban sus espíritus y los de todos los difuntos de Kangaba.

Puse mi petate debajo de un árbol y colgué la mosquitera en unas ramas. Sin embargo, pasé toda la noche cazando mosquitos que, por cierto, los ancestros habían ayudado maliciosamente a entrar por debajo de la mosquitera. El cielo era negro, sin estrellas y sin luna. Alcancé a dormir entre las molestias de los mosquitos y otros bichos voladores y rampantes. En la mañana, Djibril vino a buscarme con una cantimplora de agua con la cual él se llenó la boca y me escupió en forma de nube de gotitas en la cara. Lo repitió cuatro veces, poniéndose a cada escupida en la dirección de los cuatro puntos cardinales, mientras que murmuraba lo que yo imaginaba eran oraciones y súplicas a los espíritus de sus ancestros para que fueran clementes, gentiles y amables conmigo hasta que llegara mi tiempo y que yo también me convirtiese en espíritu del bosque sagrado.

En La Habana ya había visto en un ritual santero esta costumbre de escupir nubes de gotas en la cara del receptor de alguna bendición u otra cosa. Pero en La Habana los santeros escupen ron.

Estaba feliz de saber que el examen y las pruebas terminaban ahí. En un momento pensé que me iban a pedir desnudarme y descubrirían que no soy circunciso como todos los hombres y niños malinkés. Aceptaría todo para ser iniciado en la fraternidad de los cazadores malinkés, por satisfacer mi curiosidad sociológica, salvo sufrir la amputación de parte de mi pene.

Luego Djibril, en su calidad de gran cazador, me colgó al cuello mis primeros amuletos que me protegerían contra el mal de ojo, el veneno de las serpientes, los dientes y uñas de los leones, el relámpago (pensé en San Donato), el mal de diente, la pinza de los escorpiones y no sé qué más. Son bolsitas de cuero que huelen a chiva en las cuales, dicen, está encerrada una cita de versículos del *Corán* que tienen todos estos poderes.

Pasé lo que quedó del día durmiendo. Una noche en el bosque sagrado cansa.

El banquete familiar que siguió fue memorable. No sé qué estaba comiendo. Toda la carne era carne de caza mayor y muy sabrosa, igual que los vegetales que eran de todo tipo salvo ensalada. Las bebidas estaban hechas de raíces, hojas misteriosas de cocción más misteriosa y fermentaciones sabiamente controladas. Mientras tanto, acompañaban tambores, varias coras y marimbas, la muy larga letanía de los árboles genealógicos de los griots de Kangaba, de los cuales de allí en adelante, y para toda la eternidad, yo seré parte. De paso, tengo que decir que, como todos los árboles genealógicos de los musulmanes, aquel pasa por una descendencia del profeta Mohamed, nada menos. Lo que lo hace tan largo no es solamente la letanía de los nombres de los ancestros, sino el recuento de los hechos por los cuales uno entró en la historia: puede ir desde haber matado un león o haber conquistado solo una tal aldea, hasta haber caído en un pozo. Es un gran honor escuchar su árbol genealógico con cosas que se transmiten solamente de boca de griot a oreja de griot.

Durante todo el banquete, una multitud de muchachas jóvenes estaban muy atentas y serviciales conmigo, sonriendo y echando ojeadas sensuales. Les respondí con atención y mil gracias. Porque es cierto que la nobleza reside en el hecho de tratar a una reina como si fuera una sirvienta y a una sirvienta como si fuera una reina.

No sé en qué punto de los árboles genealógicos cantados estaban, pero poco a poco sentí que me elevaba; más bien en estado de flotación. Todo se envolvía en una nube distorsionando el entorno. Empecé a tener alucinaciones. Desfilaban paisajes de mar, de olas que se rompían en costas rocosas de color ladrillo. Vi claramente gente sobre flotadores sacando peces con sus manos. Pasaban imágenes de mujeres blancas desnudas, muy eróticas, que se abrazaban, se acariciaban y me sonreían. En un momento estaba cruzando un barranco, arrastrándome en cuatro patas sobre una escalera de aluminio. En otro momento estaba de capitán, con una gorra y larga barba en un velero de tres mástiles. También tuve la visión de una ópera donde estaba vestido de esmoquin con el brazo por encima de los hombros de un hombre blanco, riendo, haciendo señales con la mano a un artista negro.

¿Eran mis hijos? Algunas de estas alucinaciones allá en Kangaba se hicieron realidad. Años después en Chad encontré a las mujeres blancas, y en Théoule-sur-Mer, Costa Azul, donde el mar era bravo y las rocas de color ladrillo, instalaría mi finca marina con flotadores.

Tomé un cojín y lo apreté fuertemente en mis brazos. Sentí unas manos acariciándome el cabello. Antes de descolgar totalmente de la realidad, me despedí de todos con lo que en tierras malinké es la bonita fórmula: "Que duermas bien y que mañana nos despertemos uno a uno". Se sobreentiende que si nos despertamos todos al mismo tiempo, es porque el pueblo se está quemando o que alguna desgracia ocurrió.

Los poderes de los cazadores son grandes y sus pociones y decocciones, eficientes.

El aprendizaje de cazador no es solo sobre saber seguirles la pista y matar animales salvajes, y sus costumbres y comportamientos. Es mucho más que eso. Es el aprendizaje de la dominación de los espíritus que se encarnan en todas las cosas, plantas y animales, y de la magia. Aprender a manejar un fusil de la trata de esclavos para que, cuando lo descargues, no te explote en la cara, es lo de menos. Saber cuánta pólvora y qué bala poner en el cañón, cómo compactarla eficientemente, fijar la piedrita en el percutor escoger la bala en función del animal que vas a apuntar, no es nada del otro mundo, se aprende. Pero tener una relación y dominar, dialogar, comprender y complacer a los espíritus y los fantasmas que viven constantemente al lado tuyo, eso es otra cosa. Eso es el grado superior de la vida de los malinkés. Todo eso se manifiesta en miles de cuentos.

Mi cena de iniciación como aprendiz de cazador e hijo de la familia diabaté me dejó desplumado de mi último franco, pero feliz.

Cuando muere un gran cazador, mejor digamos, un gran mago estilo Merlín, la fiesta de su entierro se celebra semanas después para darle tiempo a su espíritu a que se acostumbre a andar sin cuerpo y para que los demás, aún vivos, tengan tiempo para preparar la fiesta y el concurso para su reemplazo. En realidad es un concurso de magia entre los aspirantes para reemplazarlo y acceder al estatus de "gran cazador". Estuve en asambleas nocturnas cargadas de misterios y hechos insólitos. Por ejemplo, una noche llovían mangos, sin que en los alrededores hubiera manguero. Sé algo sobre hipnosis y neurosis colectiva, pero estos mangos me cayeron de verdad sobre la cabeza, incluso me dolían y me los comí. Cada representación de magia es interrumpida por los cantos de los griots que elogian al concurrente. Otra noche, vi un desfile de animales salvajes en un espacio donde era absolutamente imposible que entraran y menos que desfilaran para que el jefe escogiera uno para la cena. Sé que no es posible, pero lo vi matar, despedazar, con sangre que corría y yo también comí mi pedacito de venado.

Creo que debo callarme aquí porque uno de los juramentos de cazador consiste en no contar historias de este tipo a extraños. Después de todo, solamente fui aprendiz. Tengo derecho a cazar los plumados y a callarme.

Algunas noches, Djibril me recomendaba no asistir. Las cosas se ponían fuertes. Hacían magia negra, que es peligrosa. Lo que yo había visto era magia blanca, o sea, lechita para niños. Durante el tiempo que estuve con ellos mis hermanos cazadores me instruyeron en plantas, hierbas, raíces y hojas curativas y alucinógenas. Inútil repetir que nunca fui más lejos en mi aprendizaje.

Mis hermanos cazadores malinkés:

¿Ika kene wa, somogow dew ka kene?
Ya pasaron muchas, muchas lunas. Puede ser que mi hermano Djibril y los diabaté de entonces que me conocieron ya vivan en el bosque sagrado, porque así es la vida en Malí: breve. Que se estén divirtiendo haciendo bromas a los vivos, escondiendo sus cosas, poniendo sapos en sus sandalias, haciendo de repente subir el agua del pozo para que se mojen. Espero que hayan podido comprar el tractor que tanto querían para meterse en el cultivo de tabaco, como me dijeron que querían hacerlo. Porque desde lo alto de un tractor la tierra es menos baja que vista desde el mango de una daba.

Quiero que los vivos y los muertos igual sepan que en todas partes donde he andado en la vida siempre he pensado mucho en ustedes. Sus caras, risas y alegrías aún me acompañan y a veces, cuando estoy solo, con ustedes canto sus melodías y repito los pasos de los bailes secretos de los cazadores que, según aprendí de ustedes, agradan a la madre tierra.

Salaam alekum, mis hermanos,

Yousouf Diabaté

* * *

Desde hacía unas semanas Béatrice no estaba bien. No estaba enferma pero no estaba bien: Vomitaba, se veía deprimida, incluso perdió su color negro oscuro que cambió por tintes de gris. Una mañana, después de una crisis de vómitos, la tomé entre cuatro ojos y le pedí escupir de qué se trataba. Primero se cerró, pero la asalté con tantas preguntas que por fin estalló en una crisis de lágrimas, de esas que traducen desesperanza, miedo e insondable angustia. Estaba embarazada. No se atrevía a regresar al pueblo, de donde también era el coautor, donde una madre soltera es la desgracia de la familia, del clan y de la tribu, reducida en lo que queda de su vida al estado de esclava, casi a la exclusión total. No se atrevía tampoco a pedir asistencia para abortar porque el papa de Roma no lo permite. Lo que estaba era tratando de abortar sin que ella ni nadie se diera cuenta, que pareciera un accidente. Lo que haría desaparecer el "delito" y tranquilizaría su conciencia.

Tomaba jugos de hojas que supuestamente hacen abortar. Comía raíces que le habían recomendado. Hasta se dejaba caer al suelo y saltaba. En fin, todo lo que sabía era de oídas. En realidad se estaba envenenando. Le di vueltas al asunto en mi cerebro, que me dictó el siguiente esquema:

—Mira Bea, si no puedes tener tu bebé porque tu familia te va a rechazar; si no puedes abortar porque es pecado y si tú quieres seguir siendo una buena católica, te propongo que tengas a tu bebé y me lo des.

Cayó un silencio pesado, cargado de sorpresa y expectaciones.

—Usted lo toma, ¿cómo?

A mi entender había una sola solución.

—Lo adoptamos.

Me sorprendió mi propia sencillez.

—¿Y cuando ustedes se marchen?

—Lo llevaremos con nosotros.

Me sentí atrapado en mi propia historia. Ni siquiera lo había platicado con Paule. Poco a poco, la cara de Béatrice expresó serenidad; incluso pensé ver un esbozo de sonrisa. Sabía que muchas madres africanas esperaban tener un hijo en Europa, de estudiante y luego haciendo carreras y mandando dinero para sostenerlas una vez que apuntara la vejez.

—Y yo, ¿qué hago?

No, no podía comprometerme a llevarla con nosotros.

—Te pagaré una pensión para tus estudios hasta cuando te gradúes y tengas un puesto. Si puedo, te pagaré un viaje de vez en cuando para que nos visites.

Ahora estaba totalmente calmada, incluso su cara se iluminó y sus ojos ya expresaban gratitud. Así fue sellado el futuro del señor Hervé Sékou Goffings, hoy Master of Arts de la Royal Academy of Performing Arts of Manchester, y de la School of Acting de Glasgow. Hombre encantador, maravilloso barítono, actor de talento artístico y buen hombre, justo, con un corazón que no cabe en una catedral. Orgullo de sus madres, Paule y Béatrice, de su hermano Sebastián, de quien en cierta forma es cogenitor —pero esto lo explicaré más tarde— y de su padre, yo.

* * *

La noche de ayer fue maravillosa a razón de una conversación con Mariana, hija de nuestra amiga Maricela, funcionaria federal en la dormida ciudad de Campeche, sobre la cual regresaré más tarde porque es persona clave gracias a quien tú tienes el placer —aquí me vuelvo presumido— de leer estas líneas. A veces, muy raras veces, hay conversaciones por las que valió la pena el año.

Debo precisar aquí que Campeche, desde hace un año, también se llama "San Francisco de Campeche", por la sencilla razón de que una diputada del Congreso —que por cierto debe tener un problema de misticismo— lo propuso y nadie se atrevió a decir que no. Una vez más, la República laica bajó sus pantalones y el Congreso adoptó la moción de la diputada sin que un dedo se levantara en contra. Sabiendo que Campeche es derivada del nombre del poblado original maya que se llamó KaanPeech (del maya: Kaan = culebra, Peech = garrapata y se traduce entonces como: "lugar de serpientes y garrapatas"), en lengua maya, San Francisco de Campeche quiere decir: "San Francisco de serpientes y garrapatas". Nadie lo notó. La devoción produce ceguera.

En esta pequeña sociedad cerrada, donde unas cuantas familias controlan todos los aspectos de la vida, como en cualquier pequeña ciudad en cualquier parte del mundo, todo se pasa entre familias. Juran por la familia, viven con la familia, pasan los días y las fiestas en familia, se corrompen en familia, se protegen en familia, sorben el presupuesto público en familia, hacen negocios en familia y se casan entre familias. En realidad se espían, se envidian, a veces se odian, se chismean, se desprecian, pero todo vestido con el manto de la decencia.

De manera que, los que no tienen familia, están excluidos de la vida pública y económica, cualquiera sea su valor. Nosotros los "sin familia campechana" estamos sueltos y, por fuerza, nos encontramos.

Regreso a Mariana, que por fortuna no tiene familia en Campeche aparte de sus dos hermanos y un tío. Son del D. F. y, por lo tanto, casi naturalmente más despiertos, abiertos, curiosos y cultos que el promedio. Por lo menos tienen otra historia que contar que la de haber nacido en el barrio de Guadalupe, morir en el barrio de San Román, eventualmente con un pasaje por el barrio de Santa Ana y haber tenido muchos descendientes, lo que sería el evento más sobresaliente de sus vidas.

Mariana, a sus diecinueve años y habiendo agotado todo lo que Campeche puede ofrecer a una mujer de esa edad, se fue a estudiar ciencias físicas en Jalapa, una de las pocas universidades mexicanas que merecen ser mencionadas en el catálogo de universidades latinas.

Estaba en sus últimos días de vacaciones navideñas, desesperada por un trabajo que tenía que entregar el lunes y sin saber por dónde empezar. El tema: la conexión entre la filosofía y la materia oscura, nada menos. Tuvimos una conversación tan sabrosa e inteligente que vale la pena que la cuente, porque fue un punto luminoso entre las mil y una miserias de la vida cotidiana.

Rápidamente llegamos al punto clave, que es el de saber si de la ciencia sale la filosofía o si es la filosofía la que crea la ciencia (si nunca lo habías pensado por tu cuenta, este es el momento). ¿Qué es la ciencia de los creacionistas? Incursionamos en los orígenes de la filosofía, en lo que Onfray llama "el bestiario filosófico". Recordamos que los antiguos filósofos construyeron sus razonamientos y cuestionamientos sobre observaciones precisas de la naturaleza, empezando con el examen de sí mismos. El cuestionamiento de los impulsos sexuales, el deseo y el júbilo orgásmico, el amor, los sentimientos, el descubrimiento de los átomos y la teoría materialista (todo es materia, incluso el alma). Los comportamientos animales: el elefante monógamo, el pez masturbador, la abeja gregaria, el puerco espín célibe y las miles de leyendas y cuentos, a veces sabrosos, a veces horrendos, constituyen el material sobre el cual se reflexionaba.

Ejemplos: Pasifae se enamoró de un toro divino a tal punto que pidió al astuto Dédalo la fabricación de una vaca postiza mecánica dentro de la cual ella podía acostarse para recibir el semen divino. Ulises y sus marineros fueron seducidos por las sirenas con cantos sensuales y sus huesos fueron encontrados sembrados por los campos en la madrugada. Tiresias, un sabio de Tebas, fue castigado por los dioses por haber separado dos serpientes que se habían acoplado; su castigo fue de convertirse en mujer por siete otoños. Terminado el castigo, fue llamado por Zeus, a quien le interesaba saber qué placer sexual era el más grande, si el de la mujer o el del hombre. Entonces le contó que la intensidad del placer de las mujeres es nueve veces superior al de los hombres.

Todas esas leyendas que giran alrededor de la naturaleza —radicalmente animal— y del placer, que son los elementos sobre los cuales se construyeron filosofías, siguen siendo de actualidad. Homero, Deodoro, Lucrecio, Epicuro y especialmente Diógenes, enemigos de Platón, enseñan más a vivir que a leer o a estudiar. El elefante monógamo y la abeja gregaria, ideales de Platón, compiten con el puerco epicuriano, el pez masturbador y el puerco espín célibe para probar, impulsar, imponer teorías filosóficas que tratan de definir la naturaleza de las cosas y de la felicidad. De esos dos campos, la línea Pitágoras-Platón-Pablo-cristianismo es la que saldrá victoriosa.

La filosofía convertida en dogma que postula: "La ciencia sí, a condición de que sea conforme al dogma" define el límite de la ciencia y anula su posible despegue. Así se acabaron por diecisiete siglos los atomistas, el progreso científico, la cirugía, la comprensión de la naturaleza, el materialismo hedonista, el cuestionamiento de los dioses o de Dios, que desde entonces se postula como la entidad que regula, dirige, manda y se ocupa de los detalles de nuestra vida cotidiana. El concepto que podría existir sin ocuparse de nosotros está proscrito, a pesar de las enormidades de las injusticias y catástrofes que ocurren diariamente.

De paso, da todo el poder a los que hablan en su nombre y mandan la libertad individual de pensar al basurero de la historia humana. Durante todo ese tiempo, cuando dominaba el dogma sin partición, la ciencia, en el mejor de los casos, entró en la clandestinidad, si no es que se detuvo por completo. Lo real, la lógica, el progreso, hicieron una pausa que duró siglos, en beneficio del ideal ascético triunfante.

En nuestras vidas privadas, los usos y costumbres se tradujeron como la legitimación de la moral sobre una positiva espiritual y una negativa carnal. Basado en el odio a sí mismo, asociados hasta confundirse el amor y la procreación, la sexualidad y la monogamia, la fidelidad amorosa y la cohabitación. La opción judeocristiana confunde el femenino, el pecado, la falta, la culpabilidad y la expiación, la misoginia y el orden falócrata.

Solamente quince siglos después del triunfo de Platón-Pablo-Constantino, gracias al impulso natural por comprender y progresar, la ciencia recubre unas cartas con la caída en el ridículo de la pareja: doctrina manda ciencia. El impulso hacia la búsqueda de la verdad y del progreso de los hombres es tan fuerte que ninguna hoguera, persecución, tortura, mentira, guerra y más manifestaciones del amor del prójimo, podían pararlo.

Bruno, Copérnico, Galileo, Spinoza —este último fue, sobre todo, perseguido por su propia comunidad judía—, Da Vinci, Newton, Bacon, Darwin y una centena de miles más. Los voceros del dogma tuvieron que ceder terreno de manera que, iniciando con el renacimiento y gracias a la reconquista de las libertades individuales con el surgimiento de la Reforma, hoy estamos de nuevo en la configuración de una ciencia que da un impulso filosófico. A pesar de todas las resistencias y acrobacias intelectuales de los defensores de los dogmas.

Mariana me encanta, me da esperanza en una juventud que desconozco y que contrasta con aquella con la que habitualmente me cruzo en la amurallada ciudad de Campeche, sofocada en el conformismo, la frustración, la resignación, el fatalismo, esperando cumplir todas sus aspiraciones de la vida con dinero, un marido, hijos, y morir en el seno de la Santa Virgen.

Mariana es otra. Despierta, preguntona, cuestionando, interpelando y argumentando sus opiniones. No sé qué salió de este intercambio. Nunca he leído el trabajo. Pero parece que consiguió una buena nota.

¡Qué bella es la juventud cuando decide no ser vieja!

* * *

❦ J-P Goffings ❦

Creo que es oportuno contar de una vez la historia del nacimiento de Hervé. Béatrice llegó al término de su embarazo. Parece una banalidad decir que este evento siempre ocurre en la noche. La llevé con el "dos caballos" al hospital central de Bamako. Lo que vi allí fue horroroso. Dos enfermeras tratando de ayudar a dos docenas de mujeres que parían; había hasta en las escaleras y los pasillos. De ninguna manera quería que pariera así. Regresamos en los dos caballitos y fuimos rumbo al hospital del Punto G, el hospital atendido por médicos y enfermeras francesas para la comunidad blanca, los altos funcionarios, los diplomáticos y los dignatarios del régimen. El inconveniente es que el Punto G se encuentra arriba de la colina de Koulouba, donde hay algunos ministerios relacionados con la seguridad y el palacio del Presidente. Son cinco kilómetros. Subiendo la colina, después de la curva que bordea el zoológico, los dos caballitos decidieron pararse.

Con Béatrice ya gimiendo, sosteniendo su enorme barriga con las dos manos y los ojos espantados, ya eran las tres de la madrugada de una noche sin estrellas. Ni un alma en la carretera. Creo que estaba tratando de soplar en el carburador cuando oímos tu primer canto. Te recogí todo lleno de viscosidad. Me las arreglé para cortar el cordón con una pinza. Es una maravilla la facilidad con la que naciste. Béatrice estaba hecha para parir bebés. La salvación vino de una enfermera que iba al hospital a tomar su turno. Era el primer día de octubre del año 1972. Paule, sin saber de nosotros, nos descubrió en el Punto G después de haber rastreado durante toda la noche los hospitales de toda la ciudad.

Y eso no fue todo. A los tres días quisimos que madre e hijo regresaran a la casa, por eso nos presentamos en la oficina del funcionario del estado civil. Este debió haber tenido problemas con su mujer. Estaba de un humor de perros y no quería darte la existencia oficial. Tuvimos el diálogo siguiente, él sentado detrás de su mesa de despacho, la cabeza metida en su registro y sin mirarnos; nosotros cuatro, Bea contigo en brazos, Paule y yo de pie en frente:

—¿Madre?
—Béatrice Sawadogo.

Tomó la identificación sin levantar la cabeza, lo anotó muy cuidadosamente y muy lentamente.

—¿Padre?
—Desconocido.

Empujó su silla para atrás y me miró de arriba abajo y de vuelta.

—Esto no lo puedo inscribir.

—Sí puede —dije yo.
—No.
—Sí.
El tono subió tres octavos.
—No, porque es varón, necesita un padre.
—Sí, puede. Conozco la ley. Las leyes civiles son en Malí las mismas que en Francia.
—Yo también la conozco. Necesito la identificación de un hombre.

Ya estábamos gritando. Yo de pie, con mi cara a centímetros de la del funcionario, que además era muy feo, con muchas escaras.
—¿Cualquier hombre?
—Cualquiera. Si tú me das el tuyo, te pongo como padre.

Consulté a Paule con los ojos. En fin, si me inscribía como padre no tenía que adoptarte ¿no es así? Un padre sobre el papel es padre, ¿o no? Saqué mi pasaporte belga y lo tiré sobre la mesa. El tipo lo examinó calmadamente y me inscribió como tu padre.

Así es que aparezco como padre en el acta de nacimiento. Parecía arreglado el asunto, pero no fue así.

Dos meses después, por insistencia de Paule, quise inscribirte en mi pasaporte como padre legítimo y orgulloso de un hijo: Hervé Sékou Goffings. El cónsul honorario y representante del rey de los belgas en Bamako era un comerciante libanés especializado en vestidos y ropas de mujer, normal e íntima. Tenía en la vitrina de su tienda la foto del rey Balduino I y la reina Fabiola, que tronaba entre *négligés*, ropas y *shorts*. Hombre amigable pero desconfiado, tenía una opinión de los sujetos del rey a la cual yo no correspondía y tal vez por eso, no me invitó a sentarme.

Examinó el papeleo y me dijo con voz grave:
—No puedo inscribir a su hijo como ciudadano belga.
—¿Por qué no?

Sentí que los problemas iban a empezar.
—¿Usted está casado con Béatrice Sawadogo?
—No, con Paule Englebert.
—Entonces no puedo, porque la ley belga no permite a un hombre casado reconocer hijos de otra cama.

Confundido, agradecí al cónsul de los belgas y me salí de la tienda.

Hijo, si no eres belga, entonces serás ciudadano de la República de Malí. Al día siguiente me presenté en las oficinas del estado civil maliense para procurarte una nacionalidad. Allí tampoco querían reconocer al ser humano que es mi hijo. Dijeron: "Si usted es belga, su hijo es belga y punto. Circule".

El círculo se estaba cerrando. La sangre me estaba hirviendo. Durante diez años no encontramos solución. Esta llegó solamente cuando yo me hice ciudadano francés, porque en Francia sí los hombres casados pueden reconocer hasta tres "hijos de otra cama". Quién sabe por qué tres y no cuatro o diez. ¿Qué sabios inventaron estas absurdidades administrativas que pueden llegar hasta desconocer la existencia humana?

Tener descendencia ilegítima no nos impedía cruzar Malí de un lado a otro; Ségou, capital de los Bambara; y Djenne, donde nos topamos con un arquitecto italiano, Fabricio Carola, examinando la famosa mezquita hecha de barro, paja y palos, con una torre de más de veinte metros. Fabricio estaba en el proyecto de construcción del mercado techado de Mopti. La mezquita monumental y su torre lo fascinaban a tal punto que quería adoptar la misma arquitectura y materiales tradicionales para su mercado. Propuesta por la cual el gobierno casi le echó del país. Querían cemento y láminas de zinc, a pesar de que fuera tres veces más caro y dos veces más caluroso. El concepto de "desarrollo" y sus estereotipos anclados en la cabeza de los funcionarios es lo que aquellos alcanzan a concebir y eso no es mucho.

En Mopti me regalaron un bebé elefante cuya madre habían matado. No sabía qué hacer con el animalito y lo dejé al cuidado de Fabricio, su mujer y su hijo, que estaban encantados. ¿Cuántos niños tienen un bebé elefante como mascota? Encontré también al experto en desarrollo francés, Michel Levante, haciendo un estudio para la elaboración de un plan maestro de desarrollo para el país. De segunda generación de inmigrantes rusos y a pesar de que sus padres habían huido del comunismo, Michel era marxista leninista convencido. Teníamos conversaciones interesantes. Michel sería una pieza importante en mi vida porque luego me conectaría con la SEDES, mi futura empleadora en Chad y con Annie, su cuñada, de la cual me enamoraría. El plan de desarrollo de Malí nunca vería el inicio de su ejecución.

Varias veces fuimos al país Dogón, tribu particular que practicaba aún sus propias creencias preislámicas. Por cuenta del Ministerio de Ganadería acompañé varias misiones. Asistí al cruce del río Níger por el ganado peul, cuando decenas de miles de vacas cebú se echan todas al río a una sola señal. Este evento ocurre una vez al año, cuando los rebaños regresan de su periplo de trashumancia en los pastoreos al norte del río. Para que ninguno se beneficie con el acceso primero a los pastoreos del

delta, todos cruzan el mismo día. Es fiesta para los peul y los bororo que regresan a casa.

En Tombuctú pasé un gran susto cuando, ya sentado en el avión DC-3 con destino a Bamako, uno de los dos motores rehusó arrancar y tuvimos que regresar al "aeropuerto", un techo de paja sostenido apenas por cuatro palos. Vimos como el copiloto desplegaba su escalerita bajo el motor y, con martillo y pinza, le abría las entrañas. Media hora después reembarcamos. Cuando me crucé al mecánico con su escalerita al hombro y su caja de herramientas en mano, le pregunté:

—¿Va a funcionar?

Sin mirarme, me contestó:

—¡Si Dios quiere!

En Tombuctú también, antigua plaza escolástica de la penetración del Islam en aquellas partes de África, descubrí cómo los muy creyentes y obedientes dignatarios musulmanes se escondían para tomar güisqui, disfrazándolo en vasitos para el té.

Con los songhai de Gao aprendí a bailar sentado, moviendo los hombros y el cuello, en medio de una nube de incienso y de mujeres muy perfumadas echando miradas muy seductoras.

Viajé en tren de Bamako a San Luis de Senegal. Tres días en compañía de dos mochileras australianas. En cualquier parte del mundo encuentras a mochileros australianos: me explicaron que trabajaban doble por dos años y luego se pagan un año de vagabundeo por el mundo. Este tren se paraba adonde fuera, cinco veces al día, para hacer las plegarias inclinados hacia La Meca. Además se detenía en cada pueblo o cuando había alguna vaca echada sobre los carriles.

Les estaba asegurando a las australianas que todo iba bien, cuando vimos que el asistente del maquinista empezó a caminar frente al tren para verificar si el puente que cruza el río Senegal estaba en buen estado.

Pasé unos días en un pueblo bozo, tribu de pescadores del río Níger, quienes al principio escondieron sus lanchas igual que los peul esconden su ganado, para que nadie supiera cuántas tenían. Lo hacen por las mismas razones que los peul, para no pagar impuestos.

Poco a poco, el proyecto de Paule se estaba terminando. Por una vez tengo que admitir que era un buen proyecto, inteligente. Surgió de la cabeza de un escritor-poeta congolés, el señor Tchicaya. Consistía en un programa de posgrado en Ciencias y Matemáticas, en el cual, en lugar de mandar a los alumnos a las universidades europeas —de las cuales muy pocos regresaban—, traían a los profesores a Malí por periodos cortos, pero muy intensivos. Así encontramos hombres de ciencia, cultos, de niveles intelectuales y culturales no comunes, de todo el mundo. Matemáticos de India, ingenieros de Yugoslavia, profesores de ciencias de Brasil, y más. Su compañía y sus conversaciones fueron regalos de primera.

Lo que debía pasar, pasó. Paule, mujer profesional, funcionaria de la ONU en Nueva York, París, Cuba y Malí, después de convivir carnalmente —así dice la *Biblia*— sin haberse preocupado por tener hijos o no —porque no necesitábamos la procreación para sentirnos realizados en la vida— quedó embarazada, un año después de la entrada de Hervé en nuestras vidas.

Poco a poco nos despedimos de Bamako, su mercado de arquitectura sudanesa, su estación de ferrocarril cuyas locomotoras raras veces subían la loma de la salida de la ciudad al primer intento. Los olores a pescado a lo bucanero y a leña quemada, con los cuales se envolvía toda la ciudad. Su variedad de gente de todas las tribus con que contaba el país y que, aunque todas malienses, vivían cada una en su barrio donde se reproducían las jerarquías, los usos y costumbres tribales. Mis amigos y amigas: Boubakar Sy; Jacques Letelier, auténtico trotskista y su mujer Mary, auténtica gringa; Kamachek, auténtico tuareg, futuro jefe de su clan e independentista; Jean Courtelier, restaurador francés, refugiado de Guinea que tenía en su restaurante, como mascota, un puerco al que llamaba Sékou Touré, como el antiguo presidente de aquel país; el padre dominicano Paulo, que al fin casi podría ser un cura meslier, cuidador de Béatrice y a quien la confiamos. Bamako, ciudad de gente pintoresca, cada una con una historia y convicciones fuertes, como todos los que viven en las orillas del desierto.

Para despedirme del amigo Boubacar Sy, habíamos convenido una comida en su casa; es decir, un atardecer nos acostamos sobre una espesa alfombra en su jardín, a la sombra de un mango, más densa que la de cualquier otro árbol. Bouba Sy vivía en una antigua mansión colonial y el jardín era casi un parque, aunque el cuidado del dominio se había ido con el último funcionario colonial francés que había ocupado el lugar. Lo que quedaba era la construcción de la casa provista de una terraza con columnas y un gran espacio de puro polvo gris. Gastar agua para mantener un césped de pasto no es parte de la cultura ambiental maliense.

Comimos casi en silencio. Después nos estiramos cómodamente sobre los cojines, dedicándonos a la ceremonia del té. El noble peul del orgulloso reinado del Macina, de quien yo era el huésped, vestido con un gran *boubou* blanco bordado con hilo de oro, se estiró a todo su largo y acercándose, me confió:

—¿Sabes que estoy esperando un hijo de Myriam?

Myriam era su querida, igual de alta y también descendiente de noble linaje peul. Había hecho unos años de universidad en Rennes en no sé qué.

—¡Ah! no, no lo sabía. ¡Te felicito!

Dejé pasar un tiempo porque Boubacar estaba casado con Mariana, una socióloga francesa que él había traído a Malí y que, por supuesto, era alta y rubia. Había tenido unas interesantes conversaciones con ella. Me parecía una mujer agradable y de enorme voluntad para hacer funcionar su matrimonio. Traté de enfriar un poco el té soplando sobre el vasito y, sin mirarlo, solté:

—¿Qué dice Mariana?

Él tampoco me miró, aparentemente concentrado en saborear el dulce líquido.

—Mariana está yendo por mal camino; está resentida y se pelea todo el día con mi hermana.

—¿Con tu hermana? ¿Aquella que es la querida del Ministro del Interior?

Era de secreto público que su hermana era la querida del muy temido y violento capitán Ouaddai, quien arreglaba los conflictos con su pistola.

—Sí, Mariana ya no acepta su posición en la familia.

Me hablaba entre dos ruidos de aspiración de su té, aparentemente concentrado en eso.

—¿Cuál es su posición en la familia?

—Tú sabes que la mujer del hermano es la sirvienta de la madre y de la hermana mayor y que estas tienen el derecho de servirse de todas las pertenencias de la esposa, incluso de su ropa.

Por supuesto, lo sabía. Eso y muchas cosas aun más humillantes y raras.

—Sí, he escuchado algo así. ¿No te sorprende que para Mariana, parisina, con una maestría de la Sorbona, sea difícil aceptar este estatuto social? ¿No crees que tiraste la piedra un poco lejos?

—Claro, lo comprendo. Pero ella tiene que aceptarlo. Así son las cosas.

Esto fue dicho con un tono firme.
—¿Te vas a casar con Myriam?
—Claro. Va a ser madre de mi hijo.
—Así te vuelves polígamo.
—Creo que sí. Después de todo, la poligamia es demasiado hermosa para dejarla como exclusividad a los negros analfabetos o a los árabes imbéciles.

Nos reímos. Sí, sabía que la poligamia podía ser útil y crear una especie de complicidad y de armonía en una familia. Las cosas generalmente eran así cuando la primera mujer, que tiene estatuto de jefe de la casa, escoge a la segunda y a la tercera. Para ella es una manera de compartir las tareas de todo tipo: barrer, cocinar, buscar leña o agua, incluso criar a los hijos y tener compañía cuando el marido se ausenta. Las cosas generalmente se complican cuando es el marido el que trae a la segunda esposa y se vuelve dramática cuando las dos esposas no se llevan bien, se disputan y terminan por odiarse. Así, la cosa es inviable. Lo que queda por hacer en este caso es que el marido aloje a sus esposas en barrios diferentes y cada noche se convierta en viajero para ir de una a otra, sin faltar una noche.

—Mariana va a regresar a París, ¿sabes?
—Sí, es probable. Lo he pensado.
—Lástima. Es una persona inteligente e instruida.
—Es verdad. Pero tú ves que no puedo escapar y aislarme de mi familia, de las costumbres que rigen esta sociedad, en fin, de mi pueblo.

No, no lo veía; pero mirándolo con su gran *boubou*, recostado sobre aquella alfombra, dejándose servir por unas jovencitas y chupando té, lo pude comprender. Aquí estaba mi amigo, con sus siete años de estudios en París, occidentalizado como ninguno, conviviendo con una blanca rubia al puro estilo parisino, amor de su juventud, en vías de ser recuperado por la tradición, los usos y costumbres de la sociedad musulmana maliense y cambiando de alma.

Lo había visto venir meses atrás, cuando había ido a pedirme prestado mi fusil de caza para, junto a su padre, tirarle tiros de alegría a la luna por el rompimiento del Ramadán. Luego me había pedido que lo acompañara al mercado para comprar un borrego que debía ser matado ritualmente para la fiesta musulmana del Aïd el-Kebir; porque los que matan un borrego en ese día podrán ingresar al paraíso sentados sobre el animal.

—Bouba, vas a terminar como un buen musulmán. Espero que no llegues a la escisión de tus hijas.

Se rió, pero supe que él ya lo había pensado y, a fin de cuentas, sospecho que ya había optado por esta vida tradicional. Desde su hermana

El Hedonista

que quería que echara a la blanca, hasta sus padres, los viejos de la tribu y de los clanes, todos se habían congregado conscientemente para recuperar a su hijo veterinario y recientemente nombrado director de la Sociedad Algodonera de Malí, que es un Estado dentro del Estado maliense.

Pasamos lo que quedaba de la noche hablando y riendo de otras cosas; en especial del peul que ya no quería dar de comer a los bueyes de nuestro experimento de engorde porque juzgaba que ya estaban suficientemente gordos.

El veterinario Boubacar Sy, director de la Sociedad Algodonera de Malí, se moriría diez años después en un accidente de carretera. Tenía cinco hijos de dos mujeres y era muy respetado en su comunidad.

Capítulo VI
Waterloo - N'djamena

A pesar de la corta existencia oficial de Hervé, que ya había pasado el año, el regreso a Europa se hizo sin mayores daños psicológicos. La Unesco, proveedora de la sopa y de la carne, se mostró comprensiva y apreciaba los servicios de Paule. Reencontré el barrio latino, la librería Maspero —que cerró poco después por causa del robo de libros, sobre el cual el dueño François había cerrado los ojos hacía una decena de años—, los cafecitos en el Café de Flor y Les Deux Magots de Saint-Germain. Debo decir que en esa época, a principios de 1974, aún era posible tomar café allí. Ahora, a menos que seas millonario, ya no es posible. Alguien, no sé quien, dijo que para apreciar un país tienes que dejarlo. Es cierto.

El banquero Pompidou había muerto y el país era gobernado por Giscard d'Estaing, un aristócrata de centro derecha que tocaba el acordeón, el piano de los pobres, como lo llaman. Se hablaba mucho de la construcción de una Europa Unida.

Marie Chantal, ya tranquila porque no le iba a robar a nuestro hijo Jan, aceptó que tomáramos café y cenáramos. Todo muy civilizado y placentero.

La barriga de Paule ya era respetable y nos trasladamos a Waterloo para que su madre participara en el parto de su primer nieto consanguíneo. Diez años hacía que no pisábamos tierra belga. No me emocionó para nada. Encontré a los belgas más aburridos que nunca. Hablaban de autos, de casas, de casas de campo, de dinero y follaban mucho, eso sí. La liberación sexual de 1968 había pasado por allí.

Investigué lo que se podía hacer en cuanto a la paternidad oficial de Hervé. No mucho. Un procedimiento que podría llevar años. El abogado me explicó que es la manera en que la Iglesia católica, todavía muy influyente, protegía a la sociedad del desorden de los hombres que sembraban hijos por todas partes. También era la protección de la herencia en la época feudal. Nuestra única esperanza era esperar hasta que la Comunidad

Europea impusiera la uniformidad de las leyes en los países europeos y que la ley de reconocimiento de paternidad fuera reformada.

Convivir con la pareja de mis suegros, que me veían por primera vez, fue una experiencia psicológica interesante. A veces pasaban días durante los cuales no se hablaban. El padre de Paule tenía graves problemas de oído: solamente le llegaban las palabras cuando usaba su aparato auditivo que tenía la gracia de encender cuando le daba la gana. Entonces a veces le hablabas y hablabas para darte cuenta de que su aparato estaba apagado, a pesar de que a menudo asentía con la cabeza. A veces, en plena conversación, discretamente llevaba la mano al pecho y con una ligera presión apagaba su aparato mientras tú seguías hablando. Era un personaje con una intensa vida interior. Por cierto, creo que únicamente se frecuentaba a sí mismo. La madre era amable algunos momentos, y al momento siguiente tomaba la actitud de un sargento de policía.

El vientre de Paule se hizo enorme. Me daba placer acariciarlo y sentir a Sebastián jugar al boxeador o al futbolista solito allí adentro. Ya quería comerse la vida y arreglar el mundo, lo que es parte de su carácter. Me sentí afortunado de no haber nacido en una tribu africana donde, a partir de las primeras señales de embarazo, la futura madre regresa a vivir con su familia durante todo el tiempo de gestación y meses después, dejando a su marido arreglárselas como pueda.

Esa es una de las razones de la poligamia. No tener tiempos muertos en la mecánica reproductiva. Tener tantos hijos varones como sea posible es la única garantía de tener un seguro social familiar una vez que la edad no te permite rascar la tierra con tu azada. Tus hijos proveen por ti.

No es posible acariciar el vientre de tu mujer en estado todo el día, así que exploré Bruselas, sobre todo sus cafés. Los cafés son una institución social belga. Siempre bien decorados, con sillas y sillones cómodos, banquetas de cuero a todo lo largo del establecimiento, muros cubiertos de maderas preciosas y enormes espejos. El café belga es la segunda casa, o la primera para los que no tienen otra. Si las mesitas tienen algún carácter de privacidad, el ancho bar provisto de taburetes es territorio libre.

Allí todo el mundo habla con todo el mundo. Gente que nunca has visto en tu vida te ofrece una cerveza solamente porque el destino te puso al lado de ellos y por el placer de no beber solos, lo que siempre es triste. Te cuentan sus vidas. Puedes aprender cosas de toda su familia: mujer, padre, madre, tíos, hijos, etc.; cosas que, por supuesto, nunca se atreverían a decir frente a los sujetos. También escucharás opiniones sobre la política, el gobierno y la policía, que, por supuesto, nunca son positivas. Tanto es verdad que, cuando un pueblo está contento de sus políticos o gobiernos, es que están engañados. Para los belgas, estar contentos con su gobierno es un augurio de decadencia. ¿No debería ser así en todas partes?

Cuando ya no puedes más, la vejiga llena de cerveza y los pulmones llenos de humo, con la cabeza ligeramente en una nebulosa, te despides de tus compañeros o compañeras con un apretón de manos o con un beso en la mejilla y sabes que nunca más los verás y que te llevas contigo mil y una confidencias.

Con gritos y muy rojo llegó Sebastián Aurélien a juntarse con la especie *homo sapiens* el 14 de agosto del año 1974. Eso pasó en el territorio de la comuna urbana de Uccle, Bruselas. Ya éramos cuatro, una familia típica europea, salvo por la variedad de los colores de piel.

El peligro de la abeja gregaria se apuntaba: la responsabilidad social y paternal empuja a eso.

* * *

Las abejas gregarias. Sumisas de manera ciega a las necesidades naturales de miles de millones de existencias similares, todas apuntadas al imperio de las necesidades. La misma predeterminación que rige el curso de los planetas y la orientación solar de las flores, manda la vida cotidiana de las abejas. La abeja obedece y reacciona al más mínimo movimiento, al más pequeño cambio. Todo en ella está sometido al orden y la ley del cosmos. Trabaja sin medida con comida escasa. Vuela hacia los cálices de las flores. Produce sin parar la cera. Construye al milímetro los panales tomando en cuenta la ventilación precisa,. Fabrica la miel. Gestiona el polen. Calcula la densidad de la luz. Y más.

Todo procede de una inscripción genética, genealógica, ancestral, en la materia viva. La abeja es el ejemplo por excelencia de la obediencia ciega a las leyes del universo y su organización. No es fortuito que la fascinación del panal esté presente en la obra de muchos filósofos que se interesan en las relaciones humanas, la política y la sumisión del individuo al interés general. La organización de la comunidad, la gestión pragmática del espacio, el desvanecimiento de las singularidades en la expresión sintética del universal, son los modelos recurrentes para las monarquías egipcias, el imperio romano, la democracia griega, los reinados medievales, las repúblicas modernas, y la microsociedad familiar modelo y base de la organización política.

La abeja obedece al programa natural que la determina. No tiene posibilidad de elegir, ni su nacimiento real ni su destino laboral ni las modalidades de su muerte, violenta o por agotamiento, ni la diversidad de su estatuto social en el panal, ni su sexualidad, casta o activa. Ella está sometida a la ley. No existe. La obediencia triunfa. Hombres y animales están sometidos a esta evidencia. ¿Debemos sorprendernos de que los filósofos que cultivan la dominación y el culto de la colectividad tengan un culto por la abeja gregaria? Pitágoras, Platón, Aristóteles, Jenofonte, las Santas Escrituras, San Jerome, Clemente de Alejandría y los santos padres de la Iglesia, todos celebraron las cualidades comunitarias de este insecto, excelente animal metafóricamente político. Animal que no piensa ni recurre al pensamiento. Trabajadoras eméritas, dedicadas, virtuosas, castas, puras, prolíficas y gregarias, fieles y disciplinadas, visceralmente obedientes y ligeramente bobas. Las abejas llevaron la devoción cristiana a los animales ejemplares, a la manera como deberían vivir los hombres. Así son más fáciles de someter y gobernar.

¿Dónde se esconde el panal social que exige la renuncia a lo esencial de lo que constituye una individualidad masculina y una subjetividad femenina? ¿Dónde se puede ver la máquina que transforma las energías particulares en proyecto colectivo? En la familia.

* * *

La familia se crea cuando una pareja acoge a un tercero. Ella es la manifestación del triunfo absoluto de la naturaleza. La familia vive de agregaciones, de linajes, de genética, de programas y de instintos. Ella anula la diversidad y produce lo similar. Ella subraya el parentesco del destino de los hombres y de los animales. Ella va más allá de la pareja y borra a los individuos en beneficio del estatus y de las funciones: padre, madre, hijo, hija.

La familia occidental se construye alrededor del eje que es el falo, que obliga a la heterosexualidad, a la monogamia, a la fidelidad y a la reproducción. Fuera de estos conceptos, y de la pareja varón-hembra, todo es considerado desorden y está desacreditado. Todas las demás formas de la sexualidad están proscritas y consideradas antinaturales: la homosexualidad, la poligamia, la poliandria, el incesto, la pedofilia, el exhibicionismo, el fetichismo y también la masturbación, el celibato, el libertinaje y la esterilidad voluntaria; con excepción notable del celibato de los curas y de las monjas católicos, a pesar de que esto trae consigo un cierto desorden social.

Todas son consideradas formas sexuales non-productivas socialmente. ¿Dónde está la regla? ¿En el panal, donde la reina triunfa en la casa pero no fuera de ella? La dictadura de las reglas sobre las relaciones entre sexos reconoce a la mujer los poderes bajo el techo de la casa a condición de que actúe en el sentido del bien para la comunidad, pero ninguno fuera. La mujer no se determina por su vientre, sus ovarios o su útero; tampoco el hombre por sus testículos y su pene. Las diferencias naturales se convirtieron en desigualdades culturales que los hombres explotaron para jerarquizar, ordenar y estructurar una visión del mundo por la cual ellos se reservaron el mejor papel. El interior para las mujeres, el exterior —el resto del mundo— para los hombres. Es la confirmación del sexo femenino que obliga a la pasividad del receptáculo, condenado a recibir. Abandonando su feminidad por la maternidad, la mujer es prisionera de su casa, donde ella manda bajo vigilancia. Jamás hubo prisión más eficiente.

Afortunadamente, son cada día menos las mujeres sometidas enteramente a este orden. A golpes de ciencias sociales, luchas y otras reivindicaciones, las familias se parecen cada vez menos al modelo del panal, a pesar de que los fundamentos no cambiaron y están allí. Sin olvidar que, por ejemplo, en el Medio Oriente el simple maquillaje de las mujeres es violentamente reprimido. ¿Por qué? Porque es síntoma de menos sumisión social de las mujeres al poder falócrata y es visto como un artificio reivindicativo en contra del imperio querido por los hombres.

Por el momento son tres mil años y Pitágoras, luego Platón, son sus inventores. Hicieron admitir que la autoridad paternal procede de la divinidad; que las decisiones del esposo valen y proceden en la Tierra, como las leyes divinas en el mundo ideal donde manda Dios padre. Admitir que, cuando la mujer somete su propia voluntad a la de su esposo, ella realiza la armonía que agrada a Dios. Pitágoras quería el orden celestial sobre la Tierra; lo que logró fue la legitimación del dominio masculino sobre el mundo femenino en forma de tiranía.

En nuestros días, todo esto se presta a risa. No nos equivoquemos: los inspectores de asuntos conyugales en "las leyes" de Platón y el servicio sexual obligatorio de "la política" de Aristóteles disponen hoy de prolongaciones inesperadas, reformuladas en términos de presiones ideológicas, la dictadura del "qué dirán", las presiones del fisco, las homilías dominicales de los sacerdotes y ministros, la glorificación de la familia en las bocas de todos los políticos, de todas las tendencias e ideologías.

La pareja con hijos, inexorablemente contiene las fuerzas animales con las cuales se estructuraron los rebaños, las tribus y el panal.

* * *

🌷 *El Hedonista* 🌷

Saliendo del hospital de Uccle, cargando a Hervé en los brazos y Sebastián en los brazos de Paule, estos pensamientos aún no eran míos. Nunca había dedicado un minuto a filosofar, a buscar la esencia, la historia o las implicaciones de la familia. Sin duda porque no hacen falta para estar contento. Sin embargo, hoy sé que es mejor saber.

Nunca sabré la verdadera razón por la que lo hicimos, pero decidimos retirarnos por un tiempo a un pueblito de las Ardenas belgas que se llama Bagimont, cerca de Bouillon y la frontera francesa, región de montañas bajas cubiertas de bosques de pinos. Alquilamos una casa en el pueblo de doce casas y una iglesia. Todo gris como el cielo de esa región trescientos días al año. Hasta los veinticinco habitantes permanentes me parecieron grises.

Visitamos el castillo del conde Godofredo de Bouillon, quien en la primera cruzada se hizo coronar Rey de Jerusalén, a unos kilómetros de Bagimont. Puesto como una corona encima de una roca que domina un valle, con muros de dos metros de ancho de donde permanentemente supura agua, comprendí la razón por lo cual tal noble y devoto señor emigró a Palestina. El lugar es inhabitable.

Perdóname, estoy bromeando. El noble señor de Bouillon era descendiente del rey Dagoberto, asesinado por orden del Vaticano, último de los reyes Merovingios que fundaron París y se mezclaron con la descendencia de María Magdalena —María de Magdala—, heredera de la casa de Benjamín, que se refugió en Francia después de la crucifixión por los romanos de su marido —mejor conocido como Jesucristo— y donde parió al descendiente del crucificado rebelde. Este Señor, Godofredo de Bouillon, estaba ansioso por recuperar las pruebas de su conexión sanguínea con Cristo y encargó a los templarios que las buscaran. También se puso en el trono de Jerusalén, que de cierta forma le revenía de derecho. Algunos historiadores le acreditan también haber fundado el Priorato de Sión, una fraternidad secreta que tiene como razón de ser la protección de las pruebas y de la descendencia del Crucificado nazareno.

* * *

Me puse a escribir un libro sociopolítico del cual me queda un ejemplar y que es muy malo. Después de solamente unos meses, ya no podía con la vida de recluso, aislada, fusional, sedentaria en esta aldea. Más y más frecuentemente iba a París a buscar trabajo, dejando a Paule sola con sus dos niños en medio de los bosques. No estoy muy orgulloso de eso, pero así fue. El sedentarismo contemplativo no es para nosotros.

Me sentí mejor recorriendo el barrio Latino, leyendo libros en la librería Maspero, respirando el aire de una metrópolis. En fin, regresamos todos a París, corriendo. Paule regresó a la Unesco y yo me encargaba de los niños entre dos entrevistas de trabajo. Vivimos en el barrio Diecisiete, pequeñoburgués y lleno de guarderías.

Gracias al señor Levante, que conocí en Mopti, Malí, fui reclutado en una agencia de desarrollo del tercer mundo (así se llamaba entonces). La agencia pertenecía a la Caja de Depósito, organismo financiero estatal poderosísimo, agente financiero de todas las empresas, los organismos y entidades administrativas del gobierno francés. La Caja de Depósitos hace llorar o reír a la bolsa de valores francesa. La SEDES estaba cerca de la asamblea y del río Sena, al final del boulevard Saint Germain. Ambiente de izquierda generosa y aun con ideales de ayuda al desarrollo de los pobres subdesarrollados africanos. Para muchos allí, la causa de este subdesarrollo era nada más que la colonización, así que un toque de culpabilidad se respiraba en las oficinas. ¿Mis colegas? Gente culta, instruida, capaz, que creía en lo que hacía, con convicciones totalmente incoherentes y, a menudo, desconectadas de la realidad. Más tarde los llamarían "la izquierda caviar".

El proyecto que estaba en etapa de parto era nada menos que hacer un inventario completo, cualitativo y cuantitativo, de todo lo que tenía cuatro patas en la República de Chad, en mi querida zona saheliana, con la excepción de los perros, los gatos y la fauna salvaje. La Comunidad Europea financiaba este vasto censo.

Como ya he contado, los gobiernos de los países al sur del Sahara habían competido para ver ser quién daba los informes más desastrosos sobre las consecuencias de la sequía, por el simple cálculo de que cuanto más desastrosos los reportes, más dinero estarían mandando los europeos. Esto llegó a tal punto que ya no se registraba ningún borrego, vaca, burro, caballo, caprino o camello en todo el Sahel, desde la costa atlántica hasta el Océano Índico. Alguien en Bruselas se había dado cuenta de lo absurdos que eran los informes de pérdidas, dos veces superiores a lo que había en el país antes de la famosa sequía. La industria del reclamo, tan afinada y floreciente en México, también existía en otras partes subdesarrolladas e iba funcionando a plena máquina.

La idea era fundamentar los apoyos y ayudas con datos reales: un censo exhaustivo. Yo sería el jefe del proyecto que debería durar dos años. Días enteros y no pocas noches las pasé estudiando estadísticas, buscando documentación, leyendo reportes sociológicos, etnológicos, políticos, económicos y todo lo que pude encontrar acerca de la ex colonia. Tenía poco tiempo para que el país entrara en mi cerebro y mis tripas.

* * *

Como dijo Don Juan: "Tengo una irresistible tendencia a ceder a lo que me gusta". Mi libido nómada, que ya conoces, se había despertado mientras veía diariamente, admiraba y deseaba, a una de las más guapas féminas que se empleaba en la SEDES: Annie. Nos miramos, nos gustamos, nos amamos. Tan sencilla es la vida, siempre que los sentimientos y los deseos no son mercancías puestas en el mostrador. Es totalmente imposible que una relación erótica intensa —para decirlo así— no desbordara en el dominio del afecto, el querer, apreciar, gustar, amar; rápidamente fuimos amantes queriéndonos. No era difícil: ella era compañía agradable, placentera, inteligente, con gran sentido del humor, afectuosa.

Estas situaciones en nuestra civilización crean dificultades; un mundo de mentiras, hipocresías, insatisfacciones, dramas. Todo esto no me gustaba. No me gustaba tampoco dejar a un ser querido, a las doce de la noche, buscar mis pantalones en la oscuridad para no molestar, correr por las calles de París para alcanzar el último metro, para ir a despertar a otro ser querido contándole una bobería de la cual no creería ni una palabra. Esto crea una situación en la cual nadie estaba contento; nadie quedaba feliz: ni Annie porque la dejaba, ni Paule porque la despertaba y yo, mucho menos, corriendo en las noches detrás del último metro y contando mentiras. Así acordamos, sin muchas palabras, de hecho ninguna, que me quedaría en la cama de Annie cuando me acostara allá y en la de Paule cuando lo hiciera acá.

Inevitablemente un día tenía que pasar lo que pasó. Se encontraron, se cayeron bien, se hicieron amigas. La transformación de mi vida conyugal en una dulce forma de bigamia —en la cual voy a pasar el resto de mi vida— pasó naturalmente sin teoría ni palabras o dramas, gracias a la enorme suerte que he tenido de haber encontrado y complacido a dos seres humanos de excepcional grandeza.

* * *

Por años había observado y convivido con el concepto social de la poligamia. Viví al lado de él, veía sus ventajas y la armonía que procuraba para todos los involucrados, cuando es comprendido. No es nada excepcional. El hombre que dice que nunca ha soñado, deseado, fantaseado con vivir libremente en armonía con las mujeres que ama, es un sinvergüenza mentiroso.

Llegué a la conclusión de que Boubacar Sy tenía razón: la poligamia es una práctica social demasiado hermosa para dejarla en exclusividad a los musulmanes o animistas analfabetos.

Contrariamente a la institución musulmana —basada en la extrema sumisión femenina a la barbaridad masculina— la nuestra es dulce, consentida y solamente posible cuando encuentras seres que ya aprendieron a vivir por sí mismos; que ya construyeron sus personalidades, ya aprendieron y reflexionaron sobre las experiencias de la vida. Seres que no buscan confort y seguridad al precio de perder o abandonar su personalidad y su condición humana. Gente que comprende que el deseo no es una fuente de dolor, de falta o de maldición, como ya se dice desde hace cincuenta siglos, sino una oportunidad de placeres infinitos del cuerpo, un canto a la felicidad. Lejos de la primitiva Carmen Sevilla: "Si me quieres, cuídate", más bien: "Si nos queremos, aleluya". Júbilo del corazón, de los cuerpos, de la vida.

Llegar a eso toma años y lo logran muy pocos. Tal vez estemos hablando de un dos por ciento o menos. Dijo Nietzsche: "El amor de un solo ser es una barbaridad porque se practica la exclusión de todos los demás". Llegué a ser nietzscheano sin jamás haber leído una página del filósofo alemán.

En materia de placeres carnales, los orígenes de los anatemas se encuentran sin cuestionamiento en el pensamiento judío del *Antiguo Testamento*. El monoteísmo judío invita a la misoginia occidental; en cierta manera le da su certificación de nobleza. El cristianismo proseguirá la obra, suscribiendo a la metamorfosis del odio del cuerpo, de la mujer, de la totalidad de las mujeres. Las leyes, supuestamente dictadas por un Dios vindicativo y violento, promulgan un cortejo de prohibiciones. Las pulsaciones cotidianas de nuestros cuerpos se combaten con culpabilidad, miedo, angustia, peleas con uno mismo, remordimientos y descrédito de lo carnal. Contra toda hipotética satisfacción de un impulso, un deseo, la respuesta es invariablemente renunciar, rechazar, resistir, reprimir. De manera que frente a las exigencias del cuerpo, las religiones del libro responden con la pura renuncia. La filosofía cristiana se encarga de la tarea destructora del placer con una visión idealista, íntegramente construida sobre la idea del desprecio de la vida.

El *Génesis*, el libro de la creación, de todas las creaciones, describe en detalle el Mal, incluyendo el odio a lo femenino. El desprecio de lo femenino sostiene aún el edificio de los defensores del ideal ascético. Este odio a lo femenino procede del miedo de los fantasmas del masculino inseguro. Según las creencias fundamentales, la misoginia nace con la creación del mundo cuando el hombre se aburre. El primer libro cuenta todo sobre los orígenes: la luz, el firmamento, el agua, la tierra, los animales y el hombre —mamífero superior— hecho de barro con un soplo, que paseaba en un paraíso hecho para él, para complacerlo, en donde se ignoraba lo negativo. Todo parecía perfecto. No podía ser de otra manera porque fue hecho por un Dios perfecto.

En un lugar como este no se encuentran la muerte, el sufrimiento y la enfermedad; tampoco la mujer, por supuesto. El hombre se aburre, padece de soledad. Dios —que por lo tanto, no era tan perfecto— le ofrece la mujer. Ya por el orden de su aparición, la mujer es un suplemento: una costilla caminante, para decirlo en sus términos. Pero no es todo; la misoginia judeocristiana empieza con la definición del origen del mal personificado por la mujer: el pecado, la falta, la desobediencia. El rechazo del paraíso es entera responsabilidad de la mujer, llevando la totalidad de la humanidad hacia la culpa y el mal absoluto por todos los tiempos. Eso no es poca cosa.

¿Quién se opone al misógino? El libertino hedonista. ¿Cómo?

Una leyenda de Siberia cuenta que dos puercoespines estaban en el desierto congelándose. El frío los amenazaba de muerte. Para calentarse y sobrevivir se acercan uno a otro, pero al abrazarse se pinchan y se alejan para no herirse. Y al alejarse de nuevo, quedaban expuestos a la muerte por congelación.

Excesivamente cerca uno del otro o demasiado alejados, los riesgos son los mismos. Una inconveniencia de soledad o un desencanto y disgusto generalizado. La solución podría ser la distancia sana en la cual no se sufre de la cercanía abundante, ni de la falta cruel del otro.

La buena distancia puede realizarse con el recurso del lenguaje, el verbo, las señales elaboradas por dos o más actores lúcidos, informados y decididos a hacer coherente sus actos con sus deseos. Nada obliga a una promesa de fidelidad en una pareja. Si no tienes intenciones de fidelidad, no lo prometas. Hay fidelidades más importantes y transcendentales en una pareja que la fidelidad sexual, que es lo de menos.

El libertino del que hablo nunca contrae compromisos más allá de lo que puede cumplir; no promete nada que no pueda satisfacer; no se mete en compromisos con metas de eternidad; no hace espejismos con paraísos en los cuales él mismo no cree; no miente para conseguir éxitos despreciables; no da hipotecas sobre el futuro; no firma cheques en blanco sobre su propio futuro y menos sobre el de los demás. El contrato hedonista se apoya únicamente sobre el rechazo del sufrimiento. "Solamente los hombres disponen del poder de transformar la sexualidad en erotismo y de hacer una metáfora de la violencia carnal en elegancia de cuerpos" (M. Onfray).

El fracaso de la pareja como única forma de relaciones sexuales aparecía ya en el teatro griego. Basta mirar al lado suyo, donde prosperan los divorcios agresivos, las separaciones dolorosas, la violencia conyugal, las miserias sexuales. Es necesario —para el registro de la salud pública y para la felicidad de los pueblos— terminar con las leyes de amor y la forma obligatoria de la pareja apegada, fusional.

Por fin, haremos las diferencias que la civilización y su retórica nos impiden ver: el cuerpo y el amor, la sexualidad y la procreación, el sentimiento y la cohabitación, la fidelidad y la exclusividad, la monogamia y las promesas de matrimonio. Porque se puede usar el cuerpo sin estar enamorado, amar sin obligación de convivir, querer sin exigir la exclusividad sobre otro cuerpo y vivir sin procrear.

* * *

Recostada sobre tres kilómetros a lo largo de la orilla occidental del río Chari —que tiene la particularidad de no correr hacia el mar sino tierra adentro, hacia el lago Chad a orillas del desierto—, N'djamena es una más de las ciudades que las tropas coloniales sembraron a lo largo y ancho del África Occidental, al sur del Sahara, empezando en Senegal y terminando en la frontera del Sudán, donde las tropas coloniales inglesas ganaron la carrera territorial a los franceses. A falta de contar con una colina para dominar la ciudad, el barrio residencial, administrativo, los campos militares y el aeropuerto están concentrados a lo largo del Cari, hacia el norte desde la plaza de la catedral hasta el rastro de Farcha. Para más descripciones, véase Ouagadougou, Bamako o cualquiera otra ciudad del Sahel.

El censo se haría sobre la base de cartas etnográficas, administrativas y el último censo dejado por la administración colonial. Desde entonces no se había hecho ninguno. Hay ochenta y cuatro etnias, con una docena sobresaliente. Cada una habla su lengua y tiene sus usos y costumbres. Los ganaderos recorren las tres cuartas partes del país en la franja que va del sur del Sahara hasta la región de Sahr, antiguamente Fort Archambault por el nombre del oficial que mandaba las tropas coloniales.

En esta región sureña, los nómadas entran en contacto con los campesinos sedentarios en el periodo seco del año. En la estación húmeda, la región es el reino de la mosca tse-tse que impide el acceso al ganado. Aunque antiguamente las tribus nómadas ganaderas *razziaban*, o sea, saqueaban, los pueblos ganaderos buscando esclavos, hoy y dentro de la *pax* colonial, establecieron contactos de cooperación, de interés mutuo por medio de contratos entre familias trashumantes y campesinas. En compensación por unos bultos de granos de sorgo, los trashumantes estacionan su ganado por un tiempo determinado en los campos, procurando al campesino valiosa fertilización.

Un factor, entre otros, que complica un censo es que el rebaño de ganado no es propiedad de la familia trashumante que lo cuida, como ya lo expliqué, por razones de protección sanitaria. Los jefes de tienda —digamos familia para nombrarlas así, aunque puedan incluir a la familia extensiva— dispersan su rebaño entre varios. Cada rebaño puede tener hasta una docena de propietarios.

Habrán notado que a veces hablo de trashumancia y a veces, de nómadas. Casi la totalidad de los ganaderos del Sahel son trashumantes, que se pueden dividir entre grandes y pequeños, según la distancia que cubran, que va desde 900 kilómetros para los grandes, hasta una centena para los pequeños, en una temporada y solamente de ida.

Una tribu trashumante tiene un punto de partida, un pueblo de origen y se desplaza según rutas definidas y un orden reglamentado. En la trashumancia no se trata de ir por la libre adonde quieras ni con cuanto ganado ni cuando te den las ganas. Una familia de un clan determinado de una tribu tal se desplaza con tanto ganado hacia una región, un punto, en tal fecha lunar y se estaciona por tanto tiempo sobre un pozo de agua. El primero que entra en una zona de pastoreo después de las lluvias tiene por supuesto el mejor pasto. Este orden de progresión cambia cada año y se determina en reuniones privadas con amplias disputas.

Los reportes de la autoridad colonial están llenos de relatos de cómo los meharistas —policía colonial montada sobre camellos— corrían de pozo en pozo, de campamento en campamento, para arreglar conflictos y aplicar la ley. Aquellos conflictos casi siempre son de sangre, ya que se trata de un asunto que determina la vida o la muerte: el agua. Leí que en caso de muerte se arreglaba ante un tribunal colonial presidido por un juez francés que fijaba el "precio de la muerte", que se pagaba en cabezas de ganado y "servidores", otra forma de designar a los esclavos.

Los únicos nómadas que sí se mueven para donde y como se les da la gana en busca de buenos pastos y abundante agua son los bororos, único clan de los peuls que cuentan varias docenas, que recusan la islamización y de quienes he hablado ya en Burkina Faso y en Malí.

Los trashumantes mayores del Chad en materia de territorio, cabezas de ganado y tiendas, son los árabes misiriés, que operan en el este y en Sudán. Para complicar aún más el asunto, se dividen en dos tribus hermanas, los misiriés rojos y los misiriés negros. La leyenda dice que dos hermanos llegaron de Arabia antes de que el Islam se estableciera y son los ancestros de las dos tribus misirié, pero no lo creo. Los árabes del Batha, en el centro del país, los goranes que se quedan más al norte, casi en el desierto y los peuls y kanembous del oeste, son los trashumantes mayores del país, cuyas tres cuartas partes del ganado les pertenece.

Para empezar, organicé dos semanas de cursos para los jefes de equipo de encuestadores que serían la base de los ocho equipos que cubrirían el país. Los demás serían reclutados y formados localmente, región por región, en función de las tribus y de las lenguas que se hablaran.

Nuestra base de operaciones era el laboratorio veterinario de Farcha, vasto dominio de varias casas, edificios administrativos, de enseñanza, museo, laboratorios y servicios veterinarios. Farcha fue, en su tiempo, la meca de todo el servicio veterinario colonial de África del Oeste.

Cuando entré en su oficina para hacerle la visita protocolar, el director del laboratorio veterinario de Farcha no estaba solo. Me presentó al doctor Drajesic, hombre de la edad en que las canas dan paso a la calvicie. Delgado, de esa delgadez que se aproxima a la sequedad. Ya sabía de sus extravagancias. Me apretó la mano fuerte y por mucho tiempo. Cuando ya empezaba a dudar si alguna vez iba a recuperar mi mano, me la soltó con una risa sonora. La oficina era ministerial, con un saloncito en una esquina con pesados sillones de cuero que ya estaban dejando de ser presentables. Todas las paredes, de suelo a techo, estaban cubiertas con lo que todos los veterinarios coloniales franceses un día habían observado, investigado y curado. Tres grandes ventiladores de techo pretendían refrescar el ambiente moviendo aire caliente. La luz era como una penumbra.

En breve, informé por qué la SEDES me estaba pagando con el dinero de los contribuyentes europeos. Cuando terminé, el director hizo sonar una campanita y nos invitó a los sillones. Enseguida, un sirviente alto vestido con chaqueta, pantalones y guantes blancos, pero descalzo, entró por una puerta lateral que no había notado.

—Mamadou, güisqui para tres.

La impecable chaqueta desapareció para reaparecer en segundos con tres vasos, una botella de Johnny Walker negro, una cubeta con hielo y una garrafa de agua sobre una bandeja de plata. Los coloniales siempre toman güisqui con agua. Nos sentamos. El doctor veterinario Chevallier sacó una pipa, lo que era señal para que sacara mi paquete de Gauloises *blondes*, mi marca de entonces. Drajesic, para terminar las presentaciones, me dijo que era de origen yugoslavo, lo que ya había deducido por su nombre y sobre todo por su acento.

—Yo, señor, dejé Yugoslavia en un tanque ruso, pero que iba rumbo al oeste.

Eso nos hizo reír. Chevallier lo tomó como buena broma; estoy seguro de que ya lo había escuchado varias veces.

Tomando unos tufos de su pipa, dejaba escapar grandes nubes de humo caramelizado. Fumaba Amsterdamer que yo también había probado años antes, antes de dejar la pipa por las Gauloises *blondes* por comodidad.

—Con el doctor Dragesic, que es jefe veterinario de la estación de Bongor, estamos justamente hablando de la campaña de vacunación contra la peste bovina. Tenemos reportes de brotes pequeños de todos lados —dijo Chevallier

No se me había ocurrido que aún existía la peste bovina. Según lo que dice la FAO, estaba erradicada hacía años. Yo de ciencias veterinarias no sabía nada, pero me pareció un asunto grave.

—¿Hay peste bovina en el país?

—Sí, aunque no es peligrosa para el hombre. De hecho se puede comer la carne de animales muertos, pero es muy contagiosa entre animales. Si no actuamos rápido, puede tener consecuencias catastróficas para los ganaderos.

Chevallier hablaba usando un tono coloquial. Prosiguió tras haber soplado una linda nube azul hacia el techo:

—La cadena de refrigeración para mantener la vacuna a buena temperatura es casi inexistente. Hemos pedido ayuda a la cooperación francesa que va a mandar ochenta y cuatro refrigeradores que funcionan con diesel. De hecho ya están en camino.

Hasta aquí, nada anormal; ya había visto que quince años de independencia habían acabado con el material y la infraestructura de los países sahelianos. Todavía no veía claramente el punto, pero empezaba a ver brillar una lucecita atrás, en el patio de mi cerebro. Tras otra nube de tabaco que se dispersaba por todo el despacho por efecto de los ventiladores, Chevallier prosiguió:

—Incluso la mayoría de los enfermeros veterinarios han abandonado sus puestos. No fueron pagados por más de un año.

Dragesic manifestaba impaciencia por echar su contribución a la conversación. Se dirigió a mí:

—Señor Goffings, el servicio veterinario colonial se acabó. ¿Y sabe quién acabó con él?

—No, doctor, no sé.
—Dos cosas: el aire acondicionado y la mujer blanca.
Me sorprendió bastante. Prosiguió:
—El aire acondicionado, porque los veterinarios se ablandaron. Ya no son como antes, quieren confort. Y la mujer blanca, porque no acepta que sus maridos se ausenten por meses para correr con vacunas detrás del culo de las vacas.

Nos reímos. No era falso. Los veterinarios coloniales encargados de territorios inmensos organizaban campañas de vacunación, curación y asistencia, yéndose con pequeñas caravanas de unos cuantos camellos de campamento en campamento de trashumantes. Estas pequeñas caravanas estaban compuestas por sus ayudantes, su cocinero y un rebaño de chivas. Las chivas servían para comer, pero sobre todo para fabricar las vacunas antídotos, producidas *in situ*. El hígado de una chiva enterrada y dejada a que se pudra hasta cierto punto es un excelente antídoto contra la bacteria de la peste bovina.

De pueblo en pueblo y de campamento en campamento, las giras veterinarias empezaban con las primeras lluvias y terminaban en su puesto con las últimas, cuatro o seis meses después. Escuché hablar de extravagancias de veterinarios franceses que llevaban consigo, por ejemplo, tres camellos cargados de cajas de tierra fértil donde, bajo techo y sombra, cultivaban ensaladas, tomates y otras verduras.

El escorbuto no es solamente una enfermedad de marineros. También lo es de marineros del Sahel. Dragesic, por lo menos con treinta años de servicio en el cuerpo de los veterinarios coloniales, fue uno de ellos. Como algunos más que iba a encontrar. No pudo resignarse a regresar a la madre patria cuando acabó la colonización y empezó el reino de la independencia. Mediante el Ministerio de la Cooperación Técnica entre Francia y sus ex colonias, podía quedarse. Muchos otros veterinarios decayeron en algo folklórico, pero nadie puede negar, y menos los ganaderos, que son hombres dedicados a su trabajo, sumamente confiables y excepcionalmente competentes.

Tras la breve intervención de Dragesic, Chevallier retomó la palabra. Ya estábamos envueltos en una nube azul con olor a caramelo.

—¿Habrá posibilidad de ayudarnos y de combinar el censo con una campaña de vacunación?

Le di rápidamente vuelta en mi cabeza, ya un poco nublada por el tercer "Johnny el Caminante". El punto débil de mi estrategia para ir a contar el ganado de los ganaderos del Chad era cómo acercarme a ellos. No había encontrado respuesta. Es muy bonito entrar en un campamento con un cono de azúcar y una bolsa de té y pedir al jefe que lo deje contar su ganado. Pero no funciona. Si, por el contrario, el tipo de la tienda tiene problemas sanitarios y yo tengo la vacuna, ya no estamos hablando de la misma cosa. Él iba a acudir a mí de prisa y, con mucho gusto, contestaría todas las preguntas sobre sus vacas, su edad, su fertilidad y todo lo que quería saber. Contar los animales mientras avanzan por el corredor de vacunación sería juego infantil. En estas condiciones, el censo llegaría al noventa por ciento de acuidad, seriedad y éxito. La luz plena me había llegado.

—Me parece no solamente factible sino muy recomendable, doctor.
—¡Enhorabuena! ¡Bienvenido al Chad!

Nos levantamos un poco ceremonialmente y brindamos por el éxito de ambos proyectos: un censo exhaustivo y una campaña nacional de vacunación. Esta combinación nos daría acceso a todos los puestos veterinarios del país y a los conocimientos precisos locales sobre las tribus ganaderas. Me sentí más tranquilo.

En las dos horas siguientes hablamos de mil y una cosas de gente civilizada. Dragesic es un fenómeno de optimismo, exuberancia, buen humor y carcajadas. Más tarde tendría la ocasión de visitarlo en su antro en Bongor. Lo contaré luego. Había un solo tipo de gente que hacía entrar en cólera al doctor Dragesic: los suizos. Odiaba profundamente a los suizos, lo que hacía saber a cada rato. Los helvéticos para él eran aprovechadores de la miseria de los pueblos europeos en la guerra contra los nazis. Ningún suizo encontraba merced a sus ojos.

—Bienvenido al país de los ganaderos y veterinarios locos, añadió Dragesic. Yo, por mi parte, ya tenía problema para tenerme dignamente de pie. Los güisquis bien cargados, más el calor y el humo acaramelado, estaban acabando conmigo, mientras que ellos, con treinta años más que yo, se quedaban rectos como astas.

Mi problema principal, cómo acercarnos a las tribus, acababa de ser resuelto. No había nada más difícil. Ya no sería como Jack, el gringo de Malí, que entraba en los campamentos diciendo: "Buenos días, vengo a contar su ganado". Todo lo que había logrado era que por semanas los ganaderos se murieran de la risa. Lo mío será: "Buenos días, vengo a vacunar su ganado contra la peste y es gratis". Iban a recibirnos con cantos de elogio, matarían pollos y ovejas, harían bailar las muchachas y por años hablarían bien de nosotros. Ya me sentía mejor en mi rollo de encuestador ganadero en jefe.

El Director Nacional de Asuntos Ganaderos del Chad se llamaba Touade, también doctor veterinario de Maisons Alfort, con siete años de estudios en París de los cuales dos eran de práctica en una zona rural de

Francia. Sabía más de Francia y de las francesas que yo. Teníamos la misma edad. Nos hicimos amigos y cómplices desde el primer encuentro. Pertenecía a la más poderosa tribu de campesinos del sur, los sara, familiar del presidente Malloum, un general que estaba en el poder por un golpe de estado militar con apoyo del todopoderoso jefe del despacho africano de De Gaulle, Jacques Foccard, el hombre que había estado encargado de descolonizar África y que se convirtió en presidente de sus presidentes. No había sido difícil. Pagaba todo con dinero del contribuyente francés, sostenía los regímenes y les confirió a los africanos algo semejante a un tipo de funcionamiento. En esa época Francia lo pagaba todo: desde los militares hasta los maestros, pasando por los funcionarios y las enfermeras.

El presidente anterior a Malloum, también sara, se llamaba Tombalbaye y se había vuelto loco. Había sembrado la discordia en el país, imponiendo los ritos de iniciación de su tribu a todos los funcionarios de su gobierno, incluyendo a los musulmanes. Esto implicaba someterse por semanas a un ritual de iniciación llevado a cabo en bosques de la región sur y dirigido por chamanes y ancianos saras. Renombraron las ciudades y pueblos con nombres saras. Así N'djamena —que en lengua sara quiere decir "el árbol debajo de cual descansamos"— sustituyó a Fort-Lamy, el nombre del comandante de las tropas coloniales que fundaron la ciudad. El último tampoco es apropiado, pero es neutral; mientras el primero no lo es.

Este proceso de africanización animista no le gustó para nada a la parte musulmana del país y tampoco al ex poder colonial que estaba pagando la locura etnocéntrica de Tombalbaye. Este fue derrocado por un golpe militar cinco meses antes de mi llegada. Pero el mal ya estaba hecho. Las tribus ganaderas musulmanas se negaron y de paso se aislaron del poder gubernamental central. La desintegración del estado-nación heredado de la colonización —que en el caso de Chad solamente duró ochenta años— se acentuó para dar paso a un nuevo lustro para la recuperación de las prerrogativas estatales por las tribus.

La dificultad de la gobernabilidad de los países africanos tiene su inicio en las imbecilidades etnocéntricas de los primeros presidentes post coloniales. Todo regresó al tamiz tribal. Una elección contestada degenera en una guerra tribal sangrienta. La última fue Kenya y te apuesto que no va a ser la última de la larga lista de las barbaridades del fracaso de las tribus en construir un país moderno y democrático.

Touade estaba casado con una princesa del antiguo reino de Dahomey en la costa del golfo de Guinea encontrada en París. Géraldine podía pasar por parisina. Su forma de ser, de hablar, de caminar, de vestir y de pensar era de las orillas del río Sena. La mujer de Touade era jefa del despacho de Malloum. Muchas veces me pregunté qué estaba haciendo ella casada con un veterinario en la polvorienta ciudad de N'djamena.

Pronto nuestro trío de cómplices se convirtió en un cuarteto con las cada vez más frecuentes visitas de Kasser, gran amigo de Touade, también ex estudiante parisino pero de la especialidad de Ingeniería Agrónoma. Los dos compadres habían girado por todos los antros afroantillanos de París, que no son pocos.

Kasser es árabe, de los árabes ganaderos del Batha. Me parecía curioso que el ingeniero agrónomo fuese del Batha donde no hay agricultura y el veterinario fuese de Sara, donde no hay ganadería. Pero eso era lo de menos. Comprendí que nunca iba a entender la lógica del desarrollo africano cuando más tarde me topé en Sarh (sur) con un enorme complejo de carne: rastro moderno, frigorífico, fábrica de pieles, fábrica de conservas y carne enlatada —ya he dicho que no hay ganado en el sur a causa de la mosca *Tsé-tsé*—; mientras que la fábrica de aceite de cacahuates estaba en Abeché (noreste) donde no hay un solo cultivo de cacahuates, pues es zona ganadera.

La historia de estos elefantes blancos es sencilla. Tombalbaye es sara. La capital de los saras es Sahr. Por lo tanto, el rastro —regalo del gobierno alemán— se encuentra en Sahr. Punto. Cuando los jefes de las tribus ganaderas del norte vieron eso, se quejaron. Entonces, la siguiente fábrica, que por casualidad era de aceite de maní —regalo del gobierno italiano—, fue instalada en la ciudad de Abeche donde no hay cacahuates. Punto.

Así se gobernaban los países en los primeros años de la independencia. Todavía es chiste entre los veterinarios franceses que para inaugurar el rastro de Sarh mandaron mil cabezas de ganado caminando por ochocientos kilómetros del norte hacia el sur. La mitad se murieron en el camino y la otra mitad llegó con la piel apenas cubriendo los huesos. Era temporada de lluvia y los cebúes no aguantan el fango, la humedad y tampoco la mosca del sueño. Un día después de la inauguración, el rastro se cerró y nunca volvió a reabrirse.

La última tentativa de abrirlo fue un proyecto aún en ejecución cuando yo llegué a conocerlo. Consistía en establecer cada veinte kilómetros una estación de reposo y alimentación, sobre todos los ochocientos kilómetros que hace falta recorrer para alcanzar Sarh a partir del Sahel. Aquellas áreas de descanso estaban hechas de un piso de cemento muy amplio, un pozo y un corredor de vacunación. Esta vez era la CEE quien pagaba. Resultó que el ganado no se sentía a gusto sobre una placa de cemento calentada a setenta grados centígrados. Rápidamente aquellas placas de cemento se convirtieron en pistas de baile los días festivos y plazas cívicas para las ceremonias patrióticas. El pozo sí servía. Nunca se concretó la idea de mandar caravanas de ganado al rastro de Sarh. Ningún ganadero quería arriesgar su ganado en esa zona.

Los veterinarios franceses se carcajearon con justa razón, pero no había para tanto. La cooperación francesa construyó un nuevo mercado ganadero al lado de la capital para descongestionar el centro por donde pasaban cada mañana centenas de cabezas para alcanzar el mercado. Buena idea. Implantaron el mercado en temporada seca, para descubrir que en temporada de lluvias quedaba bajo medio metro de agua.

Así se gastaron y siguen gastándose los millones y millones para el desarrollo africano. He encontrado en un pueblecito del sur, una carretera de cuatro vías de cemento, de cinco kilómetros, con postes de alumbrado público en ambos lados. Este era el pueblo donde nació Tombalbaye. Dicen que también había pedido una pista de aterrizaje para *jets*, pero no tuvo tiempo suficiente; fue derrotado antes.

Extravagancias africanas. ¿Imbecilidades humanas? Los gobiernos de aquella época fueron como niños a los cuales se regalaban juguetes demasiado grandes para ellos.

Touade me asignó como contraparte un técnico veterinario de nombre Damsou, hombre suave, risueño, competente y con mucho sentido común. Hablaba peul y una media docena de lenguas más. Pertenecía a una pequeña etnia del lado de la frontera con Camerún, donde en la guerra de 1914 a 18 los africanos franceses combatieron ferozmente a los africanos alemanes. Camerún era colonia alemana. Las batallas eran sangrientas y duraron meses después de que la paz fuera firmada en Europa. No se enteraron del fin de la guerra hasta cuando las tropas de lanceros paquistaníes inglesas irrumpieron en el campo de batalla. Inglaterra y Francia se repartieron Camerún después de la derrota alemana.

Por los siguientes diez años, Damsou se convertiría en mi compañero, amigo, cuate, confidente, embajador, crítico, rectificador y maestro en ética tribal. Sin él, muchas situaciones hubieran terminado en catástrofe.

Por fin, en mi segundo mes de estancia en Chad, al principio de la temporada de lluvias, empezó el censo de ganado con nuestra salida de N'djamena rumbo a Ati, donde establecimos la base de operaciones de la parte este y central. Ocho Land Rovers fueron cargadas hasta reventarse con todo lo que haría falta para correr detrás del culo de las vacas de los trashumantes del este y del centro. Como en aquella ocasión, en que empezaba mi carrera de "trazador" en Costa de Marfil, hacía trece años, me sentía como Stanley en busca de Livingstone.

Los refrigeradores de los puestos veterinarios estaban llenos de vacunas que tronaban entre cervezas y refrescos. En muchos pueblos el refrigerador de petróleo del puesto veterinario era el único lugar a cientos de kilómetros a la redonda donde se podía tomar una cerveza fresca. Chevallier y la dirección de Touade habían cumplido.

Ati, prefectura del Batha, se parecía como dos gotas de agua a Dori en Alto Volta, aunque era un poco más grande y tenía dos particularidades. Una es que cuenta con un fuerte colonial, al puro estilo sahariano. Es una estructura majestuosa e imponente. Podría haber salido de una película. Los últimos ocupantes del fortín fueron un destacamento de la legión extranjera mezclado con unos meharistas de la colonial. La segunda particularidad es que el lecho de un río atravesaba el pueblo. Digo el lecho, porque durante ocho meses al año allí no corre nada de agua. El Batha corre del este al oeste, de la frontera del Sudan hacia el lago Batha al centro de Chad. En la temporada de lluvias es un torrente de unos treinta metros de ancho.

Es también una marca importante en el sistema ganadero de los trashumantes, tanto en sus movimientos hacia el norte como en sus movimientos de regreso al sur, en la temporada seca. Cruzar el Batha es un evento muy reglamentado. Indica que los pastos del norte, ricos en nitrato, están listos para recibir a los tres millones de cabezas de ganado y nadie quiere dejarle ventaja al primero que cruce, así que todos cruzan juntos. Igual que los peul de Macina cuando cruzan el Níger. Es temporada de abundancia, la leche corre a chorros, los animales paren, las familias separadas por la escasez de agua de la temporada seca se reencuentran. Se concluyen nuevas alianzas, se casan, se festeja, se cosechan los granos de sorgo salvaje, se siembran unos campitos de sorgo a la ida hacia el norte que se cosechan al regreso; mientras tanto, son dejados al cuidado de unas mujeres viejas y niños incapaces de seguir el movimiento. En el Sahel, la temporada de lluvias tiene perfume de paraíso.

Tengo que precisar que el ganado, para los trashumantes, no es solamente un elemento fundamental para la supervivencia; es también un indicador social, una prueba del rango de un clan. ¿No es así para todos los ganaderos del mundo? Lo que implica que la explotación económica del rebaño no es factor determinante. Resguardan animales que ya no tienen nada que hacer en una gestión racional de la riqueza tomando en cuenta los escasos recursos que ofrece el Sahel. El factor afectivo que se crea entre pastores y animales es grande y determinante en la gestión. Vender un animal es arrancarles un pedazo del corazón.

El doctor Meyer, originario del sureste de Francia, era jefe de la estación veterinaria. No era reliquia del cuerpo veterinario colonial sino joven egresado de la escuela de Maisons Alfort, casado con una mujer de la tribu Gorane o Zaghawa, no recuerdo. Por cierto, era de una de las pocas tribus musulmanas que no practican la amputación clitoridiana. Luego te contaré cómo por casualidad pude una noche asistir, en N'djamena, a esta amputación sexual de una muchacha de siete años.

Meyer tenía tres hijos de entre uno y cuatro años, mulatitos con pelo medio rubio y ojos azules como una alberca. Verdad que la mezcla genética da bellísimos resultados.

Con su asistencia, el censo en Ati fue sencillo. Corrimos la voz de que se vacunaba gratis contra la peste y la estación veterinaria se llenaba de ganado proveniente de cientos de kilómetros a la ronda. Tras unos días de pruebas en tamaño real, mandé tres de los Land Rover con Damsou hacia el este, hacia Abeche. Dejé un equipo de encuestadores en Ati al mando de Meyer y me fui con los que quedaban en busca de los clanes de ganaderos que ya estaban caminando hacia el norte y que no habíamos atrapado en Ati, en la inmensidad del pastoreo entre Batha y el desierto del Sahara donde ya no crece nada.

Antes de empezar la odisea, hice una ida y una vuelta a N'djamena para recoger a Annie que no había encontrado mejor idea que venir a pasar sus vacaciones contando vacas entre Batha y Sahara.

No creas que se trata solamente de contar patas y dividirlas por cuatro. Los expertos de la SEDES habían inventado todo un programa de investigación que permitía trazar la historia productiva, evaluar el estado de los rebaños, proyectar al futuro y por consiguiente, el porvenir de las tribus trashumantes del Sahel. De cada rebaño vacunado y contado se seleccionaban unas vacas para ser investigadas a fondo. Qué edad tienen; dónde nacieron; cuántos terneros tuvieron; que pasó con ellos; cuántos murieron; de qué murieron; cuántos fueron vendidos, castrados, se convirtieron en reproductores, etc. Todo esto, relevado en todo el país debía dar una idea precisa de la riqueza presente y futura de la República de Chad.

Parisina desde hacía muchos años, aunque nacida en Túnez, la capacidad de adaptación de Annie me sorprendió. Tras unos días habría jurado que la vida nómada en las orillas del desierto siempre había sido suya. Aprendió a montar a caballo y subirse en un camello. A falta de poder

hablar con ellas, no sé cómo se comunicaba con las mujeres y muchachas de los campamentos. Dormir en chozas hechas de unos palos cubiertos por unas pieles que olían a animales muertos; aislarse en la noche para hacer sus necesidades; beber leche agria y comer galletas de sorgo salvaje; no bañarse; todo lo aceptaba con buen humor. Reía como si estuviese viviendo una buena broma.

No recuerdo dónde fue. Una noche antes de la madrugada, el intérprete nos despertó con la noticia de que, cerca del campamento, habían detectado huellas de unas gacelas y que se organizaba una caza. Media hora después estábamos montados sobre cuatro camellos, acompañados por tres caballos y tres perros, rumbo hacia un horizonte ya aclarando. Yo cargaba el único fusil. ¿Cómo cazaban gacelas solamente con unas lanzas y espadas? En fin, es una caza por agotamiento. Seguimos las huellas por horas hasta que, por fin, cerca del medio día, vimos por primera vez las gacelas. Eran Thomson con una raya negra que separa el blanco de sus panzas del naranja de sus hombros. Tenían cuernos chiquitos muy en punta.

Las tenía en la mira, pero como no tenía corazón para matar tan hermosos animales, disparé al lado. Los que montaban caballos se pusieron a perseguirlas al galope. Los seguíamos tan rápido como los camellos nos lo permitían. Poco tiempo después, a lo lejos, vi a los jinetes desmontando, rodeando dos gacelas a las que sencillamente apuñalaban. Nada heroico, el más fuerte agota al más débil que al final no pide más que una puñalada de gracia. No me sentí muy orgulloso, lo que no nos impidió esa noche cenar con gusto. Hubo fiesta en el campamento con muchachas que bailaban con senos al aire. *C'est la vie.*

Subimos más al norte en territorio Toubou y Zaghawa. Aquí ya el ganado bovino no aguanta. Los rebaños son de camellos. La recepción fue correcta pero nada calurosa. El secuestro, entre comillas, de Madame Claustre estaba por terminarse. ¿No recuerdan? Una etnóloga francesa investigadora en etnología en Faya Largeau fue levantada por los rebeldes de Hissein Habré de quien hablaré más tarde. Resulta que esta etnóloga y Hissein Habré se habían conocido en la Sorbona donde estudiaban, y nunca se supo si era un secuestro romántico o político. En esta época Goukouni Oueddei, el Toubou y Hissein Habré el Zaghawa, ambos rebeldes, habían hecho alianza en contra del poder central de N'djamena. Luego se harían la guerra a muerte.

El jefe del campamento Toubou, antiguo meharista del ejército colonial, nos contó que en su juventud su padre lo había mandado con una cantimplora de agua como único sustento, a buscar el camello que estaba bajo su guardia y que había perdido. Guardar un camello es algo sencillo: le amarras las patas delanteras y lo sueltas. Para reencontrarlo sigues sus huellas, que puede costarte un día y más. Por fin, tras semanas de buscar, encontró su camello en el huerto de los meharistas del ejército en Faya Largeau. El comandante francés estaba de acuerdo en entregarle el camello, que había sido comprado, pero en compensación debía trabajar por tres meses para él, lavando ropa y echándole agua a las escasas palmeras del oasis. Años después, regresó a Faya para reclamar el producto de las palmeras, porque la ley del desierto estipula que las frutas de un árbol son de aquel que lo riega. Como nadie le hizo caso, se quedó, aprendió francés y se hizo meharista. Entre los valores culturales y sociales de los toubou hay uno que estipula que, para que un joven se convierta en hombre y tenga algún éxito con las muchachas, tiene que haber robado por lo menos un camello o haber estado en la cárcel. En materia de valores morales diferentes, aquí tenemos algo.

Cuando regresamos a Ati con una caja metálica llena de cuestionarios, la población europea del lugar se había multiplicado por tres. Una pareja de jóvenes médicos belgas de la organización Médicos sin Fronteras había desplegado su petate en la clínica que no había visto un médico desde hacía una década. Entusiastas, simpáticos, dedicados, me recordaron que hay un mundo afuera del Batha, de su ganado y de sus tribus, que aún contaba con juventud aventurera, generosa y que creían que el humanismo no es cosa de palabras.

Al tercer día que los fui a ver con dos botellas de a litro de cerveza fría, me contaron que habían practicado cirugía, cortando la pierna de un hombre anciano con gangrena. Estaban asustados. Era la primera vez en su vida que hacían una cirugía. Salió bien. De todos modos no había opción.

Una noche tuvimos una conversación extraña con unos venerables viejos que vinieron a pedir respetuosamente audiencia. Desplegamos las alfombras prestadas por Meyer. Todos eran de cabellos grises, lo que en toda África es señal de gran sabiduría. Llevaban puestos sus *boubou* de fiesta, ricamente bordados con hilos de oro y plata, y hablaban un francés bastante comprensible. Con las presentaciones aprendí que dos eran antiguos combatientes, por presentarse con sus grados militares. Estaba en presencia de un sargento y de un corporal. El tercero era jefe de un clan de misiriés. Nosotros también lucíamos bien. Annie se había puesto una blusa con un pantalón negro. Sobre su pecho colgaban dos collares de conchas coloreadas. Y yo, una camisa sahariana, pantalón de mezclilla, todo lavado y planchado.

Después de las ceremonias de presentaciones y del primer té, nos miramos por un momento en silencio. Un cuarto de luna y unas estrellas estaban jugando a esconderse entre las nubes. El sargento se rascó la garganta, señal de que iba a hablar.

—Doctor...

En esos lugares, si eres blanco y tienes que ver con ganado, obligatoriamente eres doctor.

—Doctor, ¿cuándo se va a acabar la independencia?

Hablaba con un tono grave, lento y bien articulado. Miré a Annie, que me miró con los mismos ojos de plato que yo debía tener. Nunca pensé que un día me iban a hacer una pregunta como esa.

—Sargento Mamadou —así se llamaba—, ¿usted me está preguntando cuándo va acabar la independencia?

—Sí, doctor. Queremos saber cuándo va acabar la independencia.

—Sargento, ¿por qué quiere usted que la independencia acabe?

Lo llamaba sargento por respeto y veía que le gustaba. Muchos se llaman Mamadou, ninguno "sargento Mamadou".

Siguió un silencio. Hasta las cigarras que hacían fiesta en el pasto en señal de que iba a llover, se habían callado, como si el mundo entero quisiese escuchar.

—Doctor, antes, cuando éramos una colonia, todo estaba bien. Ahora todo está mal y va al revés.

—Sargento ¿por qué todo estaba bien?

Los demás se animaban; el caporal contestó:

—Había maestros en la escuela. Tenían pizarrón y tiza para escribir en el pizarrón. Ahora vemos un maestro de vez en cuando. El último se fue hace cinco meses. Y no hay tiza ni pizarrón.

Su vecino, el civil, lo interrumpió.

—No hay libros ni cuadernos para los alumnos desde hace por lo menos siete años.

Mamadou lo interrumpió:

—El hospital no ha tenido doctor por más de diez años, ni medicinas. El enfermero Bambara que está allí es un incompetente que ha matado a muchos y siempre está borracho.

Poco a poco superaba la sorpresa que me había hecho dejar boquiabierto.

Mamadou prosiguió.

—Antes había un juez francés que aplicaba la justicia, justa, igual para todos. Ahora todos los juicios están en función de la familia y de la tribu. Nadie está contento con eso. Antes había un avión tres veces por semana; ahora ni sabemos cuándo llega.

El civil:

—Antes había mantenimiento de la carretera, hecho por los prisioneros del juez y con un tractor. Había luz en el barrio de la administración. Ahora ya no. Todo se fue al carajo.

Otra vez Mamadou:

—Antes, los domingos el prefecto presidía la carrera de caballos. Ya ni siquiera hay carreras.

A lo lejos se escuchaban unos truenos. El cielo se había puesto negro como si hubiese querido participar en la desesperación de estos venerables nostálgicos de la colonización.

¿Qué iba yo a contestar? Siguieron sus letanías de reivindicaciones. El civil se había puesto el vasito de té entre las piernas para liberar las manos y dar más peso a lo que decía.

—La colonización era buena. Las cosas estaban en su lugar y andaban bien. La independencia es una mierda.

Nunca en mi santa vida de socialista de izquierda había imaginado que los colonizados iban a cantar la gloria de la colonización. Dentro de mi esquema dialéctico, este papel habitualmente estaba reservado a los colonizadores. Qué caso de conciencia me pusieron estos tres colonizados colonizando.

Miré a Annie cuyos ojos me decían "¡Te lo había dicho!". Su juventud en Túnez, que me había contado como un cuento maravilloso, coincidía con la glorificación de "la colonia", tal cual acababa de escucharlo al fondo del Sahel, lejos, muy lejos de la civilización avanzada que nos hizo lo que somos.

Me incliné hacia ella y le pedí que buscara una botella de güisqui.

La discusión retomó su rumbo, más bien los monólogos de ellos, que contaban historias y hechos de los tiempos maravillosos cuando los franceses administraban la actual República del Chad, haciendo que se respetaran leyes hechas ocho mil kilómetros al norte. Educaban con datos y métodos que proclamaban que todos nacimos iguales en derechos y que sus ancestros eran los galos.

* * *

Años después, por curiosidad, me documenté en los archivos coloniales. Descubrí que en el caso de los países sahelianos, la colonización presentaba cuentas muy deficitarias. La aventura colonial ha costado un mundo de dinero al contribuyente. Entonces, ¿por qué lo hicieron si no había nada que ganar? No corresponde en nada a la visión "colonización igual pillaje" que conocemos tan bien en el caso de América Latina. Si las cuentas salen más o menos equilibradas en el caso de los países costeros, del Senegal hasta el Congo, en los del Sahel es pura pérdida. No hay nada entre las fronteras oeste del Senegal y este del Sudán que valga la pena para una conquista y una costosa administración, aparte de haber levantado unas tropas que heroicamente participaron en las guerras entre europeos y de las cuales los sobrevivientes estaban lamentándose de que la colonización se había acabado. ¿Qué buscaban?

Una explicación tendenciosa y vaga sería la voluntad irracional y romántica de todos los gobiernos europeos de esa época de dominar territorios, incluso si fueran de arena pelada. Dominar territorios era sinónimo de poder. Por supuesto, por otra parte está la regla de que los pueblos deben disponer y elegir sus propios destinos. ¿Qué pasa en el caso de que los pueblos del estado-nación sean un conglomerado de tribus que se matan entre ellas por un pozo de agua, el acceso al pastoreo, una elección, creencias religiosas o sencillamente porque la tribu de al lado no los quiere por razones que ni se recuerdan? ¿Qué diablos buscaban los gobiernos colonizadores en países como el Chad? ¿Será esta la absurdidad que contribuyó a que la colonización fuese un crimen?

* * *

Annie regresó con la botella de güisqui que le tendí al sargento quien, con una sonrisa amplia, llenó los vasitos de té. Me rasqué la garganta; iba a hablar.

—Señores, creo que la independencia ha llegado para quedarse.

No lloraron, pero sus caras me decían que no les gustaba para nada. Mamadou dijo mirando el suelo:

—Eso es lo que temíamos. —Un perro empezó a ladrar en la oscuridad, no muy lejos—. ¿Y ustedes? —El sargento Mamadou recobraba su compostura.

—¿Nosotros qué?

—Usted trae vacuna para el ganado y no cobra. El médico y su mujer regresaron al hospital y no cobran. El doctor Meyer también ha regresado.

—Así es. ¿Y qué?

No veía adónde quería llegar. Después de un breve silencio y con voz baja, dijo:

—Pensábamos que la independencia había acabado.

Ya no pude resistir la risa con la idea de que estos tres venerables me veían como el Mesías que había devuelto la colonización.

—No es así, sargento.

—¿No? ¿Entonces, qué es?

No podía dar un curso sobre los mecanismos postcoloniales; ni sobre el neocolonialismo; ni sobre la independencia supuestamente querida por todos los pueblos; sobre cómo se dieron cuenta de que los nacionales robaban más y daban menos a cambio que los colonizadores; ni sobre el dinero que la mala conciencia francesa daba a sus gobernantes en su nombre y del cual nunca vieron un quinto.

—Los chadienses pidieron la independencia y De Gaulle se las dio —es todo lo que me salió de la cabeza.

El nombre de De Gaulle, el gran Carlos, como lo llamaban en la prensa, les puso los ojos brillantes y las caras alegres. Pensaba que se iban a poner de pie, saludar y cantar La Marsellesa. Afortunadamente no lo hicieron.

—Yo lo vi —dijo el caporal.

—¡Ah!, ¿sí? ¿Dónde? —Quería desviar la conversación, que ya no tenía salida para mí.

—En Massaguet.

Massaguet es un pueblo en el cruce de los caminos del lago Chad a N'djamena hacia el oeste, a Moussoro hacia el norte y al este hacia Ati y el Sudán. Siguió el caporal:

—Estaba yo de soldado, con Leclerc.

Podía ser. Semanas después, una noche dormimos en un pueblecito cerca de Moussoro donde fuimos saludados por una matrona mulata que pretendía que era hija del General de Gaulle, que supuestamente había pasado la noche en ese pueblo con su madre. No le creí, pero es verdad que era mulata y alta como su supuesto progenitor.

—Yo estaba en Tobruk y en Monte Cassino —seguía el sargento, vaciando su cuarto vaso de té con güisqui.

—Cuéntenos, sargento.

Tobruk fue una famosa batalla de los aliados contra las tropas de Rommel en Libia. En palabras sencillas y crudas, nos contó de la carnicería de Monte Cassino, un monasterio puesto sobre una montaña que controlaba el acceso a Roma contra las tropas aliadas que venían de Sicilia. Para los nazis, perder Monte Cassino era perder Italia. Opusieron una defensa fanática. Los aliados atacaban en terreno descubierto subiendo la montaña. La batalla duró días y días. La salvajería de ambos lados era animal y la batalla terminó en un encarnizado cuerpo a cuerpo con bayonetas y cuchillos. El sargento Mamadou me confirmó todo esto.

Vaciamos la botella. Annie se quedó dormida. Las lámparas de petróleo se apagaban una tras otra por falta de combustible. A lo lejos tamborileaban truenos con algunas iluminaciones de relámpagos. La última cosa que vi de esos hombres nostálgicos fueron sus espaldas avanzando muy inseguras para desparecer en la noche.

Al día siguiente regresó Damsou. Había dejado un equipo en Abeche y otro en Biltine, al norte. Faltaban vacunas, pero ya tenía una caja llena de cuestionarios perfectamente clasificados. Había encuestado al ochenta por ciento de las familias de los misiriés que estaban en nuestra lista de sondeo. Decidimos abrir con dos equipos la zona oeste, estableciendo una base en Moussoro, una en el Barh el Ghazal, una en el territorio de los clanes Gorane y otra en Bol, a las orillas del lago Chad, desde donde iríamos hacia el territorio de los kanembous.

Se sabe que los kanembous están gobernados por un auténtico rey con su capital en Mao. Así que debía hacerle una visita protocolar. Vista de lejos, Mao es otra ciudad escapada de la *Biblia*. Podría haberse llamado también Jericó en 2000 a. C. Amurallada con barro y solamente con dos puertas de entrada, casas cuadradas de dos pisos sobre las cuales se veían varias torres de mezquitas, pero sobre todo, las torres del palacio del rey de los kanembou, vasallo del rey de Sokoto de Nigeria. Allí no estamos solamente en la *Biblia* por razones arquitectónicas sino también sociales y políticas.

Entrando por el portón de la izquierda, noté un garaje con puertas automáticas abiertas donde lucían un Range Rover y un Mercedes Benz negro último modelo. La Range Rover sí la comprendo, pero, ¿el Mercedes? No había una carretera en cientos de kilómetros para ese coche. Claro, cada uno despliega su estatus social como puede, a la altura de su intelecto. Para el rey de los miserables kanembou de Mao, este es un Mercedes Benz encerrado en un garaje con puertas eléctricas en medio del desierto.

El cabrón del rey nos hizo esperar dos horas enteras sudando gotas grandes en una antesala alfombrada de piso a techo, con ventiladores que no funcionaban; sospecho que a propósito. Por supuesto, no llevé a Annie, ella me esperaba en el puesto veterinario, pues el señor rey es musulmán.

La misma noche salimos de Mao, declinando la invitación del rey a quedarnos, aunque esto fuera muy poco diplomático. Prefería pasar la noche a cielo abierto que en un palacio sofocante, haciendo la conversación con un puerco gordo cuyas bolsas de grasa le caían hasta sus ojos que no expresaban nada más que vicio y corrupción. Damsou me contó que tenía sesenta y cuatro esposas. La imagen que me quedó fue la del Mercedes en su garaje con puerta eléctrica.

A orillas del lago Chad descubrí una raza de ganado que nunca había visto antes y que es única en el mundo. Tienen, a ambos lados de la cabeza, cuernos en forma de globos que pueden alcanzar medio metro de diámetro. Son de fibras que encierran pequeñas recámaras de aire, por eso son muy ligeros y de gran flotabilidad. El nombre de esa raza es kuri del lago Chad. Estos cuernos son el resultado de miles de años de evolución. Vienen del hecho de que pasan su vida casi entera, cuando están pastoreando, en el agua. Solamente una parte de sus narices sale del agua. ¿La razón? El lago Chad es el reino del mosquito que, a partir del atardecer, invade las orillas en nubes opacas, provocando que todo lo que vive se refugie en el agua, debajo de una red mosquitera o envuelto en una nube de humo hecha por un fuego de leña y hojas húmedas.

Si Darwin, por alguna razón, no hubiese podido viajar a las Islas Galápagos, hubiera podido construir su teoría de la evolución basándola en las vacas kuris del lago Chad. Por cierto, los pequeños trashumantes del Kanem no se acercan al lago por ser peligroso para su ganado cebú con cuernos normales.

Hay varias islas en el lago a las que pudimos llegar en camellos. Descubrí que los camellos son excelentes nadadores.

Por cierto, haciendo un alto en esta historia, cuando llegué a Campeche en el año 1999 había un gobernador de nombre Kuri. Por supuesto no tiene parentesco con los kuri del lago Chad, aunque en materia de cuernos no sea ignorante. Dejó de ser gobernador pero le sigue poniendo los cuernos al pueblo campechano por medio de una especie de dinastía política.

Durante los últimos días de las vacaciones de Annie, decidimos instalar el primer equipo del censo de la zona sur en Bongor, zona intermedia entre los trashumantes del norte y los campesinos sedentarios del sur y plaza fuerte del doctor Dragesic.

Aunque Bongor no esté lejos de N'djamena, las carreteras al final de la temporada de lluvias son campos labrados. Llegamos a la caída de la noche. Pueblo grande con casas circulares de barro y techos de palma, estilo Kangaba, adosado al río Logone que se une al Chari para juntos alimentar el lago Chad tras haber sido abrigo de varias familias de hipopótamos, hasta en pleno centro de N'djamena.

Dejé en sus casas a los encuestadores y me fui con Annie a buscar, ya en la oscuridad, el puesto veterinario y a Dragesic. Lo encontramos al fondo de una hermosa entrada: un paseo de doscientos metros flanqueado por majestuosos flamboyanes en flor que daban sobre una plaza en la cual podría maniobrar un tráiler. Ningún camino que haya visto en mi vida tiene la majestuosidad de la entrada de la estación veterinaria de Bongor.

Llegando al final de la avenida, apareció a las luces de la Land Rover, en una jaula de malla mosquitera, sentado sobre una banquilla, el doctor Dragesic, completamente pelado, tocando acordeón. Apagué el motor y las luces, escuchamos melodías melancólicas, eslavas y gitanas. Dragesic no había vuelto la cabeza. Por unos veinte minutos escuchamos varias canciones de las cuales reconocí solamente "Atardecer en Moscú" y "Los bateleros del Volga". El doctor tocaba bien.

Un par de meses antes había encontrado, cerca de Moussoro, otra extravagancia del mismo tipo. Me habían contado que por allá vivía en una aldea un legionario francés retirado, con sus cuatro mujeres e innumerable descendencia. Lo fui a saludar porque la etiqueta en el desierto requiere que, si pasas a menos de veinte kilómetros de la casa de alguien, tienes que ir a saludarlo; si no lo haces, perderás su amistad de por vida y uno nunca sabe cuándo va a necesitar alguna ayuda de cualquier índole.

El señor legionario no estaba, pero una muchacha nos dijo que "como cada domingo, se había ido a París", mostrándonos con su mano una vaga dirección: "Es por allá".

Seguimos un caminito por un par de kilómetros hasta toparnos con la carcacha de un avión DC-3 que aparentemente había hecho allí un aterrizaje de fortuna. Le faltaba un ala. En el puesto de piloto estaba sentado el legionario, con dos mujeres detrás de él y una tropa de niños y niñas, todos vestidos como si fueran a misa. Asistimos al vuelo y el aterrizaje del aparato. Por fin, el legionario vestido con el uniforme de gala, lo que es muy imponente, con gorra blanca y alta, manto blanco amplio y cuatro barras de decoraciones en el pecho salió del puesto de pilotaje y, viniendo hacia mí, me hizo un saludo militar rígido con palma de mano por fuera, después de que me apretara fuertemente la mano.

—Fui a hacer un sobrevuelo de París con la familia. Visitamos el Arco del Triunfo, la Torre Eiffel, el Ministerio de la Defensa y los Inválidos.

Me lo dijo con la naturalidad más grande del mundo. Algo me dijo que la mejor manera de salida era jugar el juego.

—¿El tiempo era bueno?

—Excelente. Totalmente despejado.

Subimos al coche y regresamos a su casa. Por lo demás, la

conversación del señor legionario era perfectamente normal; incluso inteligente y divertida.

Toda África está sembrada de excéntricos que no supieron dejarla. No tengo explicación para esto, salvo que el sol, la nostalgia y la fuerza de las raíces culturales producen impulsos surrealistas y esto era una manifestación de ello.

Hay un precio por todo. El doctor veterinario yugoslavo Dragesic estaba pagándolo. Puso cuidadosamente su instrumento en el suelo, encerró su cintura en una toalla y salió de la jaula dirigiéndose hacia nosotros. Nos saludó calurosamente. Veía, por el rojo de sus ojos, que había llorado. A primera vista no se veía la casa, sino una enorme buganvilla de diferentes colores hacia la cual caminamos.

Pasadas las primeras ramas, apareció una puerta. La casa de Dragesic estaba totalmente cubierta por una buganvilla, techo incluido.

La recepción por parte de la esposa del doctor fue grandiosa. La mujer de Dragesic era un "armario normando", alta, maciza. Aunque no soy bajo y Dragesic tampoco, nos pasaba por una cabeza, que llevaba ampliamente ornada con largo pelo rubio que le caía sobre los hombros, encuadrando una cara rosada y sonriente.

Sin complejo, Dragesic contaba que había encontrado a su mujer gracias a los anuncios matrimoniales del *Cazador francés*, una revista especializada en la caza y anuncios matrimoniales para solteros rurales aislados. Mientras la normanda se fue a prepararnos "unos bocadillos, porque cenaban ligeramente", el doctor nos hizo el honor de la casa. Por detrás, daba a una amplia terraza, prolongada por un jardín que terminaba a la orilla del río Logone de donde provenían ruidos de hipopótamos; todo profusamente alumbrado por una planta eléctrica que se escuchaba apenas.

Mi atención se centró en una cama que tronaba en la terraza montada sobre ruedas de coche, con un baldaquín del cual colgaba una red mosquitera y varias cuerdas, polines y bloques. Viendo que esta máquina me intrigaba, Dragesic se acostó en la cama, tiró de una cuerda y la cama se puso en movimiento entrando en la casa. ¡Genial! El tipo había inventado por medio de un sistema de pesos y contrapesos una cama móvil. Se rió mucho con nuestras caras y dijo que a veces le gustaba dormir al aire libre y, si acaso empezaba a llover, la cama entraba sola bajo techo.

Los "bocadillos ligeros" de la señora Dragesic incluyeron patés de faisán, de cabeza de puerco, de hígado de ganso y de liebre, *ratatouille*, trozos de carne de res cocidos en vino tinto, pollo a la hierbabuena, pan entero hecho en casa, tartaletas de manzana al Gran Marnier, una isla flotante, café y coñac.

En toda la cena no cerraron la boca, hablando y hablando a sus turnos cuando no tenían nada que masticar. Debe ser que las ocasiones de hablar eran raras. Tenían un departamento cerca de los Campos Elíseos en París. Al doctor lo deleitaba sentarse en una terraza de café en los Campos viendo pasar a las mujeres y muchachas en minifaldas de las cuales daba descripciones pintorescas y chistosas. De vez en cuando, su mujer lo interrumpía con un seco: "Dragi, ya basta", lo que tenía por efecto que cambiara de tema para regresar al mismo: las piernas y las nalgas de las parisinas. Sabía contar historias y cuentos.

Ya cuando no pudimos más de comer, beber y reír, Dragesic se levantó y, recogiendo unas revistas que estaban en una mesita, me las tendió diciendo: "Para dormirse". Nos llevó a nuestra recámara deseándonos las buenas noches.

Una vez acostado en una amplia cama, me acordé de las revistas. Arriba de la pila estaba *El cazador francés*, la *Vida católica*, la *Vogue* que pasé a Annie y, debajo, *Playboy* y *Hustler*. La selección me sorprendió. ¿Por qué será? Algo raro me surgió en el cerebro, una sospecha de algo. ¿Pero qué? *Hustler* era muy sugestiva, con páginas y páginas de fotos de sexo oral y lésbico. Es el tipo de cosa que, a pesar de estar repleto de comida y cansado, me provoca reacciones y fantasmas eróticos.

Casi automáticamente empecé a acariciar las piernas y el cuerpo al lado mío, que respondió con entusiasmo. Annie no es mujer que vaya a rechazar una noche de erotismo y de amor. Pero algo me retenía. ¿Qué? Esto me impidió relajarme y dar libre expresión a mis fantasías. Tras unos minutos lo sabría. Me sentía observado. Habíamos oído cómo Dragesic y su mujer, en el cuarto de al lado, habían hablado y se habían acostado.

Mecánicamente empecé a examinar la pared que separaba las dos recámaras, poniéndome de lado, sosteniendo la cabeza con mi mano y sin parar de acariciar los bonitos senos de mi compañera. Me llamó la atención dos puntitos negros que no estaban en armonía con el papel mural de la pared en frente. Me fijé en los huequitos que eran del tamaño de un bolígrafo. Los Dragesic nos espiaban. Me levanté y en mi traje de Adán fui a apagar la luz. No era por el doctor Dragesic que iba a privarme de una noche de amor, aunque tuviera que hacerlo en la oscuridad y en silencio, lo que es casi imposible.

Todos los conocidos de los Dragesic que viajan del norte al sur en Chad pasan una noche en esta cama: funcionarios, maestros, ingenieros, monjas, misioneros. Nos reímos del placer perverso de esta pareja especial. Espiando a los curitas y las monjitas cuando descubrían debajo de la *Vida católica* la revista *Playboy* y se masturbaban con *Hustler*.

A la mañana siguiente verifiqué con un bolígrafo. Sí, eran dos huecos que atravesaban de lado a lado el muro.

A pesar de todo, Annie decidió pasar sus últimos días de vacaciones en compañía de los Dragesic, lo que les encantó. Al amanecer tenía cita con el equipo de encuestadores en la estación veterinaria. Annie se quedó con la señora. A mi recomendación de cuidarse para no ser violada, se rió. Dándome agua de mi chocolate, dijo que tal vez le gustaría.

Para mi sorpresa, encontré un rebaño de unos cien animales en el corral de la estación, listos para ser vacunados, con enfermeros con blusas blancas y máscaras de cirujano. Pregunté qué era aquello. Me contestaron que cada vez que alguien del servicio veterinario pasaba por Bongor, el doctor montaba este escenario. Me dijeron también que los animales que estaban allí tenían las nalgas como un colador de tanto ser vacunados.

El ganado de esta región es mayormente doméstico, bueyes que tiran arados y carretas, unas vacas y pocos terneros. Los camellos habían desaparecido de los rebaños; los caballos también. Al contrario, ovejas y chivas había por todas partes. Todo esto hizo que el censo fuese fácil.

* * *

Bongor ya no es territorio musulmán, a pesar de que por aquí o por allá surgieran algunas torrecitas de mezquitas. Aquí la mayoría son católicos o cristianos de las iglesias protestantes anglosajonas; aun más, son animistas. Esto se nota en el ambiente y la cara de la gente. Como lo dijo un amigo: "Donde desaparece el Islam, aparece la alegría". En esta religión hasta la alegría es codificada y reglamentada. Uno se siente mucho más a gusto en el ambiente libertario de Bongor que en los campamentos musulmanes del Sahel.

* * *

En la época supersónica, de la conquista espacial, de la informática en tiempo real generalizada sobre todo el planeta, de la codificación del genoma humano y de la energía nuclear, un libro escrito en el año 630 —el cuento dice que fue dictado por un ángel a un guardia de camellos analfabeto— decide con puntos y señales la vida cotidiana de millones de hombres y mujeres.

Como bajo el toldo de pieles de chivas hace miles de años, la familia es el centro del universo. No es la comunidad nacional o patriótica, mucho menos la entidad universal humana, sino el jefe de familia con sus tres o cuatro mujeres, totalmente sumisas y sus numerosos hijos —una bendición de Dios— que es el horizonte infranqueable, el centro del universo. La autoridad procede de Alá, por supuesto, pero a través del padre, el marido, personificación de Dios bajo el toldo de pieles.

Toda acción se vive bajo la mirada de la tribu que juzga la conformidad de los actos individuales cotidianos y en el más mínimo detalle. El padre —pero también el hermano mayor, los demás hermanos, los tíos y los demás machos— mandan sobre la vida de las mujeres.

Por cierto —¿o debería decir todavía?—, y afortunadamente, los musulmanes de los países sahelianos no son devotos fanáticos. Ellos no tienen los conocimientos profundos de la religión. Individualmente son gente pacífica, amable, servicial. Esto no disminuye en nada el carácter sanguinario de la religión que practican.

Negar o descuidar el carácter fundamentalmente violento, conquistador, del Islam con el pretexto de que los musulmanes del Sahel son pacíficos es como aceptar que la conquista de América por los Reyes Católicos no fue un etnocidio por los escritos del padre De las Casas, el buen padre que trató de persuadirlos argumentando que los indígenas eran una especie de negros y que, por lo tanto, seguían siendo inferiores a la raza española, pero un poco menos. Esto por supuesto no disminuye en nada la violencia y el genocidio de la conquista ni las creencias y bendiciones con las cuales se beneficiaron los naturales. El árbol esconde el bosque.

Esta violencia y hostilidad hacia el "no creyente" la he encontrado cada vez que me he cruzado con un marabout. Es una especie de predicador-misionero musulmán que anda por los pueblos y campamentos enseñando el *Corán*, acompañado por unos muchachos, sus alumnos, que manda a mendigar para sostenerse. Siempre nos miraban con hostilidad, agresividad y desprecio. Algunos escupieron frente a mis pies.

Son doscientos cincuenta versículos —de los seis mil doscientos que componen el *Corán*— que justifican y legitiman la Guerra Santa contra los "infieles". Son suficientes para ahogar las pocas frases que invitan a la tolerancia, el respeto del otro, al humanismo, y no a la barbarie. La vida del Profeta mismo atesta esta barbarie. Crímenes, expediciones punitivas, miles pasados por el filo de la espada, asesinatos; todo en cantidades horrorosas. Son muchas páginas para que cualquier combatiente musulmán se sienta legitimado a pasar los infieles por su espada.

Al igual que los judíos, los musulmanes se proclaman "pueblo elegido por Alá". Desgraciadamente, si hay dos pretendientes a este título, uno está de más. Creer que los demás son de raza inferior, que son infrahombres, que Dios mismo estableció una jerarquía entre los hombres, prohíbe que otros puedan pretender el mismo estatuto y, como consecuencia, legitima su exterminación.

El *Corán* establece la siguiente jerarquía entre los seres humanos: al tope los musulmanes, por debajo los cristianos, porque también son gente del libro, aun más abajo los judíos, porque también son monoteístas. En fin, después de los musulmanes, los cristianos y los judíos, todos los demás confundidos en "no creyentes", infieles, politeístas, filósofos y, por supuesto, los ateos.

La ley coránica que prohíbe matar o masacrar al prójimo es solamente válida para los miembros de la comunidad musulmana. Los demás "prójimos" son buenos para la masacre. En el seno mismo de la comunidad, que pretende ser igualitaria, la jerarquía persiste: los hombres dominan a las mujeres, los religiosos dominan a los creyentes, los fieles devotos dominan a los tibios, los viejos a los jóvenes. Este modelo falócrata persiste desde hace trece siglos. Fundamentalmente no es compatible con la sociedad moderna. "El musulmán no es fraternal. Hermano del correligionario, sí; pero no de los demás, que no cuentan para nada, que son detestables", (M. Onfray).

La lógica musulmana que divide al mundo en incluidos y excluidos no fue inventada ayer. En el siglo once, un califa de Bagdad ya imponía a los judíos, los cristianos y a los adeptos del zoroastrismo, portar un signo distintivo. Era una cinta o a veces un turbante de color amarillo. En teoría, el Islam se dice religión de paz y de tolerancia. No lo creas: para tener el derecho de vivir en tierra del Islam, tenías que pagar un impuesto y portar señas distintivas.

Aparte de eso, había —y aún existen— reglas especiales. No tenías derecho a poseer un caballo, en una época en que el caballo permitía la existencia, moverse, mostrar el rango social. Puedes caminar en la calle pero no tienes derecho de rebasar a un musulmán. Por supuesto, portar un arma estaba formalmente prohibido, lo que exponía al no musulmán al primer bandido que pasara.

Claro, estas reglas y muchas más fueron oficialmente suspendidas en el año 1839 por el imperio turco otomano. Pero persisten aún en los hechos y en las mentes.

El Islam se inscribe en una historia que hace negación de la historia, lo que genera una sociedad completamente cerrada sobre sí misma, clausura la evolución de la historia y fascina por la inmovilidad. Pretende hacer la historia negando el dinamismo de la evolución para cristalizarlo fuera del tiempo. Aplicar los preceptos del *Corán* es, para una sociedad, convertirla en un campo de nómadas. El Islam es un campo de nómadas universal, inmóvil en el tiempo como lo es el inframundo de sus creencias. Exactamente lo opuesto de una democracia evolutiva que vive del movimiento, de cambios contractuales, de dinámica permanente, de juegos dialécticos, que practica el diálogo entre todas las partes que la componen, del reino de la razón, de la diplomacia y de las negociaciones.

El Islam y todas las teocracias funcionan al revés: nacen, viven y gozan de la inmovilidad, de la muerte y de lo irracional. La teocracia es el enemigo más peligroso de la democracia de todos los tiempos. Todos los intelectuales de todas las democracias occidentales se equivocaron cuando el Ayatollah Khomeini tomó el poder en 1978 en Irán, estableciendo una teocracia con ciento ochenta mil molahs e inaugurando un verdadero fascismo musulmán, muy consecuente y conforme a los escritos del *Corán*. Así gobernaba el espíritu, los cuerpos y las almas de los iraníes y de sus seguidores en todo el mundo.

Todas las teocracias —en especial la musulmana— aspiran a poner fin a la separación entre creencias privadas y prácticas públicas. La religión, un asunto de cada uno consigo mismo, quiere conquistar la totalidad de la vida. No hay espacio en la teocracia para la relación directa, íntima, mística, personal con Dios, sino una cadena de mandamientos indirectos, dirigida por la comunidad política y relacionada con el gobierno sobre los demás.

En este punto la religión deja de ser un asunto personal para convertirse en un asunto del Estado. El Estado al servicio de una idea. Una idea de la familia, del trabajo, de la escuela, del cuartel, del hospital, de la prensa, la sexualidad, la amistad, la edición de libros, el tribunal, el estadio, la cultura, etc. Todo al servicio de la ideología dominante.

¿Cómo legitimar el uso totalitario de los escritos sagrados? Sencillamente pretendiendo que se posee la única manera correcta y legítima de leerlos e interpretarlos. Dice Onfray que el nihilismo de nuestra época tiene su origen en la idea de que se puede vivir los dogmas a la carta, es decir, tomar o dejar lo que gusta o no, respectivamente. Ejemplos: ser cristiano sin verdaderamente creer en Dios, reírse de las bulas papales, de los sacramentos, no creer en el misterio de la eucaristía, no respetar los dogmas, cuestionar la virginidad de María, la infalibilidad del Papa, la creación del mundo en seis días con uno de descanso, etc. Estas prácticas y creencias parciales llevan a una veneración de una burbuja vacía.

El *Corán* no permite esta religión "a la carta". Cuando uno se proclama musulmán, se debe adherir a la teoría, a la enseñanza y sus consecuentes prácticas: el respeto fanático de los ritos y obligaciones del creyente, la poligamia sumisa, hasta el asesinato de los no creyentes.

La teocracia islamista es la máxima coherencia posible en materia de religión. Contradice punto por punto todos los avances de la filosofía del siglo XVIII: la condena a la superstición, el rechazo de la intolerancia, la abolición de la censura, el combate a la tiranía, el fin de la religión de Estado, la aceptación de todas las libertades de pensamiento y de expresión, la adopción de la igualdad en derecho, la voluntad de una felicidad social aquí y ahora, la aspiración al reino de la razón; todo rechazado claramente a lo largo de las suras del *Corán*.

El colectivo del Islam impone el sacrificio de lo singular en beneficio de la totalidad en la cual se encierra. La fusión del individuo en el conjunto del cuerpo político justifica el sacrificio de sí mismo, el martirio, lo que permite al individuo no perecer individualmente sino operar una transmutación de su ser en la comunidad mística de una manera sublimada, por la eternidad. Es la teoría que fabrica a los "hombres bomba" con sus cinturones de explosivos.

No es responsabilidad de la humanidad que nuestros contemporáneos islámicos estén del lado del fascismo y no del lado de la tolerancia religiosa y cultural, que fue la norma del Islam cuando conquistó y administró por ocho siglos el país de los vándalos, Andalucía, trayendo consigo la tolerancia y la convivencia armoniosa entre las comunidades judía, cristiana e islámica. Es responsabilidad de la comunidad islámica que los molahs de Irán, los talibanes y los de Al Qaeda no se parezcan en nada a los califas de Andalucía.

Todo lo que define la tiranía y el fascismo está en el *Corán* y las creencias del Islam: la masa dirigida por un jefe carismático, el mito de su primacía, lo místico promovido al rango de motor de la historia, lo irracional, la ley y el derecho creados por la palabra del jefe, la aspiración a crear un nuevo mundo y la abolición del viejo, y a crear un hombre nuevo, la guerra expansionista, el odio a la razón, la ciencia, los libros, el régimen del terror policíaco, la abolición de la vida privada, la construcción de una sociedad cerrada y la invención perpetua de enemigos exteriores, la celebración de las virtudes guerreras —virilidad, machismo, disciplina, misoginia—, la destrucción de toda resistencia, la militarización de la política, la crítica de los derechos humanos, el adoctrinamiento ideológico permanente, la escritura de la historia con lemas negativos, antimodernos, antioccidentales y antitodo. Con pocas variantes, esta es la descripción del fascismo (hay muchas de estas cosas que están también en el castrismo).

Lo queramos o no, el siglo XXI se abre sobre la lucha sin cuartel entre diferentes bandos. Por un lado, el judeocristianismo liberal, brutalmente capitalista, mercantil, consumista, ignorante de las virtudes, nihilista, fuerte con los débiles y débil con los fuertes, fascinado por el dinero, fuente de todos los poderes y generador de marginaciones, pobreza y miseria para una buena parte de la población. La variante comunista del judeocristianismo no ha probado ser muy diferente al fin. Del lado opuesto, un mundo musulmán, brutal, intolerante, violento, piadoso, conquistador, fascista. Onfray los llama "el fascismo del zorro contra el fascismo del león".

Ambos se autoproclaman hijos de Dios. Esta guerra se lleva a cabo entre los monoteístas: de un lado, los judeocristianos; del otro, los musulmanes. ¿Qué campo elegir? ¿Tienes que elegir un campo? ¿Apapachar el cinismo de los unos para combatir la barbarie de los otros? Quedarse a un lado es imposible, bajo riesgo de perderse una parte de la conciencia humana.

Con toda franqueza, habiendo vivido en los dos campos, elijo el primero. Hay más futuro y posibilidades de cambio en el movimiento que en la inmovilidad, por muy imperfecta que sea la sociedad democrática en movimiento. El "sin embargo se mueve" es la única opción posible; corresponde al mundo real y da la posibilidad de un futuro. No hay futuro en la teocracia musulmana.

Los ganaderos trashumantes del Sahel viven, mueren y piensan como sus ancestros del tiempo cuando el guardián de camellos Mahoma circulaba en la península arábica. En Somalia y el Sudán se apedrean hasta la muerte a amantes que cometieron el "crimen" de amarse y en Gaza, Palestina, se casaron colectivamente 450 jóvenes de edades alrededor de veinticinco años con 450 novias de siete años de edad promedio. Me parece que esto tiene mucho sabor a los curas católicos pedófilos, también en la actualidad. ¡Ah!; se me olvidaba decírtelo: estos últimos hechos ocurrieron en diciembre de 2009. Las fotos de estos eventos me revolvieron el estómago.

Según las Sagradas Escrituras islámicas, Mahoma, el profeta, también se casó con una niña de 6 años y según Khomeini, el líder islámico de Irán, tales matrimonios es mejor no consumarlos antes del inicio de las menstruaciones; en espera de eso, se recomienda la sodomización. Khomeini agregó que un padre que da a su hija en matrimonio a tan temprana edad irá directo al cielo.

Hablando de Irán, un caso más. Los molahs del gobierno de la República Islámica de Irán acaban de declarar que "los opositores al gobierno son enemigos del Islam y por lo tanto deben ser asesinados". Los que necesiten saber más sobre la inmovilidad del Islam, que levanten la mano.

***

Los últimos cuatro meses del censo ganadero del Chad me vieron en todas las partes del inmenso país. Terminé con los trashumantes de la zona saheliana, que ya se movían hacia el sur. Los kanembou del oeste, los kuri del lago Chad. Fui hacia Koro Toro en la pista a Fort-Largeau en la región montañosa y desierta del Tibesti, ya en el Sahara. Noté que algo feo se estaba cocinando para el gobierno central. La rebelión de las tribus del norte con su eje en la alianza de los toubou y zaghawa ya no era folclórica sino una eficiente organización militar armada y sostenida por el coronel Gaddafi, señor de Libia.

Había armas de todo tipo por todos lados. Levantaban "impuestos" en todos los mercados; hasta en lugares tan al sur como Moussoro, Ati, Mao y el Lago. No me molestaban. Después de todo, yo estaba vacunando su magro ganado. Tampoco se escondían. El color de mi piel todavía imponía un cierto respeto. A Damsou, amigo y fiel apoyo, a menudo lo confundían con un sara —etnia del jefe del Estado contra el cual combatían— aunque no lo era. No se sentía seguro. Lo mandé de regreso a N'djamena y me quedé solo terminando el trabajo del censo ganadero y de vacunación.

En todo este ir y venir a través del país, pasé un par de veces por la capital para reabastecerme de dinero y víveres. Un par de veces me tocó acompañar al pagador de la embajada de Francia, quien recorría el país cada trimestre para pagar la pensión a los ex combatientes del ejército francés. Él suscitaba muchas vocaciones. Cada muchacho menor de quince años encontrado al cual preguntabas lo que quería hacer cuando grande, invariablemente contestaba: "veterano".

Debo decir que una gran parte del dinero circulante en los pueblos tenía su origen en la pensión de los ex combatientes africanos de las guerras europeas. Era chistoso ver la caravana del pagador: un *jeep* de militares, fusiles en alto; otro con el pagador y sus secretarios; otro con media docena de militares; un camión cargado a volcar de todo tipo de bienes de consumo, desde colchones hasta jabones y todo lo imaginable que entra en la categoría "material agrícola y doméstico"; seguido por uno, a veces dos, camiones de "Gala", la marca de cerveza local. Detrás, a unos kilómetros y trotando a todo dar, un grupito de peuls empujando un rebaño de toros jóvenes.

Mandé tres grandes cajas metálicas llenas de documentos, resultados del censo, a la oficina de la SEDES para que los expertos en matemática e informática se divirtieran. Mi contrato con mi empleador se terminaba con cuatro meses de recuento de datos en París.

Unos días antes de despedirme, alrededor del eterno güisqui-hielo-agua, Touade, el director de todo lo que tenía cuatro patas en el país, me interpeló con voz nostálgica:
—Ahora sabes más que nadie sobre el ganado y los ganaderos de este país.
Era posible, porque la administración y los políticos a menudo no saben mucho.
—Creo que sí.
—Lástima que te lo vayas a llevar todo contigo.
La voz de mi amigo tocaba suelo. Estábamos en la terraza de la alberca del hotel La Tchadienne. La noche era agradable, casi fresca. Unos turistas se bañaban. Más lejos, unas mesitas estaban ocupadas por oficiales de la legión extranjera. No sabía muy bien cómo seguir esta conversación.
—¿Qué sugieres?
Tomó un gran trago del líquido amarillo que a veces se parece a orina de caballo. Posó su vaso y me miró en la cara:
—Que te quedes y nos ayudes, para ver lo que podemos hacer con todo esto.
"Todo esto" eran los cerca de cinco millones de cabezas de ganado bovino y más los nueve millones de ovejas y chivas. También doscientos mil camellos y unos setenta mil caballos. Tal era el resultado del censo ganadero que acababa de terminar. Llevado a nivel de población, cada ciudadano tendría una vaca y dos chivas. Estábamos lejos de la extinción del ganado chadiense por efecto de la sequía que temían los desarrolladores de la comunidad europea, pagadores del censo.
Levantó otra vez su vaso:
—¿Cuánto piensas que tenemos?
Vacié mi vaso para darme tiempo y se lo confesé:
—Hay más ganado que habitantes...
—Sí, pero no votarán.
Era broma, porque en los quince años de independencia nadie todavía había votado en la República del Chad. Touade, quien conocía Francia por haber vivido en los alrededores de París por varios años mientras estudiaba, más un par de años de prácticas veterinarias en un pueblo del suroeste, se echó a reír de buen corazón, una risa ruidosa

que hizo volcar los vasos en las mesitas de legionarios. Pensé que debía decir algo.

—Además, si consideras que solamente una cuarta parte de la población se dedica a la ganadería, tendrás cuatro bovinos por cabeza y ocho ovinos, mujeres y niños incluidos.

Me miró asombrado:

—¡Es mucho!

—Es más de lo que tienen los argentinos que se hicieron ricos con la ganadería.

Desde el jardín de la casa del embajador de Francia adjunta al hotel del cual está separada por una reja, escuchamos claramente el *pop-pop* de una pelota de tenis.

Con un suspiro, Touade siguió:

—¿Qué podemos hacer?

—Hay muchas cosas que uno puede hacer con tanta riqueza. De todas formas, no es concebible que las personas vivan en la miseria con esto en la mano. Aquí tienes que usar la imaginación.

Había una mujer en la alberca que nos había mirado varias veces; me había sonreído. Portaba un traje de baño que mostraba un pecho generoso. Aunque esto no se le había escapado a Touade, prosiguió como si nada:

—Somos burros cargados de agua muriéndose de sed.

—Algo así. Es buena metáfora.

—¿Tienes ideas precisas?

Llamé al mesero para pedir una cerveza. Sí, ideas tenía.

—Sí, tengo.

El tono no permitía escape. Touade se adelantó al borde de su silla, encendió un cigarro y yo lo imité.

Un cuarto de hora después le había expuesto una idea que me rondaba desde hacía tiempo en la cabeza. Los ganaderos de Chad, a pesar de su riqueza objetiva, seguían siendo miserables porque no sabían nada de comercialización ni del valor de la riqueza que tenían en los millones de patas que llevaban a lo largo y ancho del Sahel buscando buenos pastoreos. Al final de la temporada de lluvias, cuando las vacas parían, tenían que vender parte de sus rebaños con la presión del temor a que los animales no fueran a encontrar agua y pastoreo en la temporada seca, cuando ya casi no había comida ni agua en los pocos pozos sobre los cuales tenían los derechos tradicionales de estacionarse. Todo exceso de cabezas era razón de disputas —a veces sanguinarias— con los vecinos. Así, al final de la temporada de abundancia, vendían los animales de los cuales querían deshacerse muy por debajo de su valor a los intermediarios. La mayoría de estos eran nigerianos que llevaban el ganado, en grandes rebaños, al más puro estilo de los vaqueros del lejano oeste americano, hacia las ciudades en la costa del Golfo de Guinea: Douala, Lagos, Cotonou, Accra, Bangui etc.; todas grandes consumidoras de carne de res.

Al mismo tiempo, aunque era un país ganadero, en el interior del país había una gran deficiencia en consumo de proteína animal. El precio de la carne en periodo seco subía al cielo, privando al noventa por ciento de la población de los productos cárnicos.

La idea que le expuse a Touade era un mecanismo de regulación, un organismo regulador del mercado. Una empresa mixta, estatal y privada. Los socios tendrían una cuota de exportación legal y pagarían un servicio sanitario de exportación antes de cruzar el río Chari e ingresar a Camerún. Con este dinero se reactivaría por lo menos uno de los tres enormes ranchos, abandonados por compañías coloniales que habían trabajado sobre el mismo esquema. Estos ranchos actuarían como tampón, comprando ganado al final de la temporada de lluvias e inyectándolo en el mercado en la temporada de sequía.

Un rápido cálculo mostraba que se podría pagar hasta tres veces el precio que los intermediarios estaban pagando a los ganaderos, incluyendo un margen de utilidades apreciable. Parte del rebaño guardado en los ranchos iría a la exportación en temporada seca, con precios altos, y otra parte iría a la distribución local en una red de carnicerías de barrios que mantendrían precios accesibles para la población.

Me quedé con la garganta seca. Otra Gala lo remedió. Touade se dejó caer al fondo de su silla y me miró con una sonrisa y ojos como si yo fuera el Mesías de la carne chadiense.

—Esto es lo que tenemos que hacer.

Me puse a reír.

—Pues hazlo.

—No, no. ¡Tú lo vas a hacer!

Aquí la cosa se puso más seria.

—¿Cómo lo voy hacer yo? Tú lo debes hacer con tu gente. Es tu país.

—Por supuesto, pero me parece mejor si lo hacemos juntos.

Un par de horas después, ya muy cargados de cerveza y con la joven mujer que había desaparecido no sin dejarme en el recuerdo una sonrisa sin igual, quedó creada en nuestras mentes la Sociedad Chadiana de Explotación de Recursos Animales (SOTERA); empresa mixta para el bien de todos los chadienses.

Nos entusiasmamos como niños el Día de Reyes. Ante la insistencia de Touade, consentí retrasar mi salida por unos días. Cuando subí al avión, dejé la creación de la empresa, su constitución, la incorporación de los comerciantes de ganado y la liberación por parte del gobierno de un rancho —heredado de la colonización— como tarea a mis amigos del Chad. Mi regreso dependería de la rapidez de su trabajo.

Epílogo

Amiga, amigo, creo que después de 300 páginas juntos casi somos amigos, ¿no es así? Aquí se termina el primer libro. Espero que hayas disfrutado y que sigas reflexionando conmigo sobre las cosas y circunstancias que nos han tocado vivir juntos.

Por mi parte, contar y dialogar contigo me ha entusiasmado a tal punto que pienso añadir un segundo libro y, si tú lo quieres, terminar los años que me quedan de bueno contando la historia, que ya es nuestra, y formulando pensamientos.

Lo que va a seguir es el final de la historia chadiense —que se prolonga por casi diez años— y una breve pero significativa incursión en la selva del Congo. El regreso a Europa y nuestro aprendizaje como empresario y "acuicultor", un segundo periodo cubano y el establecimiento en México, donde sigo el aprendizaje de escritor en esta cabaña de madera, a la orilla del Golfo que ya conoces. Todo esto juntos, envueltos en la senda espiritual que me gustaría seguir transitando contigo.

Así, espero reencontrarte pronto y, mientras tanto, buena suerte con tu vida.

J-P Goffings

Últimas obras publicadas por CBH Books

Libera tu persona   Armando Butista
El dolor de veinte alegrías   Carmen García
Ángel   Marco A. Castillo F.
Hasta que amanezca   A. K. P. C. Ordóñez
La muerte de la Locura   J. Woolrich
Sueños   C. Javier
Yo recibí el mensaje   W. Lynch Fernández
El camino perdido   A. Adriani
Reina de bastos   V. Luma
El amor, un error de cálculo   M. V. Albornoz
La muerte nuestra de cada vida   Y. Canetti
El árbol que Dios plantó   S. Villatoro
El pueblo de Juan   L. Guzmán
Diseño de modas   L. Lando
A Priest Behind Bars   M. Blázquez Rodrigo
Qué bueno baila usted   Faisel Iglesias
Una peña en la ribera   Tomás Peña Rivera
La vida   A. S. Villa
Tal vez un milagro   C. Santiago
La ronda del capitán Frans sin el teniente Willen   M. A. Amador
La otra cara del ajedrez   D. Arjona (DEBICEI)
Cabeza de Ángel   J. P. Vásquez
Matthew   P. Harmsen
Tierra, figura solitaria   M. E. Serafini
Teoría de la comunicación emocional en el hogar   M. Chacón M.
La resurrección de una mujer   E. Miramontes
El lenguaje bicameral de la palabra   I. Segarra Báez
Sabor a miel   M. Fraga
Inspiración (Volumen II)   G. Toledo
El Justo Juez de la Noche   F. Lucho Palacios

La editorial Cambridge BrickHouse, Inc.
ha creado el sello CBH Books
para apoyar la excelencia en la literatura.
Publicamos todos los géneros, en todos los idiomas
y en todas partes del mundo.
Publique su libro con CBH Books.
www.CBHBooks.com

De la presente edición:
El hedonista
por Jean Pierre Goffins
producida por la casa editorial CBH Books
(Massachusetts, Estados Unidos),
año 2010.
Cualquier comentario sobre esta obra
o solicitud de permisos, puede escribir a:
Departamento de español
Cambridge BrickHouse, Inc.
60 Island Street
Lawrence, MA 01840, U.S.A.

www.ingramcontent.com/pod-product-compliance
Lightning Source LLC
Chambersburg PA
CBHW070723160426
43192CB00009B/1297